한 번에 합격,
자격증은 이기적

이렇게 기막힌 적중률

KB191239

함께 공부하고 특별한 혜택까지!
이기적 스터디 카페 🔍

구독자 13만 명, 전강 무료!
이기적 유튜브 🔍

자격증 독학, 어렵지 않다!
수험생 합격 전담마크

이기적 스터디 카페

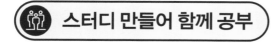 스터디 만들어 함께 공부

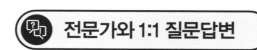 전문가와 1:1 질문답변

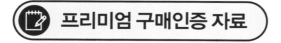 프리미엄 구매인증 자료

 365일 진행되는 이벤트

이기적 스터디 카페 🔍

인증만 하면, **고퀄리티 강의가 무료!**

100% 무료 강의

STEP 1
이기적
홈페이지
접속하기

STEP 2
무료동영상
게시판에서
과목 선택하기

STEP 3
ISBN 코드
입력 & 단어
인증하기

STEP 4
이기적이 준비한
명품 강의로
본격 학습하기

영진닷컴 이기적

1년 365일
이기적이 쏜다!

365일 진행되는 이벤트에 참여하고 다양한 혜택을 누리세요.

EVENT ❶

기출문제 복원

- 이기적 독자 수험생 대상
- 응시일로부터 7일 이내 시험만 가능
- 스터디 카페의 링크 클릭하여 제보

이벤트 자세히 보기 ▶

EVENT ❷

합격 후기 작성

- 이기적 스터디 카페의 가이드 준수
- 네이버 카페 또는 개인 SNS에 등록 후
  이기적 스터디 카페에 인증

이벤트 자세히 보기 ▶

EVENT ❸

온라인 서점 리뷰

- 온라인   자 대상
- 한줄평   스트 & 포토리뷰 작성 후
  이기적 스터디 카페에 인증

이벤트 자세히 보기 ▶

EVENT ❹

정오표 제보

- 이름, 연락처 필수 기재
- 도서명, 페이지, 수정사항 작성
- book2@youngjin.com으로 제보

이벤트 자세히 보기 ▶

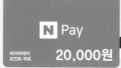

N Pay
네이버페이
포인트 쿠폰
20,000원

영진닷컴 쇼핑몰
30,000원

- N페이 포인트 5,000~20,000원 지급
- 영진닷컴 쇼핑몰 30,000원 적립
- 30,000원 미만의 영진닷컴 도서 증정

※이벤트별 혜택은 변경될 수 있으므로 자세한 내용은 해당 QR을 참고하세요.

이렇게
기막힌
적중률

컴퓨터활용능력 1급
필기 기출 1200제

"이" 한 권으로 합격의 "기적"을 경험하세요!

YoungJin.com Y.
영진닷컴

차례

		문제
해설과 함께 보는 **상시 기출문제** ▶ 합격 강의 제공	2021년 상시 기출문제 01회	10
	2021년 상시 기출문제 02회	22
	2021년 상시 기출문제 03회	34
	2021년 상시 기출문제 04회	46
	2021년 상시 기출문제 05회	60

		문제	해설
해설과 따로 보는 **상시 기출문제** ▶ 합격 강의 제공	2022년 상시 기출문제 01회	72	214
	2022년 상시 기출문제 02회	81	218
	2022년 상시 기출문제 03회	90	223
	2022년 상시 기출문제 04회	100	228
	2022년 상시 기출문제 05회	109	233
	2023년 상시 기출문제 06회	118	237
	2023년 상시 기출문제 07회	127	242
	2023년 상시 기출문제 08회	137	247
	2023년 상시 기출문제 09회	146	252
	2023년 상시 기출문제 10회	155	257
	2024년 상시 기출문제 11회	165	262
	2024년 상시 기출문제 12회	174	267
	2024년 상시 기출문제 13회	184	271
	2024년 상시 기출문제 14회	193	277
	2024년 상시 기출문제 15회	203	281

정답 & 해설		**213**

문항별 난이도에 따라 ❸❺❻로 분류하였습니다.
▶ 동영상 강의는 도서 내 QR 코드로만 시청할 수 있으며, 강의 제공은 1판 1쇄 기준 2년간 유효합니다.

구매인증 PDF

PDF 2018~2020년 추가 기출문제 5회분 PDF 제공
이기적 스터디 카페에서 제공

시험장까지 함께 가는 핵심 요약 PDF 제공
이기적 스터디 카페에서 제공

※ 참여 방법: '이기적 스터디 카페' 검색 → 이기적 스터디 카페(cafe.naver.com/yjbooks) 접속 → '구매 인증 PDF 증정' 게시판 → 구매 인증 → 메일로 자료 받기

※ PDF 자료는 1판 1쇄 기준 2년간 이용할 수 있으며 사용 기간 이후 만료됩니다.

이 책의 구성

Step 1 해설과 함께 보는 기출문제 5회

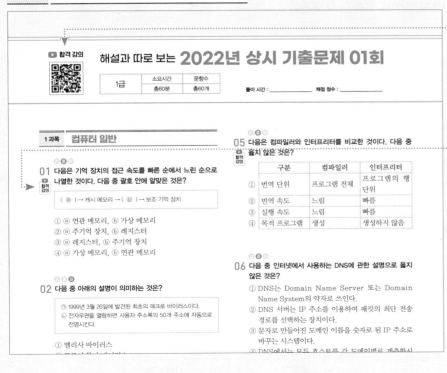

해설과 함께 보는 **2021년 상시 기출문제 01회**

1급	소요시간 총60분	문항수 총60개

풀이 시간 : _____ 채점 점수 : _____

1 과목 컴퓨터 일반

01 다음 중 암호화는 공개키로, 복호화는 비밀키로 진행되어 알고리즘이 복잡한 방식으로 RSA가 대표적인 암호화 기법은?

① 공개키 암호화 기법
② 단일키 암호화 기법
③ 디지털 서명(Digital Signature)
④ 방화벽(Firewall)

공개키 암호화 기법
· 암호화키와 복호화키가 서로 다른(비대칭) 두 개(이중키)의 키를 가짐
· 암호화와 복호화의 속도가 느림
· 암호화는 공개키로, 복호화는 비밀키로 함
· 이중키이므로 알고리즘이 복잡하고 파일 크기가 큼
· 대표적인 방식으로 RSA가 있음

02 다음 중 〈보기〉에 해당하는 계층으로 옳은 것은?

〈보기〉

가. 기능적, 기계적, 전기적인 특성으로 정의

03 다음 중 한글 Windows에서 PnP 기능이 지원되지 않는 하드웨어를 설치하기 위해 [실행]에서 '하드웨어 추가 마법사'를 실행하기 위한 명령은?

① regedit
② hdwwiz
③ perfmon
④ taskmgr

hdwwiz : 하드웨어 추가 마법사

오답 피하기
· regedit : 레지스트리 편집기
· perfmon : 성능 모니터
· taskmgr : 작업 관리자

04 한글 Windows에서 컴퓨터의 전원을 켠 상태에서 컴퓨터 시스템의 장치를 연결하거나 분리할 수 있는 기능은?

① Interrupt
② Hot Swap
③ NTFS
④ GUI

풀이 시간/채점 점수

목표하는 점수와 풀이 시간을 체크하며 실전처럼 풀어볼 수 있습니다.

오답피하기

정답이 아닌 보기도 꼼꼼히 설명하여 드립니다.

출제 빈도

문항별 출제 빈도를 상중하로 나누어 효율적인 학습이 가능합니다.

Step 2 해설과 따로 보는 기출문제 15회

해설과 따로 보는 **2022년 상시 기출문제 01회**

1급	소요시간 총60분	문항수 총60개

풀이 시간 : _____ 채점 점수 : _____

1 과목 컴퓨터 일반

01 다음은 기억 장치의 접근 속도를 빠른 순에서 느린 순으로 나열한 것이다. 다음 중 괄호 안에 알맞은 것은?

(ⓐ) → 캐시 메모리 → (ⓑ) → 보조 기억 장치

① ⓐ 연관 메모리, ⓑ 가상 메모리
② ⓐ 주기억 장치, ⓑ 레지스터
③ ⓐ 레지스터, ⓑ 주기억 장치
④ ⓐ 가상 메모리, ⓑ 연관 메모리

02 다음 중 아래의 설명이 의미하는 것은?

㉠ 1999년 3월 26일에 발견된 최초의 매크로 바이러스이다.
㉡ 전자우편을 열람하면 사용자 주소록의 50개 주소에 자동으로 전명시킨다.

① 멜리사 바이러스

05 다음은 컴파일러와 인터프리터를 비교한 것이다. 다음 중 옳지 않은 것은?

구분	컴파일러	인터프리터
① 번역 단위	프로그램 전체	프로그램의 행 단위
② 번역 속도	느림	빠름
③ 실행 속도	느림	빠름
④ 목적 프로그램	생성	생성하지 않음

06 다음 중 인터넷에서 사용하는 DNS에 관한 설명으로 옳지 않은 것은?

① DNS는 Domain Name Server 또는 Domain Name System의 약자로 쓰인다.
② DNS 서버는 IP 주소를 이용하여 패킷의 최단 전송 경로를 선택하는 장치이다.
③ 문자로 만들어진 도메인 이름을 숫자로 된 IP 주소로 바꾸는 시스템이다.
④ DNS에서는 모든 호스트를 각 도메인별로 계층화시

QR 코드

별도의 가입 없이 오직 QR 코드로만 동영상 강의를 시청할 수 있습니다.
(홈페이지 접속 ×)

합격 강의

동영상 강의를 제공하는 문항을 표시하였습니다.

시험의 모든 것

자격검정

응시 절차 안내

시험 절차 및 내용은 반드시
시행처를 다시 한 번 확인하세요.

Step 1 응시 자격 조건

남녀노소 누구나 응시 가능

Step 2 시험 원서 접수하기

시행처 홈페이지에서 시험 기간 조회 후 원하는
날짜와 시간에 응시

Step 3 시험 응시하기

수험표, 신분증을 지참하고 고사장에
30분 전에 입실

Step 4 합격 여부 확인하기

상시 검정 다음 날 오전 10시 이후 인터넷으로
합격 여부 확인

Step 5 실기 원서 접수하기

시험 기간 조회 후 원하는 날짜와 시간에 응시

1. 응시 자격

수검자격(제한 없음)

2. 원서 접수

필기 : 20,500원, 실기 : 25,000원
(인터넷 접수 시 수수료 1,200원이 가산되며, 계좌 이체 및 신용카드 결제 가능)

3. 합격 기준

필기 시험	매 과목 100점 만점에 과목당 40점 이상, 평균 60점 이상
실기 시험	100점 만점에 70점 이상(1급은 두 과목 모두 70점 이상)

4. 합격자 발표

- 대한상공회의소 홈페이지(license.korcham.net)에서 발표
- 상시 검정 필기 : 시험일 다음날 오전 10:00 이후 발표

5. 자격증 수령

- 휴대할 수 있는 카드 형태의 자격증 발급
- 취득(합격)확인서를 필요로 하는 경우 취득(합격)확인서 발급

형태	• 휴대하기 편한 카드 형태의 자격증 • 신청자에 한하여 자격증 발급
신청 절차	인터넷(license.korcham.net)을 통해 자격증 발급 신청
수수료	• 인터넷 접수 수수료 : 3,100원 • 우편 발송 요금 : 3,000원
우편 수령	방문 수령은 진행하지 않으며, 우편 등기배송으로만 수령할 수 있음
신청 접수 기간	자격증 신청 기간은 따로 없으며 신청 후 10~15일 후 수령 가능

6. 출제 기준

컴퓨터 일반

컴퓨터 시스템 활용	운영체제 사용, 컴퓨터 시스템 설정 변경, 컴퓨터 시스템 관리
인터넷 자료 활용	인터넷 활용, 멀티미디어 활용, 최신 정보통신기술 활용
컴퓨터 시스템 보호	정보 보안 유지, 시스템 보안 유지

* 운영체제 : Windows 10버전 적용

스프레드시트 일반(Microsoft 엑셀 2021 버전)

응용 프로그램 준비	프로그램 환경 설정, 파일 관리, 통합 문서 관리
데이터 입력	데이터 입력, 데이터 편집, 서식 설정
데이터 계산	기본 계산식, 고급 계산식
데이터 관리	기본 데이터 관리, 외부 데이터 관리, 데이터 분석
차트 활용	차트 작성, 차트 편집
출력 작업	페이지 레이아웃 설정, 인쇄 작업
매크로 활용	매크로 작성, 매크로 편집

데이터베이스 일반(Microsoft 액세스 2021 버전)

DBMS 파일 사용	데이터베이스 파일 관리, 인쇄 작업
테이블 활용	테이블 작성, 제약 요건 설정, 데이터 입력
쿼리 활용	선택 쿼리 사용, 실행 쿼리 사용, SQL 명령문 사용
폼 활용	기본 폼 작성, 컨트롤 사용, 기타 폼 작성
보고서 활용	기본 보고서 작성, 컨트롤 사용, 기타 보고서 작성
모듈 활용	매크로 함수 사용, 이벤트 프로시저 사용

시험 출제 경향

1 과목   컴퓨터 일반

1과목 컴퓨터 일반은 컴퓨터 시스템의 개요와 하드웨어, 하드웨어 운영에 필요한 PC 운영체제와 소프트웨어, 컴퓨터에 의한 처리 기능 외에 필수인 정보 통신과 인터넷, 그에 따른 정보화 사회와 컴퓨터 보안 및 멀티미디어에 대한 내용으로 구성됩니다. 자료의 표현과 처리, 기억 장치와 설정, 프로그래밍 언어 및 인터넷 개념과 서비스, 컴퓨터 범죄, 멀티미디어의 운용 등에서 출제 비율이 높은 경향을 보이고 있습니다.

※ 운영체제는 Windows 10 버전에서 출제됨

항목	비율
1. 운영체제 사용	18%
2. 컴퓨터 시스템 설정 변경	11%
3. 컴퓨터 시스템 관리	32%
4. 인터넷 자료 활용	17%
5. 멀티미디어의 개념 및 운용	10%
6. 정보 통신 일반	5%
7. 컴퓨터 시스템 보호	7%

2 과목   스프레드시트 일반

2과목 스프레드시트 일반은 시트에서 데이터를 입력하고 편집하는 방법, 함수와 배열 수식을 이용한 수식 활용, 차트 작성의 기본과 편집에서 지속적으로 출제되고 있습니다. 작성된 결과 시트의 인쇄와 도구 모음, 창 핸들링, 업무의 특성상 오름차순이나 내림차순이 필요한 정렬, 필터, 텍스트 나누기, 그룹 및 개요 설정, 중복된 항목 제거, 데이터 유효성 검사, 외부 데이터의 활용도 비중있게 출제되고 있습니다. 아울러 데이터 분석을 위한 통합, 데이터 표, 부분합, 목표값 찾기, 시나리오, 피벗 테이블 및 피벗 차트, 매크로와 프로그래밍은 실습을 통해 정확히 익혀두세요.

※ 스프레드시트 일반은 Microsoft Office 2021 버전에서 출제됨

항목	비율
1. 스프레드시트 개요	5%
2. 데이터 입력 및 편집	17%
3. 수식 활용	28%
4. 데이터 관리 및 분석	17%
5. 출력	9%
6. 차트 생성 및 활용	9%
7. 매크로 및 프로그래밍	15%

3 과목   데이터베이스 일반

3과목 데이터베이스 일반은 데이터베이스의 개요와 데이터를 담는 역할을 하는 테이블, 작성된 테이블에서 여러 가지 방법으로 데이터를 추출하는 방법인 쿼리(질의), 효율적인 입출력을 하기 위한 폼 작성과 보고를 위한 서식 개념의 보고서 작성 및 프로그래밍에 대한 내용으로 구성됩니다. 개념과 용어는 암기 위주의 학습이 중요하며, 실습을 통한 이해와 기능별 숙지로 공부하는 것이 효율적입니다.

※ 데이터베이스 일반은 Microsoft Office 2021 버전에서 출제됨

항목	비율
1. 데이터베이스 개요	11%
2. 테이블 작성	19%
3. 쿼리 작성	25%
4. 폼 작성	20%
5. 보고서 작성	17%
6. 데이터베이스 프로그래밍	8%

CBT 가이드

CBT란?

CBT는 시험지와 필기구로 응시하는 일반 필기시험과 달리, 컴퓨터 화면으로 시험 문제를 확인하고 그에 따른 정답을 클릭하면 네트워크를 통하여 감독자 PC에 자동으로 수험자의 답안이 저장되는 방식의 시험입니다.

오른쪽 QR코드를 스캔해서 CBT를 체험해 보세요!

CBT 시험 진행 방식

본인 좌석 확인 후 착석	▷	수험자 정보 확인	▷	화면 안내에 따라 진행	▷	시험 문제 풀이	▷	검토 후 최종 답안 제출

CBT 응시 유의사항

- 수험자마다 문제가 모두 달라요, 문제은행에서 자동 출제됩니다!
- 답지는 따로 없어요!
- 문제를 다 풀면, 반드시 '제출' 버튼을 눌러야만 시험이 종료되어요!
- 시험 종료 안내방송이 따로 없어요.

FAQ

Q CBT 시험이 처음이에요! 시험 당일에는 어떤 것들을 준비해야 좋을까요?

A 시험 시작 20분 전 도착을 목표로 출발하는 게 좋아요. 그리고 시험장에는 주차할 자리가 마땅하지 않은 경우가 많으므로, 대중교통을 이용하는 것을 추천합니다. 무사히 시험 장소에 도착했다면 수험자 입장 시간에 늦지 않게 시험실에 입실하고, 자신의 자리를 확인한 뒤 착석하세요.

Q 기존보다 더 어려워졌을까요?

A 시험 자체의 난이도 차이는 없지만 랜덤으로 출제되는 CBT 시험 특성상 경우에 따라 유독 어려운 문제가 많이 출제될 수는 있어요. 이러한 돌발 상황에 대비하기 위해서는 이기적 CBT 온라인 문제집으로 실제 시험과 동일한 환경에서 미리 연습해두시는 게 좋아요.

CBT 진행 순서

좌석번호 확인
수험자 접속 대기 화면에서 본인의 좌석번호를 확인합니다.

▽

수험자 정보 확인
시험 감독관이 수험자의 신분을 확인하는 단계입니다.
신분 확인이 끝나면 시험이 시작됩니다.

▽

안내사항
시험 안내사항을 확인하고, 다음을 클릭합니다.

▽

유의사항
시험과 관련된 유의사항을 확인합니다.

▽

문제풀이 메뉴 설명
시험을 볼 때 필요한 메뉴에 대한 설명을 확인합니다.
메뉴를 이용해 글자 크기와 화면 배치를 조정할 수 있습니다. 남은 시간을 확인하며 답을 표기하고,
필요한 경우 아래의 계산기를 이용할 수 있습니다.

▽

문제풀이 연습
시험 보기 전, 연습을 해 보는 단계입니다.
직접 시험 메뉴화면을 클릭하며, CBT가 어떻게 진행되는지 확인합니다.

▽

시험 준비 완료
문제풀이 연습을 모두 마친 후 [시험 준비 완료] 버튼을 클릭하면 시험 감독관의 지시에 따라 시험이 시작됩니다.

▽

시험 시작
시험이 시작되었습니다. 수험자는 제한 시간에 맞추어 문제풀이를 시작합니다.

▽

시험 준비 완료
시험을 완료하면 [답안 제출] 버튼을 클릭합니다. 답안을 수정하기 위해 시험화면으로 돌아가고 싶으면 [아니오]
버튼을 클릭합니다.

▽

답안 제출 최종 확인
답안 제출 메뉴에서 [예] 버튼을 클릭하면, 수험자의 실수를 방지하기 위해 한 번 더 주의 문구가 나타납니다. 완벽히 시험 문제 풀이가 끝났다면 [예] 버튼을 클릭하여 최종 제출합니다.

▽

합격 발표
CBT 시험이 모두 종료되면, 퇴실할 수 있습니다.

이제 완벽하게 CBT 시험에 대해 이해하셨나요?
그렇다면 이기적이 준비한 CBT 온라인 문제집으로 학습해보세요!

이기적 온라인 문제집: https://cbt.youngjin.com

Q&A

Q 컴퓨터활용능력 필기 합격 유효 기간은 어떻게 되나요?

A ─────────────

필기 합격 유효 기간은 필기 합격 발표일을 기준으로 만 2년입니다. 예를 들어 컴퓨터활용능력 1급 필기를 2024년 12월 30일에 합격하시면 필기 합격 유효 기간은 2026년 12월 29일입니다. 본인의 정확한 필기 합격 유효 기간은 대한상공회의소 자격평가사업단 홈페이지(http://license.korcham.net) 회원 가입 후 [마이페이지-취득 내역]에서 확인할 수 있습니다.

Q 컴퓨터활용능력 필기 합격 기간을 연장할 수 있나요?

A ─────────────

필기 합격 유효 기간은 국가기술자격법 시행령에 의하여 시행되는 것으로 기간의 변경이나 연장이 되지 않습니다.

Q 컴퓨터활용능력 자격증 취득 시 특전이 있을까요?

A ─────────────

컴퓨터활용능력 자격증 취득 시 자격 특전은 다음과 같습니다.
• 공무원 채용 가산점
  - 소방공무원(사무관리직) : 컴퓨터활용능력 1급(3%), 컴퓨터활용능력 2급(1%)
  - 경찰공무원 : 컴퓨터활용능력 1, 2급(2점 가점)
• 학점은행제 학점 인정 : 1급 14학점, 2급 6학점
• 300여개 공공기관 · 공기업 등 채용 · 승진 우대

Q 자격증 신청은 어떻게 하나요?

A ─────────────

자격증은 신청하신 분에 한하여 발급하고 있습니다. 자격증 신청 기간은 따로 없으며 필요할 때 신청하면 됩니다(단, 신청 후 10~15일 사이 수령 가능). 또한 자격증 신청은 인터넷 신청만 있으며, 홈페이지(license.korcham.net)의 자격증 신청 메뉴에서 가능합니다. 스캔 받은 여권 사진을 올리셔야 하며 전자 결제(신규 3,100원, 재발급 3,100원)를 하여야 합니다. 자격증 신청 시 수령 방법은 우편 등기 배송만 있으며, 배송료는 3,000원입니다.

※더욱 자세한 사항은 대한상공회의소 자격평가사업단 홈페이지(license.korcham.net)를 참고하시기 바랍니다.

〈컴퓨터활용능력 시험 공식 버전 안내〉

• **컴퓨터활용능력 시험 공식 버전** : Windows 10, MS Office LTSC 2021
• **Office Professional 2021** : 가정이나 직장에서 사용하기 위해 한 대의 PC에 기본 Office 앱과 전자 메일을 설치하려는 가족 및 소규모 기업용을 위한 제품입니다.
• **Office LTSC** : 상용 및 공공기관 고객을 위한 Microsoft 365의 최신 영구 버전으로, 두 플랫폼(Windows 및 Mac)에서 모두 이용 가능한 일회성 "영구" 구매로 사용할 수 있는 디바이스 기반 라이선스입니다.
• MS Office Professional 2021 프로그램의 업데이트 버전을 사용하는 경우, LTSC 버전과 일부 명칭 및 메뉴가 다를 수 있습니다. 본 도서는 시험장에서 사용하는 LTSC 버전으로 작성되었으며, 일반 사용자 프로그램인 MS Office Professional 2021의 업데이트 버전을 사용하고 계신 경우 업데이트는 계속될 수 있으며, 이후 추가되는 업데이트로 인해 내용이 달라질 수 있음을 알려드립니다.

해설과 함께 보는
상시 기출문제

2021년 상시 기출문제 **01회**	....	10
2021년 상시 기출문제 **02회**	....	22
2021년 상시 기출문제 **03회**	....	34
2021년 상시 기출문제 **04회**	....	46
2021년 상시 기출문제 **05회**	....	60

CBT 온라인 문제집

- QR 코드를 찍으면 원하는 시험에 응시할 수 있습니다.
- 풀이가 끝나면 자동 채점되며, 해설을 즉시 확인할 수 있습니다.
- 마이페이지에서 풀이 내역을 분석하여 드립니다.
- 모바일과 PC도 이용 가능합니다.

**시험장과
동일한 환경에서
문제 풀이 서비스**

▶ 합격 강의

해설과 함께 보는 **2021년 상시 기출문제 01회**

1급	소요시간	문항수
	총60분	총60개

풀이 시간 : _____   채점 점수 : _____

---

1 과목 컴퓨터 일반

⬆상⬆중🔵하

01 다음 중 암호화는 공개키로, 복호화는 비밀키로 진행되어 알고리즘이 복잡한 방식으로 RSA가 대표적인 암호화 기법은?

① 공개키 암호화 기법
② 단일키 암호화 기법
③ 디지털 서명(Digital Signature)
④ 방화벽(Firewall)

공개키 암호화 기법
• 암호화키와 복호화키가 서로 다른(비대칭) 두 개(이중키)의 키를 가짐
• 암호화와 복호화의 속도가 느림
• 암호화는 공개키로, 복호화는 비밀키로 함
• 이중키이므로 알고리즘이 복잡하고 파일 크기가 큼
• 대표적인 방식으로 RSA가 있음

⬆상⬆중🔵하

02 다음 중 〈보기〉에 해당하는 계층으로 옳은 것은?

〈보기〉

가. 기능적, 기계적, 전기적인 특성으로 정의
나. 허브나 리피터 등의 장비를 사용
다. V.24, RS-232C의 통신 규격을 사용

① 물리 계층
② 데이터 링크 계층
③ 네트워크 계층
④ 응용 계층

물리 계층
• 허브나 리피터 등의 전기적 신호를 재발생시키는 장비를 사용
• 시스템 간의 물리적인 접속을 제어
• 기능적, 기계적, 전기적, 절차적인 특성으로 정의
• ITU-T의 V.24, EIA의 RS-232C 통신 규격을 사용

⬆상🔵중⬆하

03 다음 중 한글 Windows에서 PnP 기능이 지원되지 않는 하드웨어를 설치하기 위해 [실행]에서 '하드웨어 추가 마법사'를 실행하기 위한 명령은?

▶ 합격 강의

① regedit
② hdwwiz
③ perfmon
④ taskmgr

hdwwiz : 하드웨어 추가 마법사

오답 피하기
• regedit : 레지스트리 편집기
• perfmon : 성능 모니터
• taskmgr : 작업 관리자

⬆상⬆중🔵하

04 한글 Windows에서 컴퓨터의 전원을 켠 상태에서 컴퓨터 시스템의 장치를 연결하거나 분리할 수 있는 기능은?

① Interrupt
② Hot Swap
③ NTFS
④ GUI

핫 스왑(Hot Swap) : 컴퓨터의 전원이 들어온 상태에서 장치를 연결하거나 분리하여도 컴퓨터 실행에 전혀 지장을 주지 않는 기능

⬆상⬆중🔵하

05 다음 중 한글 Windows [설정]-[장치]-[마우스]에서 설정 가능한 기능으로 옳지 않은 것은?

▶ 합격 강의

① 기본 단추 선택
② 커서 속도
③ 한 번에 스크롤할 줄 수 선택
④ 활성 창을 가리킬 때 스크롤

[설정]-[장치]-[마우스]에서는 '비활성 창을 가리킬 때 스크롤' 기능이 지원됨

ANSWER 01 ① 02 ① 03 ② 04 ② 05 ④

06 다음 중 USB에 대한 설명으로 옳지 않은 것은?

① PnP와 Hot Swap를 지원한다.

② 주변 기기를 127개까지 연결할 수 있다.

③ USB 3.0의 포트 색깔은 빨간색이다.

④ USB 3.0은 최대 5Gbps, 3.1은 10Gbps까지 속도가 지원된다.

USB 3.0의 포트 색깔은 파란색임

07 다음 중 〈보기〉에서 제시하는 기능을 수행하는 곳은?

〈보기〉

> 가. 시작 단추, 시간/날짜, 바탕 화면 보기 등이 표시됨
> 나. 검색 창에서 원하는 앱을 찾아 실행
> 다. 작업 보기를 실행
> 라. 현재 수행 중인 앱들이 표시됨

① 파일 탐색기

② 시작 메뉴

③ 작업 표시줄

④ 작업 관리자

작업 표시줄 : 시작 단추, 검색 창, 작업 보기, 숨겨진 아이콘 표시, 시스템 아이콘, 입력 도구 모음, 시간/날짜, 알림 센터, 바탕 화면 보기 등으로 구성됨

08 다음 중 Windows의 [파일 탐색기]에 대한 설명으로 옳지 않은 것은?

① 파일 탐색기를 바로 가기 키로 실행하려면 ⊞+E 를 누르면 된다.

② 폴더 창에서 폴더를 선택한 후 Back Space 를 누르면 상위 폴더가 선택된다.

③ Alt + P 를 누르면 미리 보기 창이 표시된다.

④ Ctrl + O 를 누르면 새 창 열기가 실행된다.

Ctrl + N : 새 창 열기

09 다음 중 정보 전송 방식에 대한 설명으로 옳지 않은 것은?

① 전화는 전이중(Full Duplex) 방식에 해당한다.

② 라디오, TV 방송 등은 단방향(Simplex) 방식에 해당한다.

③ 무전기는 동시 전송이 불가능한 방식에 해당한다.

④ 전송 방식은 무지향, 양방향, 스테레오 방식이 있다.

전송 방식에는 단방향, 반이중, 전이중 방식이 있음

10 다음 중 통신 장비의 기능으로 옳지 않은 것은?

① 허브 : 집선 장치로 회선을 통합적으로 관리

② 리피터 : 신호를 새로 재생하거나 출력 전압을 높이는 기능

③ 라우터 : 최적의 경로를 찾아 통신망에 연결

④ 브리지 : 변조와 복조 과정을 통해 통신을 수행

브리지 : 독립된 두 개의 근거리 통신망을 연결하는 접속 장치

오답 피하기

모뎀 : 디지털 신호를 아날로그 신호로 변환하는 변조 과정과 아날로그 신호를 디지털 신호로 변환하는 복조 과정을 수행하는 변복조 장치

11 다음 중 전자 악기 사이의 데이터 교환을 위한 규약으로 전자 음향 장치나 디지털 악기들을 연결하여 음악의 연주 정보 및 여러 가지 기능에 대한 정보를 전달할 수 있는 인터페이스는?

① MIDI

② MP3

③ WAV

④ JPG

오답 피하기

• MP3 : MPEG에서 규정한 오디오 압축 방법

• WAV : PC에서 오디오를 재생하는 MS사의 오디오 파일 표준 포맷

• JPG : 정지 영상 압축 기술에 관한 표준화 규격

12 다음 중 클럭 주파수에 대한 설명으로 옳지 않은 것은?

① 컴퓨터의 메인 보드에 공급되는 클럭은 CPU의 속도에 맞추어 적절하게 적용되어야 컴퓨터가 안정적으로 구동된다.

② 1Hz는 1초 동안 1번의 주기가 반복되는 것을 의미한다.

③ CPU는 클럭 주기에 따라 명령을 수행하며 클럭 주파수가 적을수록 연산 속도가 빠르다고 할 수 있다.

④ 전류가 흐르는 상태(ON)와 흐르지 않는 상태(OFF)가 주기적으로 반복되어 작동하는데, 이 전류의 흐름을 클럭 주파수라고 한다.

클럭 주파수가 높을수록 연산 속도가 빠름

13 다음 중 Windows에서 PC를 관리하는 방법으로 올바르지 않은 것은?

① 디스크 검사는 디스크의 논리적인 오류만을 검사한다.

② 디스크 정리는 불필요한 파일들을 삭제하여 사용 가능한 공간을 늘린다.

③ 디스크의 단편화를 제거하는 작업은 드라이브 조각 모음 및 최적화이다.

④ 컴퓨터의 중요한 자료들은 항상 백업을 통해 불의의 사고로부터 데이터를 보호해야 한다.

디스크 검사는 파일과 폴더 및 디스크의 논리적 오류와 물리적인 오류를 검사하고 수정함

14 다음 중 바탕 화면에서 휴지통의 바로 가기 메뉴에서 수행 가능한 기능으로 옳지 않은 것은?

① 시작 화면에 고정

② 바로 가기 만들기

③ 휴지통 아이콘 모양 바꾸기

④ 휴지통 비우기

휴지통의 바로 가기 메뉴에서 아이콘의 모양은 변경할 수 없음

오답 피하기

휴지통의 바로 가기 메뉴 : 열기, 휴지통 비우기, 시작 화면에 고정, 바로 가기 만들기, 이름 바꾸기, 속성 등이 가능함

15 다음 중 〈보기〉에 해당하는 네트워크의 구성(Topology) 형태는?

〈보기〉

가. 루프(Loop) 형이라고도 한다.
나. 서로 이웃하는 컴퓨터와 단말기들을 연결한 형태이다.
다. LAN에서 가장 많이 사용하는 형태이다.

① 스타형

② 트리형

③ 링형

④ 버스형

링형은 루프형이라고도 하며 통신 회선 장애 발생 시 융통성이 있으나 전체 통신망에 영향을 줌

16 다음 중 운영체제에 대한 설명으로 옳지 않은 것은?

① 운영체제의 종류에는 Windows, Unix, Linux, 안드로이드, iOS 등이 있다.

② 사용자와 컴퓨터 하드웨어 사이의 인터페이스 기능을 제공한다.

③ 프로세서, 저장 장치, 입출력 장치, 통신 장치와 같은 컴퓨터 하드웨어와 데이터 등을 관리한다.

④ 운영체제는 제어 프로그램과 연산 프로그램으로 구성된다.

운영체제는 제어 프로그램과 처리 프로그램으로 구성됨

17 다음 중 교착 상태(Deadlock)가 일어나기 위한 조건으로 옳지 않은 것은?

① 상호 배제

② 선점

③ 환형 대기

④ 점유와 대기

교착 상태가 일어나기 위한 조건 : 상호 배제, 점유와 대기, 비선점, 환형 대기

18 다음 중 MPEG 규격에 대한 설명으로 옳지 않은 것은?

① MPEG-2 : HDTV, 위성 방송, DVD 등 높은 화질과 음질을 필요로 하는 압축 기술

② MPEG-4 : 비디오 CD나 CD-I 규격 기술

③ MPEG-7 : 인터넷상에서 멀티미디어 동영상의 정보 검색이 가능

④ MPEG-21 : 디지털 콘텐츠의 제작, 유통, 보안 등 전 과정을 관리하는 기술

MPEG-1 : 비디오 CD나 CD-I 규격 기술

오답 피하기

MPEG-4 : 복합 멀티미디어 서비스의 통합 표준 기술

19 다음 중 사물 인터넷에 대한 설명으로 옳지 않은 것은?

① IoT(Internet of Things)라고도 하며 개인 맞춤형 스마트 서비스를 지향한다.
② 사람을 제외한 사물과 공간, 데이터 등을 이더넷으로 서로 연결하는 무선 통신 기술을 의미한다.
③ 스마트 센싱 기술과 무선 통신 기술을 융합하여 실시간으로 데이터를 주고받는 기술이다.
④ 사물 인터넷 기반 서비스는 개방형 아키텍처를 필요로 하기 때문에 정보 공유에 대한 부작용을 최소화하기 위한 정보 보안 기술의 적용이 중요하다.

IoT(Internet of Things) : 인간 대 사물, 사물 대 사물 간에 인터넷으로 연결되어 정보의 소통이 가능한 기술

20 다음 〈보기〉에서 제시한 기능을 수행하는 것은?

〈보기〉

가. 컴퓨터에 설치된 하드웨어를 확인하거나 제거
나. 디바이스 속성 확인 및 드라이버 업데이트
다. 하드웨어 변경 사항 검색

① [레지스트리 편집] 창
② [작업 관리자] 창
③ [장치 관리자] 창
④ [하드웨어 추가/제거] 창

[장치 관리자] 창
• 설치된 하드웨어를 확인하거나 제거할 수 있음
• 하드웨어 장치의 드라이버나 소프트웨어를 업데이트함
• 하드웨어 설정을 수정하고 문제를 해결할 수 있음

2 과목 스프레드시트 일반

21 다음 〈보기〉에 해당하는 차트로 옳은 것은?

〈보기〉

가. 계층적 데이터를 표시하는 데 적합하며 계층 구조 내에 빈 셀이 있는 경우 그릴 수 있다.
나. 계층 구조가 없는 차트는 도넛형 차트와 모양이 유사하다.
다. 이 차트는 하나의 고리가 어떤 요소로 구성되어 있는가를 보여주는 데 가장 효과적이다.

① 방사형 차트   ② 트리맵 차트
③ 선버스트 차트   ④ 히스토그램 차트

선버스트 차트
• 계층적 데이터를 표시하는 데 적합함
• 하나의 고리 또는 원이 계층 구조의 각 수준을 나타내며 가장 안쪽에 있는 원이 계층 구조의 가장 높은 수준을 나타냄
• 선버스트 차트는 하위 차트 종류가 없음

22 다음 중 [찾기 및 바꾸기]에서 곱셈 수식이나 의문문의 *(별표)와 ?(물음표) 기호를 검색하려는 방법으로 옳은 것은?

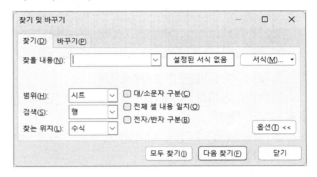

① * 혹은 ? 기호만 입력한다.
② ** 혹은 ?? 기호처럼 2개씩 겹쳐서 입력한다.
③ #의 기호 뒤에 * 혹은 ?를 붙인다.
④ ~의 기호 뒤에 * 혹은 ?를 붙인다.

*와 ? 기호 자체를 찾아야 할 때는 ~ 기호 뒤에 입력함

23 다음 중 시나리오에 대한 설명으로 옳지 않은 것은?

① 시나리오를 사용하여 워크시트 모델의 결과를 예측할 수 있다.
② 시나리오 보고서에서는 자동으로 계산을 다시 수행하지 않는다.
③ 시나리오는 별도의 파일로 저장하고 자동으로 바꿀 수 있는 값의 집합이다.
④ 시나리오 작성 시 변경 셀 상자에 여러 참조 셀을 지정할 수 있다.

시나리오는 변경 셀로 지정한 셀에 계산식이 포함되어 있으면 자동으로 상수로 변경되어 시나리오가 작성되지만 별도의 파일로 저장되지는 않음

24 다음 중 시트에서 모든 자료를 한 장에 인쇄하기 위한 설정 방법으로 가장 옳은 것은?

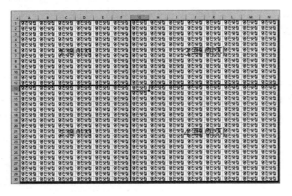

① [축소 확대/배율]을 100%로 한다.
② [자동 맞춤]의 [용지 너비]를 '1'로 하고 [용지 높이]를 '1'로 한다.
③ [자동 맞춤]의 [용지 너비]를 공백으로 하고 [용지 높이]를 '1'로 한다.
④ [자동 맞춤]의 [용지 너비]를 '1'로 하고 [용지 높이]를 공백으로 한다.

모든 자료를 한 장에 인쇄 : [자동 맞춤]을 선택하고 용지의 너비와 높이를 각각 1로 설정하면 모든 자료가 한 장에 인쇄됨

25 다음 중 VBA 명령에 대한 설명으로 옳지 않은 것은?

① Range("A1:A5").Select : A1셀에서 A5셀까지 범위를 선택
② .Font Type = "굴림" : 글꼴을 "굴림"으로 설정
③ With ~ End With : 하나의 개체에 여러 가지 메서드나 속성을 변경
④ For ~ Next : 특정 부분을 조건이 만족할 때까지 반복 수행

• Font 개체에서 폰트 이름을 지정할 때는 Name 속성을 이용함
• .Name = "굴림" : 글꼴을 "굴림"으로 설정

26 다음 중 매크로에 대한 설명으로 옳지 않은 것은?

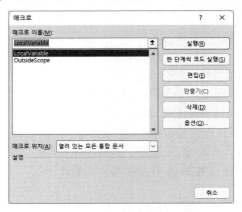

① [실행]은 지정된 매크로를 실행한다.
② [편집]은 Visual Basic Editor에서 매크로를 열지만 코드는 시작되지 않는다.
③ [삭제]는 매크로를 임시로 삭제하므로 삭제한 매크로는 복원할 수 있다.
④ [옵션]은 바로 가기 키 및 설명 등의 속성을 수정할 수 있다.

[삭제]는 매크로를 영구적으로 삭제하며 삭제된 매크로는 복원할 수 없음

27 다음 중 아래 프로시저에 대한 설명으로 옳지 않은 것은?

```
Sub LocalVariable()
    Dim strMsg As String
    strMsg = "작업이 완료되었습니다."
    MsgBox strMsg
End Sub

Sub OutsideScope()
    MsgBox strMsg
End Sub
```

① LocalVariable()에서 strMsg를 문자열 변수로 선언하였다.
② LocalVariable()에서 변수 strMsg에 "작업이 완료되었습니다."라는 문자열을 대입시킨다.
③ LocalVariable()에서 변수 strMsg 내용을 MsgBox를 이용해 대화 상자에 표시한다.
④ OutsideScope()에서도 LocalVariable()에서 선언된 strMsg 변수가 적용되어 MsgBox를 이용해 대화 상자에 표시한다.

ANSWER 24 ② 25 ② 26 ③ 27 ④

OutsideScope( )에서도 LocalVariable( )처럼 Dim strMsg As String과
strMsg = "작업이 완료되었습니다."를 선언해 주어야 함

프로시저	실행 결과
Sub LocalVariable() 　Dim strMsg As String 　strMsg = "작업이 완료되었습니다." 　MsgBox strMsg End Sub	
Sub OutsideScope() 　MsgBox strMsg End Sub	

28 다음 그림과 같이 [B2:B5] 영역에 데이터 유효성 검사를
설정하였을 때 입력할 수 없는 값은?

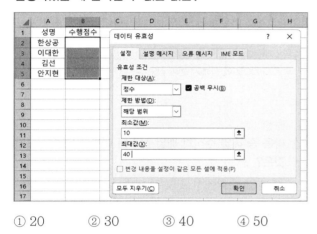

① 20　　　② 30　　　③ 40　　　④ 50

[데이터 유효성] 대화 상자에서 제한 대상을 "정수", 최소값을 "10", 최대값
을 "40"으로 설정하였으므로 50을 입력하면 오류 메시지가 표시됨

29 다음 중 [Excel 옵션]의 [일반]에서 설정 가능한 작업으로
옳지 않은 것은?

① 글꼴 크기
② 실시간 미리 보기 사용
③ 포함할 시트 수
④ 셀에서 직접 편집 허용

셀에서 직접 편집 허용은 [고급]의 [편집 옵션]에서 설정할 수 있음

30 다음 중 워크시트에서 차트나 도형, 테두리 등의 그래픽 요
소를 제외하고 텍스트만 출력하고자 할 때 설정해야 하는
항목으로 옳은 것은?

① [페이지 설정] 대화 상자의 [페이지] 탭에서 [간단하
게 인쇄] 항목
② [페이지 설정] 대화 상자의 [페이지] 탭에서 [인쇄 품
질] 항목
③ [페이지 설정] 대화 상자의 [시트] 탭에서 [흑백으로]
항목
④ [페이지 설정] 대화 상자의 [시트] 탭에서 [간단하게
인쇄] 항목

[시트] 탭에서 [간단하게 인쇄] 항목 : 차트나 도형, 테두리 등의 그래픽 요소
를 인쇄하지 않음

31 다음 중 아래의 데이터를 이용하여 계산할 현재 가치 [D3]
의 수식으로 옳은 것은?

	A	B	C	D
1	투자 금액의 현재 가치			
2	연이율	투자기간(년)	투자금액	현재가치
3	6%	3	3,000,000	

① =PV(A3/12,B3*12,,C3)
② =PV(A3/12,B3/12,,C3)
③ =PV(A3/12,B3,,C3)
④ =PV(A3,B3,,C3)

• PV 함수 : 투자액의 Present Value, 즉 현재 가치를 구하는 함수
• =PV(연이율/12, 투자 기간(년)*12,,투자 금액) → =PV(A3/12,B3*12,,C3)

상 중 하

32 다음 아래 첫 번째 시트의 [D2] 셀을 선택한 상태에서 수식 입력줄의 B2*C2를 선택하고 어떤 키를 누르면 선택된 수식이 계산되어 다음 시트처럼 2000000이 표시되는가?

SUM	▼	:	×	✓	*fx*	=B2*C2	
◢	A	B	C	D		E	
1	품명	수량	단가	금액			
2	노트북	2	1,000,000	=B2*C2			
3							

↓

SUM	▼	:	×	✓	*fx*	=2000000	
◢	A	B	C	D		E	
1	품명	수량	단가	금액			
2	노트북	2	1,000,000	=2000000			
3							

① F1
② F2
③ F8
④ F9

F9 : 선택된 수식이 계산되어 나타남

오답 피하기
- F1 : Excel 도움말 작업창을 표시
- F2 : 활성 셀 편집
- F8 : 확장 모드 설정 및 해제

상 중 하

33 다음 중 텍스트 마법사에 대한 설명으로 옳지 않은 것은?

① 한 셀에 입력되어 있는 데이터를 여러 셀로 분리시킨다.
② 텍스트 마법사 3단계에서 '열 가져오지 않음(건너뜀)'을 이용하여 일부 열만 가져올 수 있다.
③ 텍스트 마법사가 아닌 함수를 사용하여 여러 셀로 텍스트를 분할할 수도 있다.
④ 구분 기호는 탭, 세미 콜론만 설정할 수 있다.

구분 기호는 탭, 세미콜론, 쉼표, 공백, 기타 등으로 설정 가능함

상 중 하

34 다음 중 〈보기〉에 맞게 차트를 작성하는 바로 가기 키로 올바르게 짝지어진 것은?

〈보기〉

가. 별도의 차트 시트에 차트가 작성된다.
나. 현재 워크시트에 차트가 작성된다.

① 가. F8, 나. Ctrl + F1
② 가. F8, 나. Alt + F1
③ 가. F11, 나. Ctrl + F1
④ 가. F11, 나. Alt + F1

- 가. 별도의 차트 시트에 차트가 작성된다. → F11
- 나. 현재 워크시트에 차트가 작성된다. → Alt + F1

상 중 하

35 다음 중 수식의 결과가 옳지 않은 것은?

합격강의

① =FIXED(3456.789,1,FALSE) → 3,456.8
② =EOMONTH(DATE(2022,2,25),1) → 2022-03-31
③ =CHOOSE(ROW(A3:A6), "동","서","남",2015) → 남
④ =REPLACE("February",SEARCH("U","Seoul-Unesco"),5,"") → Febru

- =REPLACE("February",SEARCH("U","Seoul-Unesco"), 5,"") → Feb
- SEARCH("U","Seoul-Unesco") : "Seoul-Unesco"에서 "U"를 찾음(대소문자를 구분하지 않으므로 위치 결과는 4)
- =REPLACE("February",4,5,"") : "February"의 4번째에서 5개를 공백으로 교체하므로 결과는 Feb가 됨

오답 피하기
- =FIXED(3456.789,1,FALSE) : 수를 고정 소수점 형태의 텍스트로 바꿈, FALSE(쉼표 표시) → 3,456.8
- =EOMONTH(DATE(2022,2,25),1) : 시작 날짜를 기준으로 1개월 후의 마지막 날을 반환 → 2022-03-31
- =CHOOSE(ROW(A3:A6), "동","서","남",2015) : ROW (A3:A6)의 값이 3이므로 CHOOSE에 의해 세 번째 값인 "남"이 선택됨 → 남

상 중 하

36 다음 중 배열 수식과 배열 상수에 대한 설명으로 옳지 않은 것은?

① 배열 수식에서 잘못된 인수나 피연산자를 사용할 경우 '#VALUE!'의 오류 값이 발생한다.
② 배열 상수는 숫자, 논리 값, 텍스트, 오류 값 외에 수식도 사용할 수 있다.
③ 배열 상수에서 다른 행의 값은 세미 콜론(;), 다른 열의 값은 쉼표(,)로 구분한다.
④ Ctrl + Shift + Enter 를 누르면 중괄호({ }) 안에 배열 수식이 표시된다.

배열 상수로 숫자, 논리 값(True, False), 텍스트, #N/A와 같은 오류 값을 사용할 수 있으나 수식은 사용할 수 없음

ANSWER 32 ④ 33 ④ 34 ④ 35 ④ 36 ②

37 아래의 시트에서 [I2:I5] 영역에 [B2:F14] 영역의 표를 참조하는 배열 수식을 사용하여 지점별 총대출금액을 구하였다. 다음 중 [I2] 셀의 수식 입력 줄에 표시된 함수식으로 옳은 것은?

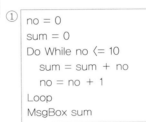

▲	B	D	E	F
1	성명	지점	대출금액(천)	기간(월)
2	문정현	서울	7,500	36
3	조일순	경기	5,000	24
4	남태우	서울	10,000	60
5	송현주	충남	8,000	36
6	민병우	서울	5,000	24
7	정백칠	경기	10,000	60
8	김주석	경기	10,000	60
9	오창환	부산	15,000	24
10	장정	서울	7,000	24
11	원주연	서울	3,000	36
12	강소라	충남	5,000	24
13	김연	서울	5,000	12
14	정민수	경기	5,000	36

▲	H	I
1	지점	총대출금액(천)
2	서울	37,500
3	경기	30,000
4	부산	15,000
5	충남	13,000

① {=SUMIF($D$2:$D$14=H2))}

② {=SUM(IF($D$2:$D$14=H2,1,0))}

③ {=SUM(IF($D$2:$D$14=H2,$E$2:$E$14,0))}

④ {=SUMIF($D$2:$D$14=H2,$E$2:$E$14,1))}

IF(조건, 참, 거짓)에 의해 조건은 $D$2:$D$14=H2이며 지점 영역 [$D$2:$D$14]에서 [H2] 셀에 입력된 "서울" 지점인 경우 참이면 대출금액 영역 [$E$2:$E$14]에서 "서울"에 해당하는 대출 금액의 합(SUM)을 구함. 배열 수식이므로 =SUM(IF($D$2:$D$14=H2,$E$2:$E$14,0))를 입력한 다음 Ctrl + Shift + Enter 를 누르면 됨

오답 피하기

SUMIF를 사용하려면 SUMIF(검색 범위, 조건, 합계 범위)이므로 =SUMIF($D$2:$D$14,H2,$E$2:$E$14)처럼 입력하면 됨

38 다음 중 부분합에서 사용 가능한 기능으로 옳은 것은?

① [사용할 함수]에서 숫자 개수, 문자 개수, 조화 평균, 평방 평균 등의 함수를 사용할 수 있다.

② [모두 제거] 단추는 중복된 항목을 제거한다.

③ [데이터 유효성 검사]를 통해 입력 데이터를 제한할 수 있다.

④ [새로운 값으로 대치]는 이전 부분합을 지우고 새로운 부분합을 삽입한다.

오답 피하기

• ① : [사용할 함수]에 문자 개수, 조화 평균, 평방 평균은 해당하지 않음

• ② : [모두 제거]는 목록에 삽입된 부분합이 삭제되고 원래 데이터 상태로 돌아감

• ③ : [데이터 유효성 검사]는 부분합 기능에 포함되지 않음

39 다음 중 아래 워크시트의 [C2] 셀에 표시 형식을 '₩#,##0;(₩#,##0)'으로 설정하였을 때 표시되는 결과로 옳은 것은?

C2	▼	×	✓	fx	-890603
▲	A	B	C	D	
1					
2			-890603		
3					

① ₩890,603

② −₩890,603

③ (₩890,603)

④ (−₩890,603)

• 두 개의 구역만 지정하면 첫 번째 구역은 양수와 0이 적용되고, 두 번째 구역은 음수가 적용됨

• −890603을 ₩#,##0;(₩#,##0)에 적용하면 음수이므로 (₩890,603)이 결과로 표시됨

40 다음 중 1부터 10까지의 합을 구하는 VBA 모듈로 옳지 않은 것은?

①
```
no = 0
sum = 0
Do While no <= 10
    sum = sum + no
    no = no + 1
Loop
MsgBox sum
```

②
```
no = 0
sum = 0
Do
    sum = sum + no
    no = no + 1
Loop While no <= 10
MsgBox sum
```

③
```
no = 0
sum = 0
Do While no < 10
    sum = sum + no
    no = no + 1
Loop
MsgBox sum
```

④
```
sum = 0
For no = 1 To 10
    sum = sum + no
Next
MsgBox sum
```

③ : Do While에서 조건이 no < 10이기 때문에 1부터 9까지의 합 45가 결과로 구해지며, 1부터 10까지의 합을 구하기 위해서는 보기 ①처럼 Do While no <= 10이 되어야 함

오답 피하기

• 반복 제어문 Do While ~ Loop와 Do ~ Loop While 명령 모두 조건이 no <=10처럼 되어 1부터 10까지의 합을 구함

• 반복 제어문 For ~ Next는 no = 1 To 10에 의해 1부터 10까지의 합이 구해짐

41 다음 〈보기〉에서 문자열 함수의 결과 값으로 옳은 것은?

〈보기〉

```
가. =InStr(3,"Ba na na","A")
나. =InStr(6,"Ba na na","A")
```

① 가. 2, 나. 3
② 가. 4, 나. 6
③ 가. 5, 나. 8
④ 가. 6, 나. 9

- 형식 : =InStr(시작 위치, 원본 문자열식, 검색할 문자열) → 시작 위치(공백 포함)에서 "검색할 문자열"을 "원본 문자열식"에서 찾아서 그 위치를 반환함(대소문자 구분하지 않음)
- =InStr(3,"Ba na na","A") : 3번째 Ba 다음의 공백부터 "A"를 찾으므로 그 위치값은 5가 됨
- =InStr(6,"Ba na na","A") : 6번째 na 다음의 공백부터 "A"를 찾으므로 그 위치값은 8이 됨

42 다음 [직원] 테이블을 이용하여 월별로 생일인 사원수를 표시하는 폼을 만들기 위한 레코드 원본으로 옳은 것은?

〈보기〉

직원(사번, 성명, 성별, 생년월일)

① select month(*) as 월, sum(생년월일) as 생일자수 from 직원 group by month(생년월일)
② select month(생년월일) as 월, count(*) as 생일자수 from 직원 group by 생년월일
③ select month(*) as 월, count(생년월일) as 생일자수 from 직원 group by 생년월일
④ select month(생년월일) as 월, count(*) as 생일자수 from 직원 group by month(생년월일)

select month(생년월일) as 월, count(*) as 생일자수 from 직원 group by month(생년월일)

- 생년월일 필드에 대한 월(month)별 그룹화(group by) 직원(레코드) 수 (count)를 구하면 됨
- 월별로 묶기 위해서 group by month(생년월일) 절이 필요하며, [직원] 테이블의 전체 레코드 수를 count(*)로 헤아려 인원수를 구해야 함

43 다음 중 보고서의 각 구역에 관한 설명으로 옳지 않은 것은?

① 보고서 머리글은 보고서의 맨 앞에 한 번 출력되며, 일반적으로 로고나 제목 및 날짜와 같이 표지에 나타나는 정보를 추가한다.
② 그룹 머리글은 각 새 레코드 그룹의 맨 앞에 출력되며, 그룹 이름을 출력하려는 경우에 사용한다.
③ 본문은 레코드 원본의 모든 행에 대해 한 번씩 출력되며, 보고서의 본문을 구성하는 컨트롤이 여기에 추가된다.
④ 보고서 바닥글은 모든 페이지의 맨 끝에 출력되며, 페이지 번호 또는 페이지별 정보를 표시하려는 경우에 사용한다.

페이지 바닥글 : 보고서의 매 페이지의 하단에 표시됨. 페이지 번호나 날짜 등의 항목을 삽입함

오답 피하기

보고서 바닥글 : 보고서의 맨 마지막 페이지에 한 번만 표시됨. 보고서의 총계나 안내 문구 등의 항목을 삽입함

44 다음 중 아래의 프로그램을 수행한 후 변수 Sum의 값으로 옳은 것은?

```
Sum = 0
For i = 1 to 20
    Select Case ( i Mod 4 )
        Case 0
            Sum = Sum + i
        Case 1, 2, 3
    End Select
Next
```

① 45
② 55
③ 60
④ 70

1부터 20까지(For i = 1 to 20)를 4로 나눈 나머지가(i Mod 4) 0인 경우(Case 0)의 합(Sum = Sum + i)을 구함(결과는 60)

45 폼 바닥글에 [사원] 테이블의 '직급'이 '과장'인 레코드들의 '급여' 합계를 구하고자 한다. 다음 중 폼 바닥글의 텍스트 상자 컨트롤에 입력해야 할 식으로 옳은 것은?

① =DSUM("[급여]", "[사원]", "[직급]='과장'")
② =DHAP("[급여]", "[사원]", "[직급]='과장'")
③ =DSUM("[사원]", "[급여]", "[직급]='과장'")
④ =DHAP("[사원]", "[급여]", "[직급]='과장'")

- DSUM : 특정 필드 값의 합계를 구할 때 사용하는 함수
- =DSUM("구할 필드", "테이블명", "조건")이므로 → =DSUM("[급여]", "[사원]", "[직급]='과장'")

46 다음 중 폼을 디자인 보기나 데이터시트 보기로 열기 위해 사용하는 매크로 함수는?

① RunCommand
② OpenForm
③ RunMacro
④ RunSQL

OpenForm : 폼 보기, 폼 디자인 보기, 인쇄 미리 보기, 데이터시트 보기로 폼을 열 수 있음

오답 피하기

- RunMenuCommand : 액세스에서 제공하는 명령(메뉴 모음, 도구 모음, 바로 가기 메뉴)을 실행함
- RunMacro : 매크로를 실행함(매크로는 매크로 그룹에 포함될 수 있음)
- RunSQL : SQL문을 실행함

47 다음 중 하위 보고서에 대한 설명으로 옳지 않은 것은?

① 하위 보고서에는 그룹화 및 정렬 기능을 설정할 수 없다.
② 디자인 보기 상태에서 하위 보고서의 크기 조절 및 이동이 가능하다.
③ 테이블, 쿼리, 폼 또는 다른 보고서를 이용하여 하위 보고서를 작성할 수 있다.
④ 관계 설정에 문제가 있을 경우, 하위 보고서가 제대로 표시되지 않을 수 있다.

하위 보고서에서 그룹화 및 정렬 기능을 설정할 수 있음

48 다음 중 Access의 기본 키에 대한 설명으로 옳지 않은 것은?

① 기본키는 테이블의 [디자인 보기] 상태에서 설정할 수 있다.
② 기본키로 설정된 필드에는 널(Null) 값이 허용되지 않는다.
③ 기본키로 설정된 필드에는 항상 고유한 값이 입력되도록 자동으로 확인된다.
④ 관계가 설정되어 있는 테이블에서 기본키 설정을 해제하면 해당 테이블에 설정된 관계도 삭제된다.

기본키를 바꾸거나 제거하려면 먼저 [관계] 창에서 관계를 삭제해야 됨

49 다음 중 개체 관계 모델(Entity Relationship Model)에 관한 설명으로 옳지 않은 것은?

① 개념적 설계에 가장 많이 사용되는 모델로 개체 관계도(ERD)가 가장 대표적이다.
② 개체집합과 관계 집합으로 나누어서 개념적으로 표시하는 방식으로 특정 데이터베이스 관리 시스템(DBMS)을 고려한 것은 아니다.
③ 개체(Entity)는 가상의 객체나 개념을 의미하고, 속성(Attribute)은 개체를 묘사하는 데 사용될 수 있는 특성을 의미한다.
④ 데이터를 개체(Entity), 관계(Relationship), 속성(Attribute)과 같은 개념으로 표시한다.

개체(Entity)는 다른 것과 구분되는 개체로 단독으로 존재하는 실세계의 객체나 개념을 의미함

50 다음 중 폼 작성 시 사용하는 컨트롤에 대한 설명으로 옳지 않은 것은?

① 레이블 컨트롤은 제목이나 캡션 등의 설명 텍스트를 표현하기 위해 많이 사용된다.

② 텍스트 상자는 바운드 컨트롤로 사용할 수 있으나 언바운드 컨트롤로는 사용할 수 없다.

③ 목록 상자 컨트롤은 여러 개의 데이터 행으로 구성되며 대개 몇 개의 행을 항상 표시할 수 있는 크기로 지정되어 있다.

④ 콤보 상자 컨트롤은 선택 항목 목록을 보다 간단한 방식으로 나타내기 위해 드롭다운 화살표를 클릭하기 전까지는 목록이 숨겨져 있다.

> 텍스트 상자는 바운드 컨트롤, 언바운드 컨트롤, 계산 컨트롤로 사용할 수 있음

51 다음 중 폼에서 컨트롤의 탭 순서를 변경하는 방법으로 옳지 않은 것은?

① 마법사 또는 레이아웃과 같은 도구를 사용하여 폼을 만든 경우 컨트롤이 폼에 표시되는 순서(위쪽에서 아래쪽 및 왼쪽에서 오른쪽)와 같은 순서로 탭 순서가 설정된다.

② 탭 순서에서 컨트롤을 제거하려면 컨트롤의 탭 정지 속성을 '예'로 설정한다.

③ [탭 순서] 대화 상자를 이용하면 컨트롤의 탭 순서를 컨트롤 이름 행을 드래그해서 조정할 수 있다.

④ 기본적으로는 컨트롤을 작성한 순서대로 탭 순서가 설정되며, 레이블에는 설정할 수 없다.

> 탭 순서에서 컨트롤을 제거하려면 컨트롤의 탭 정지 속성을 '아니요'로 설정함

52 다음 중 액세스의 보고서에 대한 설명으로 옳은 것은?

① 보고서 머리글과 보고서 바닥글의 내용은 모든 페이지에 출력된다.

② 보고서에서도 폼에서와 같이 이벤트 프로시저를 작성할 수 있다.

③ 보고서의 레코드 원본으로 테이블, 쿼리, 엑셀과 같은 외부 데이터, 매크로 등을 지정할 수 있다.

④ 컨트롤을 이용하지 않고도 보고서에 테이블의 데이터를 표시할 수 있다.

> 보고서에서도 폼에서와 같이 이벤트 프로시저를 작성할 수 있으나 폼과는 달리 컨트롤에 데이터를 입력하거나 수정할 수는 없음
>
> **오답 피하기**
> • ① : 보고서 머리글은 보고서 첫 페이지 상단에 한 번만 표시되고 보고서 바닥글은 보고서의 맨 마지막 페이지에 한 번만 표시됨
> • ③ : 보고서는 데이터 원본으로 테이블, 쿼리, SQL문을 사용함
> • ④ : 보고서는 폼과 동일하게 컨트롤을 이용하여 테이블의 데이터를 표시함

53 다음 중 실행 쿼리의 삽입(INSERT)문에 대한 설명으로 옳지 않은 것은?

① 하나의 INSERT문을 이용해 여러 개의 레코드와 필드를 삽입할 수 있다.

② 필드 값을 직접 지정하거나 다른 테이블의 레코드를 추출하여 추가할 수 있다.

③ 레코드의 전체 필드를 추가할 경우 필드 이름을 생략할 수 있다.

④ 한 개의 INSERT문으로 여러 개의 레코드를 여러 개의 테이블에 동일하게 추가할 수 있다.

> 여러 개의 테이블이 아닌 하나의 테이블에만 추가할 수 있음

54 다음 중 크로스탭 쿼리에 대한 설명으로 옳지 않은 것은?

① 쿼리 결과를 Excel 워크시트와 비슷한 표 형태로 표시하는 특수한 형식의 쿼리이다.

② 열 머리글로 사용될 필드는 여러 개를 지정할 수 있지만, 행 머리글로 사용할 필드는 하나만 지정할 수 있다.

③ 그룹화한 데이터에 대해 레코드 개수, 합계, 평균 등을 계산할 수 있다.

④ 맨 왼쪽에 세로로 표시되는 행 머리글과 맨 위에 가로 방향으로 표시되는 열 머리글로 구분하여 데이터를 그룹화한다.

> 열 머리글에는 한 개, 행 머리글은 최대 3개까지 필드를 설정할 수 있음

ANSWER 50 ② 51 ② 52 ② 53 ④ 54 ②

상 중 하

55 다음 중 분할 표시 폼에 대한 설명으로 옳지 않은 것은?

① 분할된 화면에서 데이터를 [폼 보기]와 [데이터시트 보기]로 동시에 볼 수 있다.

② 폼의 두 보기 중 하나에서 필드를 선택하면 다른 보기에서도 동일한 필드가 선택된다.

③ 데이터 원본을 변경하는 경우 데이터시트 보기에서만 데이터를 변경할 수 있다.

④ 데이터시트가 표시되는 위치를 폼의 위쪽, 아래쪽, 왼쪽, 오른쪽 중에서 선택할 수 있다.

> 분할 표시 폼은 폼 보기와 데이터시트 보기를 동시에 표시하며 상호 동기화되어 있음

상 중 하

56 다음 중 필드의 각 데이터 형식에 대한 설명으로 옳지 않은 것은?

① 긴 텍스트는 텍스트 및 숫자 데이터가 최대 255자까지 입력된다.

② Yes/No 형식은 Yes/No, True/False, On/Off 등과 같이 두 값 중 하나만 입력하는 경우에 사용하는 것으로 기본 필드 크기는 1비트이다.

③ 일련번호 형식은 새 레코드를 만들 때 1부터 시작하는 정수가 자동 입력된다.

④ 통화 형식은 소수점 이하 4자리까지의 숫자를 저장할 수 있으며, 기본 필드 크기는 8바이트이다.

> 긴 텍스트 : 최대 63,999자까지 입력됨
>
> 오답 피하기
>
> 짧은 텍스트 : 최대 255자까지 입력됨

상 중 하

57 다음 중 쿼리에서 사용하는 문자열 조건에 대한 설명으로 옳지 않은 것은?

① NOT "전산과" : 문자열의 값이 "전산과"가 아닌 문자열을 찾는다.

② LIKE "서울*" : "서울"이라는 문자열로 시작하는 필드를 찾는다.

③ LIKE "*신림*" : 문자열의 두 번째가 "신"이고 세 번째가 "림"인 문자열을 찾는다.

④ "수학" or "영어" : "수학"이나 "영어"인 레코드를 찾는다.

> LIKE "*신림*" : "신림"이라는 단어를 포함하는 문자열을 찾음
>
> 오답 피하기
>
> LIKE "?신림" : 문자열의 두 번째가 "신"이고 세 번째가 "림"인 문자열을 찾음

상 중 하

58 다음 중 보고서에서 페이지 번호를 표시하는 컨트롤 원본과 그 표시 결과가 옳은 것은?(단, 현재 페이지는 1페이지이고, 전체 페이지는 5페이지임)

① ="Page" & [Page] & "/" & [Pages] → 1/5 Page

② =[Page] & "페이지" → 5페이지

③ =[Page] & "/" & [Pages] & " Page" → Page 1/5

④ =Format([Page], "00") → 01

> • [Page] : 현재 페이지, [Pages] : 전체 페이지
>
> • =Format([Page], "00") → 01(현재 페이지를 Format의 "00"에 따라 2자리 표시함)
>
> 오답 피하기
>
> • ① ="Page" & [Page] & "/" & [Pages] → Page1/5
>
> • ② =[Page] & "페이지" → 1페이지
>
> • ③ =[Page] & "/" & [Pages] & " Page" → 1/5 Page

상 중 하

59 다음 중 정규화에 대한 설명으로 옳지 않은 것은?

① 정규화를 수행하여 데이터의 중복을 완전히 제거할 수 있다.

② 정규화는 테이블 속성들 사이의 종속성을 최대한 배제하는 과정으로 볼 수 있다.

③ 정규화를 통해 데이터 삽입 시 테이블 재구성의 필요성을 줄일 수 있다.

④ 정규화를 통해 삽입, 삭제, 갱신 이상의 발생을 방지할 수 있다.

> 정규화를 수행하더라도 데이터 중복의 최소화는 가능하지만 데이터의 중복을 완전히 제거할 수는 없음

상 중 하

60 다음 중 특정 필드의 입력 마스크를 'LA09#'으로 설정하였을 때 입력 가능한 데이터로 옳은 것은?

① 12345   ② A상345

③ A123A   ④ A1BC

> • L : 필수 요소, A부터 Z까지의 영문자나 한글을 입력함 → A
>
> • A : 필수 요소, 영문자나 한글, 숫자를 입력함 → 상
>
> • 0 : 필수 요소, 0~9까지의 숫자를 입력함 → 3
>
> • 9 : 선택 요소, 숫자나 공백을 입력함(덧셈, 뺄셈 기호를 사용할 수 없음) → 4
>
> • # : 선택 요소, 숫자나 공백을 입력함(덧셈, 뺄셈 기호를 사용할 수 있음) → 5
>
> 오답 피하기
>
> • ① : 12345 → 첫 번째 데이터 1이 영문자나 한글이 아님[L]
>
> • ③ : A123A → 다섯 번째 데이터 A가 숫자나 공백이 아님[#]
>
> • ④ : A1BCD → 세 번째 데이터 B가 숫자가 아님[0], 네 번째 데이터 C가 숫자나 공백이 아님[9], 다섯 번째 데이터 D가 숫자나 공백이 아님[#]

ANSWER   55 ③   56 ①   57 ③   58 ④   59 ①   60 ②

해설과 함께 보는 **2021년 상시 기출문제 02회**

1급	소요시간	문항수
	총60분	총60개

풀이 시간 : _____ 채점 점수 : _____

---

1 과목 **컴퓨터 일반**

상 중 **하**

01 다음 중 모바일 기기에 관련된 용어를 설명한 것이다. 가장 옳지 않은 것은?

① 와이파이(WiFi)는 일정 영역의 공간에서 무선 인터넷의 사용이 가능한 근거리 무선 통신 기술이다.

② N스크린은 여러 다양한 종류의 스크린을 통해 동시에 정보나 콘텐츠를 제공하는 것을 의미한다.

③ AR은 현실 세계에 가상의 사물이나 정보를 부가시켜 실제 공간에 가상 현실을 증강시키는 기술이다.

④ 블루투스(Bluetooth)는 휴대폰, 노트북, 이어폰 등의 모바일 기기를 서로 연결하지 않고 정보를 교환하는 원거리 유선 기술 표준이다.

블루투스(Bluetooth) : 휴대폰, 노트북, 이어폰 등의 모바일 기기를 서로 연결해서 정보를 교환하는 근거리 무선 기술 표준

상 중 하

02 다음 중 한글 Windows에서 프린터를 설치할 때의 설명으로 옳지 않은 것은?

▶합격강의

① 새로운 프린터를 로컬 프린터와 네트워크 프린터로 구분하여 설치할 수 있다.

② 새로운 프린터를 설치하는 과정에서 네트워크 프린터를 기본 프린터로 설정하려면 반드시 스풀링의 설정이 필요하다.

③ 여러 대의 프린터를 한 대의 컴퓨터에 설치할 수 있고, 한 대의 프린터를 네트워크로 공유하여 여러 대의 컴퓨터에서 사용할 수 있다.

④ 기본 프린터는 한 대만 지정할 수 있으며, 기본 프린터로 설정된 프린터도 삭제할 수 있다.

새로운 프린터를 설치하는 과정에서 네트워크 프린터를 기본 프린터로 설정하는 경우 스풀링의 설정이 필요 없음

상 중 하

03 다음 중 〈보기〉의 내용에 해당하는 것으로 옳은 것은?

〈보기〉

가. 객체 내부의 데이터 구조에 데이터의 형뿐만 아니라 사용되는 함수까지 함께 정의한 것을 클래스(Class)라고 한다.

나. 객체는 속성과 메서드의 상속 뿐만 아니라 재사용이 가능하다.

다. 객체가 수행할 수 있는 특정한 작업을 메서드(Method)라고 한다.

① 객체 지향 언어

② 구조적 지향 언어

③ 비주얼 지향 언어

④ 하향식 지향 언어

객체 지향 언어
• 객체 지향 언어에는 C++, Actor, SmallTalk, JAVA 등이 있음
• 메서드의 상속과 재사용이 가능하고 시스템의 확장성이 높음
• 구조화는 객체 지향 언어의 특징이 아님

상 중 하

04 다음 중 정보 전송 방식에 대한 설명으로 옳지 않은 것은?

① 전송 모드에 따라 병렬 전송과 직렬 전송으로 구분한다.

② 전송 동기에 따라 비트 동기, 문자 동기로 구분한다.

③ 전송 방향에 따라 단방향, 반이중, 전이중 방식으로 구분한다.

④ 베이스 밴드 전송은 아날로그 데이터 신호를 변조하여 간접으로 전송하는 방식이다.

베이스 밴드 전송은 디지털 데이터 신호를 변조하지 않고 직접 전송하는 방식임

ANSWER 01 ④ 02 ② 03 ① 04 ④

상중하

05 다음 중 시스템 구성 유틸리티를 실행하기 위한 명령으로 옳은 것은?

① regedit
② taskmgr
③ msconfig
④ perfmon

오답 피하기

• regedit : 레지스트리 편집기
• taskmgr : 작업 관리자
• perfmon : 성능 모니터

06 다음 중 컴퓨터 바이러스에 대한 설명으로 옳지 않은 것은?

① 백신 프로그램은 항상 최신 버전으로 바이러스를 검사한다.
② 발신자가 불분명한 전자우편은 열어보지 않고 삭제한다.
③ 매크로 바이러스는 엑셀이 상주한 메모리에 감염되는 바이러스이다.
④ 바이러스는 부트 바이러스, 파일 바이러스, 부트/파일 바이러스 등이 있다.

매크로 바이러스 : MS-EXCEL 같은 매크로 기능이 있는 소프트웨어에서 매크로 기능을 통해 감염됨

오답 피하기

부트 바이러스 : 메모리 상주형 바이러스

07 다음 중 한글 Windows의 [그림판]에 대한 설명으로 옳지 않은 것은?

① 이미지를 3D로 만들 수 있는 기능이 지원된다.
② Ctrl 을 누르고 선을 그리면 수평선, 수직선을 쉽게 그릴 수 있다.
③ 포토샵에서 제공되는 레이어 기능은 지원되지 않는다.
④ 기본 확장자는 *.png이다.

Shift 를 누르고 선을 그리면 수평선, 수직선을 쉽게 그릴 수 있음

08 다음 중 컴퓨터 시스템을 구성하는 하드웨어나 소프트웨어의 성능을 개선하여 속도를 높이고 작업을 효율적으로 시행하기 위한 작업을 의미하는 것은?

① 포맷
② 컴파일
③ 백업
④ 업그레이드

오답 피하기

• 포맷 : 하드디스크 초기화 작업
• 컴파일 : 컴파일러라는 언어 번역기로 원시 프로그램을 목적 프로그램으로 번역하는 것
• 백업 : 만약의 사태에 대비하기 위해 복사본을 만드는 작업

09 다음 중 CD나 HDTV 등에서 동영상을 표현하기 위한 국제 표준 압축 방식은?

① MPEG
② H.264
③ GIF
④ PNG

MPEG : 영상 및 음성 등 다른 음향까지 압축하는 기술에 관한 표준화 규격으로 손실 압축 방법을 이용함

오답 피하기

• H.264 : 매우 높은 압축률이 지원되는 디지털 비디오 코덱 표준 기술
• GIF : 비손실 압축을 이용하므로 이미지 손상은 없지만 압축률이 떨어짐
• PNG : GIF와 JPEG의 장점만을 조합하여 만든 형식

10 다음 중 컴퓨터 프로그래밍 언어인 Java 언어에 대한 설명으로 옳지 않은 것은?

① 객체 지향 언어로 추상화, 상속화, 다형성과 같은 특징을 가진다.
② 수식 처리를 비롯하여 기호 처리 분야에 사용되고 있으며 특히 인공 지능 분야에 널리 사용되고 있다.
③ 네트워크 환경에서 분산 작업이 가능하도록 설계되었다.
④ 특정 컴퓨터 구조와 무관한 가상 바이트 머신코드를 사용하므로 플랫폼이 독립적이다.

②는 LISP 언어에 대한 설명임

11 다음 중 〈보기〉에서 제시된 기능을 수행하는 장치는?

〈보기〉

> 가. 주변 장치에 대한 제어 권한을 CPU로부터 넘겨받아 CPU 대신 입출력을 관리한다.
> 나. 입출력 작업이 끝나면 CPU에게 인터럽트 신호를 보낸다.
> 다. 종류에는 셀렉터, 멀티플랙서, 블록 멀티플랙서 등이 있다.

① 인터럽트   ② 데드락
③ 채널   ④ IRQ

채널(Channel) : CPU의 처리 효율을 높이고 데이터의 입출력을 빠르게 할 수 있게 만든 입출력 전용 처리기

12 다음 중 인터넷 연결을 위하여 TCP/IP 프로토콜을 설정할 때 서브넷 마스크(Subnet Mask)의 역할에 관한 설명으로 옳은 것은?

① 도메인명을 IP 주소로 변환해 주는 서버를 지정한다.
② 네트워크 ID 부분과 호스트 ID 부분을 구별해 준다.
③ 호스트와 연결 방식을 식별한다.
④ 연결된 사용자들의 IP를 식별한다.

서브넷 마스크(Subnet Mask) : IP 주소의 네트워크 ID 부분과 호스트 ID 부분을 구별하기 위하여 IP 수신자에게 제공하는 32비트 주소

13 다음 중 2바이트 코드로 세계 각국의 언어를 표현할 수 있는 국제 표준 코드이고 한글은 조합형, 완성형, 옛글자 모두 표현할 수 있는 것은?

① ASCII 코드
② 유니코드(Unicode)
③ EBCDIC 코드
④ BCD 코드

유니코드(Unicode)
· 16비트이므로 65,536자까지 표현 가능함
· 한글은 초성 19개, 중성 21개, 종성 2^8개가 조합된 총 11,172개의 코드로 모든 한글을 표현함

14 다음 중 한글 Windows를 운영체제로 사용하고 있는 시스템에 설치된 글꼴에 대한 설명으로 옳지 않은 것은?

① 블러링(Blurring) Type 사용을 설정하면 화면에 표시되는 글자를 선명하게 볼 수 있다.
② 설치되어 있는 글꼴을 제거할 수 있다.
③ C:\Windows\Fonts 폴더에 설치되어 있다.
④ ttf, ttc 등의 확장자를 가지고 있다.

블러링(Blurring) : 특정 부분을 흐릿하게 하는 효과로 원하는 영역을 선명하지 않게 만드는 기법

오답 피하기

ClearType 사용을 설정하면 화면에 표시되는 글자를 선명하게 볼 수 있음

15 다음 중 Windows에서 에어로 쉐이크(Aero Shake)와 같은 기능을 하는 바로 가기 키로 옳은 것은?

① ⊞+E   ② ⊞+X
③ ⊞+U   ④ ⊞+Home

에어로 쉐이크(Aero Shake)
· 창의 제목 표시줄을 클릭한 채로 마우스를 흔들면 현재 창을 제외한 열린 모든 창이 순식간에 사라졌다가 다시 흔들면 원래대로 복원되는 기능
· 바로 가기 키 : ⊞+Home

오답 피하기

· ⊞+E : 파일 탐색기 실행
· ⊞+X : 빠른 링크 메뉴 열기
· ⊞+U : 접근성 열기

16 다음 중 휴지통에 대한 설명으로 옳지 않은 것은?

① USB 메모리에 저장되어 있는 파일을 삭제하는 경우 영구히 삭제된다.
② [파일 탐색기] 창에서 C 드라이브에 있는 해당 파일을 선택한 후에 [파일] 탭–[삭제] 메뉴를 선택하여 삭제할 수 있다.
③ 바탕 화면의 휴지통을 시작 화면에 고정시킬 수 있다.
④ 바탕 화면에 있는 해당 파일의 바로 가기 메뉴에서 [삭제]를 선택하여 삭제한 경우 휴지통에 보관된다.

[파일] 탭에서 [삭제] 기능은 지원되지 않음

ANSWER   11 ③   12 ②   13 ②   14 ①   15 ④   16 ②

17 다음 중 한글 Windows에서 사용하는 바로 가기 키의 설명으로 옳은 것은?

① ⊞+E : [실행] 대화 상자 열기
② ⊞+M : 열려 있는 모든 창 최소화하기
③ ⊞+R : [파일 탐색기] 열기
④ ⊞+F1 : 시스템 구성 유틸리티

오답 피하기
• ⊞+E : [파일 탐색기] 열기
• ⊞+R : [실행] 대화 상자 열기
• ⊞+F1 : 도움말 열기

18 다음 중 메인보드에 장착되어 있는 배터리를 뽑았다가 다시 장착하는 이유로 가장 타당한 것은?

① 셋업 시 비밀 번호를 잊어버린 경우
② 시스템 부팅 시 오류가 나는 경우
③ 하드디스크를 인식하지 못하는 경우
④ 모니터에 백화현상이 발생하는 경우

메인보드의 배터리를 뽑았다가 다시 장착하면 CMOS 내용이 초기화되므로 셋업 시 비밀 번호를 잊어버린 경우 배터리를 뽑았다가 다시 장착하면 됨

19 다음 중 〈보기〉에서 설명하는 정보 통신망의 구성 형태로 올바른 것은?

▶ 합격강의

〈보기〉

> 가. 한 통신 회선에 여러 대의 단말기가 접속되는 형태
> 나. CSMA/CD(반송파 감지 다중 접근/충돌 검사)를 사용하는 방식
> 다. 구조가 간단하며 단말기의 추가 및 제거가 쉬움

① 스타(Star)형
② 트리(Tree)형
③ 링(Ring)형
④ 버스(Bus)형

버스(Bus)형
• 데이터 전송 방식은 폴링과 셀렉션에 의해 이루어짐
• 노드의 독립성이 보장되므로 한 노드의 고장이 다른 노드에 영향을 주지 않음
• 버스상의 모든 단말 데이터의 수신이 가능함(방송 모드)

오답 피하기
• 스타(Star)형 : 중앙의 컴퓨터와 단말기들이 1:1로 연결된 형태
• 트리(Tree)형 : 중앙의 컴퓨터와 일정 지역의 단말기까지는 하나의 통신 회선으로 연결되어 이웃 단말기는 이 단말기로부터 근처의 다른 단말기로 회선이 연장되는 형태
• 링(Ring)형 : 컴퓨터와 단말기들을 서로 이웃하는 것끼리만 연결한 형태

20 다음 중 Telnet 서비스에 관한 설명으로 옳은 것은?

① 인터넷을 통해 원격지에 있는 서버에 파일을 전송하기 위한 서비스이다.
② 네트워크를 통해 원격으로 컴퓨터를 연결하여 자신의 로컬 컴퓨터처럼 사용할 수 있도록 하는 서비스이다.
③ 인터넷을 통해 홈페이지를 제공해 주는 서비스이다.
④ 인터넷상에서 메뉴 방식으로 구성된 정보 검색 서비스이다.

텔넷(Telnet) : 원격 접속(Remote Login)으로 멀리 있는 컴퓨터를 자신의 컴퓨터처럼 사용할 수 있는 서비스

오답 피하기
• ① FTP(File Transfer Protocol) : 파일 전송 프로토콜로 파일을 전송하거나 받을 때 사용하는 서비스
• ③ HTTP(HyperText Transfer Protocol) : 인터넷상에서 하이퍼텍스트를 주고받기 위한 프로토콜
• ④ 고퍼(Gopher) : 인터넷에 있는 정보를 계층적 또는 메뉴 방식으로 찾아주는 서비스

---

2 과목 | **스프레드시트 일반**

21 다음 중 WorkSheets 개체의 주요 속성과 메서드에 대한 설명으로 옳지 않은 것은?

① Protect : 워크시트를 수정하지 못하도록 한다.
② Range : 워크시트에서 셀이나 셀 범위를 나타낸다.
③ Activate : 워크시트의 표시 여부를 나타낸다.
④ EntireRow : 지정한 범위에 들어있는 행 전체를 나타낸다.

Activate : 워크시트를 활성화하는 속성

오답 피하기
Visible : 워크시트의 표시 여부를 지정하는 속성

상 중 하

22 다음 중 매크로에 대한 설명으로 옳지 않은 것은?

① 매크로를 기록한 후에는 Visual Basic Editor를 사용하여 오류를 고치거나 매크로 내용을 변경할 수 없다.

② 매크로 기록을 시작하면 사용자가 일련의 명령을 수행함에 따라 각 단계에 대한 정보가 저장되며, 저장된 매크로를 실행하면 해당 명령들을 다시 수행할 수 있다.

③ 매크로를 사용하면 Microsoft Excel에서 자주 수행하는 작업을 자동화할 수 있으며, 매크로는 해당 작업이 필요할 때마다 실행할 수 있도록 일련의 명령과 함수를 Microsoft Visual Basic 모듈로 저장해 놓은 것이다.

④ 매크로 이름의 첫 글자는 반드시 문자이어야 하며 나머지는 문자, 숫자, 밑줄 등을 사용할 수 있으며, 공백을 사용할 수 없고 밑줄로 단어를 구분할 수 있다.

> 매크로 기록 후에 Visual Basic Editor를 사용하여 오류를 고치거나 매크로 내용을 변경할 수 있음

상 중 하

23 다음 중 부분합에 대한 설명 중 옳지 않은 것은?

① 부분합에서 그룹으로 사용할 데이터는 반드시 오름차순으로 정렬되어 있어야 한다.

② 부분합에서는 합계, 평균, 개수 등의 함수 이외에도 다양한 함수를 선택할 수 있다.

③ 부분합에서 데이터 아래에 요약을 표시할 수 있다.

④ 부분합에서 그룹 사이에 페이지를 나눌 수 있다.

> 부분합을 실행하기 전에 오름차순 또는 내림차순 관계없이 정렬해야 함

상 중 하

24 [A1] 셀에 =SUMPRODUCT({1,2},{3,4})을 입력하고 Enter를 눌렀을 때 수식의 결과 값으로 옳은 것은?

① 10
② 11
③ 24
④ #VALUE!

> • SUMPRODUCT : 배열 또는 범위의 대응되는 값끼리 곱한 다음 그 곱한 값의 합을 구함
> • 1×3+2×4=11

상 중 하

25 다음 중 아래 데이터를 차트로 작성하여 수험생별로 각 과목의 점수를 비교, 분석하려는 경우 가장 비효율적인 차트는?

▲	A	B	C	D
1	성명	컴퓨터	스프레드시트	데이터베이스
2	최대한	85	90	88
3	이상공	75	43	48
4	홍길동	66	77	88
5	왕정보	40	50	60
6	이기자	67	45	95
7	기상서	100	68	72
8	안지현	89	63	69

① 누적 세로 막대형 차트
② 묶은 가로 막대형
③ 표식이 있는 꺾은선형
④ 원형 대 가로 막대형

> 원형 대 가로 막대형은 주 원형에서 일부 값을 추출하여 누적 가로 막대형에 결합하여 작은 백분율을 더 쉽게 알아볼 수 있도록 할 때 사용하거나 값 그룹을 강조할 때 사용하므로 수험생별로 각 과목의 점수를 비교, 분석하려는 경우는 비효율적임

상 중 하

26 다음 중 열려 있는 통합 문서의 모든 워크시트를 재계산하기 위한 기능키로 옳은 것은?

① F1
② F2
③ F4
④ F9

> • F9 : 열려 있는 통합 문서의 모든 워크시트를 재계산함
> • Shift+F9 : 현재 워크시트에서 마지막 계산 이후에 변경된 수식과 이러한 수식에 종속된 수식을 다시 계산함

상 중 하

27 연이율은 5%로 고정되어 있고 매달 5000원씩 10년 동안 저금했을 때 복리로 계산하여 원금과 이자의 합인 만기 금액을 구하는 수식으로 옳은 것은?

▲	A	B	C	D
1	이율	기간(년)	매월 저축금액(월)	만기금액
2	5%	10	5000	

① =FV(A2/12,B2*12,−C2)
② =FV(A2,B2,C2)
③ =PV(A2/12,B2*12,−C2)
④ =PV(A2,B2,C2)

> • =FV(이자, 기간, 금액, 현재 가치) : 일정한 금액을 일정한 이자로 일정한 기간 동안 정기적으로 적립하는 경우 얻게 되는 미래 가치를 계산함
> • 이자와 기간의 경우 기간의 단위를 통일해야 하므로 이자는 A2/12, 기간은 B2*12로 표시해서 월 단위로 통일시킴. 금액은 결과 값이 양수로 표시되도록 음수로 설정해서 −C2로 기입함

28 다음 [목표값 찾기] 대화 상자에 대한 설명으로 옳지 않은 것은?

목표값 찾기 대화 상자:

목표값 찾기	?	×
수식 셀(E):		⬆
찾는 값(V):		
값을 바꿀 셀(C):		⬆

| 확인 | 취소 |

① [찾는 값]에는 구할 목표값을 입력한다.
② [수식 셀]에는 [값을 바꿀 셀]이 참조하고 있는 수식이 들어 있는 셀을 선택한다.
③ [찾는 값]에는 셀주소를 입력할 수 없다.
④ [값을 바꿀 셀]에는 하나 이상의 셀을 입력할 수 있다.

[목표값 찾기]에는 하나의 변수 입력 값만 사용됨

29 다음 중 매크로 이름에 대한 설명으로 옳지 않은 것은?

① 매크로 이름의 첫 번째 글자는 숫자가 아닌 문자여야만 한다.
② 매크로 이름의 두 번째부터는 숫자를 사용할 수 있다.
③ 매크로 이름에는 공백을 사용할 수 없으며 영문자의 경우 대소문자를 구분하지 않는다.
④ 매크로 이름에는 밑줄을 사용할 수 없다.

매크로 이름에 밑줄을 사용할 수 있음

[오답 피하기]
• 매크로 이름에는 공백이 포함될 수 없으며 첫 글자는 항상 문자로 시작해야 함
• / ? ` ' . – ※ 등과 같은 문자와 공백은 매크로 이름으로 사용할 수 없음
• 영문자의 경우 대소문자를 구분하지 않음

30 다음 중 워크시트의 셀 구분선을 그대로 인쇄하려고 하는 경우 설정하는 방법으로 옳은 것은?

① [페이지 설정] 대화 상자의 [여백] 탭에서 눈금선을 선택한다.
② [페이지 설정] 대화 상자의 [페이지] 탭에서 눈금선을 선택한다.
③ [페이지 설정] 대화 상자의 [시트] 탭에서 눈금선을 선택한다.
④ [페이지 설정] 대화 상자의 [머리글/바닥글] 탭에서 눈금선을 선택한다.

셀 구분선은 기본적으로 인쇄되지 않으며 인쇄하려면 [페이지 설정] 대화 상자의 [시트] 탭에서 [눈금선]을 클릭해서 선택함

31 다음 차트에 대한 설명으로 옳지 않은 것은?

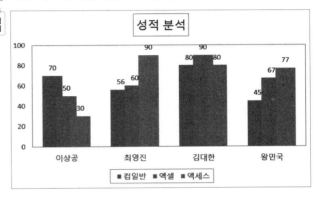

① 데이터 레이블로 '값'이 선택되었다.
② 세로(값) 축의 [주 눈금선]이 선택되지 않았다.
③ 데이터 계열 항목 안에서 표식이 겹치도록 하기 위하여 [계열 겹치기]에 음수를 입력하였다.
④ 데이터 표식 항목 사이에 공백이 있도록 하기 위하여 [간격 너비]에 0보다 큰 값을 입력하였다.

[데이터 계열 서식]의 [계열 옵션]에서 '계열 겹치기'의 비율이 양수이면 겹쳐짐

32 다음 중 엑셀의 인쇄에 관한 설명으로 옳지 않은 것은?

① 워크시트의 일부만 인쇄 영역으로 설정할 수 있다.
② 인쇄되는 시작 페이지의 번호를 지정할 수 있다.
③ 눈금선, 행/열 머리글 등을 인쇄하도록 설정할 수 있다.
④ [기본] 보기 상태에서 페이지 구분선과 페이지 번호가 나타난다.

[기본] 보기 상태는 일반 작업 상태이고, [페이지 나누기 미리 보기] 보기 상태에서 페이지 구분선과 페이지 번호가 나타남

ANSWER 28 ④ 29 ④ 30 ③ 31 ③ 32 ④

33 다음 중 [데이터]-[데이터 가져오기 및 변환] 그룹을 통하여 외부 데이터를 읽어 들이는 방법에 대한 설명으로 옳지 않은 것은?

① 텍스트 파일에 있는 모든 데이터를 읽어들일 경우는 쿼리를 만들어야 외부 데이터 범위로 가져올 수 있다.

② 외부 데이터베이스 외에 Microsoft Excel 목록이나 텍스트 파일에 저장된 데이터를 가져올 수 있다.

③ Excel 목록이나 관계형 데이터베이스에서 데이터를 읽어들일 경우 여러 테이블로 구성된 데이터를 가져올 수 있다.

④ 웹을 사용하여 인트라넷 또는 인터넷에 저장된 데이터를 가져올 수 있다.

> 텍스트 파일에 있는 모든 데이터를 읽어들일 경우는 쿼리를 만들지 않아도 외부 데이터 범위로 가져올 수 있음

34 다음 중 자동 필터와 고급 필터에 대한 설명으로 옳은 것은?

① 자동 필터는 추출 대상을 전체 필드를 대상으로 하지만, 고급 필터는 특정 필드만으로 대상을 제한할 수 있다.

② 자동 필터는 다른 필드와 AND나 OR 조건으로 결합할 수 있으나, 고급 필터는 AND만 결합할 수 있다.

③ 정렬과 같이 필터는 목록을 다시 배열하여 표시한다.

④ 자동 필터는 추출한 결과를 다른 셀이나 워크시트에 표시할 수 있으나, 고급 필터는 원본 데이터 위치에서만 추출할 수 있다.

> • 자동 필터 : 셀 내용이 일치한다거나 단순한 비교 조건을 지정하여 쉽게 검색함
> • 고급 필터 : 사용자가 직접 추출하고자 하는 조건을 수식으로 설정하여 검색함
>
> **오답 피하기**
> • ② : 고급 필터도 AND와 OR 조건으로 결합할 수 있음
> • ③ : 필터는 정렬같이 다시 배열하여 표시하지 않음
> • ④ : 자동 필터는 원본 데이터 위치에서만 추출되지만, 고급 필터는 다른 위치에 표시할 수 있음

35 다음 시트에서 [A2:A7] 영역의 이름이 '대표'로 정의되었을 때 [A8] 영역에 =MATCH("최영진",대표,0) 수식을 입력하였을 때 결과 값은?

	A	B
1	대표	거래처명
2	홍길동	인천직물
3	최영진	서울통산
4	김선주	정암무역
5	나대리	하나무역
6	최영진	영진무역
7	이연수	서울통산
8	=MATCH("최영진",대표,0)	

① 1   ② 2

③ 최영진   ④ 서울통산

> • =MATCH(검색 자료, 영역, 검색 유형) : 영역에서 검색할 내용을 찾아서 상대 위치를 표시함
> • 검색 유형으로 1을 입력하면 검색 자료보다 작거나 같은 값 중에서 최대값(조건 : 오름차순)을 찾고, 0을 입력하면 검색 자료와 같은 첫 번째 값(조건 : 임의 순서)을 찾음. -1을 입력하면 검색 자료보다 크거나 같은 값 중에서 최소값(조건 : 내림차순)을 찾음
> • =MATCH("최영진",대표,0) : 최영진을 대표(A2:A7) 범위에서 찾아 상대 위치를 표시함 → 2

36 다음 시트의 [F2] 셀에 총점이 큰 값을 기준으로 순위를 구한 후 채우기 핸들을 이용하여 [F5] 셀까지 드래그하려고 한다. 다음 중 [F2] 셀의 수식으로 옳은 것은?

	A	B	C	D	E	F
1	성명	국어	영어	수학	총점	순위
2	홍길동	79	68	70	217	
3	최길동	50	60	79	189	
4	이길동	80	80	50	210	
5	왕길동	69	57	66	192	

① =RANK.EQ(E2,$E$2:$E$5)

② =RANK.EQ($E$2,$E$2:$E$5)

③ =RANK.EQ(E2,E2:E5)

④ =RANK.EQ(E2,E2:$E$5)

> • RANK.EQ : 순위를 구하며 같은 값이 두 개 이상일 경우 해당 값 집합의 상위 순위를 구함
> • 형식 : =RANK.EQ(순위 구할 수, 참조 범위, 순위 결정 방법)
> • 순위 구할 수 주소(E2)는 상대 참조로 입력하고 참조 범위는 절대 참조($E$2:$E$5)로 입력함
> • 순위 결정 방법은 0이거나 생략하면 높은 수치가 1등이 되며, 0이 아닌 수이면 낮은 수치가 1등이 됨

37 다음 중 피벗 테이블에 대한 설명으로 옳지 않은 것은?

① 데이터베이스, 외부 데이터 등의 데이터를 사용할 수 있다.

② 많은 양의 데이터를 한눈에 파악할 수 있도록 요약하거나 분석하여 보여주는 도구로 피벗 차트와 함께 작성할 수 있다.

③ 값 영역에 표시된 데이터의 일부를 삭제하거나 필요한 데이터를 추가할 수 있다.

④ 원본 데이터가 변경되면 피벗 테이블의 데이터도 변경되도록 지정할 수 있다.

값 영역에 표시된 데이터의 일부를 삭제하거나 필요한 데이터를 추가할 수 없음

38 다음 Visual Basic 편집 창에 나타난 내용에 대한 설명으로 옳지 않은 것은?

```
Sub Macro1()
   Range("C2:D6").Select
   With Selection.Font
      .Name = "굴림"
      .Size = 11
      .Underline = xlUnderlineStyleNone
      .Shadow = False
      .ColorIndex = 3
   End With

   With Selection
      .HorizontalAlignment = xlCenter
      .VerticalAlignment = xlButtom
      .WrapText = False
   End With
End Sub
```

① 글꼴을 굴림으로 지정

② 폰트 크기를 11로 지정

③ 밑줄을 실선으로 지정

④ 텍스트 맞춤은 세로 아래쪽으로 지정

'Underline = xlUnderlineStyleNone' : 글자에 밑줄을 표시하지 않음

오답 피하기

• ① : .Name = "굴림"

• ② : .Size = 11

• ④ : .VerticalAlignment = xlButtom

39 '1사분기'부터 '4사분기'까지 문자열을 차례대로 셀에 입력하려고 한다. 다음 중 작업 방법으로 옳은 것은?

① 첫 번째 셀에 '1사분기'를 입력한 후 채우기 핸들을 드래그한다.

② 첫 번째 셀에 '1사분기'를 입력한 후 채우기 핸들을 [Ctrl]을 누른 상태에서 드래그한다.

③ 첫 번째 셀에 '1사분기'를 입력한 후 복사하여 나머지 영역들을 선택하고 붙여넣기를 실행한다.

④ 첫 번째 셀에 '1사분기'와 두 번째 셀에 '4사분기'를 입력한 후 복사 기능을 사용한다.

사용자 지정 목록에 있는 항목은 채우기 핸들로 문자열을 차례대로 셀에 입력할 수 있음

40 다음 중 셀 포인터가 포함된 데이터 영역 전체를 블록으로 설정할 때 사용하는 바로 가기 키로 옳은 것은?

① [Ctrl]+[1]   ② [Ctrl]+[2]

③ [Ctrl]+[E]   ④ [Ctrl]+[*]

오답 피하기

• [Ctrl]+[1] : 셀 서식

• [Ctrl]+[2] : 굵게 적용 및 취소

• [Ctrl]+[E] : 빠른 채우기

---

3 과목 | **데이터베이스 일반**

41 다음 중 폼 작업 시 탭 순서(Tab Order)에 대한 설명으로 옳지 않은 것은?

① 레이블 컨트롤은 탭 순서에서 제외된다.

② 탭 순서는 텍스트 상자, 레이블, 단추, 탭 컨트롤, 하이퍼 링크 순으로 설정된다.

③ 탭 정지 속성의 기본 값은 '예'이다.

④ 탭 인덱스의 값은 0부터 시작한다.

탭 순서는 폼에 컨트롤을 추가하여 작성한 순서대로 설정됨

상 중 하

42 다음 중 하위 폼에 관한 설명으로 가장 옳지 않은 것은?

① 기본 폼 안에 여러 개의 하위 폼을 배치할 수 있다.

② 기본 폼은 단일 폼과 연속 폼으로 표시할 수 있으나, 하위 폼은 단일폼으로만 표시할 수 있다.

③ 기본 폼과 하위 폼은 서로 연결이 되어 있는 경우, 하위 폼에는 기본 폼의 현재 레코드와 관련된 레코드만 저장된다.

④ 하위 폼을 사용하면 일대다 관계에 있는 테이블을 효과적으로 표시할 수 있다.

기본 폼은 단일 폼으로만 표시할 수 있고, 하위 폼은 단일 폼, 연속 폼, 데이터시트 등으로 표시할 수 있음

상 중 하

43 다음 중 액세스에서 보고서 작성 시 '그룹화'에 대한 설명으로 가장 옳지 않은 것은?

① 보고서에서는 필드나 식을 최대 10개까지 그룹화할 수 있다.

② 특정 필드를 기준으로 그룹화를 하는 경우 데이터는 그 필드를 제외하고 정렬되어 표시된다.

③ 그룹을 만들려면 그룹 머리글이나 그룹 바닥글 중 하나 이상을 설정해야 한다.

④ 그룹을 시작하는 값 또는 값의 범위를 설정할 수 있으며 그룹화할 필드의 데이터 형식에 따라 옵션이 다르다.

특정 필드를 기준으로 그룹화를 하는 경우 데이터는 그 필드를 기준으로 정렬되어 표시됨

상 중 하

44 다음 중 〈보기〉의 SQL문에 대한 의미로 올바른 것은?

▶ 합격강의

〈보기〉

```
SELECT 이름, 나이, 급여
FROM 사원
WHERE 부서='영업부' OR 부서='총무부'
ORDER BY 나이 ASC;
```

① ORDER BY절의 ASC는 내림차순으로 정렬하라는 것으로 지정하지 않아도 동일한 결과를 초래한다.

② '사원' 테이블에서 부서가 영업부이거나 총무부인 사원의 이름, 나이, 급여를 검색한 후 나이를 기준으로 내림차순 정렬된 결과를 조회한다.

③ WHERE절은 WHERE 부서 IN ('영업부', '총무부')와 같이 지정해도 동일한 결과를 조회한다.

④ '사원' 테이블에서 영업부와 총무부를 제외한 사원의 이름, 나이, 급여를 검색한 후 나이를 기준으로 오름차순 정렬된 결과를 조회한다.

WHERE 필드 이름 IN (값1, 값2, …) : 필드에서 연산자에 지정한 값과 일치하는 레코드만 구함

오답 피하기

• ①, ② : ASC는 오름차순 정렬 명령어로서 나이를 기준으로 오름차순 정렬함

• ④ : '사원' 테이블에서 부서가 영업부이거나 총무부인 사원의 이름, 나이, 급여를 검색한 후 나이를 기준으로 오름차순 정렬된 결과를 조회함

상 중 하

45 다음과 같은 속성이 설정된 필드에 대한 설명으로 옳지 않은 것은?

▶ 합격강의

일반	조회	
필드 크기	정수(Long)	
형식	표준	
소수 자릿수	0	
입력 마스크		
캡션	단가	
기본값		
유효성 검사 규칙		
유효성 검사 텍스트		
필수	아니요	
인덱스	아니요	
텍스트 맞춤	일반	

① '데이터시트 보기' 상태에서 필드 값으로 63.7을 입력하면 64로 기록된다.

② '데이터시트 보기' 상태에서 필드 값으로 12345를 입력하면 12,345로 기록된다.

③ 필드 값은 반드시 입력해야 한다.

④ '데이터시트 보기' 상태에서 필드의 이름은 '단가'로 표시된다.

ANSWER 42 ② 43 ② 44 ③ 45 ③

필수가 '아니요'이므로 필드 값은 입력하지 않아도 됨

오답 피하기

• ① : 필드 크기가 '정수'이므로 반올림되어 64로 기록됨
• ② : 형식이 '표준'이므로 12,345로 기록됨
• ④ : 캡션이 '단가'로 되어 있으므로 필드의 이름이 '단가'로 표시됨

상중하

46 다음 중 필드에 입력되는 값이 '영'으로 시작하는 것만 입력되도록 하기 위한 유효성 검사 규칙으로 옳은 것은?

① Like "영*"
② Like "?영?"
③ = "영??"
④ = "영"

• 어떤 값이 포함되어 검색되어야 할 경우, 유효성 검사 규칙에 Like 연산자를 사용함
• Like '영*'는 '영'으로 시작하는 경우이고, Like '*영'은 '영'으로 끝나는 경우를 의미함
• *는 임의의 문자수에 대응함

상중하

47 다음 중 SQL 문장의 WHERE절에 대한 설명으로 옳지 않은 것은?

① WHERE 부서 = '홍보부' : 부서 필드의 값이 '홍보부'인 레코드들이 검색됨
② WHERE 나이 Between 28 to 40 : 나이 필드의 값이 28에서 40 사이인 레코드들이 검색됨
③ WHERE 생일 = #1989-6-3# : 생일 필드의 값이 1989-6-3인 레코드들이 검색됨
④ WHERE 입사년도 = 2022 : 입사년도 필드의 값이 2022인 레코드들이 검색됨

WHERE 나이 Between 28 And 40 : 나이 필드의 값이 28에서 40 사이인 레코드들이 검색됨

상중하

48 특정 필드의 입력 마스크를 L09#A으로 설정하였을 때 입력 데이터로 옳은 것은?

① 54321
② AAAAA
③ A123A
④ 3BCD9

입력 마스크에 사용되는 문자

• L : 필수 요소로서 A부터 Z까지의 영문자나 한글을 입력함
• A : 필수 요소로서 영문자나 한글, 숫자를 입력함
• 0 : 필수 요소로서 0부터 9까지의 수를 입력, 덧셈 기호(+)와 뺄셈 기호(-)는 사용할 수 없음
• 9 : 선택 요소로서 숫자나 공백을 입력, 덧셈 기호와 뺄셈 기호를 사용할 수 없음
• # : 선택 요소로서 숫자나 공백을 입력, 덧셈 기호와 뺄셈 기호를 사용할 수 있음

상중하

49 [관계 편집] 대화 상자에서 다음 그림과 같이 설정한 경우에 대한 설명으로 가장 옳지 않은 것은?

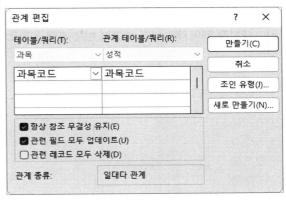

① [과목] 테이블에 존재하는 '과목코드' 값을 갖는 [성적] 테이블을 삭제해도 참조 무결성을 해치지 않는다.
② [과목] 테이블에 레코드를 추가하는 것은 참조 무결성을 해치지 않는다.
③ [과목] 테이블에서 참조하고 있는 [성적] 테이블의 레코드는 삭제할 수 있다.
④ [과목] 테이블의 '과목코드' 필드 값을 변경하면 이를 참조하는 [성적] 테이블의 '과목코드' 필드값도 모두 변경된다.

일대다 관계이므로 [성적] 테이블에서 [과목] 테이블을 참조하고 있는 것이며, '관련 레코드 모두 삭제'가 해제된 상태이므로 [성적] 테이블에서 참조하고 있는 [과목] 테이블의 레코드는 삭제할 수 없음

ANSWER 46 ① 47 ② 48 ③ 49 ③

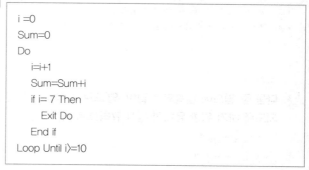

50 다음 중 각 구역의 유형 및 용도의 설명으로 가장 적절하지 못한 것은?

① 보고서 머리글에는 로고, 보고서 제목과 같이 매 페이지마다 표시될 항목을 설정한다.

② 보고서 바닥글에는 합계나 개수와 같은 보고서의 요약 정보를 나타낼 수 있다.

③ 페이지 바닥글은 페이지 번호와 출력 날짜와 같은 항목을 표시하는 데 사용한다.

④ 그룹화된 보고서의 경우 레코드 그룹의 앞에 그룹 이름이나 그룹 합계 같은 정보를 삽입할 때 그룹 머리글에 설정한다.

> 보고서 머리글은 첫 페이지 상단에 한 번만 표시되고, 페이지 머리글은 매 페이지마다 상단에 표시됨

51 총 페이지 수가 5장인 보고서에서 페이지 번호를 표시하는 컨트롤의 '컨트롤 원본' 항목에 다음과 같은 식이 입력되어 있다. 2번째 페이지에 대한 페이지 번호 출력 결과로 옳은 것은?

```
= page & "/"& pages & "쪽"
```

① 2/2쪽
② 5/2쪽
③ 2/5쪽
④ 5/5쪽

> • 문자열은 따옴표("")로 표시하고 &로 연결함
> • page는 현재 페이지 수를 표시하고, pages는 총 페이지를 표시함

52 다음 보기 프로그램이 수행되었을 때 Sum의 값으로 옳은 것은?

```
i =0
Sum=0
Do
    i=i+1
    Sum=Sum+i
    if i = 7 Then
        Exit Do
    End if
Loop Until i)=10
```

① 28
② 45
③ 55
④ 21

> • Do 실행문 Loop Until 조건 : 조건을 만족할 때까지 실행문을 반복 실행함
> • if 조건 Then Exit Do End if : 조건을 만족하면 Do 문에서 벗어남
> • 문제의 프로그램은 i가 0부터 7이 될 때까지 반복 실행되어 28의 Sum 값이 출력됨

53 다음 중 기본키에 대한 설명으로 옳지 않은 것은?

① 기본키 필드는 각 행을 고유하게 식별할 수 있도록 중복된 값이 입력되어서는 안된다.

② 기본키 필드는 Null 값이 들어 있어서는 안 된다.

③ 기본키 필드의 값은 다른 테이블에서 참조될 수 있으므로 변경되어서는 안된다.

④ 데이터 형식이 OLE 개체인 것은 기본키로 지정할 수 없다.

> 기본키 필드의 값을 변경해도 됨

54 다음 중 개체 관계(Entity Relationship) 모델에 대한 설명으로 가장 옳지 않은 것은?

① 데이터베이스를 구성하는 개체와 이들 간의 관계를 개념적으로 표시한 모델이다.

② 개체 관계도에서 타원은 개체 타입을 나타내며, 사각형은 속성을 의미한다.

③ E-R 모델에서 정의한 데이터를 관계형 데이터베이스에 저장하기 위해서는 각각의 개체를 테이블로 변환시켜야 한다.

④ E-R 모델에서 속성은 관계형 데이터 모델에서 필드로 변환된다.

> 타원은 속성 타입이고 사각형은 개체 타입임

ANSWER 50 ① 51 ③ 52 ① 53 ③ 54 ②

55 다음 중 텍스트 상자(Text Box) 컨트롤에 대한 설명으로 가장 옳지 않은 것은?

① 어떤 값을 입력받거나 표시하는 경우에 주로 사용하는 컨트롤이다.

② 컨트롤 원본에 '='로 시작하는 수식을 지정하여 계산 컨트롤을 만들 수 있다.

③ 계산 컨트롤에 값을 입력하면 관련 필드의 값이 변경된다.

④ 테이블의 필드에 바운드된 경우, 컨트롤의 값을 수정하면 필드의 값도 수정될 수 있다.

계산 컨트롤에 값을 입력해도 관련 필드의 값이 변경되지 않음

56 다음 중 데이터베이스 관리 시스템의 장점에 대한 설명으로 옳지 않은 것은?

① 데이터 유실 시 파일 회복이 쉽다.

② 데이터를 여러 사람이나 응용 프로그램이 공유할 수 있다.

③ 데이터의 중복을 최소화할 수 있다.

④ 데이터의 일관성 및 무결성을 유지할 수 있다.

데이터베이스 관리 시스템은 처리 속도가 느리고 데이터 백업과 복구가 어려우므로 데이터 유실 시 파일 회복이 어려움

57 다음 중 테이블에 데이터가 입력되는 방식을 제어하는 방법으로 가장 옳지 않은 것은?

① 유효성 검사 규칙을 정의하여 필드에 입력되는 데이터를 제한할 수 있다.

② 입력 마스크를 이용하여 필드의 각 자리에 입력되는 값의 종류를 제한할 수 있다.

③ 색인(Index)을 이용하여 해당 필드에 중복된 값이 입력되지 않도록 할 수 있다.

④ 기본키(PK) 속성을 이용하여 레코드 추가 시 입력되는 기본 값을 사용자 임의로 지정할 수 있다.

'기본키' 속성이 아니고 '기본 값' 속성을 이용하여 레코드 추가 시 입력되는 기본 값을 사용자가 지정할 수 있음

58 다음 중 액세스의 매크로에 대한 설명으로 옳지 않은 것은?

① 하나의 매크로 그룹에 여러 개의 매크로를 만들 수 있다.

② 하나의 매크로에 여러개의 매크로 함수를 지정할 수 있다.

③ AutoExec이라는 특수한 매크로 이름을 사용하면 테이블이 열릴 때마다 자동으로 실행된다.

④ 매크로 실행 시에 필요한 정보, 즉 인수를 지정할 수 있다.

매크로 이름을 'Autoexec'로 지정하면 테이블을 열 때가 아니라 데이터베이스 파일을 열 때 매크로를 자동으로 실행해 줌

59 다음 중 폼의 컨트롤에 대한 설명으로 가장 적절치 않은 것은?

① 여러 컨트롤을 선택하여 한꺼번에 동일한 속성을 지정할 수 있다.

② 여러 컨트롤을 그룹화하여 사용할 수 있다.

③ Alt 를 이용하여 여러 개의 컨트롤을 선택할 수 있다.

④ 여러 컨트롤을 선택하여 한꺼번에 위치를 이동할 수 있다.

여러 개의 컨트롤을 선택할 때는 Shift 나 Ctrl 을 누른 상태에서 선택할 컨트롤을 클릭함

60 다음과 같이 보고서의 그룹 바닥글에 도서의 총 권수와 정가의 합계를 인쇄하려고 한다. 총 권수와 정가의 합계를 계산하기 위한 수식으로 옳은 것은?(단, 〈도서〉 테이블의 기본키는 '도서코드'이다.)

출판사: 다림 [(02)860-2000]			
도서코드	도서명	저자	정가
A547	자전거도둑	박완서	7000
A914	와인	김준철	25000
총: 2권		정가합계:	32000

① =Count([정가]) & "권", = Total([정가])

② =CountA([정가]) & "권", = Sum([정가])

③ =Count([도서명]) & "권", = Total([정가])

④ =Count([도서코드]) & "권", = Sum([정가])

• =Count([도서코드]) : '도서코드' 필드의 레코드 개수를 구함
• =Sum([정가]) : '정가' 필드의 레코드의 합을 구함

---

1 과목 컴퓨터 일반

상 중 하

01 다음 중 누산기(ACC)에 대한 설명으로 옳은 것은?

① 기억 장소의 주소를 기억하는 레지스터이다.

② 기억 장치를 통해 접근되는 정보의 내용을 기억하는 레지스터이다.

③ CPU가 프로그램의 명령어를 수행하는 중에 산술 및 논리 연산의 결과를 일시적으로 저장하는 레지스터이다.

④ 다음에 수행할 명령어의 번지를 기억하는 레지스터이다.

오답 피하기
① : 번지 레지스터(MAR), ② : 기억 레지스터(MBR), ④ : 프로그램 카운터(PC)

상 중 하

02 다음 중 [설정]의 [네트워크 및 인터넷]에서 설정 가능한 작업으로 옳지 않은 것은?

합격 강의

① [상태] : 네트워크 상태, 이더넷 속성, 데이터 사용량을 알 수 있다.

② [이더넷] : 네트워크 프로필, 방화벽 및 보안 설정 구성, 데이터 통신 연결로를 설정할 수 있다.

③ [VPN] : VPN의 연결 추가 및 고급 옵션을 설정할 수 있다.

④ [프록시] : 링크 속도(수신/송신), IPv4 주소, IPv4 DNS 서버, 물리적 주소(MAC) 등을 알 수 있다.

[이더넷] : 링크 속도(수신/송신), IPv4 주소, IPv4 DNS 서버, 물리적 주소(MAC) 등을 알 수 있음

오답 피하기
[프록시] : 이더넷 또는 Wi-Fi 연결에 프록시 서버를 사용하며, 자동 프록시 설정 및 수동 프록시 설정이 있음

상 중 하

03 다음 중 프로토콜에 대한 설명으로 옳지 않은 것은?

① DHCP는 IP 주소를 수동으로 할당해 주는 정적 호스트 설정 통신 규약이다.

② UDP는 네트워크상에서 데이터그램의 전송을 위한 프로토콜이다.

③ SLIP/PPP는 모뎀과 전화선을 이용하여 인터넷에 접속할 때 사용하는 프로토콜이다.

④ HTTP는 하이퍼텍스트를 주고받기 위한 프로토콜로 인터넷에서 사용된다.

DHCP : IP 주소를 자동으로 할당해 주는 동적 호스트 설정 통신 규약

상 중 하

04 다음 중 디지털 TV를 만들 목적으로 개발한 영상 압축 기술로 압축률은 최고 144:1 정도이며 대용량의 영상 및 음성 데이터를 압축하여 CD-ROM에 담을 수 있는 것은?

① DVI   ② MPEG

③ DiVX   ④ AVI

오답 피하기
• MPEG : 동영상 압축 기술에 관한 국제 표준 규격
• DiVX : MPEG-4와 MP3를 재조합한 것으로 코덱을 변형해서 만든 동영상 압축 고화질 파일 형식
• AVI : Windows의 표준 동영상 형식의 디지털 비디오 압축 방식

상 중 하

05 다음 중 코드에 대한 설명으로 옳지 않은 것은?

① BCD 코드는 6비트로 64가지의 문자 표현이 가능하나 영문의 대소문자를 구별하지 못한다.

② UNI 코드는 2비트의 코드로 65,536자까지 표현할 수 있는 국제 표준 코드이다.

③ ASCII 코드는 7개의 데이터 비트와 1개의 패리티 비트를 사용하며 128개의 문자를 표현할 수 있다.

④ EBCDIC 코드는 8비트로 256가지의 문자 표현이 가능하다.

UNI 코드 : 2바이트(16비트)의 코드로 65,536자까지 표현할 수 있는 국제 표준 코드

ANSWER 01 ③ 02 ④ 03 ① 04 ① 05 ②

06 다음 중 근거리 무선 접속을 지원하기 위해 사용되는 대표적인 통신 기술을 의미하는 것은?

① 블루투스(Bluetooth) ② CDMA
③ WLL ④ ADSL

블루투스(Bluetooth) : 근거리의 컴퓨터와 모바일(Mobile) 단말기 등을 무선으로 접속하여 실시간으로 통신이 가능한 근거리 무선 접속 기술

오답 피하기

• CDMA(Code Division Multiple Access) : 코드 분할 다중 접속
• WLL(Wireless Local Loop) : 전화국에서 가입자 단말까지의 형태가 유선 선로가 아닌 무선 형태를 사용하는 무선 가입자 회선
• ADSL(Asymmetric Digital Subscriber Line) : 비대칭 디지털 가입자 회선

07 다음 중 주소 결정 규약인 ARP(Address Resolution Protocol)에 대한 설명으로 옳은 것은?

① 메시지를 송수신의 주소와 정보로 묶어 패킷 단위로 나누고 전송 데이터의 흐름을 제어한다.
② 패킷 주소를 해석하고 경로를 결정하여 다음 호스트로 전송한다.
③ 호스트의 IP 주소를 호스트와 연결된 네트워크 접속 장치의 물리적 주소로 번역해 주는 프로토콜이다.
④ 인터넷상에서 하이퍼텍스트를 주고받기 위한 프로토콜이다.

오답 피하기

① : TCP, ② : IP, ④ : HTTP

08 다음 중 클럭 주파수에 대한 설명으로 가장 옳지 않은 것은?

① 컴퓨터는 전류가 흐르는 상태(ON)와 흐르지 않는 상태(OFF)가 반복되어 작동하는데, ON/OFF의 전류 흐름에 의해 CPU가 작동한다. 이 전류의 흐름을 클럭 주파수(Clock Frequency)라 하고, 줄여서 클럭(Clock)이라고 한다.
② 클럭 주파수를 높이기 위해 메인보드로 공급되는 클럭을 CPU 내부에서 두 배로 증가시켜 사용하는 클럭 더블링(Clock Doubling)이란 기술이 486 이후부터 사용되었다.
③ CPU가 기본적으로 클럭 주기에 따라 명령을 수행한다고 할 때, 이 클럭 값이 높을수록 CPU는 빠르게 일을 하고 있는 것으로 볼 수 있다.
④ 클럭의 단위는 MHz를 사용하는데 1MHz는 1,000,000Hz를 의미하며, 1Hz는 1초 동안 1,000번의 주기가 반복되는 것을 의미한다.

1Hz : 1초 동안 1번의 주기가 반복되는 것을 의미함

09 다음 중 한글 Windows의 [파일 탐색기]에서 탐색 창의 폴더 영역에서 폴더를 선택한 후 선택된 폴더의 모든 하위 폴더를 표시해 주는 바로 가기 키로 옳은 것은?

① Num Lock + * ② F11
③ Back Space ④ Ctrl + N

오답 피하기

• F11 : 현재 창을 최대화 또는 최소화
• Back Space : 현재 폴더의 상위 폴더로 이동
• Ctrl + N : 새 창 열기

10 다음 중 한글 Windows의 [설정]-[시스템]-[정보]를 실행하는 ⓐ바로 가기 키와 ⓑURI 스키마가 각각 올바르게 짝지어진 것은?

① ⓐ ⊞ + U , ⓑ ms-settings:info
② ⓐ ⊞ + V , ⓑ ms-settings:sysinfo
③ ⓐ ⊞ + Pause , ⓑ ms-settings:about
④ ⓐ ⊞ + R , ⓑ ms-setting:system

오답 피하기

• ⊞ + U : [접근성 센터] 열기
• ⊞ + V : [클립보드] 열기
• ⊞ + R : [실행] 열기

11 다음 중 〈보기〉에서 설명하는 컴퓨터 언어로 옳은 것은?

〈보기〉

가. 객체 지향 언어이다.
나. 추상화, 상속화, 다형성과 같은 특징을 지닌다.
다. 분산 작업이 가능한 네트워크 환경을 지원한다.
라. 가상 바이트 머신 코드를 사용한다.

① JAVA ② LISP
③ ASP ④ UML

오답 피하기

• LISP : 리스트 처리용 언어로 인공 지능(AI) 분야에서 사용
• ASP : Windows 기반의 동적인 웹페이지 스크립트 언어
• UML : 분석 및 설계에서 사용하는 객체 지향 방법론의 모델링 언어

ANSWER 06 ① 07 ③ 08 ④ 09 ① 10 ③ 11 ①

12 다음 중 모바일 기기 및 인터넷에 관련된 용어를 설명한 것으로 가장 옳지 않은 것은?

① 아바타(Avatar)는 분신의 의미로 네트워크 공간에서 자신을 대신하는 가상의 인물을 의미한다.
② 블루투스(Bluetooth)는 노트북이나 이어폰 등의 모바일 기기를 서로 연결해서 정보를 교환하는 근거리 무선 기술 표준이다.
③ 지그비(Zigbee)는 무선 매쉬 네트워크의 표준이고 저가, 저저력의 장점이 있으며 반경 30미터 이내의 기기를 최대 255대까지 연결할 수 있다.
④ VoIP는 인터넷을 이용한 영상 통화로 원거리 통화 시 PSTN보다 요금이 높으며 고품질의 통화가 보장된다.

VoIP(Voice over Internet Protocol) : 인터넷을 이용한 음성 통화로 원거리 통화 시 PSTN보다 요금이 높지 않으며 일정 수준의 통화 품질이 보장되지 않는다.

13 다음 멀티미디어 파일 형식 중에서 이미지 형식에 해당하지 않는 것은?

① GIF ② TIFF
③ WAV ④ BMP

WAV : WAVE 형식의 파일로 아날로그 신호를 디지털화하여 나타내는 것으로, 소리의 파장이 그대로 저장되며 음질이 뛰어나기 때문에 파일의 용량이 큼. 자연의 음향과 사람의 음성 표현이 가능함

오답 피하기
• GIF : 비손실 압축 방법을 사용하기 때문에 이미지의 손상은 없지만 압축률이 좋지 않음
• TIFF : 호환성이 좋아 매킨토시와 개인용 컴퓨터 간의 그래픽 데이터를 교환하기 위해 사용하는 비트맵 파일 형식
• BMP : 이미지를 비트맵 방식을 표현하며 압축을 하지 않기 때문에 고해상도의 이미지를 표현할 수 있음

14 다음 중 프린터의 스풀 기능에 관련된 설명으로 옳지 않은 것은?

① 프린터와 같은 저속의 입출력 장치를 CPU와 병행하여 작동시켜 컴퓨터의 전체 효율을 향상시켜 준다.
② 프린터가 인쇄 중이라도 다른 응용 프로그램을 실행할 수 있다.
③ 기본적으로 모든 사용자는 자신의 문서에 대해 인쇄 일시 중지, 계속, 다시 시작, 취소를 할 수 있다.
④ 인쇄 대기 중인 문서의 용지 방향, 용지 종류, 인쇄 매수 등의 설정을 변경할 수 있다.

인쇄 대기 중인 문서의 용지 방향, 용지 종류, 인쇄 매수 등의 설정은 변경할 수 없음

15 다음 중 네트워크 접속 장비의 기능에 대한 설명으로 옳지 않은 것은?

① 모뎀은 디지털 신호와 아날로그 신호를 상호 변환하는 기능을 가진다.
② 디지털 데이터의 감쇠 현상을 방지하기 위해서 리피터를 사용한다.
③ 브리지는 두 개의 독립된 근거리 통신망을 연결하는 기능을 가진다.
④ 허브는 데이터 전송을 위한 가장 좋은 경로를 찾아 통신망에 연결하는 기능을 가진다.

허브 : 각 회선이 모이는 집선 장치로서 각 회선을 통합적으로 관리함
오답 피하기
라우터 : 데이터 전송을 위한 가장 좋은 경로를 찾아 통신망에 연결하는 기능

16 다음 중 소스 코드까지 제공되어 사용자들이 자유롭게 수정하거나 변경할 수 있는 소프트웨어를 의미하는 것은?

① 주문형 소프트웨어(Customized Software)
② 오픈 소스 소프트웨어(Open Source Software)
③ 셰어웨어(Shareware)
④ 프리웨어(Freeware)

오픈 소스 소프트웨어(Open Source Software) : 오픈 소스라고도 하며 소스가 오픈되어 어느 누구나 코드를 무료로 사용할 수 있음
오답 피하기
• 주문형 소프트웨어(Customized Software) : 기업이나 단체, 개인 고객의 특정 업무를 처리하기 위해 주문에 의해 제작된 소프트웨어
• 셰어웨어(Shareware) : 정식 프로그램의 구매를 유도하기 위해 기능이나 사용 기간에 제한을 두어 무료로 배포하는 프로그램
• 프리웨어(Freeware) : 공개 소프트웨어로 개발자가 무료로 자유로운 사용을 허용한 소프트웨어

17 다음 중 하드웨어의 교체없이 소프트웨어 업그레이드만으로도 시스템의 성능을 개선 시킬 수 있는 것으로 비휘발성 메모리인 ROM에 저장되는 것은?

① 캐시 메모리 ② CAM
③ 펌웨어 ④ P2P

펌웨어(Firmware) : 마이크로 프로그램의 집단으로 소프트웨어의 특성을 지니고 있으나, ROM에 고정되어 있기 때문에 하드웨어의 특성도 지니고 있음
오답 피하기
• 캐시 메모리 : 주기억 장치와 중앙 처리 장치 사이에 위치한 고속의 버퍼 메모리
• CAM : 저장된 내용의 일부를 이용하여 기억 장치에 접근하는 연관 메모리
• P2P : 인터넷상에서 개인끼리 파일을 공유하는 기술이나 행위

ANSWER 12 ④ 13 ③ 14 ④ 15 ④ 16 ② 17 ③

36 해설과 함께 보는 상시 기출문제

18 다음 중 〈보기〉에서 설명하는 용어는?

〈보기〉

모바일 인터넷에 접속하여 각종 음악 파일이나 음원을 제공받는 주문형 음악 서비스로 스트리밍 기술 등을 이용하여 음악을 실시간으로도 들을 수 있다.

① VDT   ② VOD
③ PDA   ④ MOD

MOD(Music On Demand) : 초고속 무선 인터넷의 발달로 다운로드받지 않고도 스트리밍 방식으로 음악 파일이나 음원을 주문하여 실시간으로 들을 수 있는 주문형 음악 서비스

오답 피하기

- VDT(Video Display Terminal) : 컴퓨터 영상 표시 장치로 Visual Display Terminal이라고도 함
- VOD(Video On Demand) : 주문형 비디오로 각종 영상 정보(뉴스, 드라마, 영화, 게임 등)를 데이터베이스로 구축하여 사용자의 요구에 따라 프로그램을 즉시 전송하여 가정에서 원하는 정보를 이용하는 서비스
- PDA(Personal Digital Assistant) : 전자수첩, 이동 통신, 컴퓨터 등의 기능이 있으며 휴대가 가능한 개인용 정보 단말기

19 다음 중 IPv6 주소 체계에 관한 설명으로 옳지 않은 것은?

① IPv4 주소 체계의 주소 부족 문제를 해결하기 위해서 개발되었다.
② 128비트의 긴 주소를 사용하기 때문에 IPv4 주소 체계에 비해 자료 전송 속도가 느리다.
③ 인증성, 기밀성, 데이터 무결성의 지원으로 보안성이 강화되었다.
④ IPv4 주소 체계와 호환성이 좋으며, 주소의 확장성, 융통성, 연동성이 우수하다.

IP 주소는 인터넷에 연결된 컴퓨터의 고유한 주소로 IPv6는 IPv4의 부족한 주소 문제를 해결하기 위해 개발되었으며 128비트의 긴 주소로 인해 자료의 전송 속도가 느려지는 것은 아님

20 다음 중 쿠키(Cookie)에 대한 설명으로 옳은 것은?

① 인터넷 사용 시 네트워크에 접속하기 위한 프로그램이다.
② 특정 웹 사이트 접속 시 반복적으로 사용되는 접속 정보를 가지고 있는 파일이다.
③ 웹 브라우저에서 기본으로 제공하지 않는 기능을 부가적으로 설치하여 구현되도록 한다.
④ 자주 사용하는 사이트의 자료를 저장한 후 다시 동일한 사이트 접속 시 자동으로 자료를 불러온다.

쿠키(Cookie) : 인터넷 웹 사이트의 방문 정보를 기록하는 텍스트 파일로, 인터넷 사용자가 웹 사이트에 접속한 후 이 사이트 내에서 어떤 정보를 읽고 어떤 정보를 남겼는지에 대한 정보가 사용자의 PC에 저장됨

---

2 과목    **스프레드시트 일반**

21 다음과 같은 특징을 갖는 차트의 종류는?

가. 데이터의 불규칙한 간격이나 묶음을 보여주는 차트이다.
나. 주로 과학, 공학용 데이터 분석에 사용된다.
다. 데이터 요소 간의 차이점보다는 큰 데이터 집합 간의 유사점을 표시하려는 경우에 사용한다.
라. 3차원 차트로 작성할 수 없다.

①   ②
③   ④

①번 차트는 분산형 차트로, 두 개의 숫자 그룹을 XY 좌표로 이루어진 한 계열로 표시하며, 데이터의 불규칙한 간격이나 묶음을 보여줄 때 사용함

오답 피하기

② : 꺾은선형, ③ : 주식형, ④ : 영역형 차트

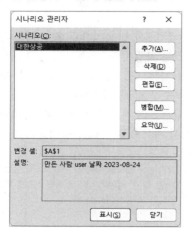

22 다음 중 아래 [시나리오 관리자] 대화 상자의 각 버튼에 대한 설명으로 옳지 않은 것은?

① 편집 : 선택한 시나리오를 변경한다.
② 병합 : 다른 워크시트의 시나리오를 통합하여 함께 관리한다.
③ 요약 : 시나리오에 대한 요약 보고서나 피벗 테이블을 작성한다.
④ 표시 : 선택한 시나리오에 대해 결과를 표시한다.

병합 : 열려 있는 다른 통합 문서의 워크시트에서 시나리오를 가져와 현재 시트의 시나리오에 추가함

23 [A1] 셀의 값 'TR-A-80'을 [B1] 셀에 'TR-A80'으로 바꾸어 표시하고자 할 때 다음 수식 중 옳지 않은 결과가 나오는 것은?

① =REPLACE(A1,5,1,"")
② =CONCAT(LEFT(A1,4),MID(A1,6,2))
③ =LEFT(A1,4)&RIGHT(A1,2)
④ =SUBSTITUTE(A1,"-","",5)

• =SUBSTITUTE(문자열, A, B, C) : 문자열에서 A를 찾아서 B로 변경함. C는 변경할 A의 순번을 지정함
• =SUBSTITUTE(A1,"-","",5) : 'TR-A-80'에서 5번째 '-'를 찾아서 공백으로 만듦. '-'는 두 개밖에 없기 때문에 5번째 '-'는 없으므로 데이터가 그대로 표시됨. 즉, SUBSTITUTE(A1,"-","",2)로 수정해야 두 번째 '-'를 찾아서 공백으로 만들어 'TR-A80'으로 표시할 수 있음

24 다음 중 엑셀의 다양한 데이터 입력 방법에 대한 설명으로 옳지 않은 것은?

① 하나의 셀에 여러 줄을 입력할 때는 Alt + Enter 를 눌러 줄 바꿈을 한다.
② 선택한 범위에 동일한 데이터를 한 번에 입력할 때에는 입력 후 바로 Ctrl + Enter 를 누른다.
③ 배열 수식을 작성할 때는 수식 입력 후 Ctrl + Shift + Enter 를 누른다.
④ 셀에 입력된 수식의 결과가 아닌 수식 자체를 보기 위해서는 Alt + ~ 를 누른다.

셀에 입력된 수식의 결과가 아닌 수식 자체를 보기 위해서는 Ctrl + ~ 를 누름

25 다음 중 〈보기〉에서 설명하는 차트의 종류로 옳은 것은?

〈보기〉

가. 단일 셀에 표시되는 미니 차트이다.
나. 데이터의 추세를 시각적으로 요약하여 표시한다.
다. 종류로는 꺾은선형, 열, 승패 등이 있다.

① 선버스트
② 스파크라인
③ 트리맵
④ 상자 수염

스파크라인
• 데이터의 추세를 시각적으로 요약 표시하는 한 셀의 크기에 맞는 작은 차트임
• 월별, 연별, 분기별, 계절별 증감이나 경기 순환과 같은 값 계열의 추세를 나타낼 때 사용함

오답 피하기
• 선버스트 : 계층 구조 내에 빈 셀이 있는 경우 그릴 수 있으며 하나의 고리가 어떤 요소로 구성되어 있는가를 보여주는 데 가장 효과적인 차트임
• 트리맵 : 색과 근접성을 기준으로 범주를 표시하며 다른 차트 유형으로 표시하기 어려운 많은 양의 데이터를 쉽게 표시할 수 있음
• 상자 수염 그림 : 데이터 분포를 사분위수로 나타내며 평균 및 이상 값을 강조하여 표시함. 상자에는 수직으로 확장되는 '수염'이라는 선이 포함될 수 있음

ANSWER 22 ② 23 ④ 24 ④ 25 ②

26 다음 시트의 [B2:E2] 셀의 제목을 매 페이지마다 인쇄하고자 할 때 설정 방법으로 옳은 것은?

▲	A	B	C	D	E
1					
2		성명	수행평가	기말고사	합계
3		김나운	80	70	150
4		김선	55	45	100
5		김희준	88	90	178
6		최영진	47	86	133
7		김혜빈	90	86	176
8		엄성희	100	72	172
9		지미희	90	80	170

① [페이지 설정] 대화 상자의 [시트] 탭에서 '인쇄 영역'의 범위를 지정한다.
② [페이지 설정] 대화 상자의 [머리글/바닥글] 탭에서 '머리글'의 범위를 지정한다.
③ [페이지 설정] 대화 상자의 [시트] 탭에서 인쇄 제목의 '반복할 행'의 범위를 지정한다.
④ [페이지 설정] 대화 상자의 [머리글/바닥글] 탭에서 '인쇄 영역'의 범위를 지정한다.

[페이지 설정] 대화 상자의 [시트] 탭에서 인쇄 제목의 '반복할 행'은 매 페이지마다 반복해서 표시할 행을 지정하는 항목으로 [B2:E2] 셀을 반복할 행으로 지정하면 2페이지부터 페이지 첫 줄에 [B2:E2] 셀 내용이 표시됨

27 다음 중 A열의 글꼴 서식을 '굵게'로 설정하는 매크로로 옳지 않은 것은?

① Range("A:A").Font.Bold = True
② Columns(1).Font.Bold = True
③ Range("1:1").Font.Bold = True
④ Columns("A").Font.Bold = True

Range("1:1").Font.Bold = True : 1행의 글꼴 서식을 '굵게' 설정함

28 다음 중 피벗 차트 보고서에 대한 설명으로 옳지 않은 것은?

① 피벗 차트 보고서에 필터를 적용하면 피벗 테이블 보고서에 자동 적용된다.
② 피벗 차트 보고서는 주식형, 분산형, 거품형, 트리맵, 선버스트 등 다양한 차트로 변경할 수 있다.
③ 피벗 차트에는 표준 차트와 마찬가지로 데이터 계열, 범주, 데이터 표식, 축이 표시된다.
④ 피벗 차트 보고서를 삭제해도 관련된 피벗 테이블 보고서는 삭제되지 않는다.

피벗 차트 보고서는 주식형, 분산형, 거품형, 트리맵, 선버스트, 히스토그램, 상자 수염 그림, 폭포 차트 등으로 변경할 수 없음

29 다음 중 아래 프로시저의 실행 결과로 옳은 것은?

```
Sub loopTest()
    Dim k As Integer
    Do while k < 3
        [A1].offset(k,1)=10
        k = k + 2
    Loop
End Sub
```

① [A2] 셀에 10이 입력된다.
② [B1] 셀과 [B3] 셀에 10이 입력된다.
③ [B2] 셀에 10이 입력된다.
④ [A1] 셀과 [A3] 셀에 10이 입력된다.

• Do while ~ Loop : 조건식이 참인 동안(While) 명령문을 반복 수행(Do)함
• 형식

Do while 조건식
    명령문
Loop

• Dim k As Integer : 변수 k를 정수(As Integer) 변수로 선언(Dim)
• Do while k < 3 : k변수 값(0)을 3하고 비교, 3이 크므로 Do ~ Loop 반복
• [A1].offset(k,1)=10 : [A1] 셀을 기준으로 offset 명령에 의해 지정한 행, 열만큼 떨어진 범위(offset)로 이동, k가 0이므로 0행 1열에 10을 입력, 즉 [B1] 셀에 10이 입력됨
• k = k + 2 : 0에 2를 더한 결과 2를 k변수에 대입
• Loop : Do While문 반복
• Do while k < 3 : k변수 값(2)을 3하고 비교, 3이 크므로 Do ~ Loop 반복
• [A1].offset(k,1)=10 : [A1] 셀을 기준으로 offset 명령에 의해 지정한 행, 열만큼 떨어진 범위(offset)로 이동, k가 2이므로 2행 1열에 10을 입력, 즉 [B3] 셀에 10이 입력됨
• k = k + 2 : 2에 2를 더한 결과 4를 k변수에 대입하고 Do while k < 3에 의해 k는 4이므로 Do While 반복이 끝남

30 워크시트에서 셀을 편집하거나 메뉴를 선택하여 실행한 결과에 대하여 즉시 실행을 취소하는 기능이 있다. 다음 중 처리 직후에 실행 취소가 불가능한 작업으로 옳은 것은?

① 행의 높이를 변경한 경우
② 화면 배율을 변경한 경우
③ 셀 서식을 변경한 경우
④ 시트 이름을 변경한 경우

시트 이름을 변경한 경우는 실행 취소가 불가능함

ANSWER 26 ③ 27 ③ 28 ② 29 ② 30 ④

31 다음 중 정렬에 대한 설명으로 옳지 않은 것은?

① 숨겨진 열이나 행은 정렬 시 이동되지 않는다.

② 영숫자 텍스트는 왼쪽에서 오른쪽으로 정렬된다.

③ 표에 병합된 셀들이 포함된 경우 정렬 작업을 수행하려면 셀의 크기가 동일해야 된다.

④ 정렬 옵션에서 정렬 방향은 '위쪽에서 아래쪽으로', '오른쪽에서 왼쪽으로' 중에서 선택할 수 있다.

정렬 옵션에서 정렬 방향은 '위쪽에서 아래쪽으로', '왼쪽에서 오른쪽으로' 중에서 선택할 수 있음

32 다음 중 아래의 데이터를 이용하여 계산할 현재 가치 [D3]의 수식으로 옳은 것은?

	A	B	C	D
1	투자 금액의 현재 가치			
2	연이율	투자기간(년)	투자금액	현재가치
3	6%	3	3,000,000	

① =PV(A3,B3,,C3)

② =PV(A3/12,B3/12,,C3)

③ =PV(A3/12,B3,,C3)

④ =PV(A3/12,B3*12,,C3)

• PV 함수 : 투자액의 Present Value, 즉 현재 가치를 구하는 함수
• =PV(연이율/12, 투자 기간(년)*12,투자 금액) → =PV(A3/12, B3*12,,C3)

33 다음 중 [셀 서식] 대화 상자─[맞춤] 탭의 '텍스트 방향'에서 설정할 수 없는 항목은?

① 텍스트 방향대로

② 텍스트 반대 방향으로

③ 왼쪽에서 오른쪽

④ 오른쪽에서 왼쪽

텍스트 방향 : 텍스트 방향대로, 왼쪽에서 오른쪽, 오른쪽에서 왼쪽

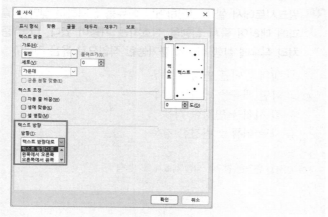

34 다음 시트처럼 [C1] 셀에 수식 =SUM(A1:C1)을 입력할 경우 발생하는 오류로 옳은 것은?

	A	B	C	D
1	100	200	=SUM(A1:C1)	
2				

① #DIV/0! 오류

② #NUM! 오류

③ 순환 참조 오류

④ #REF! 오류

순환 참조 오류

• 수식에서 직접 또는 간접적으로 자체 셀을 참조하는 경우의 오류

• 참조를 제거 또는 변경하거나 수식을 다른 셀로 이동하여 오류를 수정할 수 있음

35 다음 중 배열 수식과 배열 상수에 대한 설명으로 옳지 않은 것은?

① 배열 수식에서 잘못된 인수나 피연산자를 사용할 경우 '#VALUE!'의 오류 값이 발생한다.

② 배열 상수는 숫자, 논리 값, 텍스트, 오류 값 외에 수식도 사용할 수 있다.

③ 배열 상수에서 다른 행의 값은 세미콜론(;), 다른 열의 값은 쉼표(,)로 구분한다.

④ Ctrl + Shift + Enter 를 누르면 중괄호({ }) 안에 배열 수식이 표시된다.

배열 상수로 숫자, 논리 값(True, False), 텍스트, #N/A와 같은 오류 값을 사용할 수 있으나 수식은 사용할 수 없음

ANSWER 31 ④ 32 ④ 33 ② 34 ③ 35 ②

36 아래의 시트에서 [A2:A4] 영역의 값에 대하여 [B2:B4] 영역과 같이 표시되도록 하기 위한 사용자 지정 서식으로 옳은 것은?

	A	B
1	금액	금액
2	50,000	伍萬
3	18,963	壹萬八阡九百六拾参
4	69,010	六萬九阡壹拾

① [DBNum1]#,###
② [DBNum2]#,###
③ [DBNum1]G/표준
④ [DBNum2]G/표준

[DBNum2]G/표준 : 숫자를 한자(갖은자)로 표시함

오답 피하기

	A	B	C	D	E
1	금액	[DBNUM2]	[DBNUM1]	[DBNUM3]	[DBNUM4]
2	50,000	伍萬	五万	5万	오만
3	18,963	壹萬八百九百六拾参	一万八千九百六十三	1万8千9百6十3	일만팔천구백육십삼
4	69,010	六萬九阡壹拾	六万九千一十	6万9千十	육만구천일십

37 다음 중 부분합에 대한 설명 중 옳지 않은 것은?

① 부분합에서 그룹 사이에 페이지를 나눌 수 있다.
② 부분합에서는 합계, 평균, 개수 등의 함수 이외에도 다양한 함수를 선택할 수 있다.
③ 부분합에서 데이터 아래에 요약을 표시할 수 있다.
④ 부분합에서 그룹으로 사용할 데이터는 반드시 오름차순으로 정렬되어 있어야 한다.

부분합을 실행하기 전에 오름차순 또는 내림차순과 관계없이 정렬해야 함

38 데이터 맞춤이 특별하게 적용되지 않은 셀에 다음과 같은 데이터를 입력할 경우 정렬 방법이 다른 것은?

① 1989
② 1989-6-3
③ 1989년6월3일
④ =LEN("대한민국")

③ : 문자열은 왼쪽으로 정렬됨

오답 피하기

• ① : 숫자
• ② : 날짜
• ④ : 계산(함수)식은 오른쪽으로 정렬됨(=LEN( ) 함수 : 문자열 개수를 구하는 함수)

39 다음 중 [B6] 셀에 다음과 같이 입력된 수식의 결과 값은?

합격강의

```
=VLOOKUP(150000,A2:B5,2,1)
```

	A	B
1	매출액	수수료
2	50,000	5,000
3	100,000	10,000
4	200,000	20,000
5	300,000	30,000

① 5,000
② 10,000
③ 20,000
④ 30,000

• =VLOOKUP(찾을 값, 영역, 열 번호, 찾을 방법) : 영역의 첫 번째 열에서 찾을 값(또는 근사 값)을 찾은 후 찾을 값이 있는 행에서 지정된 열 번호의 위치에 있는 데이터를 가져옴
• =VLOOKUP(150000,A2:B5,2,1) : [A2:B5] 영역의 첫 번째 열인 매출액에서 150,000을 찾아야 하는데 150,000이 없기 때문에 200,000보다 작은 값 중 근사 값을 찾으면 100,000이 되어 100,000이 있는 행에서 열 번호 2의 위치에 있는 10,000을 표시함(찾을 방법 1은 셀 영역에 똑같은 값이 없을 때 작은 값 중 근사 값을 찾음)

40 다음 중 Excel 통합 문서의 웹 페이지(.htm, .html) 형식 저장과 관련된 설명으로 옳지 않은 것은?

① 일부 시트만을 선택하여 저장할 수 없다.
② 회전된 텍스트는 올바로 표시되지 않는다.
③ 배경 질감 및 그래픽과 같은 관련 파일은 하위 폴더에 저장된다.
④ 조건부 서식 중 데이터 막대, 아이콘 집합은 지원되지 않는다.

일부 시트만을 선택하여 저장할 수 있음

ANSWER 36 ④ 37 ④ 38 ③ 39 ② 40 ①

상 중 하
41 하위 폼은 주로 '일대다' 관계가 설정되어 있는 테이블을 효과적으로 표시하기 위해 사용된다. 이때 하위 폼은 어느 쪽 테이블을 원본으로 하는 것이 가장 적절한가?

① '일'쪽 테이블
② '다'쪽 테이블
③ '일'쪽 테이블과 '다'쪽 테이블을 모두 보여주는 쿼리
④ '일'쪽 테이블로부터 만든 쿼리

> 하위 폼이 '일대다' 관계가 설정되어 있을 때 기본 폼은 '일'쪽의 테이블을 원본으로 하고, 하위 폼은 '다'쪽의 테이블을 원본으로 함

상 중 하
42 다음 중 같은 데이터가 여러 파일에 중복되어 있어서 발생하는 문제점에 해당하지 않은 것은?

① 데이터의 일관성 유지가 어렵다.
② 읽기 전용 트랜잭션에 대한 데이터의 가용도가 감소된다.
③ 갱신 비용이 많이 든다.
④ 데이터의 무결성 유지가 어렵다.

> • 트랜잭션(Transaction) : 데이터베이스에서 데이터를 처리하기 위한 논리적인 작업 단위
> • 읽기 전용 트랜잭션은 INSERT, UPDATE, DELETE를 사용할 수 없는 트랜잭션으로 중복 파일이 많으면 그만큼 데이터의 가용도가 증가됨

상 중 하
43 [학사관리] 테이블에서 다음과 같은 SQL문을 실행했을 때, 결과에 나타나는 레코드는 몇 개인가?

```
SELECT DISTINCT 학점
FROM 학사관리;
```

학사관리 ×

과목번호	과목명	학점	담당교수
C001	컴퓨터일반	3	김선
C002	스프레드시트	3	왕정보
C003	데이터베이스	3	최영진
C004	영상편집	2	김나운
C005	그래픽	2	김혜빈
C006	연출기법	2	김희준
*		0	

레코드: ◄ ◄ 7/7 ► ►l ►* ▼필터 없음 검색

① 2   ② 3   ③ 4   ④ 6

> DISTINCT는 중복된 값을 한 번만 표시하게 해주므로 학점 필드에 2와 3, 두 개의 레코드가 출력됨

쿼리1 ×

학점
2
3

상 중 하
44 다음 중 데이터베이스의 정규화에 관한 설명으로 가장 옳지 않은 것은?

① 정규화는 중복되는 값을 일정한 규칙에 의해 추출하여 보다 단순한 형태를 가지는 다수의 테이블로 데이터를 분리하는 작업이다.
② 이해하기 쉽고 확장하기 쉽도록 테이블을 구성하며, 무결성 제약 조건의 구현을 용이하게 한다.
③ 정규화를 수행해도 데이터의 중복을 최소화하는 것이지 완전히 제거할 수 있는 것은 아니다.
④ 테이블을 정규화하는 경우, 불필요한 필드의 제거로 데이터 공간의 낭비를 방지하여 검색 효율성을 높일 수 있다.

> 정규화는 데이터베이스를 설계할 때 데이터의 중복 최소화와 불일치를 방지하기 위해 릴레이션 스키마를 분해하는 과정으로 불필요한 필드를 제거하여 공간의 낭비를 방지하는 것과는 관련이 없음

상 중 하
45 다음 중 성적(학번, 이름, 학과, 점수) 테이블의 레코드 수가 10개, 평가(학번, 전공, 점수) 테이블의 레코드 수가 5개일 때, 아래 SQL의 결과에 대한 설명으로 옳은 것은?

```
SELECT 학번, 학과, 점수 FROM 성적 UNION ALL
SELECT 학번, 전공, 점수 FROM 평가 ORDER BY 학번
```

① 쿼리 실행 결과의 필드 수는 모든 테이블의 필드를 더한 개수만큼 검색된다.
② 쿼리 실행 결과의 총 레코드 수는 15개이다.
③ 쿼리 실행 결과의 필드는 평가.학번, 평가.전공, 평가.점수이다.
④ 쿼리 실행 결과는 학번의 내림차순으로 정렬되어 표시된다.

> UNION(통합) 쿼리 : 2개 이상의 테이블이나 쿼리에서 대응되는 필드들을 결합하여 하나의 필드로 만들어주는 쿼리이므로 총 레코드의 개수는 15개가 됨

ANSWER 41 ② 42 ② 43 ① 44 ④ 45 ②

우외부 조인(Right Join) : 오른쪽 테이블을 우선해서 오른쪽의 테이블에 관해 모든 행을 결과로 남기는 조인이므로 [사원정보] 테이블에서는 모든 레코드가 포함된 결과를 표시하며, [부서정보] 테이블의 레코드는 [사원정보] 테이블의 부서번호와 일치되는 것만 포함됨

상 중 하

46 다음 중 전체 페이지가 5페이지이고 현재 페이지가 2페이지인 보고서에서 표시되는 식과 결과가 올바른 것은?

① 식 =[Page] → 결과 2/5
② 식 =[Page] & "페이지" → 결과 2페이지
③ 식 =[Page] & "중 " & [Page] → 결과 5중 2
④ 식 =Format([Page], "000") → 결과 005

오답 피하기

- ① : 식 =[Page] → 결과 2
- ③ : 식 =[Page] & "중 " & [Page] → 결과 2중 2
- ④ : 식 =Format([Page], "000") → 결과 002

상 중 하

47 다음 중 특정 필드에 입력 마스크를 '09#L'로 설정하였을 때의 입력 데이터로 옳은 것은?

① 123A   ② A124
③ 12A4   ④ 12AB

문자	설명	09#L로 설정한 경우
0	필수요소, 0~9까지의 숫자	② A124 → 첫 글자가 A라 틀림
9	선택요소, 숫자나 공백	
#	선택요소, 숫자나 공백	③ 12A4, ④ 12AB → 세 번째 글자가 A라 틀림
L	필수요소, A~Z, 한글	② A124, ③ 12A4 → 네 번째 글자가 숫자라 틀림

상 중 하

48 사원관리 데이터베이스에는 [부서정보] 테이블과 실적 정보를 포함한 [사원정보] 테이블이 관계로 연결되어 있다. 다음 중 아래의 SQL문의 실행 결과에 대한 설명으로 옳은 것은?(단, 부서에는 여러 사원이 있으며, 한 사원은 하나의 부서에 소속되는 일대다 관계임)

▶ 합격강의

> SELECT 부서정보. 부서번호, 부서명, 번호, 이름, 실적 FROM 부서정보
> RIGHT JOIN 사원정보 ON 부서정보.부서번호 = 사원정보.부서번호;

① 두 테이블에서 부서번호가 일치되는 레코드의 부서번호, 부서명, 번호, 이름, 실적 필드를 표시한다.
② [부서정보] 테이블의 레코드는 모두 포함하고, [사원정보] 테이블에서는 실적이 있는 레코드만 포함하여 결과를 표시한다.
③ [부서정보] 테이블의 레코드는 [사원정보] 테이블의 부서번호와 일치되는 것만 포함하고, [사원정보] 테이블에서는 실적이 있는 레코드만 포함하여 결과를 표시한다.
④ [부서정보] 테이블의 레코드는 [사원정보] 테이블의 부서번호와 일치되는 것만 포함하고, [사원정보] 테이블에서는 모든 레코드가 포함하여 결과를 표시한다.

상 중 하

49 폼의 각 컨트롤에 포커스가 위치할 때 입력 모드를 '한글' 또는 '영숫자 반자'로 각각 지정하고자 한다. 다음 중 이를 위해 설정해야 할 컨트롤 속성은?

① 〈Enter〉 키 기능   ② 상태 표시줄 텍스트
③ 탭 인덱스   ④ IME 모드

IME 모드 : 입력 방법을 결정하는 입력 모드로 '한글' 또는 '영숫자 반자'로 설정 가능함

상 중 하

50 다음 중 개체 관계 모델(Entity Relationship Model)에 관한 설명으로 옳지 않은 것은?

① 개념적 설계에 가장 많이 사용되는 모델로 개체 관계도(ERD)가 가장 대표적이다.
② 개체집합과 관계집합으로 나누어서 개념적으로 표시하는 방식으로 특정 데이터베이스 관리 시스템(DBMS)을 고려한 것은 아니다.
③ 데이터를 개체(Entity), 관계(Relationship), 속성(Attribute)과 같은 개념으로 표시한다.
④ 개체(Entity)는 가상의 객체나 개념을 의미하고, 속성(Attribute)은 개체를 묘사하는 데 사용될 수 있는 특성을 의미한다.

개체(Entity)는 다른 것과 구분되는 개체로 단독으로 존재하는 실세계의 객체나 개념을 의미함

상 중 하

51 폼 바닥글에 [사원] 테이블의 '직급'이 '과장'인 레코드들의 '급여' 합계를 구하고자 한다. 다음 중 폼 바닥글의 텍스트 상자 컨트롤에 입력해야 할 식으로 옳은 것은?

① =DHAP("[사원]", "[급여]", "[직급]='과장'")
② =DHAP("[급여]", "[사원]", "[직급]='과장'")
③ =DSUM("[사원]", "[급여]", "[직급]='과장'")
④ =DSUM("[급여]", "[사원]", "[직급]='과장'")

- DSUM : 특정 필드 값의 합계를 구할 때 사용하는 함수
- =DSUM("구할 필드", "테이블명", "조건")형식이므로 =DSUM ("[급여]", "[사원]", "[직급]='과장'")으로 입력해야 함

ANSWER 46 ② 47 ① 48 ④ 49 ④ 50 ④ 51 ④

상중하

52 다음 중 테이블에 데이터가 입력되는 방식을 제어하는 방법으로 가장 옳지 않은 것은?

① 유효성 검사 규칙을 정의하여 필드에 입력되는 데이터를 제한할 수 있다.
② 입력 마스크를 이용하여 필드의 각 자리에 입력되는 값의 종류를 제한할 수 있다.
③ 색인(Index)을 이용하여 해당 필드에 중복된 값이 입력되지 않도록 할 수 있다.
④ 기본키(PK) 속성을 이용하여 레코드 추가 시 입력되는 기본 값을 사용자 임의로 지정할 수 있다.

'기본키' 속성이 아니고 '기본 값' 속성을 이용하여 레코드 추가 시 입력되는 기본 값을 사용자가 지정할 수 있음

상중하

53 아래 그림의 동아리 필드와 같이 데이터 입력 시 목록 상자에서 원하는 값을 선택하려고 할 때 설정해야 하는 필드 속성은?

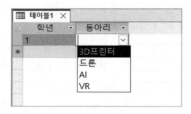

① 입력 마스크
② 캡션
③ 유효성 검사 규칙
④ 조회

조회 : 데이터 입력 시 값을 직접 입력하지 않고 목록 상자에서 원하는 값을 선택하는 필드를 만들 때 사용함

오답 피하기

• 입력 마스크 : 특정 형식의 숫자나 문자를 입력할 때 입력 형식을 지정함
• 캡션 : 폼 보기의 제목 표시줄에 나타나는 텍스트를 설정함
• 유효성 검사 규칙 : 레코드, 필드, 컨트롤 등에 입력할 수 있는 데이터의 요구 사항을 지정함

상중하

54 다음 중 필드의 각 데이터 형식에 대한 설명으로 옳지 않은 것은?

① 통화 형식은 소수점 이하 4자리까지의 숫자를 저장할 수 있으며, 기본 필드 크기는 8바이트이다.
② Yes/No 형식은 Yes/No, True/False, On/Off 등 두 값 중 하나만 입력하는 경우에 사용하는 것으로 기본 필드 크기는 1비트이다.
③ 일련번호 형식은 새 레코드를 만들 때 자동으로 생성되는 고유 값으로 저장된다.
④ 긴 텍스트는 텍스트 및 숫자 데이터가 최대 255자까지 저장된다.

긴 텍스트 형식은 최대 63,999자까지 저장됨

상중하

55 [직원] 테이블의 '급여' 필드는 데이터 형식이 숫자이고, 필드 크기가 정수(Long)로 설정되어 있다. 다음 중 '급여' 필드에 입력 가능한 숫자를 백만 원 이상, 오백만 원 이하로 설정하기 위한 유효성 검사 규칙으로 옳은 것은?

① <= 1000000 Or <= 5000000
② >= 1000000 And <= 5000000
③ >= 1000000, <= 5000,000
④ 1,000,000 <= And <= 5,000,000

입력 가능한 숫자를 백만 원 이상(>=1000000), 오백만 원 이하(<=5000000)로 설정하기 위한 유효성 검사 규칙은 And를 사용함. 즉, >= 1000000 And <= 5000000

ANSWER 52 ④ 53 ④ 54 ④ 55 ②

56 다음 중 보고서의 각 구역에 관한 설명으로 옳지 않은 것은?

① 보고서 머리글은 보고서의 맨 앞에 한 번 출력되며, 일반적으로 로고나 제목 및 날짜와 같이 표지에 나타나는 정보를 추가한다.

② 그룹 머리글은 각 새 레코드 그룹의 맨 앞에 출력되며, 그룹 이름을 출력하려는 경우에 사용한다.

③ 본문은 레코드 원본의 모든 행에 대해 한 번씩 출력되며, 보고서의 본문을 구성하는 컨트롤이 여기에 추가된다.

④ 보고서 바닥글은 모든 페이지의 맨 끝에 출력되며, 페이지 번호 또는 페이지별 정보를 표시하려는 경우에 사용한다.

페이지 바닥글 : 보고서의 매 페이지의 하단에 표시되며, 페이지 번호나 날짜 등의 항목을 삽입함

오답 피하기
보고서 바닥글 : 보고서의 맨 마지막 페이지에 한 번만 표시되며, 보고서의 총계나 안내 문구 등의 항목을 삽입함

57 다음 중 쿼리를 실행할 때마다 메시지 상자를 표시하여 사용자에게 조건 값을 입력받아 쿼리를 실행하는 유형은?

① 크로스탭 쿼리
② 매개 변수 쿼리
③ 통합 쿼리
④ 실행 쿼리

매개 변수 쿼리 : 실행할 때 검색 조건의 일정한 값(매개 변수)을 입력하여 원하는 정보를 추출함

오답 피하기
• 크로스탭 쿼리 : 테이블이나 쿼리의 필드별 합계, 개수, 평균 등의 요약을 계산함
• 통합 쿼리 : 2개 이상의 테이블이나 쿼리에서 대응되는 필드들을 결합하여 하나의 필드로 만들어 주는 쿼리
• 실행 쿼리 : 여러 레코드의 변경과 이동을 일괄적으로 실행함

58 다음 중 관계형 데이터 모델에서 데이터의 정확성과 일관성을 보장하기 위한 것은?

① 릴레이션
② 관계 연산자
③ 무결성 제약 조건
④ 속성의 집합

무결성 제약 조건 : 관련 테이블의 레코드 간 관계가 유효하고 사용자가 관련 데이터를 실수로 삭제 또는 변경하지 않았는지 확인하기 위해 사용하는 규칙으로 데이터의 정확성과 일관성이 보장됨

59 다음 중 아래의 SQL문에 대한 설명으로 옳지 않은 것은?

```
ALTER TABLE 고객
DROP 취미 CASCADE;
```

① 고객 테이블의 구조적인 변경이 발생한다.
② 취미 필드를 고객 테이블로부터 삭제한다.
③ CASCADE는 해당 필드와 연관된 다른 테이블의 내용도 삭제하는 옵션이다.
④ 고객 테이블이 수정되면 취미 테이블의 내용도 같이 수정된다.

• ALTER : 테이블 변경
• DROP CASCADE : 테이블 삭제(DROP) 시 제거 대상의 제거와 함께 이를 참조하는 다른 데이터 객체에 대해서도 제거 작업이 이루어짐

60 다음 중 테이블의 필드 속성에서 인덱스를 지정할 수 없는 데이터 형식은?

① 짧은 텍스트
② OLE 개체
③ Yes/No
④ 숫자

OLE 개체 형식의 필드에는 인덱스를 사용할 수 없음

1 과목 **컴퓨터 일반**

😊😐😟
01 다음 중 컴퓨터의 발전 과정으로 3세대 이후의 특징에 해당하지 않는 것은?

① 개인용 컴퓨터의 사용
② 전문가 시스템
③ 일괄 처리 시스템
④ 집적 회로의 사용

일괄 처리 시스템 : 1세대
오답 피하기
• 개인용 컴퓨터의 사용 : 4세대
• 전문가 시스템 : 5세대
• 집적 회로의 사용 : 3세대

😊😐😟
02 다음 중 암호화에 사용되는 키를 서로 다르게 하여, 암호화할 때 사용하는 키는 공개하고 복호화할 때의 키는 개인키로 비밀을 보장하는 방식으로 옳은 것은?

① 단일키 암호화 기법
② 방화벽
③ 디지털 서명(Digital Signature)
④ 비대칭 암호화 기법

비대칭 암호화 기법 : 공개키 암호화 기법으로, 암호화키와 복호화키가 서로 다름

😊😐😟
03 다음 중 웹 프로그래밍 언어에 해당하지 않는 것은?

① DHTML
② COBOL
③ SGML
④ WML

COBOL : 사무 처리용 언어이며 최초로 개발된 고급 언어
오답 피하기
• DHTML : 기존 HTML로 제작된 정적인 웹 페이지에 동적인 적용이 가능한 동적(Dynamic) HTML로 레이아웃 기능이 강화되고 인터랙티브한 페이지 제작이 가능함
• SGML : 국제 표준화 기구에서 1986년 국제 표준으로 채택한 문서 생성 언어로 인터넷의 월드 와이드 웹 홈페이지에 사용되는 하이퍼 텍스트 생성 언어의 바탕이 되었음
• WML : 무선 접속을 통하여 휴대폰이나 PDA 등에 웹 페이지의 텍스트와 이미지 부분이 표시될 수 있도록 해주는 웹 프로그래밍 언어

😊😐😟
04 다음 중 일반적으로 RAID(Redundant Array of Inexpensive Disks)를 사용하는 목적으로 볼 수 없는 것은?
합격 강의

① 프로세서와 디스크 드라이브 사이의 속도 차이 개선
② 한 개의 대용량 디스크를 여러 개의 디스크처럼 나누어 관리
③ 안정성 향상
④ 데이터 복구의 용이성

RAID : 여러 드라이브의 집합을 하나의 저장 장치처럼 취급하여 사용하는 것으로 여러 개의 HDD를 하나의 Virtual Disk로 구성하므로 대용량 저장 장치 구축이 가능함

😊😐😟
05 다음 중 한글 Windows에서 사용하는 USB에 대한 설명으로 옳지 않은 것은?

① 플러그 앤 플레이 설치를 지원하는 외부 버스이다.
② 주변기기를 최대 127개까지 연결할 수 있다.
③ 컴퓨터를 종료하거나 다시 시작하지 않아도 USB 장치를 연결하거나 연결을 끊을 수 있다.
④ USB는 범용 병렬 장치를 연결할 수 있게 해주는 컴퓨터 인터페이스이며 12Mbps의 속도로 데이터를 전송할 수 있다.

USB(Universal Serial Bus)는 범용 '직렬' 버스 장치임

ANSWER 01 ③ 02 ④ 03 ② 04 ② 05 ④

06 다음 중 한글 Windows에서 프린터를 이용한 인쇄 기능의 설명으로 옳지 않은 것은?

① 인쇄 대기 중인 문서에 대해서 용지 방향, 용지 공급 및 인쇄 매수 등의 설정을 인쇄 창에서 변경할 수 있다.

② 인쇄 대기열에는 인쇄 대기 중인 문서가 표시되며, 목록의 각 항목에는 인쇄 상태 및 페이지 수와 같은 정보가 제공된다.

③ 인쇄 대기열에서 프린터의 작동을 일시 중지하거나 계속할 수 있으며, 인쇄 대기 중인 모든 문서의 인쇄를 취소할 수 있다.

④ 문서가 인쇄되는 동안 프린터 아이콘이 알림 영역에 표시되며, 인쇄가 완료되면 아이콘이 사라진다.

인쇄 대기 중인 문서는 용지 방향, 용지 공급 및 인쇄 매수 등을 설정할 수 없음

07 다음의 설명과 관련된 것은?

> 컴퓨터 그래픽에서 화면의 해상도가 낮아 사선이나 곡선이 매끄럽게 표시되지 않고 톱니와 같이 거칠게 표시되는데 이러한 거친 느낌을 감소시키는 방법이다.

① 디더링(Dithering)
② 렌더링(Rendering)
③ 안티 앨리어싱(Anti-Aliasing)
④ 필터링(Filtering)

오답 피하기

• ① 디더링(Dithering) : 색상 표현을 할 수 없을 경우 컴퓨터 프로그램을 이용하여 다른 색상들을 섞어 비슷한 색상으로 표현하는 작업
• ② 렌더링(Rendering) : 컴퓨터 그래픽에서 3차원 질감(그림자, 색상, 농도 등)을 줌으로써 사실감을 추가하는 과정
• ④ 필터링(Filtering) : 이미지를 처리하는 여러 가지 기술

08 다음 중 인터넷 통신 장비인 게이트웨이(Gateway)의 기본적인 역할에 관한 설명으로 옳은 것은?

① 현재 위치한 네트워크에서 다른 네트워크로 연결할 때 사용한다.

② 인터넷 신호를 증폭하며 먼 거리로 정보를 전달할 때 사용한다.

③ 네트워크 계층의 연동 장치로 경로 설정에 사용한다.

④ 문자로 된 도메인 이름을 숫자로 이루어진 실제 IP 주소로 변환하는 데 사용한다.

게이트웨이(Gateway) : 네트워크에서 다른 네트워크로 들어가는 관문의 기능을 수행하는 지점을 의미하며 서로 다른 프로토콜을 사용하는 네트워크를 연결할 때 사용하는 장치

오답 피하기

② : 리피터(Repeater), ③ : 라우터(Router), ④ : DNS(Domain Name System)

09 다음 중 이미지와 그래픽에서 사용되는 비트맵 방식의 파일 형식에 관한 설명으로 옳지 않은 것은?

① 픽셀(Pixel)로 이미지를 표현하며 이미지를 확대하면 테두리가 거칠어진다.

② Windows에서 표준으로 사용되는 방식으로 복원한 데이터가 압축 전의 데이터와 완전히 일치하는 무손실 압축을 사용한다.

③ 래스터 방식이라고도 하며 다양한 색상을 사용하므로 사실 같은 이미지를 표현할 수 있다.

④ 파일 형식에는 BMP, GIF, JPG 등이 있다.

비트맵 방식의 파일 형식 중 JPG 파일은 비(무)손실 압축과 손실 압축을 모두 지원함

• Shift + F10 : 선택된 항목의 바로 가기 메뉴를 표시함
• Alt + Enter : 선택된 항목의 속성을 표시함

10 다음 중 소프트웨어의 사용권에 따른 분류에 대한 설명으로 옳지 않은 것은?

① 애드웨어 : 배너 광고를 보는 대가로 무료로 사용하는 소프트웨어이다.

② 셰어웨어 : 정식 버전이 출시되기 전에 프로그램에 대한 일반인의 평가를 받기 위해 제작된 소프트웨어이다.

③ 번들 : 특정한 하드웨어나 소프트웨어를 구매하였을 때 포함하여 주는 소프트웨어이다.

④ 프리웨어 : 돈을 내지 않고도 사용 가능하고 다른 사람에게 전달해 줄 수 있는 소프트웨어이다.

셰어웨어 : 정식 프로그램의 구매를 유도하기 위해 기능이나 사용 기간에 제한을 두어 무료로 배포하는 프로그램

오답 피하기

베타 버전 프로그램 : 정식 버전이 출시되기 전에 프로그램에 대한 일반인의 평가를 받기 위해 제작된 소프트웨어

11 VPN에 필요한 요소 기술들을 설명한 내용 중 옳지 않은 것은?

① 인증 기술 : 지정된 사용자로부터 온 데이터를 확인하는 수단을 제공

② 접근 제어 기술 : 허가받지 않은 사용자의 접속을 차단하는 수단을 제공

③ 부인 방지 기술 : 단말과 단말 사이에 통신하는 데이터의 훼손 여부를 확인하는 수단을 제공

④ 데이터 무결성 기술 : 불법 사용자의 데이터 변조를 차단하는 수단을 제공

부인 방지 기술 : 메시지를 보낸 사람이 그것을 부인할 수 없도록 만드는 보안 체제 기술

오답 피하기

VPN(Virtual Private Network)은 인터넷을 이용하여 사설망을 구축하는 것으로 인증, 접근 제어, 부인 방지, 데이터 무결성 등의 기술이 필요함

12 다음 중 한글 Windows에서 사용하는 바로 가기 키에 대한 설명으로 옳지 않은 것은?

① F5 : 최신 정보로 고치기

② Shift + F10 : 선택된 항목의 속성을 나타낸다.

③ Alt + Space Bar : 현재 열려 있는 창의 창 조절 메뉴를 표시한다.

④ Ctrl + Shift + Esc : [작업 관리자] 대화 상자를 호출한다.

13 일반적으로 음악은 MIDI 형식과 WAVE 형식으로 컴퓨터에 저장할 수 있다. 다음 설명 중 옳은 것은?

① WAVE 형식의 음악이 MP3 형식의 음악에 비해 음질이 월등히 좋다.

② 같은 음악을 저장할 경우 MIDI 형식이 WAVE 형식에 비해 적은 공간을 차지한다.

③ WAVE 형식은 소리의 파장을 아날로그 형식으로 컴퓨터에 저장시키는 방법이다.

④ MIDI 형식으로 나타낼 수 있는 악기 소리의 개수는 최대 4개이다.

MIDI(Musical Instrument Digital Interface)

• 전자 악기 사이의 데이터의 교류를 위한 일종의 통신 규약으로 자연음이나 사람의 목소리는 재생이 불가능하며 WAVE보다 용량이 작음

• 음의 강도, 악기 종류 등과 같은 정보를 기호화하여 코드화하는 방식이므로 표현 가능한 악기 소리의 개수는 제한이 없으며 디지털 피아노 등의 여러 가지 전자 음악 장치들과의 인터페이스 역할로 컴퓨터를 이용한 음악 편집, 특수 효과 등을 위하여 사용됨

오답 피하기

• MP3 : 기존 데이터를 음질의 저하 없이 1/10 정도로 압축 가능하므로 WAVE보다 음질이 뛰어나며 전용 플레이어가 있어야 함

• WAVE : 직접 재생이 가능한 파일 형식이며 아날로그가 아닌 디지털 샘플링 방식으로 PCM 인코딩 방식을 사용함

14 한글 Windows에서 'Ipconfig' 명령의 기능은?

① 네트워크상에서 해당 IP를 가진 컴퓨터를 검색해 준다.

② 현재 컴퓨터의 IP 주소, 서브넷 마스크 및 기본 게이트웨이를 표시한다.

③ 네트워크상에 컴퓨터의 연결 유무를 점검한다.

④ Windows 기동 시에 설정된 환경 변수를 나타낸다.

[프롬프트] 창에서 'ipconfig/all'을 입력하고 실행하면 현재 컴퓨터의 IP 주소, 서브넷 마스크 및 기본 게이트웨이 정보를 보여줌

오답 피하기

• ① : [프롬프트] 창에서 'nbtstat-A IP 주소'를 입력하고 실행하면 해당 IP를 검색함

• ③ : [프롬프트] 창에서 'ping IP 주소'를 입력하고 실행하여 해당 IP를 가지는 컴퓨터의 연결 유무를 확인할 수 있음

• ④ : 'Ipconfig' 명령으로 Windows 기동 시에 설정된 환경 변수를 알 수 없음

ANSWER 10 ② 11 ③ 12 ② 13 ② 14 ②

15 다음 중 한글 Windows에서 파일이 [휴지통]에 들어가지 않고 영구히 삭제된 경우로 옳은 것은?

합격
강의

① 바탕 화면에 있는 해당 파일의 바로 가기 메뉴에서 [삭제]를 선택하여 삭제한 경우
② [파일 탐색기] 창에서 C 드라이브에 있는 해당 파일을 선택한 후에 리본 메뉴 모음에서 [삭제]를 선택하여 삭제한 경우
③ 바탕 화면에 있는 해당 파일을 선택한 후에 Ctrl +D를 눌러서 삭제한 경우
④ USB 메모리에 저장되어 있는 파일을 [휴지통]으로 드래그 앤 드롭하여 삭제한 경우

[휴지통]에 들어가지 않고 영구히 삭제되는 경우
• 플로피 디스크나 USB 메모리에서 삭제한 경우
• DOS상에서 삭제한 경우
• 네트워크상에서 삭제한 경우
• Shift + Delete 로 삭제한 경우
• 휴지통 비우기를 한 경우
• 휴지통 속성의 [파일을 휴지통에 버리지 않고 삭제할 때 바로 제거]를 선택한 경우

16 다음 중 인터넷 서비스와 관련하여 FTP 서비스에 관한 설명으로 옳지 않은 것은?

① FTP 서버에 파일을 전송 또는 수신, 삭제, 이름 바꾸기 등의 작업을 할 수 있다.
② FTP 서버에 있는 프로그램은 접속 후에 서버에서 바로 실행시킬 수 있다.
③ 익명(Anonymous) 사용자는 계정이 없는 사용자로 FTP 서비스를 이용할 수 있다.
④ 기본적으로 그림 파일은 Binary 모드로 텍스트 파일은 ASCII 모드로 전송한다.

FTP 서버에 있는 프로그램은 접속하여 다운로드받은 다음 실행할 수 있음

17 다음 중 컴퓨터 출력 장치인 모니터에 관한 용어의 설명으로 옳지 않은 것은?

합격
강의

① 픽셀(Pixel) : 화면을 이루는 최소의 단위로서 그림의 화소라는 뜻을 의미하며 픽셀 수가 많을수록 해상도가 높아진다.
② 해상도(Resolution) : 모니터 화면의 명확성을 나타내는 것으로 1인치(Inch) 사각형에 픽셀의 수가 많을수록 표시할 수 있는 색상의 수가 증가한다.
③ 점 간격(Dot Pitch) : 픽셀들 사이의 공간을 나타내는 것으로 간격이 가까울수록 영상은 선명하다.
④ 재생률(Refresh Rate) : 픽셀들이 밝게 빛나는 것을 유지하도록 하기 위한 1초당 재충전 횟수를 의미한다.

해상도는 모니터 등 출력 장치의 선명도를 나타내는 것으로, 픽셀 수에 따라 그 정밀도와 선명도가 결정되는 것이지 색상의 수가 증가하는 것이 아님

18 TCP/IP 프로토콜의 설정에 있어서 서브넷 마스크(Subnet Mask)의 역할은?

① 도메인 명을 IP 주소로 변환해주는 서버를 지정
② 네트워크 ID 부분과 호스트 ID 부분을 구별
③ 호스트의 수를 식별
④ 사용자의 수를 식별

서브넷 마스크 : IP 주소의 구성은 네트워크 주소와 호스트 주소로 구성되는데 서브넷 마스크는 이를 구분하는 역할을 함

19 다음 중 어떤 장치가 다른 장치의 일을 잠시 중단시키고 자신의 상태 변화를 알려주는 것을 뜻하는 용어로 옳은 것은?

① 클라이언트/서버
② 인터럽트
③ DMA
④ 채널

인터럽트(Interrupt) : 컴퓨터에서 정상적인 프로그램을 처리하는 도중 특수한 상태가 발생했을 때 현재 실행하고 있는 프로그램을 일시 중지하고, 그 특수한 상태를 처리한 후 다시 원래의 프로그램으로 복귀하여 정상적으로 처리하는 것을 의미하며 하드웨어 인터럽트와 소프트웨어 인터럽트가 있음

20 다음 중 한글 Windows를 운영체제로 사용하고 있는 시스템에 설치되어 있는 글꼴에 대한 설명으로 옳지 않은 것은?

① 글꼴 파일은 png 또는 txt의 확장자를 가지고 있다.
② C:₩Windows₩Fonts 폴더에 글꼴이 설치되어 있다.
③ 설치되어 있는 글꼴을 글꼴 폴더에서 제거할 수 있다.
④ 시스템에 설치된 글꼴을 보려면 [설정]-[개인 설정]에서 '글꼴'을 클릭한다.

C:₩Windows₩Fonts 폴더 안의 글꼴 파일의 확장자는 TTC, TTF, OTF, FON 등이 있음

---

2 과목 스프레드시트 일반

21 다음 중 매크로에 대한 설명으로 옳지 않은 것은?

① 매크로를 기록한 후에는 Visual Basic Editor를 사용하여 오류를 고치거나 매크로 내용을 변경할 수 없다.
② 매크로 기록을 시작하면 사용자가 일련의 명령을 수행함에 따라 각 단계에 대한 정보가 저장되며, 저장된 매크로를 실행하면 해당 명령들을 다시 수행할 수 있다.
③ 매크로를 사용하면 Microsoft Excel에서 자주 수행하는 작업을 자동화할 수 있으며, 매크로는 해당 작업이 필요할 때마다 실행할 수 있도록 일련의 명령과 함수를 Microsoft Visual Basic 모듈로 저장해 놓은 것이다.
④ 매크로 이름의 첫 글자는 반드시 문자이어야 하며 나머지는 문자, 숫자, 밑줄 등을 사용할 수 있으며, 공백을 사용할 수 없고 밑줄로 단어를 구분할 수 있다.

매크로 기록 후에 Visual Basic Editor를 사용하여 오류를 고치거나 매크로 내용을 변경할 수 있음

22 다음 중 자동 필터에 관한 설명으로 옳지 않은 것은?

① 데이터에 필터를 적용하면 지정한 조건에 맞는 행만 표시되고 나머지 행은 숨겨지며, 필터링된 데이터는 다시 정렬하거나 이동하지 않고도 복사, 찾기, 편집 및 인쇄를 할 수 있다.
② '상위 10 자동 필터'는 숫자 데이터 필드에서만 설정 가능하고, 텍스트 데이터 필드에서는 사용할 수 없다.
③ 한 열에 숫자 입력 셀이 5개 있고, 텍스트 입력 셀이 3개 있는 경우 자동 필터는 셀의 수가 적은 '텍스트 필터' 명령으로 표시된다.
④ 날짜 데이터는 연, 월, 일의 계층별로 그룹화되어 계층에서 상위 수준을 선택하거나 선택을 취소하는 경우 해당 수준 아래의 중첩된 날짜가 모두 선택되거나 선택 취소된다.

한 열에 숫자 입력 셀이 5개 있고, 텍스트 입력 셀이 3개 있는 경우 자동 필터는 셀의 수가 많은 '숫자 필터' 명령으로 표시됨

23 다음 중 각 VBA 코드에 대한 설명으로 옳지 않은 것은?

① Range("A5").Select ⇒ [A5] 셀로 셀 포인터를 이동한다.
② Range("C2").Font.Bold = "True" ⇒ [C2] 셀의 글꼴 스타일을 '굵게'로 설정한다.
③ Range("A1").Formula = 3 * 4 ⇒ [A1] 셀에 수식 '=3*4'가 입력된다.
④ Workbooks.Add ⇒ 새 통합 문서를 생성한다.

Formula는 A1 스타일의 개체 수식이므로 Range("A1").Formula = 3 * 4의 실행 결과는 [A1] 셀에 12가 결과로 나타남

24 다음 중 엑셀의 정렬 기능에 대한 설명으로 옳지 않은 것은?

① 오름차순 정렬과 내림차순 정렬 모두 빈 셀은 항상 마지막으로 정렬된다.
② 영숫자 텍스트는 왼쪽에서 오른쪽 방향으로 문자 단위로 정렬된다.
③ 사용자가 [정렬 옵션] 대화 상자에서 대/소문자를 구분하도록 변경하여, 오름차순으로 정렬하면 대문자가 소문자보다 우선순위를 갖는다.
④ 글꼴 색 또는 셀 색, 아이콘의 기본 정렬 순서는 없으므로 각 정렬 작업에 대한 원하는 순서를 정의해야 한다.

ANSWER 20 ① 21 ① 22 ③ 23 ③ 24 ③

사용자가 [정렬 옵션] 대화 상자에서 대/소문자를 구분하도록 변경하여, 오름차순으로 정렬하면 소문자가 대문자보다 우선순위를 가짐

상 중 하

25 아래 시트에서 [표1]의 할인율 [B3]을 적용한 할인가 [B4]를 이용하여 [표2]의 각 정가에 해당하는 할인가 [E3:E6]를 계산하고자 한다. 다음 중 이때 가장 적합한 데이터 도구는?

▲	A	B	C	D	E	F
1	[표1] 할인 금액			[표2] 할인 금액표		
2	정가	₩ 10,000		정가	₩ 9,500	
3	할인율	5%		₩ 10,000		
4	할인가	₩ 9,500		₩ 15,000		
5				₩ 24,000		
6				₩ 30,000		
7						

① 통합
② 데이터 표
③ 부분합
④ 시나리오 관리자

데이터 표 : 워크시트에서 특정 데이터를 변화시켜 수식의 결과가 어떻게 변하는지 보여주는 셀 범위를 데이터 표라고 함

오답 피하기
• 통합 : 하나 이상의 원본 영역을 지정하여 하나의 표로 데이터를 요약
• 부분합 : 워크시트에 있는 데이터를 일정한 기준으로 요약하여 통계 처리를 수행
• 시나리오 관리자 : 변경 요소가 많은 작업표에서 가상으로 수식이 참조하고 있는 셀의 값을 변화시켜 작업표의 결과를 예측하는 기능

상 중 하

26 다음 중 바닥글 영역에 페이지 번호를 인쇄하도록 설정된 여러 개의 시트를 출력하면서 전체 출력물의 페이지 번호가 일련번호로 이어지게 하는 방법으로 옳지 않은 것은?

① [인쇄] 대화 상자에서 '인쇄 대상'을 '전체 통합 문서'로 선택하여 인쇄한다.
② 전체 시트를 그룹으로 설정한 후 인쇄한다.
③ 각 시트의 [페이지 설정] 대화 상자에서 '일련번호로 출력'을 선택한 후 인쇄한다.
④ 각 시트의 [페이지 설정] 대화 상자에서 '시작 페이지 번호'를 일련번호에 맞게 설정한 후 인쇄한다.

[페이지 설정] 대화 상자에서 '일련번호로 출력' 기능은 지원되지 않음

상 중 하

27 다음 중 아래 시트에서 직위가 '부장'인 직원의 급여 평균을 [C10] 셀에 구하는 배열 수식으로 옳은 것은?

▶ 합격 강의

▲	A	B	C	D	E
1	사원명	부서명	직위	급여	
2	김나운	개발1부	부장	4000000	
3	최영진	영업1부	과장	3000000	
4	김희준	인사1부	대리	2800000	
5	이혜빈	개발1부	대리	2500000	
6	한은영	영업2부	과장	3300000	
7	황영철	영업2부	부장	3800000	
8	이수정	개발2부	대리	2300000	
9					
10	부장의 평균 급여 :				
11					

① {=AVERAGE(IF(C2:C8="부장", C2:C8))}
② =AVERAGE(IF(C2:C8="부장", C2:C8))
③ =AVERAGE(IF(C2:C8="부장", D2:D8))
④ {=AVERAGE(IF(C2:C8="부장", D2:D8))}

직위 [C2:C8]에서 "부장"에 해당하는 경우만 급여 [D2:D8]에서 평균을 구하며, 배열 수식이므로 [Ctrl]+[Shift]+[Enter]를 누르면 { }가 수식 앞과 뒤에 표시됨 → {=AVERAGE(IF(C2: C8="부장", D2:D8))}

상 중 하

28 다음 중 시나리오에 대한 설명으로 옳지 않은 것은?

① 시나리오 관리자에서 시나리오를 삭제하면 시나리오 요약 보고서의 해당 시나리오도 자동으로 삭제된다.
② 특정 셀의 변경에 따라 연결된 결과 셀의 값이 자동으로 변경되어 결과 값을 예측할 수 있다.
③ 여러 시나리오를 비교하기 위해 시나리오를 피벗 테이블로 요약할 수 있다.
④ 변경 셀과 결과 셀에 이름을 지정한 후 시나리오 요약 보고서를 작성하면 결과에 셀 주소 대신 지정한 이름이 표시된다.

시나리오 관리자에서 시나리오를 삭제하더라도 시나리오 요약 보고서의 해당 시나리오는 자동으로 삭제되지 않음

상중하

29 다음 중 아래 차트에 대한 설명으로 옳지 않은 것은?

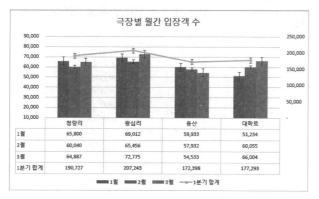

① '1분기 합계' 계열은 '보조 축'으로 지정되어 있다.
② 범례 표지 없이 데이터 테이블이 표시되어 있다.
③ '1월', '2월', '3월' 계열에 오차 막대가 표시되어 있다.
④ 계열 옵션에서 '간격 너비'가 0%로 설정되어 있다.

• 계열 옵션에서 '간격 너비'가 0%로 설정되어 있지 않음
• 계열 옵션에서 '간격 너비'가 0%로 설정되어 있는 경우 아래처럼 표시됨

오답 피하기

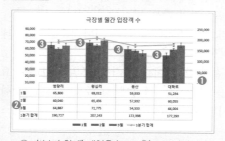

• ① : '1분기 합계' 계열은 '보조 축'으로 지정되어 있음
• ② : 범례 표지 없이 데이터 테이블이 표시되어 있음
• ③ : '1월', '2월', '3월' 계열에 오차 막대가 표시되어 있음

30 다음 중 [B5] 셀에 적용된 사용자 지정 표시 형식으로 옳은 것은?

B5		× ✓ *fx*	=SUM(B2:B4)	
▲	A	B	C	D	E
1	근무일	근무시간			
2	1째날	11:30			
3	2째날	10:45			
4	3째날	11:10			
5	합계	33:25:00			
6					

① h:mm
② hh:mm
③ h:mm;@
④ [h]:mm

경과한 시간을 나타낼 때는 대괄호([ ])를 서식으로 사용함

상중하

31 다음 중 자료 입력에 대한 설명으로 옳지 않은 것은?

① 한자를 입력하려면 한글을 입력한 후 키보드의 한자를 눌러 변환한다.
② 특수문자를 입력하려면 먼저 한글 자음을 입력한 후 키보드의 한/영을 눌러 원하는 특수문자를 선택한다.
③ 숫자 데이터를 문자 데이터로 입력하려면 숫자 데이터 앞에 문자 접두어(')를 입력한다.
④ 분수 앞에 정수가 없는 일반 분수를 입력하려면 '0'을 먼저 입력하고 Space Bar 를 눌러 빈 칸을 한 개 입력한 후 '3/8'과 같이 분수를 입력한다.

특수문자를 입력하려면 먼저 한글 자음을 입력한 후 키보드의 한자를 눌러 원하는 특수문자를 선택함

상 중 하

32 다음 중 아래 그림의 [매크로 기록] 대화 상자에 대한 설명으로 옳지 않은 것은?

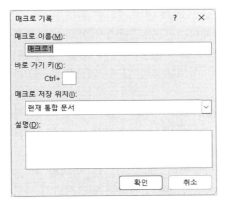

① 매크로 이름의 첫 글자는 문자, 숫자, 밑줄 등을 사용할 수 있으며, 공백은 사용할 수 없다.

② 바로 가기 키 상자에 사용할 문자는 @나 #과 같은 특수 문자와 숫자는 사용할 수 없으며, 영문 대소문자는 모두 입력할 수 있다.

③ 개인용 매크로 통합 문서에 저장된 매크로는 엑셀을 시작할 때마다 모든 통합 문서에서 사용할 수 있다.

④ 설명 상자에 매크로에 관한 설명을 입력할 수 있으며, 입력된 내용은 매크로 실행에 영향을 주지 않는다.

첫 글자는 반드시 문자이어야 하며, 나머지는 문자, 숫자, 밑줄 등을 사용할 수 있음

33 텍스트 파일의 데이터를 워크시트로 가져올 때 사용하는 [텍스트 마법사]에서 각 필드의 너비(열 구분선)를 지정하는 단계에 대한 설명으로 옳지 않은 것은?

① 앞 단계에서 원본 데이터 형식을 '구분 기호로 분리됨'을 선택한 경우 열 구분선을 지정할 수 없다.

② 구분선을 넣으려면 원하는 위치를 마우스로 클릭한다.

③ 열 구분선을 옮기려면 구분선을 삭제한 후 다시 넣어야 한다.

④ 구분선을 삭제하려면 구분선을 마우스로 두 번 클릭한다.

열 구분선을 옮기려면 선을 마우스로 클릭한 상태에서 끌면 됨

34 다음 중 Excel 2021의 리본 메뉴에 대한 설명으로 옳지 않은 것은?

① 리본 메뉴를 축소하거나 원래 상태로 되돌리려면 Ctrl+F10을 누른다.

② 리본 메뉴를 빠르게 축소하려면 활성 탭의 이름을 두 번 클릭하고 리본 메뉴를 원래 상태로 되돌리려면 탭을 다시 두 번 클릭한다.

③ 리본 메뉴는 탭, 그룹 및 명령의 세 요소로 구성되어 있다.

④ 리본 메뉴에 바로 가기 키를 나타내려면 Alt를 누른다.

리본 메뉴를 축소하거나 원래 상태로 되돌리려면 Ctrl+F1을 누름

35 다음 중 10,000,000원을 2년간 연 5.5%의 이자율로 대출할 때 매월 말 상환해야 할 불입액을 구하기 위한 수식으로 옳은 것은?

① =PMT(5.5%/12, 24, -10000000)

② =PMT(5.5%, 24, -10000000)

③ =PMT(5.5%, 24, -10000000,0,1)

④ =PMT(5.5%/12, 24, -10000000,0,1)

- PMT(PayMenT) 함수 : 정기적으로 지불하고 일정한 이자율이 적용되는 대출에 대해 매회 지급액을 구하는 함수
- PMT(이자율%/12, 기간(년*12), 현재 가치(대출금), 미래 가치, 납입 시점)
- 이자율%/12 : 5.5%/12
- 기간(년*12) : 2*12
- 현재 가치(대출금) : 10,000,000(불입액을 양수로 나오게 하기 위해 -10000000으로 입력함)
- 미래 가치(최종 불입한 후 잔액) : 생략하면 0
- 납입 시점 : 매월 말은 0 또는 생략, 1은 기초

36 다음 중 〈보기〉에서 설명하는 차트의 종류로 가장 적절한 것은?

〈보기〉

- 가로 축의 값이 일정한 간격이 아닌 경우
- 가로 축의 데이터 요소 수가 많은 경우
- 데이터 요소 간의 차이점보다는 데이터 집합 간의 유사점을 표시하려는 경우

① 주식형 차트
② 분산형 차트
③ 영역형 차트
④ 방사형 차트

오답 피하기
- ① 주식형 차트 : 주식 가격을 표시할 때 사용하며, 온도 변화와 같은 과학 데이터를 나타내는 데 사용함
- ③ 영역형 차트 : 일정한 시간에 따라 데이터의 변화 추세(데이터 세트의 차이점을 강조)를 표시함
- ④ 방사형 차트 : 많은 데이터 계열의 합계 값을 비교할 때 사용함

37 워크시트 인쇄 시 매 페이지 상단에 '작성 일 : 오늘 날짜'를 출력하려고 한다. 다음 중 머리글의 내용으로 옳은 것은? (표시 예: 오늘 날짜가 2022-06-03인 경우 → 작성 일 : 2022-06-03)

① "작성 일 : "&[날짜]
② "작성 일 : "&[DATE]
③ 작성 일 : &[날짜]
④ 작성 일 : &[DATE]

작성 일 : 2022-06-03 → [페이지 설정]-[머리글/바닥글] 탭의 [머리글 편집]에서 '작성 일 : &[날짜]'처럼 서식을 작성함

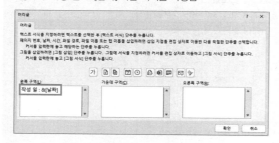

38 다음 중 워크시트에 대한 설명으로 옳은 것은?

① 워크시트 복사는 Shift 를 누르면서 원본 워크시트 탭을 마우스로 드래그 앤 드롭하면 된다.
② 시트를 삭제하려면 시트 탭에서 마우스 오른쪽 단추를 클릭한 후 표시되는 [삭제] 메뉴를 선택하면 되지만, 삭제된 시트는 되살릴 수 없으므로 유의하여야 한다.
③ 연속된 여러 개의 시트를 선택할 때는 첫 번째 시트를 선택하고 Ctrl 을 누른 상태에서 마지막 워크시트의 시트 탭을 클릭하면 된다.
④ 떨어져 있는 여러 개의 시트를 선택할 때는 먼저 Shift 를 누른 상태에서 원하는 워크시트의 시트 탭을 차례로 누르면 된다.

삭제한 시트는 취소 명령으로 되살릴 수 없으므로 삭제 시 주의해야 함
오답 피하기
- ① : 워크시트 복사는 Ctrl 을 누르면서 원본 워크시트 탭을 마우스로 드래그 앤 드롭하면 됨
- ③ : 연속된 여러 개의 시트를 선택할 때는 첫 번째 시트를 선택하고 Shift 를 누른 상태에서 마지막 워크시트의 시트 탭을 클릭함
- ④ : 떨어져 있는 여러 개의 시트를 선택할 때는 먼저 Ctrl 을 누른 상태에서 원하는 워크시트의 시트 탭을 차례로 누르면 됨

39 다음 중 오류 값 '#VALUE!'가 발생하는 원인으로 옳은 것은?

① 잘못된 인수나 피연산자를 사용했을 경우
② 수식에서 값을 0으로 나누려고 할 경우
③ 함수나 수식에 사용할 수 없는 값을 지정했을 경우
④ 셀 참조가 유효하지 않을 경우

②는 #DIV/0!, ③은 #N/A, ④는 #REF!에 대한 설명임

40 다음 중 여러 워크시트를 선택하여 그룹으로 설정한 경우에 대한 설명으로 옳지 않은 것은?

① 엑셀 창의 맨 위 제목 표시줄에 [그룹]이라고 표시된다.
② 그룹 상태에서 도형이나 차트 등의 그래픽 개체는 삽입되지 않는다.
③ 그룹으로 설정된 임의의 시트에서 입력하거나 편집한 데이터는 그룹으로 설정된 모든 시트에 반영된다.
④ 그룹 상태에서 여러 개의 시트에 정렬 및 필터 기능을 수행할 수 있다.

그룹 상태에서는 여러 개의 시트에 정렬 및 필터 기능을 수행할 수 없음

ANSWER 36 ② 37 ③ 38 ② 39 ① 40 ④

41 다음 중 보고서 머리글과 바닥글에 대한 설명으로 옳지 않은 것은?

① 보고서 머리글은 보고서의 첫 페이지에 한 번만 출력된다.

② 보고서 바닥글은 전체 데이터에 대한 합계와 같은 요약 정보를 나타내는 데 사용된다.

③ 보고서 첫 페이지의 윗부분에는 보고서 머리글이 먼저 나타나고 다음에 페이지 머리글이 출력된다.

④ 보고서를 인쇄하거나 미리 보는 경우에는 보고서 바닥글이 페이지 바닥글 아래에 표시된다.

보고서를 인쇄하거나 미리 보는 경우에는 보고서 바닥글이 페이지 바닥글 위에 표시됨

42 다음 중 DBMS의 단점에 대한 설명으로 옳지 않은 것은?

① 하드웨어나 DBMS 구입 비용, 전산화 비용 등이 증가함

② DBMS와 데이터베이스 언어를 조작할 수 있는 고급 프로그래머가 필요함

③ 데이터를 통합하는 중앙 집중 관리가 어려움

④ 데이터의 백업과 복구에 많은 비용과 시간이 소요됨

DBMS는 여러 응용 시스템 간에 공유가 가능하도록 통합, 저장된 운영 데이터의 집합을 관리함

43 다음 중 데이터베이스에 저장된 데이터를 실제 처리하는 데 사용되는 데이터 조작어에 해당하는 SQL문은?

① COMMIT   ② SELECT

③ DROP   ④ CREATE

데이터 조작어 : SELECT(검색), INSERT(삽입), UPDATE(갱신), DELETE(삭제)

44 다음 중 '거래처'별로 그룹이 설정된 '매출 내역 보고서'에서 본문 영역에 있는 'txt순번' 텍스트 상자 컨트롤에 해당 거래처별로 매출의 순번(1,2,3,…)을 표시하려고 할 때, 'txt순번' 컨트롤의 속성 설정 방법으로 옳은 것은?

① 컨트롤 원본 속성을 '1'로 설정하고, 누적 합계 속성을 '아니오'로 설정

② 컨트롤 원본 속성을 '1'로 설정하고, 누적 합계 속성을 '예'로 설정

③ 컨트롤 원본 속성을 '=1'로 설정하고, 누적 합계 속성을 '모두'로 설정

④ 컨트롤 원본 속성을 '=1'로 설정하고, 누적 합계 속성을 '그룹'으로 설정

컨트롤 원본 속성을 '=1'로 설정하고, 누적 합계 속성을 '그룹'으로 설정하면 그룹별(거래처별)로 순번이 누적되어 표시됨

오답 피하기

컨트롤 원본 속성을 '=1'로 설정하고, 누적 합계 속성을 '모두'로 설정하면 그룹과 상관없이 보고서의 끝까지 값이 누적되어 표시됨

45 다음 중 정규화(Normalization)의 목적에 대한 설명으로 옳지 않은 것은?

① 테이블의 불일치 위험을 최소화하고 데이터 구조의 안정성을 최대화한다.

② 모든 릴레이션이 데이터베이스 내에서 모든 개체 간의 관계를 표현 가능하도록 한다.

③ 간단한 관계 연산에 의해 효율적인 정보 검색과 데이터 조작이 가능하다.

④ 데이터 중복을 최소화하기 위해 데이터베이스의 물리적 설계 단계에서 수행한다.

정규화는 데이터베이스의 논리적 설계 단계에서 수행함

상중하

46 아래와 같이 조회할 고객의 최소 나이를 입력받아 검색하는 매개 변수 쿼리를 작성하려고 한다. 다음 중 'Age' 필드의 조건식으로 옳은 것은?

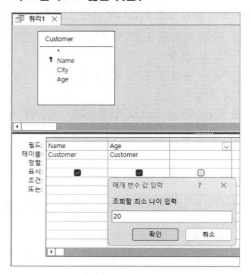

① >={조회할 최소 나이 입력}
② >="조회할 최소 나이 입력"
③ >=[조회할 최소 나이 입력]
④ >=(조회할 최소 나이 입력)

매개 변수 쿼리
• 실행할 때 레코드 검색 조건이나 필드에 삽입할 값과 같은 정보를 물어보는 쿼리
• 두 조건 이상의 쿼리 작성이 가능함
• 매개 변수 쿼리 시 [ ]를 사용함
• 조건란에 '>=[조회할 최소 나이 입력]'처럼 입력함

필드:	Name	Age
테이블:	Customer	Customer
정렬:		
표시:	☑	☑
조건:		>=[조회할 최소 나이 입력]
또는:		

상중하

47 다음 중 도서명에 '액세스'라는 단어가 포함된 도서 정보를 검색하려고 할 때 아래 SQL문의 WHERE절에 들어갈 조건으로 옳은 것은?

SELECT 도서명, 저자, 출판년도, 가격
FROM 도서
WHERE _____;

① 도서명 = "*액세스*"
② 도서명 IN "*액세스*"
③ 도서명 BETWEEN "*액세스*"
④ 도서명 LIKE "*액세스*"

LIKE 값 : 값으로 시작하는 결과 값을 검색함

상중하

48 다음 중 보고서 인쇄 미리 보기에서의 [페이지 설정] 대화 상자에 대한 설명으로 옳지 않은 것은?

① [열] 탭의 '열 크기'에서 '본문과 같게'는 열의 너비와 높이를 보고서 본문의 너비와 높이에 맞춰 인쇄하는 것이다.
② [열] 탭에서 지정한 '눈금 설정'과 '열 크기'에 비해 페이지의 가로 크기가 작은 경우 자동으로 축소하여 인쇄된다.
③ [인쇄 옵션] 탭에서 레이블 및 컨트롤의 테두리, 눈금선 등의 그래픽은 인쇄하지 않고 데이터만 인쇄되도록 설정할 수 있다.
④ [페이지] 탭에서는 인쇄할 용지의 크기, 용지 방향, 프린터를 지정할 수 있다.

[열] 탭에서 지정한 '눈금 설정'과 '열 크기'에 비해 페이지의 가로 크기가 작은 경우 자동으로 축소하여 인쇄되지 않음

상중하

49 다음 중 주어진 [Customer] 테이블을 참조하여 아래의 SQL문을 실행한 결과로 옳은 것은?

SELECT Count(*)
FROM (SELECT Distinct City From Customer);

City	Age	Hobby
부산	30	축구
서울	26	영화감상
부산	45	낚시
서울	25	야구
대전	21	축구
서울	19	음악감상
광주	19	여행
서울	38	야구
인천	53	배구
*	0	

① 3 ② 5 ③ 7 ④ 9

- SELECT Count(*) FROM (SELECT Distinct City From Customer); :
  Customer 테이블에서 중복되는 레코드를 제거, 중복되는 City는 한 번만
  표시하고 개수를 구함
- 따라서 '부산, 서울, 대전, 광주, 인천'을 Count하므로 결과는 5가 됨

오답 피하기
- Count(*) : 행(튜플)의 개수를 구함
- Distinct : 검색 결과 중 중복된 결과 값(레코드)을 제거. 중복되는 결과 값
  은 한 번만 표시함

상 중 하
50 다음 중 기본키(Primary Key)에 대한 설명으로 옳은 것은?

① 테이블에 기본키를 반드시 설정해야 한다.
② 액세스에서는 단일 필드 기본키와 일련번호 기본키
   만 정의 가능하다.
③ 데이터가 이미 입력된 필드도 기본키로 지정할 수
   있다.
④ 여러 개의 필드를 합쳐 기본키로 지정할 수 없다.

오답 피하기
- 테이블에 기본키를 반드시 설정하지 않아도 됨
- 액세스에서는 두 필드를 합쳐서 슈퍼키(복합키, 연결키)를 만들 수 있음
- 여러 개의 필드를 합쳐 기본키로 지정할 수 있음

상 중 하
51 다음 중 VBA 코드로 작성한 모듈에서 txt날짜_DblClick인 프로시저가 실행되는 시점으로 옳은 것은?

① 다른 프로시저에서 이 프로시저를 호출해야 실행된다.
② 해당 폼을 열면 폼에 속해 있는 모든 프로시저가 실
   행된다.
③ txt날짜 컨트롤이 더블 클릭될 때 실행된다.
④ 해당 폼의 txt날짜 컨트롤에 값이 입력되면 실행된다.

DblClick : 두 번 클릭 시간 한도 내에서 개체를 마우스 왼쪽 단추로 두 번
(더블) 클릭할 때 발생함

상 중 하
52 다음 중 데이터 형식에 대한 설명으로 옳지 않은 것은?

① 숫자 형식을 선택하면 기본적으로 실수가 지정된다.
② Yes/No 형식은 '예' 값에는 '−1'이 사용되고, '아니
   요' 값에는 '0'이 사용된다.
③ 일련번호 형식의 필드는 사용자가 임의로 입력하거
   나 수정할 수 없다.
④ 짧은 텍스트 형식은 문자를 최대 255자까지 저장할
   수 있다.

숫자 형식을 선택하면 기본적으로 정수가 지정됨

상 중 하
53 다음 중 실행 쿼리의 삽입(INSERT)문에 대한 설명으로 옳지 않은 것은?

① 여러 개의 레코드를 한 번에 여러 개의 테이블에 동
   시에 추가할 수 있다.
② 필드 값을 직접 지정하거나 다른 테이블의 레코드를
   추출하여 추가할 수 있다.
③ 레코드의 전체 필드를 추가할 경우 필드 이름을 생략
   할 수 있다.
④ 하나의 INSERT문을 이용해 여러 개의 레코드와 필
   드를 삽입할 수 있다.

여러 개의 레코드를 한 번에 여러 개의 테이블에 동시에 추가할 수 없음

상 중 하
54 다음 중 입력 마스크에서 사용되는 기호 문자에 대한 설명으로 옳은 것은?

① 0 : 선택 요소로서 숫자나 공백을 입력
② 9 : 필수 요소로서 0~9까지의 숫자를 입력
③ # : 선택 요소로서 A~Z까지의 영문자를 입력
④ & : 필수 요소로서 단일 문자나 공백을 입력

오답 피하기
- ① 0 : 필수 요소로서 0~9까지의 숫자를 입력함
- ② 9 : 선택 요소로서 숫자나 공백을 입력함. 덧셈 기호와 뺄셈 기호를 사
  용할 수 없음
- ③ # : 선택 요소로서 숫자나 공백을 입력함. 덧셈 기호와 뺄셈 기호를 사
  용할 수 있음

ANSWER 50 ③ 51 ③ 52 ① 53 ① 54 ④

55 다음 중 아래와 같이 필드 속성을 설정한 경우, 입력 값에 따른 결과가 옳지 않은 것은?

일반	조회
필드 크기	실수(Single)
형식	표준
소수 자릿수	1
입력 마스크	
캡션	
기본값	0
유효성 검사 규칙	<>1 And <>-1
유효성 검사 텍스트	
필수	예
인덱스	아니요
텍스트 맞춤	일반

① '1'을 입력하는 경우, 값이 입력되지 않는다.
② '−1'을 입력하는 경우, 값이 입력되지 않는다.
③ 필드 값을 입력하지 않는 경우, 기본 값으로 '0.0'이 입력된다.
④ '1234'를 입력하는 경우, 표시되는 값은 '1234.0'이 된다.

형식을 '일반 숫자'가 아닌 '표준'을 선택하여 '1234'를 입력하는 경우, 표시되는 값은 '1,234.0'이 됨

56 다음 중 아래의 설명에 해당되는 컨트롤로 옳은 것은?

• 그룹 틀, 확인란, 옵션 단추, 토글 단추 등으로 구성
• 필드 크기가 정수인 숫자 데이터 형식이나 'Yes/No'로 설정된 필드에 설정
• 원하는 값을 클릭하여 쉽게 내용을 선택
• 몇 개의 컨트롤을 그룹으로 하여 제한된 선택 조합을 표시할 때 사용

① 콤보 상자   ② 목록 상자
③ 옵션 그룹   ④ 명령 단추

오답 피하기
• 콤보 상자 : 목록 상자와 텍스트 상자의 기능이 결합된 형태
• 목록 상자 : 값 목록을 표시하고 선택하는 컨트롤로 콤보 상자와 비슷함
• 명령 단추 : 클릭하기만 하면 매크로 함수를 수행하는 방법을 제공하며 텍스트나 그림을 표시할 수 있음

57 다음 중 아래 SQL문에 대한 설명으로 옳은 것은?

```
SELECT T1.품번, T2.제조사
FROM T1, T2
WHERE T2.소재지 IN('서울', '수원') AND T1.품번=T2.품번;
```

① 테이블 T1과 T2에서 품번이 일치하는 레코드들만 선택된다.
② 테이블 T2의 소재지가 서울 또는 수원인 레코드들만 선택된다.
③ 테이블 T1의 품번 필드와 T2의 소재지 필드만 SQL 실행 결과로 표시된다.
④ 테이블 T1의 품번 필드와 T2의 제조사 필드만 SQL 실행 결과로 표시된다.

• SELECT 다음은 검색하고자 하는 열 리스트이므로 T1의 품번 필드와 T2의 제조사 필드만 SQL 실행 결과로 표시됨
• IN(값1, 값2) : 값들의 목록 안에 들어 있는 결과를 검색함(OR)
• AND : 2개 이상의 조건을 연결 시 '그리고'의 조건

58 다음 중 현재 폼에서 'cmd숨기기' 단추를 클릭하는 경우, DateDue 컨트롤이 표시되지 않도록 하기 위한 이벤트 프로시저로 옳은 것은?

① Private Sub cmd숨기기_Click()
　　Me.[DateDue]!Visible = False
　End Sub
② Private Sub cmd숨기기_DblClick()
　　Me![DateDue].Visible = True
　End Sub
③ Private Sub cmd숨기기_Click()
　　Me![DateDue].Visible = False
　End Sub
④ Private Sub cmd숨기기_DblClick()
　　Me.DateDue!Visible = True
　End Sub

• 'cmd숨기기' 단추를 클릭하는 경우 → cmd숨기기_Click()
• DateDue 컨트롤이 표시되지 않게 설정
　→ Me![DateDue].Visible = False

ANSWER 55 ④ 56 ③ 57 ④ 58 ③

59 다음 중 〈학생〉 테이블에서 '학년' 필드가 1인 레코드의 개수를 계산하고자 할 때의 수식으로 옳은 것은?(단, 〈학생〉 테이블의 기본키는 '학번' 필드이다.)

① =DLookup("*","학생","학년=1")
② =DLookup(*,학생,학년=1)
③ =DCount(학번,학생,학년=1)
④ =DCount("*","학생","학년=1")

• 레코드의 개수를 계산하고자 할 때의 수식은 DCount 함수를 사용함
• 형식 : =DCount("구할 필드","테이블명","조건") → =DCount("*","학생", "학년=1")

60 다음 중 폼의 탭 순서(Tab Order)에 대한 설명으로 옳지 않은 것은?

① 기본으로 설정되는 탭 순서는 폼에 컨트롤을 추가하여 작성한 순서대로 설정된다.
② [탭 순서] 대화 상자의 [자동 순서]는 탭 순서를 위에서 아래로, 오른쪽에서 왼쪽으로 설정한다.
③ 폼 보기에서 Tab 을 눌렀을 때 각 컨트롤 사이에 이동되는 순서를 설정하는 것이다.
④ 탭 정지 속성의 기본 값은 '예'이다.

[탭 순서] 대화 상자의 [자동 순서]는 탭 순서를 위에서 아래로, 왼쪽에서 오른쪽으로 설정함

해설과 함께 보는 **2021년 상시 기출문제 05회**

1급	소요시간	문항수
	총60분	총60개

풀이 시간 : _____   채점 점수 : _____

---

1 과목 컴퓨터 일반

상중하

01 다음 중 웹 프로그래밍 개발에 사용되는 JSP에 대한 설명으로 가장 옳지 않은 것은?

① 자바로 만들어진 서버 스크립트이다.
② 데이터베이스 연결이 쉽다.
③ Windows 계열에서만 실행이 가능하다.
④ HTML 문서 내에 〈% …%〉와 같은 형태로 작성된다.

> JSP(Java Sever Page) : 선 마이크로시스템즈사의 자바 서블릿 기술을 확장한 웹 프로그래밍 언어로 Windows 계열 이외에 다른 환경에서도 동작할 수 있음

상중하

02 다음 중 멀티미디어와 관련된 비디오 데이터에 관한 설명으로 옳지 않은 것은?

① AVI는 고화질 동영상 압축을 위한 비표준 동영상 파일 형식으로 Windows Media Player로만 재생이 가능하다.
② MPEG은 동영상 전문가 그룹에서 제정한 동영상 압축기술에 관한 국제 표준 규격으로 동영상뿐만 아니라 오디오 데이터도 압축할 수 있다.
③ ASF는 MS사에서 개발한 통합 멀티미디어 형식으로, 용량이 작고 음질이 뛰어나 주로 스트리밍 서비스를 하는 인터넷 방송국에서 사용된다.
④ Quick Time Movie는 Apple사에서 개발한 동영상 압축 기술로 Windows에서도 재생이 가능하다.

> AVI(Audio Video Interleaved) : Windows의 표준 동영상 형식의 디지털 비디오 압축 방식으로 비디오 정보, 오디오 정보 등 이미지를 빠른 속도로 압축하거나 재생할 수 있음

상중하

03 다음 중 보안을 위협하는 공격 형태의 하나인 DoS(Denial of Service) 공격에 대한 설명으로 옳은 것은?

① 특정한 시스템에서 보안이 제거되어 있는 통로를 지칭하는 말이다.
② 시스템에 불법적인 행위를 수행하기 위해 다른 프로그램으로 위장하여 특정 프로그램을 침투시키는 행위이다.
③ 시스템에 오버플로우를 일으켜 정상적인 서비스를 수행하지 못하도록 만드는 행위이다.
④ 자기 스스로를 복제함으로써 시스템의 부하를 일으켜 시스템을 다운시키는 프로그램을 말한다.

> **오답 피하기**
> ① : 백 도어(Back Door), 트랩 도어(Trap Door), ② : 트로이 목마(Trojan Horse), ④ : 웜(Worm)

상중하

04 다음 중 전화 통신망과 같은 공중 데이터 통신망에 많이 이용되며 통신 회선 장애 시 다른 경로를 통해 데이터 전송이 가능한 형태의 통신망으로 옳은 것은?

① 성형(Star)
② 버스형(Bus)
③ 망형(Mesh)
④ 계층형(Tree)

> 망형(Mesh) : 모든 단말기와 단말기들을 통신 회선으로 연결한 형태로 통신 회선의 전체 길이가 가장 길어짐
>
> **오답 피하기**
> • 성형(Star) : 중앙의 컴퓨터와 단말기들이 1:1로 연결된 형태로, 네트워크 구성의 가장 기본적인 형태
> • 버스형(Bus) : 한 통신 회선에 여러 대의 단말기가 접속되는 형태
> • 계층형(Tree) : 중앙의 컴퓨터와 일정 지역의 단말기까지는 하나의 통신 회선으로 연결되고 이웃 단말기는 이 단말기로부터 근처의 다른 단말기로 회선이 연장되는 형태

ANSWER 01 ③ 02 ① 03 ③ 04 ③

05 다음 중 인터넷 보안을 위한 해결책으로 사용되는 암호화 기법에 대한 설명으로 옳지 않은 것은?

① 비밀키 암호화 기법은 동일한 키로 데이터를 암호화하고 복호화한다.
② 비밀키 암호화 기법은 대칭키 암호화 기법 또는 단일키 암호화 기법이라고도 하며, 대표적으로 DES(Data Encryption Standard)가 있다.
③ 공개키 암호화 기법은 비대칭 암호화 기법이라고도 하며, 대표적인 암호화 방식으로 RSA(Rivest, Shamir, Adleman)가 있다.
④ 공개키 암호화 기법에서는 암호화할 때 사용하는 키는 비밀로 하고, 복호화할 때 사용하는 키는 공개하는 방식을 사용한다.

공개키 암호화 기법에서는 암호화할 때 사용하는 키는 공개로 하고, 복호화할 때 사용하는 키는 비밀로 하는 방식을 사용함

06 다음 중 인트라넷(Intranet)에 대한 설명으로 옳은 것은?

① 여러 대의 컴퓨터를 연결하여 하나의 서버로 사용하는 기술이다.
② 인터넷 기술을 이용하여 조직 내의 각종 업무를 수행할 수 있도록 만든 네트워크 환경이다.
③ 이동 전화 단말기에서 개인용 컴퓨터의 운영체제와 같은 역할을 하는 소프트웨어이다.
④ 기업체가 협력업체와 고객 간의 정보 공유를 목적으로 구성한 네트워크이다.

인트라넷(Intranet) : 인터넷 기술을 기업 내 정보 시스템에 적용한 것으로, 전자 우편 시스템, 전자 결재 시스템 등을 인터넷 환경으로 통합하여 사용하는 것

07 다음 중 인터넷에서 사용하는 DNS에 관한 설명으로 옳지 않은 것은?

① DNS는 Domain Name Server 또는 Domain Name System의 약자로 쓰인다.
② 문자로 만들어진 도메인 이름을 숫자로 된 IP 주소로 바꾸는 시스템이다.
③ DNS 서버는 IP 주소를 이용하여 패킷의 최단 전송 경로를 설정한다.
④ DNS에서는 모든 호스트를 각 도메인별로 계층화시켜서 관리한다.

DNS : 도메인 네임과 IP 주소를 대응(Mapping)시켜 주는 역할을 담당하는 분산 네이밍 시스템을 의미함

08 다음 중 컴퓨터의 소프트웨어 관련 용어에 대한 설명으로 옳지 않은 것은?

① 셰어웨어(Shareware)는 일정 기간 무료 사용 후 원하면 정식 프로그램을 구입할 수 있는 형태의 프로그램이다.
② 프리웨어(Freeware)는 누구나 자유롭게 사용할 수 있는 프로그램으로 기간 및 기능에 제한이 없다.
③ 패치 프로그램(Patch Program)은 기능을 알리기 위해 기간이나 기능에 제한을 두어 무료로 배포하는 프로그램이다.
④ 베타 버전(Beta Version)은 정식 프로그램을 발표하기 전에 프로그램의 문제 발견이나 기능 향상을 위해 무료로 배포하는 프로그램이다.

패치 프로그램(Patch Program) : 프로그램의 오류가 있는 부분의 모듈을 수정하거나 기능의 향상을 위하여 프로그램 일부를 변경해 주는 프로그램

오답 피하기

데모 버전(Demo Version) : 기능을 알리기 위해 기간이나 기능에 제한을 두어 무료로 배포하는 프로그램

09 다음 중 한글 Windows에서 사용하는 바로 가기 키에 대한 설명으로 옳지 않은 것은?

▶ 합격강의

① Alt + Ctrl : 열린 항목 간 전환
② Alt + F4 : 사용 중인 항목 닫기 또는 실행 중인 프로그램 끝내기
③ Alt + Space Bar : 활성 창의 바로 가기 메뉴 열기
④ Alt + Enter : 선택한 항목의 속성 표시

Alt + Tab : 열린 항목 간 전환

10 다음 중 네트워크와 관련하여 OSI 7계층 참조 모델에서 각 계층의 대표적인 장비로 옳지 않은 것은?

① 트랜스포트 계층(Transport Layer) – 허브(Hub)
② 네트워크 계층(Network Layer) – 라우터(Router)
③ 데이터링크 계층(Data-link Layer) – 브리지(Bridge)
④ 물리 계층(Physical Layer) – 리피터(Repeater)

트랜스포트 계층(Transport Layer) : 서비스 번호(포트 번호) 제공

오답 피하기

허브(Hub) : 물리 계층(Physical Layer)

ANSWER 05 ④ 06 ② 07 ③ 08 ③ 09 ① 10 ①

11 다음 중 Windows에서 [시스템 구성] 대화 상자의 [일반] 탭에서 선택할 수 있는 시작 모드가 아닌 것은?

① 정상 모드
② 진단 모드
③ 안전 모드
④ 선택 모드

[일반] 탭에는 정상 모드, 진단 모드, 선택 모드가 있음

12 다음 중 Windows에서 [설정]의 [시스템]–[정보]에 대한 설명으로 옳지 않은 것은?

① Windows의 버전과 CPU의 종류, RAM의 크기를 직접 변경할 수 있다.
② 현재 설정된 PC의 이름을 변경할 수 있다.
③ 컴퓨터 시스템의 종류와 제품 ID를 확인할 수 있다.
④ Windows의 정품 인증을 받을 수 있다.

Windows의 버전과 CPU의 종류, RAM의 크기를 알 수 있지만 직접 변경할 수는 없음

13 다음 중 사용자가 눈으로 보는 현실 화면이나 실제 영상에 문자나 그래픽과 같은 가상의 3차원 정보를 실시간으로 겹쳐 보여주는 새로운 멀티미디어 기술을 의미하는 용어로 옳은 것은?

① 가상 장치 인터페이스(VDI)
② 가상 현실 모델 언어(VRML)
③ 증강현실(AR)
④ 주문형 비디오(VOD)

증강현실(Augmented Reality) : 사람이 눈으로 볼 수 있는 실세계와 관련된 3차원의 부가 정보를 제공받을 수 있는 기술

오답 피하기
• 가상 장치 인터페이스(Virtual Device Interface) : 가상 장치를 이용한 인터페이스 기술
• 가상 현실 모델 언어(Virtual Reality Modelling Language) : 3차원 도형 데이터의 기술 언어로, 3차원 좌표값이나 기하학적 데이터 등을 기술한 문서(Text) 파일의 서식(Format)이 정해져 있음
• 주문형 비디오(Video On Demand) : 각종 영상 정보(뉴스, 드라마, 영화, 게임 등)를 데이터베이스로 구축하여 사용자의 요구에 따라 프로그램을 즉시 전송하여 가정에서 원하는 정보를 이용

14 다음 중 디지털 콘텐츠의 제작 및 유통, 보안 등의 모든 과정을 관할할 수 있게 하는 기술 표준을 제시한 MPEG의 종류로 옳은 것은?

① MPEG-3   ② MPEG-4
③ MPEG-7   ④ MPEG-21

오답 피하기
• MPEG-3 : HDTV 방송(고선명도의 화질)을 위해 고안되었으나, MPEG-2 표준에 흡수, 통합되어 현재는 존재하지 않는 규격
• MPEG-4 : 동영상의 압축 표준안 중에서 IMT-2000 멀티미디어 서비스, 차세대 대화형 인터넷 방송의 핵심 압축 방식으로 비디오/오디오를 압축하기 위한 표준
• MPEG-7 : 인터넷상에서 멀티미디어 동영상의 정보 검색이 가능. 정보 검색 등을 효율적으로 사용하기 위한 콘텐츠 저장 및 검색을 위한 표준

15 다음 중 Windows의 [그림판]에서 실행할 수 있는 기능으로 옳지 않은 것은?

① 선택한 영역을 대칭으로 이동시킬 수 있다.
② 그림판에서 그림을 그린 다음 다른 문서에 붙여넣거나 바탕 화면 배경으로 사용할 수 있다.
③ 선택한 영역의 색을 [색 채우기] 도구를 이용하여 다른 색으로 변경할 수 있다.
④ JPG, GIF, BMP와 같은 그림 파일도 그림판에서 작업할 수 있다.

[색 채우기] 도구를 이용하여 선택한 영역의 색을 다른 색으로 변경할 수 없음

16 다음 중 컴퓨터에서 사용하는 캐시 메모리에 대한 설명으로 옳지 않은 것은?

① 캐시 메모리는 주로 속도가 빠른 SRAM을 사용한다.
② 캐시 메모리에는 데이터뿐만 아니라 프로그램도 들어간다.
③ 캐시 메모리에 있는 데이터와 메인 메모리에 있는 데이터가 항상 일치하지는 않는다.
④ 캐시 적중률이 낮아야 캐시 메모리의 성능이 우수하다고 할 수 있다.

캐시 메모리의 효율성을 적중률(Hit Ratio)로 나타낼 수 있으며, 캐시 적중률이 높아야 캐시 메모리의 성능이 우수하다고 할 수 있음

ANSWER 11 ③ 12 ① 13 ③ 14 ④ 15 ③ 16 ④

상중하

17 운영체제가 응용 프로그램의 상태에 의존하지 않고 강제로 작업을 변경함으로써 하나의 응용 프로그램에 문제가 발생해도 다른 응용 프로그램에 영향을 주지 않도록 하는 제어 방식을 무엇이라 하는가?

① 비선점형 멀티태스킹
② 선점형 멀티태스킹
③ 플러그 앤 플레이
④ 멀티 프로그래밍

선점형 멀티태스킹 : 특정 프로그램에 문제가 발생했을 때 다른 프로그램에 영향을 주지 않고 작업 관리자를 이용해서 특정 프로그램만 강제로 종료시킬 수 있는 제어 방식

상중하

18 다음 중 하드웨어와 그 성능을 나타내는 단위를 연결한 것으로 가장 적절하지 않은 것은?

① 하드디스크 : RPM
② CPU : FLOPS
③ DVD-ROM : 배속
④ RAM : BPI

RAM의 성능을 나타내는 단위는 MHz로 숫자가 클수록 성능이 좋음

오답 피하기

- 하드디스크 : RPM → 분당 회전수(Revolutions Per Minute)
- CPU : FLOPS(FLoating-point Operation Per Second) → 1초 동안 처리할 수 있는 부동 소수점 연산의 횟수를 표시함
- BPI : 인치당 비트 수(Bits Per Inch)

상중하

19 다음 중 컴퓨터에서 데이터를 표현하기 위한 코드에 관한 설명으로 옳지 않은 것은?

① EBCDIC 코드는 4개의 Zone 비트와 4개의 Digit 비트로 구성되며, 256개의 문자를 표현할 수 있다.
② 표준 BCD 코드는 2개의 Zone 비트와 4개의 Digit 비트로 구성되며, 영문 대문자와 소문자를 포함하여 64개의 문자를 표현할 수 있다.
③ 해밍 코드(Hamming Code)는 잘못된 정보를 체크하고 오류를 검출하여 다시 교정할 수 있는 코드이다.
④ 유니코드는(Unicode)는 전 세계의 모든 문자를 2바이트로 표현하는 국제 표준 코드이다.

표준 BCD 코드는 영문자의 대소문자를 구별하지 못함

상중하

20 다음 중 한글 Windows에 설치된 프린터의 인쇄 관리자 창에 관한 설명으로 옳지 않은 것은?

① 인쇄 대기열에 있는 문서의 인쇄를 일시 중지시킬 수 있다.
② [문서]-[취소] 메뉴를 선택하면 일시 중지가 취소되어 문서가 다시 인쇄된다.
③ 현재 인쇄가 수행 중인 상태에서 새로운 문서의 인쇄 명령을 하면 인쇄 대기열에 추가된다.
④ 인쇄 대기열에 있는 문서의 인쇄 순서를 변경할 수 있다.

[문서]-[취소] 메뉴를 선택하면 일시 중지가 취소되는 것이 아니라 문서 인쇄가 취소됨

---

2 과목 　스프레드시트 일반

상중하

21 엑셀 프로그래밍에서 ActiveCell="대한민국"의 의미는?

① 문자열 "대한민국"을 활성 셀과 병합하여라.
② ActiveCell과 "대한민국"은 같다.
③ "대한민국"으로 정의된 셀에 "ActiveCell"을 넣어라.
④ 현재 활성 셀에 문자열 "대한민국"을 넣어라.

현재 활성 셀(ActiveCell)에 "대한민국" 문자열을 삽입함

```
Sub 활성셀()
ActiveCell = "대한민국"
End Sub
```

상중하

22 다음 중 텍스트 나누기에 대한 설명으로 옳지 않은 것은?

① 한 셀에 입력된 데이터를 여러 셀로 분리할 수 있다.
② 워크시트에 입력된 데이터를 범위로 지정한 후 [데이터]-[데이터 도구]-[텍스트 나누기] 메뉴를 선택한다.
③ 범위는 반드시 같은 행에 있어야 하지만 범위의 열 수에는 제한이 없다.
④ 원본 데이터 형식으로는 '구분 기호로 분리됨'과 '너비가 일정함'이 있다.

한 번에 한 열만 변경할 수 있으며 행은 여러 개가 있어도 되지만 열은 하나여야 함

ANSWER 17 ② 18 ④ 19 ② 20 ② 21 ④ 22 ③

2021년 상시 기출문제 05회 **63**

상중하

23 다음 중 [하이퍼링크 삽입] 대화 상자에 대한 설명으로 옳지 않은 것은?

① '표시할 텍스트'는 하이퍼링크를 설정하는 셀에 항상 표시되는 문자열이다.

② '화면 설명'은 하이퍼링크 위에 마우스 포인터를 놓았을 때 표시되는 문자열이다.

③ '책갈피'는 하이퍼링크를 만들 수 있는 파일 목록을 나타낸다.

④ '연결 대상'은 삽입할 하이퍼링크의 종류를 나타낸 아이콘이다.

> 책갈피 : 하이퍼링크를 만들 수 있는 파일 내의 특정 위치

상중하

24 다음 중 아래의 시트에서 수식 =DSUM(A1:D7, 4, B1:B2)를 실행했을 때의 결과 값으로 옳은 것은?

	A	B	C	D
1	성명	부서	1/4분기	2/4분기
2	김희준	영업1부	20	25
3	지유환	영업2부	10	14
4	김혜빈	영업1부	15	10
5	이상영	영업2부	20	15
6	김나운	영업1부	10	20
7	엄지홍	영업2부	18	30

① 40 ② 45 ③ 50 ④ 55

> • =DSUM(데이터베이스, 필드, 조건 범위) : 조건을 만족하는 필드의 합계를 구함
> • 데이터베이스 → [A1:D7], 필드 → 4(2/4분기), 조건 범위 → [B1:B2](부서가 영업1부)이므로 부서가 영업1부인 2/4분기 합을 구하면 결과는 55가 됨

상중하

25 아래의 워크시트에서 전체 평균인 [E5] 셀의 값이 85가 되도록 '지유환'의 1월 값인 [B3] 셀을 변경하고자 한다. 다음 중 [목표값 찾기] 기능 실행을 위한 수식 셀, 찾는 값, 값을 바꿀 셀의 지정이 순서대로 옳게 나열된 것은?

	A	B	C	D	E
1	이름	1월	2월	3월	평균
2	이상영	83	90	73	82.0
3	지유환	65	87	91	81.0
4	이선훈	80	75	100	85.0
5	평균	76.0	84.0	88.0	82.7

① $B$3, 85, $E$5
② $E$5, 85, $B$3
③ $E$5, $E$4, $B$3
④ $B$3, $E$4, $E$5

• 목표값 찾기 : 수식의 결과 값은 알고 있으나 그 결과 값을 얻기 위한 입력 값을 모를 때 사용
• 수식 셀 : 전체 평균을 구하는 셀이므로 $E$5
• 찾는 값 : 85
• 값을 바꿀 셀 : 지유환의 1월 값이므로 $B$3

상중하

26 다음 중 부분합에 관한 설명으로 옳지 않은 것은?

① 그룹별로 페이지를 달리하여 인쇄하기 위해서는 [부분합] 대화 상자에서 '그룹 사이에서 페이지 나누기'를 선택한다.

② 부분합을 작성한 후 개요 기호를 눌러 특정한 데이터가 표시된 상태에서 차트를 작성하면 화면에 표시된 데이터만 차트에 표시된다.

③ 부분합을 실행하기 전에 그룹시키고자 하는 필드를 기준으로 정렬되어 있어야 올바른 결과를 얻을 수 있다.

④ 여러 함수를 이용하여 부분합을 작성하려면 두 번째부터 실행하는 [부분합] 대화 상자에서 '새로운 값으로 대치'가 반드시 선택되어 있어야 한다.

> '새로운 값으로 대치'는 이미 부분합이 작성된 목록에서 이전 부분합을 지우고 현재 설정대로 새로운 부분합을 작성하여 삽입하므로, 여러 함수를 이용하여 부분합을 작성하려면 두 번째부터 실행하는 [부분합] 대화 상자에서 '새로운 값으로 대치'의 선택을 해제해야 함

상중하

27 다음 중 배열 수식의 입력 및 변경 규칙에 대한 설명으로 옳지 않은 것은?

① 배열 수식을 입력하거나 편집할 때에는 Ctrl + Shift + Enter 를 눌러야 수식이 올바르게 실행된다.

② 수식에 사용되는 배열 인수들은 각각 동일한 개수의 행과 열을 가져야 한다.

③ 배열 수식의 일부만을 이동하거나 삭제할 수는 있으나 전체 배열 수식을 이동하거나 삭제할 수는 없다.

④ 배열 상수는 중괄호를 직접 입력하여 상수를 묶어야 한다.

> 배열 수식은 전체가 하나의 수식이 되기 때문에 전체 배열 수식을 이동하거나 삭제할 수는 있으나 배열 수식의 일부만을 이동하거나 삭제할 수는 없음

ANSWER 23 ③ 24 ④ 25 ② 26 ④ 27 ③

28 다음 중 [홈] 탭–[편집] 그룹의 [찾기 및 선택] 명령을 이용하여 찾을 수 없는 것으로 옳은 것은?

① 수식   ② 메모

③ 조건부 서식   ④ 표 서식

표 서식은 [홈] 탭–[편집] 그룹의 [찾기 및 선택] 명령을 이용하여 찾을 수 없음

오답 피하기

[홈] 탭–[편집] 그룹의 [찾기 및 선택] 명령을 이용하여 수식, 메모, 조건부 서식, 상수, 데이터 유효성 검사를 찾을 수 있음

29 다음 중 셀에 데이터를 입력할 때 사용하는 Enter에 대한 설명으로 옳지 않은 것은?

① [Excel 옵션]의 '고급', '편집 옵션'에서 Enter를 누를 때 이동할 셀의 방향을 지정할 수 있다.

② 여러 셀을 선택하고 값을 입력한 후 Ctrl+Enter를 누르면 선택된 셀에 동일한 값을 입력할 수 있다.

③ 셀에 값을 입력하고 Alt+Enter를 누르면 해당 셀 내에서 줄을 바꿔 입력할 수 있다.

④ 셀에 값을 입력하고 Shift+Enter를 누르면 셀을 한 번에 두 칸씩 빨리 이동할 수 있다.

셀 포인터는 Shift+Enter를 누르면 선택한 셀의 위로, Enter를 누르면 선택한 셀의 아래로 이동함

30 다음 중 연이율 4.5%, 2년 만기로 매월 말 400,000원씩 저축할 경우 복리 이자율로 계산하여 만기에 찾을 수 있는 금액을 구하기 위한 수식으로 옳은 것은?

① =FV(4.5%/12, 2*12, −400000)

② =FV(4.5%/12, 2*12, −400000,,1)

③ =FV(4.5%, 2*12, −400000,,1)

④ =FV(4.5%, 2*12, −400000)

• FV 함수 : Future Value, 즉 미래 가치를 구하는 함수로 일정 금액을 정기적으로 불입하고 일정한 이율을 적용하는 투자의 미래 가치를 계산함

• =FV(연이율/12, 투자 기간(년)*12, 불입액, 현재 가치, 납입 시점 유형) → =FV(4.5%/12, 2*12,−400000)

• 불입액은 만기 금액이 양수로 나오게 하기 위해 −400000으로 하며 현재 가치는 0이므로 생략하고 납입 시점 유형도 매월 말은 0이므로 생략함

31 워크시트를 인쇄하는 데 매 페이지마다 맨 위에 "대한상공"이라는 글을 넣고자 한다. 다음 중 이를 설정하는 옵션은?

① 쪽

② 여백

③ 머리글/바닥글

④ 인쇄 제목

머리글/바닥글 : 매 페이지마다 상단 또는 하단에 동일한 내용을 인쇄하고자 할 때 사용

32 다음 중 아래 워크시트의 표와 표의 데이터를 이용한 차트에 대한 설명으로 옳지 않은 것은?

▲	A	B	C
1	분기	영업1팀	영업2팀
2	1사분기	1,611	1,278
3	2사분기	1,343	1,166
4	3사분기	1,150	1,569
5	4사분기	1,712	1,320

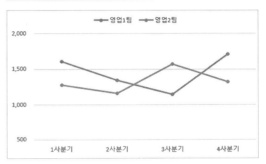

① 표 전체를 원본 데이터로 사용하고 있다.

② 분기가 데이터 계열로 사용되고 있다.

③ 세로 (값) 축의 축 서식에서 최소값을 '500'으로 설정하였다.

④ 차트의 종류는 표식이 있는 꺾은선형이다.

영업1팀과 영업2팀이 데이터 계열로 사용됨

33 다음 중 아래의 괄호( ) 안에 들어갈 기능으로 옳은 것은?

> (㉠)은/는 특정 값의 변화에 따른 결과 값의 변화 과정을 한 번의 연산으로 빠르게 계산하여 표의 형태로 표시해 주는 도구이고, (㉡)은/는 비슷한 형식의 여러 데이터의 결과를 하나의 표로 통합하여 요약해 주는 도구이다.

① ㉠ : 데이터 표, ㉡ : 통합
② ㉠ : 정렬, ㉡ : 시나리오 관리자
③ ㉠ : 부분합, ㉡ : 피벗 테이블
④ ㉠ : 해 찾기, ㉡ : 데이터 유효성 검사

- 데이터 표 : 워크시트에서 특정 데이터를 변화시켜 수식의 결과가 어떻게 변하는지 보여 주는 셀 범위를 데이터 표라 하며 데이터 표의 수식은 데이터 표를 작성하기 위해 필요한 변수가 한 개인지 두 개인지에 따라 수식의 작성 위치가 달라짐
- 통합 : 하나 이상의 원본 영역을 지정하여 하나의 표로 데이터를 요약하는 기능

34 다음 중 자동 필터가 설정된 표에서 사용자 지정 필터를 사용하여 검색이 불가능한 조건은?

① 성별이 '여자'인 데이터
② 성별이 '여자'이고, 주소가 '부산'인 데이터
③ 나이가 '20'세 이하이거나 '60'세 이상인 데이터
④ 주소가 '부산'이거나 직업이 '학생'인 데이터

④ : 자동 필터가 설정된 표에서 사용자 지정 필터를 사용하여 검색할 때 서로 다른 열(주소, 직업)의 경우 '이거나'에 해당하는 데이터는 검색이 불가능함

35 다음 중 엑셀의 틀 고정에 대한 설명으로 옳지 않은 것은?

① 화면에 표시되는 틀 고정 형태는 인쇄 시 적용되지 않는다.
② 틀 고정 구분선의 위치는 지우고 새로 만들기 전에는 마우스를 이용하여 변경할 수 없다.
③ 틀 고정을 수행하면 셀 포인터의 왼쪽과 위쪽으로 고정선이 표시되므로 고정하고자 하는 행의 아래쪽, 열의 오른쪽에 셀 포인터를 놓고 틀 고정을 수행해야 한다.
④ 틀 고정이 설정된 경우 나중에 복구할 수 있도록 모든 창의 현재 레이아웃이 작업 영역으로 저장된다.

틀 고정이 설정된 경우라도 나중에 복구할 수 있도록 모든 창의 현재 레이아웃이 작업 영역으로 저장되지 않음

36 다음 중 정렬 기능에 대한 설명으로 옳지 않은 것은?

① 워크시트에 입력된 자료들을 특정한 순서에 따라 재배열하는 기능이다.
② 정렬 옵션 방향은 '위쪽에서 아래쪽' 또는 '왼쪽에서 오른쪽' 중 선택하여 정렬할 수 있다.
③ 오름차순 정렬과 내림차순 정렬에서 공백은 맨 처음에 위치하게 된다.
④ 선택한 데이터 범위의 첫 행을 머리글 행으로 지정할 수 있다.

오름차순 정렬과 내림차순 정렬에서 공백은 맨 마지막에 위치하게 됨

37 숫자 24600을 입력한 후 아래의 표시 형식을 적용했을 때 표시되는 결과로 옳은 것은?

> #0.0,"천원";(#0.0,"천원");0.0;@"님"

① 24.6천원
② 24,600
③ 25,000천원
④ (25.0천원)

- 양수 서식; 음수 서식; 0 서식; 텍스트 서식
- # : 하나의 자릿수를 의미하며 해당 자릿수에 숫자가 없을 경우 표시하지 않음
- 0 : 하나의 자릿수를 의미하여 해당 자릿수에 숫자가 없을 경우 0을 표시함
- . : 소수점의 자리 표시에 사용
- , : 천 단위 구분 기호로 쉼표를 삽입하거나 ,(쉼표) 이후 더 이상 코드를 사용하지 않으면 천 단위 배수로 표시함
- 24600은 양수이므로 #0.0,"천원"이 적용되고 ,(쉼표)에 의해 24600.0이 24.60이 되며 텍스트 "천원"이 붙어서 24.6천원이 됨

38 워크시트에서 [A1:D2] 영역을 블록 설정하고, '={1,2,3,4;6,7,8,9}'를 입력한 후 Ctrl + Shift + Enter 를 눌렀을 때 다음 중 [B2] 셀에 입력되는 값은?

① 0
② 4
③ 7
④ 없다.

배열에서 열은 콤마(,)를 사용하여 구분하고, 행은 세미콜론(;)을 사용하여 구분함

A1	▼	:	×	✓	fx	={1,2,3,4;6,7,8,9}

	A	B	C	D	E
1	1	2	3	4	
2	6	7	8	9	
3					

39 [B1] 셀에 "을지로2가"를 입력한 후 채우기 핸들로 [B4] 셀까지 드래그했을 때 [B2], [B3], [B4] 각각의 셀에 입력되는 값들이 올바른 것은?

① 을지로2가, 을지로2가, 을지로2가
② 을지로3가, 을지로4가, 을지로5가
③ 을지로3나, 을지로4다, 을지로5라
④ 을지로2나, 을지로2다, 을지로2라

숫자와 문자가 혼합된 문자열의 경우 입력된 셀을 채우기 핸들을 이용하여 드래그하면 문자는 그대로 복사되고 숫자는 증가하게 되므로 '을지로3가, 을지로4가, 을지로5가'가 됨

40 다음 중 [B3:E6] 영역에 대해 아래 시트와 같이 배경색을 설정하기 위한 조건부 서식의 규칙으로 옳은 것은?

합격강의

▲	A	B	C	D	E
1					
2		자산코드	내용연수	경과연수	취득원가
3		YJ7C	10	8	660,000
4		S2YJ	3	9	55,000
5		TS1E	3	6	134,000
6		KS4G	8	3	58,000

① =MOD(COLUMNS($B3),2)=0
② =MOD(COLUMNS(B3),2)=0
③ =MOD(COLUMN($B3),2)=0
④ =MOD(COLUMN(B3),2)=0

• MOD(수1, 수2) : 수1을 수2로 나눈 나머지 값을 구함
• COLUMN(열 번호를 구하려는 셀) : 참조의 열 번호를 반환함
• =MOD(COLUMN(B3),2)=0 : COLUMN(B3)에 의해 B열의 열 번호 2를 가지고 2로 나눈 나머지가 0이면 참이 되므로 조건부 서식이 적용됨. 따라서 B열과 D열(열 번호 4)은 나머지가 0이 되어 조건부 서식이 적용됨

오답 피하기

COLUMNS(배열이나 배열 수식 또는 열 수를 구할 셀 범위에 대한 참조) : 배열이나 참조에 들어 있는 열의 수를 반환함

---

3 과목 **데이터베이스 일반**

---

41 다음 중 SQL문의 각 WHERE절에 대한 설명으로 옳지 않은 것은?

① WHERE 부서 = '영업부' → 부서 필드의 값이 '영업부'인 레코드들이 검색됨
② WHERE 나이 Between 28 in 40 → 나이 필드의 값이 29에서 39 사이인 레코드들이 검색됨
③ WHERE 생일 = #1989-6-3# → 생일 필드의 값이 1989-6-3인 레코드들이 검색됨
④ WHERE 입사년도 = 2022 → 입사년도 필드의 값이 2022인 레코드들이 검색됨

WHERE 나이 Between 28 and 40 : 나이 필드의 값이 28 이상, 40 이하인 레코드들이 검색됨

42 다음 중 데이터 조작어(DML : Data Manipulation Language)의 특징으로 옳지 않은 것은?

① 데이터 처리를 위하여 사용자와 DBMS 사이의 인터페이스를 제공한다.
② 데이터 처리를 위한 연산의 집합으로 데이터의 검색, 삽입, 삭제, 변경 등 데이터 조작을 제공하는 언어이다.
③ 절차적 조작 언어와 비절차적 조작 언어로 구분된다.
④ 데이터 보안(Security), 무결성(Integrity), 회복(Recovery) 등에 관련된 사항을 정의한다.

④는 데이터 제어어(DCL)에 대한 설명임

43 다음 중 아래와 같은 테이블 구조를 가진 데이터베이스에서 부서명이 '인사부'인 직원들의 정보를 조회하는 SQL문으로 가장 적절한 것은?

합격강의

부서(부서번호, 부서명)
직원(사번, 사원명, 부서번호)

① SELECT * FROM 부서 WHERE 부서번호 IN (SELECT 부서번호 FROM 직원)
② SELECT * FROM 직원 WHERE 부서번호 IN (SELECT 부서번호 FROM 부서 WHERE 부서명='인사부')
③ SELECT 직원.* FROM 직원, 부서 WHERE 부서.부서명 = '인사부'
④ SELECT * FROM 부서 WHERE 부서명='인사부' ORDER BY 부서번호

SELECT * FROM 직원 WHERE 부서번호 IN (SELECT 부서번호 FROM 부서 WHERE 부서명='인사부')
→ [부서] 테이블에서 부서명이 '인사부'인 직원들을 검색하여 [직원] 테이블에서 '인사부' 직원들의 '사번, 사원명, 부서번호' 정보를 조회함

44 다음 중 폼 작업 시 탭 순서에서 제외되는 컨트롤로 옳은 것은?

① 레이블   ② 언바운드 개체 틀
③ 명령 단추   ④ 토글 단추

탭 순서는 폼 보기에서 Tab 을 눌렀을 때 각 컨트롤 사이에 이동되는 순서를 설정하는 것으로, 레이블과 이미지 컨트롤은 탭 순서에서 제외됨

ANSWER 39 ② 40 ④ 41 ② 42 ④ 43 ② 44 ①

45 [매출 실적 관리] 폼의 'txt평가' 컨트롤에는 'txt매출수량' 컨트롤의 값이 1,000 이상이면 우수, 500 이상이면 보통, 그 미만이면 저조라고 표시하고자 한다. 다음 중 'txt평가'의 컨트롤 원본으로 옳지 않은 것은?

① =IIf([txt매출수량]<500,"저조",IIf(txt매출수량 >=1000,"우수","보통"))
② =IIf([txt매출수량]<500,"저조",IIf(txt매출수량 >=500,"보통","우수"))
③ =IIf([txt매출수량]>=1000,"우수",IIf([txt매출수량]>=500,"보통","저조"))
④ =IIf([txt매출수량]>=500,IIf([txt매출수량]<1000,"보통","우수"),"저조")

> =IIf([txt매출수량]<500,"저조",IIf(txt매출수량)=500,"보통","우수")) : 500 미만의 경우 "저조"로 표시가 되지만 500 이상이면 "보통"이 되므로 1000 이상의 경우 해당하는 조건이 존재하지 않음

46 다음 〈보기〉의 설명에 해당하는 폼의 속성으로 옳은 것은?

〈보기〉

폼에 연결할 데이터의 테이블 이름이나 쿼리를 입력하여 설정

① 기본 보기 　　　　② 캡션
③ 레코드 원본 　　　④ 레코드 잠금

> **오답 피하기**
> • 기본 보기 : 폼 보기의 기본 보기 형식을 설정함
> • 캡션 : 폼 보기의 제목 표시줄에 나타나는 텍스트를 설정함
> • 레코드 잠금 : 동시에 같은 레코드를 편집하려고 할 때 레코드 잠그는 방법을 설정함

47 다음 중 보고서의 각 부분에 대한 설명으로 옳은 것은?

① 보고서 머리글 : 보고서의 모든 페이지 상단에 표시된다.
② 구역 선택기 : 보고서를 선택하거나 보고서의 속성을 지정할 때 사용한다.
③ 그룹 바닥글 : 그룹별 요약 정보를 각 그룹의 하단에 표시한다.
④ 페이지 머리글 : 실제 데이터가 반복적으로 표시되는 부분이다.

> **오답 피하기**
> • 보고서 머리글 : 보고서의 첫 페이지에 한 번만 표시됨(페이지 머리글 위에 표시됨)
> • 구역 선택기 : 각 구역을 선택하거나 구역의 속성을 지정할 때 사용함
> • 페이지 머리글 : 보고서의 모든 페이지 상단에 표시됨

48 다음 중 폼을 열자마자 'txt조회' 컨트롤에 커서(포커스)를 자동적으로 위치하게 하는 이벤트 프로시저는?

① Private Sub txt조회_Click()
　　txt조회.AutoTab = True
　End Sub
② Private Sub txt조회_Click()
　　txt조회.SetFocus
　End Sub
③ Private Sub Form_Load()
　　txt조회.AutoTab = True
　End Sub
④ Private Sub Form_Load()
　　txt조회.SetFocus
　End Sub

• Form_Load() : 폼을 로드시킴
• SetFocus : 지정한 컨트롤에 커서(포커스)를 자동적으로 위치시킴

49 [성적] 테이블에서 '컴퓨터' 필드와 '스프레드시트' 필드를 더한 후 합계라는 이름으로 표시하고자 한다. 다음 중 SQL 문의 괄호 안에 들어갈 내용으로 옳은 것은?

SELECT 컴퓨터+스프레드시트 (　　　　) FROM 성적;

① NAME IS 합계 　　② ALIAS 합계
③ AS 합계 　　　　　④ TO 합계

• AS : 필드나 테이블의 이름을 별명(Alias)으로 지정할 때 사용함
• AS 합계 : 컴퓨터+스프레드시트의 합을 합계라는 이름으로 구함

50 다음 두 개의 테이블 사이에서 외래키(Foreign Key)는 무엇인가?(단, 밑줄은 각 테이블의 기본키를 표시함)

직원(<u>사번</u>, 성명, 부서명, 주소, 전화, 이메일)
부서(<u>부서명</u>, 팀장, 팀원수)

① 직원 테이블의 사번
② 부서 테이블의 팀원수
③ 직원 테이블의 부서명
④ 부서 테이블의 팀장

외래키(FK : Foreign Key) : 외래키가 다른 참조 테이블(릴레이션)의 기본키(PK)일 때 그 속성키를 외래키라 함(직원 테이블의 부서명)

51 폼에서 데이터 원본으로 사용하는 테이블의 필드 값을 보여 주고, 값을 수정할 수도 있는 컨트롤로 가장 적절한 것은?

① 바운드 컨트롤
② 언바운드 컨트롤
③ 계산 컨트롤
④ 탭 컨트롤

오답 피하기

- 언바운드 컨트롤 : 데이터 원본이 없는 컨트롤로 정보나 선, 사각형, 그림을 표시할 수 있음
- 계산 컨트롤 : 데이터 원본으로 식을 사용하며, 식은 폼이나 보고서의 원본으로 사용한 테이블 필드 또는 폼이나 보고서 쿼리의 데이터를 사용할 수 있고, 폼이나 보고서의 다른 컨트롤의 데이터를 사용할 수도 있음
- 탭 컨트롤 : 탭을 가진 유형의 대화 상자를 만들 때 사용하는 컨트롤

52 아래의 기본 테이블을 이용한 질의의 결과 레코드가 3개인 것은 무엇인가?(단, 테이블에는 화면에 표시된 7개의 데이터만 들어있다)

판매현황			
성명	부서	성별	판매액
지유환	영업부	남	1200000
김선	개발부	여	1000000
이상영	영업부	남	1500000
김나운	총무부	여	500000
김희준	개발부	여	600000
김혜빈	총무부	여	900000
엄지홍	개발부	여	800000
*			0

① Select 부서, SUM(판매액) AS 판매합계
   From 판매현황 Group By 부서;
② Select 부서, AVG(판매액) AS 판매평균
   From 판매현황 Group By 성별;
③ Select 부서, COUNT(부서) AS 사원수
   From 판매현황 Group By 부서
   Having COUNT(부서)〉 2;
④ Select 부서, COUNT(판매액) AS 사원수
   From 판매현황 Where 판매액 〉=1000000
   Group By 부서;

판매현황 테이블에서 부서를 그룹으로 판매액의 합계를 구하여 부서와 판매합계를 검색하므로 영업부, 총무부, 개발부 3개가 검색됨

오답 피하기

- ② : 성별로 그룹을 만들므로 남, 여 레코드가 검색됨
- ③ : 부서별로 그룹을 만드나 사원수가 2보다 커야 하므로 개발부만 검색됨
- ④ : 부서별로 그룹을 만드나 판매액이 1,000,000 이상이어야 하므로 영업부와 개발부만 검색됨

53 인덱스 생성에 관한 설명으로 가장 적당한 것은?

① 기본키로 설정되는 필드에 대해서는 자동으로 인덱스가 생성된다.
② 인덱스를 생성한 필드의 값은 중복 불가능하다.
③ 인덱스를 생성한 필드의 값은 널(Null)일 수 없다.
④ 하나의 테이블에는 하나의 인덱스만을 생성할 수 있다.

단일 필드 기본키를 지정하면 자동으로 인덱스 속성이 '예(중복 불가능)'으로 설정됨

54 Select 문자에서 한 개 또는 그 이상의 필드를 기준으로 오름차순 또는 내림차순으로 정렬하고자 할 때 사용되는 절로 옳은 것은?

① having 절
② group by 절
③ order by 절
④ where 절

order by 절 : 특정한 필드를 기준으로 오름차순, 내림차순 정렬을 수행하여 표시

오답 피하기

- having 절 : group by 절을 이용하는 경우의 특정한 조건 지정
- group by 절 : 그룹으로 묶어서 검색
- where 절 : 조건 지정

55 다음 중 데이터베이스의 정규화에 관한 설명으로 옳지 않은 것은?

① 정규화를 수행해도 데이터의 중복을 완전히 제거할 수 있는 것은 아니다.
② 테이블의 크기가 적어지므로 관리하기가 쉬워진다.
③ 한 테이블이 가능한 많은 정보를 관리하여 데이터 조회가 편리하다.
④ 정규화는 중복되는 값을 일정한 규칙에 의해 추출하여 보다 단순한 형태를 가지는 다수의 테이블로 데이터를 분리하는 작업을 의미한다.

정규화(Normalization)는 관계형 데이터베이스를 설계할 때 데이터의 중복을 최소화하고, 불일치를 방지하기 위해 릴레이션 스키마를 분해해 가는 과정으로, 한 테이블에 너무 많은 정보를 포함하는 경우 발생하는 이상 현상을 제거하기 위해 필요함

56 〈수강〉 테이블의 '수강학생' 필드는 〈학생〉 테이블의 '학번' 필드를 참조한다. 다음 중 참조 무결성 규칙을 위반한 작업은?

[학생] 테이블

학번	성명
123	홍길동
246	김갑동
357	박동식

[수강] 테이블

번호	수강학생	수강과목
1	123	영어회화
2	246	미적분학
3	123	일반화학
4	123	컴퓨터개론
5	246	전기회로

① 〈학생〉 테이블에 '학번'과 '성명'에 각각 '468'과 '김해성'인 레코드를 추가했다.
② 〈수강〉 테이블의 '수강학생' 필드에 '987', '수강과목' 필드에 '물리실험'을 추가했다.
③ 〈수강〉 테이블에서 첫 번째 레코드의 '수강학생' 필드값을 '123'에서 '357'로 변경했다.
④ 〈학생〉 테이블의 '학번' 필드 '357'에 해당하는 레코드에서 '성명' 필드의 '박동식'을 '이황'으로 변경했다.

• 참조 무결성 유지 규칙 : 관련 테이블의 필드에는 기본 테이블의 필드에 입력된 데이터 이외에 다른 데이터를 입력할 수 없음
• [수강] 테이블에서 [학생] 테이블의 학번에 없는 레코드를 입력할 수 없음

57 폼에 대한 설명으로 가장 옳지 않은 것은?

① 테이블이나 쿼리를 원본으로 지정하여 데이터가 연결된 폼을 언바운드 폼이라 한다.
② 폼이란 데이터의 입력, 편집 등의 작업을 위한 사용자와 데이터베이스 간의 인터페이스이다.
③ 폼의 형식과 원본으로 사용할 테이블만 선택하면 액세스가 자동으로 만들어 주는 폼을 자동 폼이라고 한다.
④ 폼은 레이블, 콤보 상자, 목록 상자, 명령 단추 등의 컨트롤로 구성된다.

테이블이나 쿼리를 원본으로 지정하여 데이터가 연결된 폼을 바운드 폼이라 함

58 다음 중 '연결 테이블(Linked Table)'에 대한 설명으로 가장 옳지 않은 것은?

① 외부 데이터를 사용하는 방법 중 하나이다.
② 연결된 테이블에서 데이터를 수정하면 원래의 데이터도 함께 수정된다.
③ 연결된 테이블을 삭제하면 원본에 해당하는 테이블도 함께 삭제된다.
④ 연결된 테이블에서 레코드를 추가하면 원래의 데이터에도 함께 추가된다.

연결된 테이블을 삭제하는 경우 원본에 해당하는 테이블은 함께 삭제되지 않음

59 다음은 공통점이 있는 이벤트의 속성을 모아 놓은 것이다. 이 중 가장 관련이 적은 것은?

① AfterUpdate　　② On Change
③ BeforeUpdate　　④ On DblClick

On DblClick : 마우스 이벤트로 마우스 왼쪽 단추를 더블 클릭할 때 발생

오답 피하기
• AfterUpdate : 데이터 이벤트로 컨트롤이나 레코드의 데이터가 업데이트된 후에 발생
• On Change : 데이터 이벤트로 입력란이나 콤보 상자의 입력란 내용이 변경될 때 발생
• BeforeUpdate : 데이터 이벤트로 컨트롤이나 레코드의 데이터가 업데이트되기 전에 발생

60 다음은 폼에 관한 설명이다. 괄호 안에 들어갈 알맞은 말은?

( )은 일반적으로 바운드 컨트롤이 표시되는 영역으로 단일 폼에서는 한 화면에 하나의 레코드가 표시되지만, 연속 폼과 데이터시트 폼에서는 한 화면에 여러 개의 레코드가 표시된다.

① 본문 영역
② 폼 머리글 영역
③ 폼 바닥글 영역
④ 페이지 머리글 영역

본문 영역은 레코드의 원본을 표시하기 위한 영역으로 세부 구역이라고도 함

오답 피하기
• 폼 머리글/바닥글 영역 : 폼의 제목이나 폼 사용 방법에 대한 설명 등을 입력하기 위한 영역
• 페이지 머리글/바닥글 영역 : 폼을 인쇄할 때 제목이나 특정 메시지, 날짜, 시간 등을 출력하기 위한 영역

ANSWER 56 ② 57 ① 58 ③ 59 ④ 60 ①

해설과 따로 보는
상시 기출문제

2022년 상시 기출문제 01회 72

2022년 상시 기출문제 02회 81

2022년 상시 기출문제 03회 90

2022년 상시 기출문제 04회 100

2022년 상시 기출문제 05회 109

2023년 상시 기출문제 06회 118

2023년 상시 기출문제 07회 127

2023년 상시 기출문제 08회 137

2023년 상시 기출문제 09회 146

2023년 상시 기출문제 10회 155

2024년 상시 기출문제 11회 165

2024년 상시 기출문제 12회 174

2024년 상시 기출문제 13회 184

2024년 상시 기출문제 14회 193

2024년 상시 기출문제 15회 203

해설과 따로 보는 **2022년 상시 기출문제 01회**

1급	소요시간	문항수
	총60분	총60개

풀이 시간 : _____   채점 점수 : _____

---

1 과목   컴퓨터 일반

01 다음은 기억 장치의 접근 속도를 빠른 순에서 느린 순으로 나열한 것이다. 다음 중 괄호 안에 알맞은 것은?

> (ⓐ) → 캐시 메모리 → (ⓑ) → 보조 기억 장치

① ⓐ 연관 메모리, ⓑ 가상 메모리
② ⓐ 주기억 장치, ⓑ 레지스터
③ ⓐ 레지스터, ⓑ 주기억 장치
④ ⓐ 가상 메모리, ⓑ 연관 메모리

02 다음 중 아래의 설명이 의미하는 것은?

> ㉠ 1999년 3월 26일에 발견된 최초의 매크로 바이러스이다.
> ㉡ 전자우편을 열람하면 사용자 주소록의 50개 주소에 자동으로 전염시킨다.

① 멜리사 바이러스
② 트로이 목마 바이러스
③ 부트 바이러스
④ 랜섬웨어(Ransomware)

03 다음 중 전자우편 프로토콜에 해당하지 않는 것은?

① SMTP(Simple Mail Transfer Protocol)
② POP3(Post Office Protocol 3)
③ SLIP/PPP(Serial Line Internet Protocol/Point to Point Protocol)
④ IMAP(Internet Message Access Protocol)

04 다음 중 "특정한 하드웨어나 소프트웨어를 구매하였을 때 끼워주는 소프트웨어"는?

① 상용 소프트웨어
② 번들 프로그램(Bundle Program)
③ 데모 버전
④ 공개 소프트웨어

05 다음은 컴파일러와 인터프리터를 비교한 것이다. 다음 중 옳지 않은 것은?

구분	컴파일러	인터프리터
① 번역 단위	프로그램 전체	프로그램의 행 단위
② 번역 속도	느림	빠름
③ 실행 속도	느림	빠름
④ 목적 프로그램	생성	생성하지 않음

06 다음 중 인터넷에서 사용하는 DNS에 관한 설명으로 옳지 않은 것은?

① DNS는 Domain Name Server 또는 Domain Name System의 약자로 쓰인다.
② DNS 서버는 IP 주소를 이용하여 패킷의 최단 전송 경로를 선택하는 장치이다.
③ 문자로 만들어진 도메인 이름을 숫자로 된 IP 주소로 바꾸는 시스템이다.
④ DNS에서는 모든 호스트를 각 도메인별로 계층화시켜서 관리한다.

07 다음 중 컴퓨터에서 사용하는 캐시 메모리에 대한 설명으로 옳지 않은 것은?

① 캐시 메모리는 주로 속도가 빠른 SRAM을 사용한다.
② 캐시 메모리에는 데이터뿐만 아니라 프로그램도 들어간다.
③ 캐시 적중률이 낮아야 캐시 메모리의 성능이 우수하다고 할 수 있다.
④ 캐시 메모리에 있는 데이터와 메인 메모리에 있는 데이터가 항상 일치하지는 않는다.

08 다음 중 국제 표준화 기구(ISO)가 규정한 잉크젯 프린터의 속도 측정 방식으로 일반(보통) 모드에서 출력 속도를 측정, 1분 동안 출력할 수 있는 흑백/컬러 인쇄의 최대 매수를 의미하는 것은?

① CPS
② IPM
③ LPM
④ PPM

09 다음 중 모든 사물에 전자 태그 및 센서 노드, 컴퓨팅 및 통신 기능을 탑재하여 언제 어디서나 정보를 처리, 제공할 수 있도록 지원하는 유비쿼터스 서비스는?

① USN
② 텔레매틱스
③ 블록체인
④ 고퍼

10 다음 중 코드에 대한 설명으로 옳지 않은 것은?

① BCD 코드는 영문자의 대소문자를 구별하지 못한다.
② ASCII 코드는 세계 각 나라의 언어를 표현할 수 있는 국제 표준 코드이다.
③ 유니코드는 2바이트 코드이다.
④ EBCDIC 코드는 Zone은 4비트, Digit는 4비트로 구성된다.

11 다음 중 Windows의 [장치 관리자]에 대한 기능 및 설명으로 옳지 않은 것은?

① 디스크에 단편화되어 저장된 파일들을 모아서 디스크를 최적화한다.
② [시작] 단추(⊞)에서 마우스 오른쪽 버튼을 클릭한 다음 [장치 관리자]를 클릭하여 실행한다.
③ 드라이버 소프트웨어 및 컴퓨터에 설치된 디바이스 하드웨어 설정을 관리한다.
④ 문제가 있거나 불필요한 하드웨어 장치를 제거할 수 있다.

12 TCP/IP 프로토콜의 설정에 있어 서브넷 마스크(Subnet Mask)의 역할은?

① 호스트의 수를 식별
② 사용자의 수를 식별
③ 네트워크 ID 부분과 호스트 ID 부분을 구별
④ 도메인 명을 IP 주소로 변환해 주는 서버를 지정

13 다음 중 네트워크 장비와 기능에 대한 연결이 옳지 않은 것은?

㉮ 모뎀	㉯ 브리지	㉰ 라우터	㉱ 리피터

ⓐ 네트워크에서 연결된 각 회선이 모이는 집선 장치로서 각 회선을 통합적으로 관리하는 방식
ⓑ 데이터 전송을 위한 최적의 경로를 찾아 통신망에 연결하는 장치
ⓒ 독립된 두 개의 근거리 통신망(LAN)을 연결하는 접속 장치
ⓓ 디지털 신호를 아날로그 신호로 변환하는 변조 과정과 아날로그 신호를 디지털 신호로 변환하는 복조 과정을 수행하는 장치

① ㉮-ⓓ
② ㉯-ⓒ
③ ㉰-ⓑ
④ ㉱-ⓐ

14 다음 중 바이러스 감염 시 나타나는 현상으로 옳지 않은 것은?

① 부팅 시간이 오래 걸린다.
② 실행 속도가 빨라진다.
③ 폴더나 파일이 새로 생성되거나 삭제된다.
④ CMOS의 내용이 파괴되거나 삭제된다.

15 다음 중 [그림판]에 대한 설명으로 옳지 않은 것은?

① 레이어 기능을 이용하여 정교하게 그림을 그릴 수 있다.
② 그림을 그린 다음 다른 문서에 붙여넣거나 바탕 화면 배경으로 사용할 수 있다.
③ JPG, GIF, BMP와 같은 그림 파일도 그림판에서 작업할 수 있다.
④ 선택한 영역의 색을 [색 채우기] 도구를 이용하여 다른 색으로 변경할 수 없다.

16 다음 중 Windows의 파일 탐색기에서 사용하는 바로 가기 키의 기능이 옳지 않은 것은?

① F11 : 현재 창 최대화
② Alt + Enter : 선택한 항목에 대한 속성 대화 상자 열기
③ Ctrl + N : 새 폴더 만들기
④ Ctrl + E : 검색 창 선택

17 다음 중 레지스트리(Registry)에 대한 설명으로 옳은 것은?

① Windows에서 사용하는 환경 설정 및 각종 시스템과 관련된 정보가 저장된 계층 구조식 데이터베이스이다.
② CPU의 처리 효율을 높이고 데이터의 입출력을 빠르게 할 수 있게 만든 입출력 전용 처리기이다.
③ 휘발성 메모리로, 속도가 빠른 CPU와 상대적으로 속도가 느린 주기억 장치 사이에 있는 고속의 버퍼 메모리이다.
④ 하드디스크의 일부를 주기억 장치처럼 사용하는 메모리 사용 기법이다.

18 다음 중 외부로부터의 데이터 침입 행위에 관한 유형의 위조(Fabrication)에 대한 설명으로 옳은 것은?

① 자료가 수신측으로 전달되는 것을 방해하는 행위
② 전송한 자료가 수신지로 가는 도중에 몰래 보거나 도청하는 행위
③ 원래의 자료를 다른 내용으로 바꾸는 행위
④ 자료가 다른 송신자로부터 전송된 것처럼 꾸미는 행위

19 다음 중 레지스터(Register)에 대한 설명 중 옳지 않은 것은?

① CPU 내부에서 처리할 명령어나 연산 결과 값을 일시적으로 저장하는 기억 장치이다.
② 레지스터의 크기는 컴퓨터가 한 번에 처리할 수 있는 데이터의 크기를 나타낸다.
③ 펌웨어(Firmware)를 저장하는 비휘발성 메모리로 액세스 속도가 가장 빠른 기억 장치이다.
④ 구조는 플립플롭(Flip-Flop)이나 래치(Latch)를 직렬 또는 병렬로 연결한다.

20 다음 중 일정한 방향으로 순차적으로 처리되는 것이 아닌 사용자의 선택에 따라 정보를 처리하는 멀티미디어의 특징은?

① 비선형성
② 디지털화
③ 쌍방향성
④ 통합성

---

2 과목 스프레드시트 일반

21 다음 중 셀 영역을 선택한 후 상태 표시줄의 바로 가기 메뉴인 [상태 표시줄 사용자 지정]에서 선택할 수 있는 자동 계산에 해당되지 않는 것은?

① 선택한 영역 중 숫자 데이터가 입력된 셀의 수
② 선택한 영역 중 문자 데이터가 입력된 셀의 수
③ 선택한 영역 중 데이터가 입력된 셀의 수
④ 선택한 영역의 합계, 평균, 최소값, 최대값

22 고급 필터에서 다음과 같은 조건을 설정하였을 때, 이 조건에 의해 선택되는 데이터들로 옳은 것은?

급여	연도	인원
>=300	2023	
		>=500

① 급여가 300 이상이고 연도가 2023인 데이터이거나 인원이 500 이상인 데이터
② 급여가 300 미만인 데이터 중에서 연도가 2023이고 인원이 500 이하인 데이터
③ 인원이 500 이상인 데이터 중에서 급여가 300 미만이거나 연도가 2023인 데이터
④ 급여가 300 이상이거나 연도가 2023인 데이터 모두와 인원이 500 이상인 데이터

23 다음 아래의 왼쪽 시트에서 번호 열의 3행을 삭제하더라도 오른쪽 시트처럼 번호 순서가 1, 2, 3, 4, 5처럼 유지되게 하는 방법으로 옳은 것은?

① [A2] 셀에 =row()를 입력하고 채우기 핸들을 [A7] 셀까지 복사한다.
② [A2] 셀에 =column()을 입력하고 채우기 핸들을 [A7] 셀까지 복사한다.
③ [A2] 셀에 =row()-1을 입력하고 채우기 핸들을 [A7] 셀까지 복사한다.
④ [A2] 셀에 =column()-1을 입력하고 채우기 핸들을 [A7] 셀까지 복사한다.

24 다음 중 시나리오에 대한 설명으로 옳지 않은 것은?

① 여러 시나리오를 비교하기 위해 시나리오를 피벗 테이블로 요약할 수 있다.

② 변경 셀과 결과 셀에 이름을 지정한 후 시나리오 요약 보고서를 작성하면 결과에 셀 주소 대신 지정한 이름이 표시된다.

③ 시나리오 관리자에서 시나리오를 삭제하면 시나리오 요약 보고서의 해당 시나리오도 자동적으로 삭제된다.

④ 특정 셀의 변경에 따라 연결된 결과 셀의 값이 자동으로 변경되어 결과 값을 예측할 수 있다.

25 다음 시트에서 =SUM(INDEX(B2:C6,4,2),LARGE(B2:C6,2))의 결과 값으로 옳은 것은?

▲	A	B	C
1	지원자명	필기	실기
2	이상공	67	76
3	홍범도	90	88
4	엄지홍	50	60
5	신정미	80	100
6	김민서	69	98

① 190   ② 198

③ 200   ④ 210

26 다음 아래의 시트에서 채우기 핸들을 [F1] 셀까지 드래그했을 때 [F1] 셀의 결과로 옳은 것은?

▲	A	B	C	D	E	F
1		1		3		
2						

① 6   ② 7

③ 8   ④ 9

27 다음 아래와 같은 경우에 사용할 수 있는 차트로 적합한 것은?

- 가로 축의 눈금 간격을 변경하려는 경우
- 가로 축의 값이 일정한 간격이 아닌 경우
- 가로 축의 데이터 요소 수가 많은 경우
- 데이터 요소 간의 차이점보다는 큰 데이터 집합 간의 유사점을 표시하려는 경우

① 주식형 차트   ② 영역형 차트

③ 분산형 차트   ④ 방사형 차트

28 다음 중 피벗 테이블에 대한 설명으로 옳지 않은 것은?

① 열/행 단추를 클릭하여 레이블 필터나 값 필터를 설정할 수 있다.

② 값 영역에 추가된 필드가 2개 이상이면 Σ 값 필드가 열 또는 행 영역에 추가된다.

③ [피벗 테이블 필드]에서 보고서에 추가할 필드 선택 시 데이터 형식이 텍스트이거나 논리 값인 필드를 선택하여 '행' 영역에 추가한다.

④ 피벗 테이블 보고서를 작성한 후 원본 데이터를 수정하면 피벗 테이블 보고서에 자동으로 반영된다.

29 다음 중 아래 시트에서 사원명이 두 글자이면서 실적이 전체 실적의 평균을 초과하는 데이터를 검색할 때, 고급 필터의 조건으로 옳은 것은?

▲	A	B
1	사원명	실적
2	유민	15,030,000
3	오성준	35,000,000
4	김근태	18,000,000
5	김원	9,800,000
6	정영희	12,000,000
7	남궁정훈	25,000,000
8	이수	30,500,000
9	김용훈	8,000,000

①

사원명	실적조건
="=??"	=$B2>AVERAGE($B$2:$B$9)

②

사원명	실적
="=??"	=$B2&">AVERAGE($B$2:$B$9)"

③

사원명	실적
=LEN($A2)=2	=$B2>AVERAGE($B$2:$B$9)

④

사원명	실적
="=**"	=$B2>AVERAGE($B$2:$B$9)

30 다음 중 배열 상수의 특징에 대한 설명으로 잘못된 것은?

① 배열 상수로 숫자, 텍스트, TRUE나 FALSE와 같은 논리 값, #N/A와 같은 오류 값 등을 사용할 수 있다.

② 같은 배열 상수에 다른 종류의 값을 사용할 수 없다.

③ 배열 상수에 정수, 실수, 지수형 서식의 숫자를 사용할 수 있다.

④ 배열 상수 값은 수식이 아닌 상수이어야 한다.

31 다음 중 아래 〈조건〉을 만족하는 사용자 정의 서식으로 옳은 것은?

1) 양수와 음수 모두 앞에 ₩기호를 표시하고 천 단위마다 콤마 표시
2) 소수점 첫째 자리까지만 표시하고, 소수점 첫째 자리에 값이 없을 때는 무조건 0이 표시되도록 함(단, 소수점 둘째 자리에서 반올림)
3) 0은 숫자 0 대신 − 기호로 표시
4) 음수는 빨강으로 표시

① ₩#,##0.0;−;[빨강]₩#,##0.0
② [빨강]{₩#,##0.0};₩#,##0.0;−
③ ₩#,##0.0;[빨강]₩#,##0.0;−
④ ₩#,##0.0;₩−;[빨강]₩#,##0.0

32 다음 중 아래와 같이 워크시트에 데이터가 입력된 경우, 보기의 수식과 그 결과 값으로 옳지 않은 것은?

	A
1	
2	한국 대한민국
3	분기 수익
4	수익
5	아름다운 설악산
6	

① =MID(A5,SEARCH(A1,A5)+5,3) → '설악산'
② =REPLACE(A5,SEARCH("한",A2),5,"") → '설악산'
③ =MID(A2,SEARCH(A4,A3),2) → '대한'
④ =REPLACE(A3,SEARCH(A4,A3),2,"명세서") → '분기명세서'

33 다음 아래의 차트에서 선택된 [레이블 옵션]으로 모두 옳은 것은?

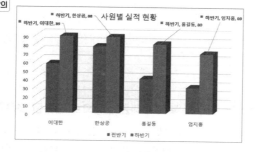

① 계열 이름, 가로 항목 이름, 값, 메모
② 계열 이름, 항목 이름, 값, 지시선 표시, 범례 표지
③ 계열 이름, 항목 이름, 구분 기호(,), 범례, 윗주
④ 축 제목, 항목 이름, 백분율, 구분 기호(,)

34 다음 중 매크로의 저장 위치로 옳지 않은 것은?

① 사용자 지정 통합 문서
② 현재 통합 문서
③ 새 통합 문서
④ 개인용 매크로 통합 문서

35 다음 중 [Excel 옵션]−[고급]에서 [소수점 자동 삽입]의 [소수점 위치]를 −2로 설정한 다음 시트에서 1을 입력하는 경우 그 결과로 옳은 것은?

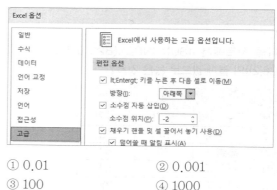

① 0.01
② 0.001
③ 100
④ 1000

36 콤보 상자의 목록으로 현재 통합 문서에 포함된 시트들의 이름을 추가하는 프로시저를 작성하려고 한다. 다음 중 (가), (나), (다)의 식으로 옳은 것은?(단, 콤보 상자의 이름은 'CB1'이며 사용자의 폼의 이름은 UForm이다.)

```
Private Sub UForm_Initialize( )
  Dim NN As Integer
  NN = (가).ActiveWorkbook.Sheets.Count
  Do While (나) > 0
      CB1.(다) Application.ActiveWorkbook.
      sheets(NN).Name
      NN = NN − 1
  Loop
End Sub
```

① (가) Application
  (나) Workbook.Sheets.Count
  (다) CB1
② (가) ActiveDocument
  (나) Sheet.Count
  (다) CB1.ItemCount
③ (가) Application
  (나) NN
  (다) AddItem
④ (가) Excel
  (나) CB1.ItemCount
  (다) NN

37 다음 중 정렬에 관한 설명으로 옳지 않은 것은?

① 정렬의 기준은 최대 64개까지 지정할 수 있다.

② 숨겨진 열이나 행은 정렬 시 이동되지 않는다.

③ 정렬 옵션에서 대/소문자 구분과 정렬 방향 등을 지정한다.

④ 정렬 기준은 값만 사용할 수 있다.

38 제품코드 [A3:A5]의 첫 글자가 제품기호 [B8:D8]이고 판매금액은 판매단가*판매수량일 때 판매금액 [D3]을 계산하는 수식으로 옳은 것은?

▲	A	B	C	D	E
1	[표1] 제품코드				
2	제품코드	제품명	판매수량	판매금액	
3	P-3456	TV	7	4,550,000	
4	D-1234	DVD	6	720,000	
5	E-5678	노트북	3	2,550,000	
6					
7	[표2] 제품별 단가표				
8	제품기호	E	D	P	
9	판매단가	850,000	120,000	650,000	
10					

① =VLOOKUP(LEFT(A3,1),$B$8:$D$9,2,0)*C3

② =HLOOKUP(LEFT(A3,1),$B$8:$D$9,2,0)*C3

③ =VLOOKUP(MID(A3,1),$B$8:$D$9,2,0)*C3

④ =HLOOKUP(MID(A3,1),$B$8:$D$9,2,0)*C3

39 엑셀의 다양한 데이터 입력 방법에 대한 설명으로 옳지 않은 것은?

① 셀에 입력된 수식의 결과가 아닌 수식 자체를 보기 위해서는 Alt + ~ 를 누른다.

② 선택한 범위에 동일한 데이터를 한 번에 입력할 때에는 입력 후 바로 Ctrl + Enter 를 누른다.

③ 배열 수식을 작성할 때는 수식 입력 후 Ctrl + Shift + Enter 를 누른다.

④ 하나의 셀에 여러 줄을 입력할 때는 Alt + Enter 를 눌러 줄 바꿈을 한다.

40 [C2:C9] 영역의 데이터를 이용하여 지점별 총불입액을 [G4:G7] 영역에 계산하려고 한다. [G4] 셀에 수식을 작성한 뒤 [G5:G7] 영역에 복사하고 셀 포인터를 [G4]에 위치시켰을 때 수식 입력줄에 나타나는 배열 수식으로 옳은 것은?

▲	A	B	C	D	E	F	G
1		성명	지점명	월불입액			
2		구승원	서울	120,000			
3		이선훈	충청	80,000			총불입액
4		이상영	호남	105,000		강원	
5		기상서	강원	35,000		서울	
6		최권일	호남	180,000		영남	
7		지유환	영남	745,000		충청	
8		김건호	서울	352,000			
9		김기준	영남	210,000			

① {=SUM(IF($C$2:$C$9=$F4,$D$2:$D$9,0))}

② =SUM(IF($C$2:$C$9=$F4,$D$2:$$D$9,1))

③ =SUM(IF($C$2:$C$9=$F4,$D$2:$$D$9,0))

④ {=SUM(IF($C$2:$C$9=$F4,$D$2:$D$9,1))}

3과목 **데이터베이스 일반**

41 다음 아래의 테이블에서 ⓐ 차수(Degree)와 ⓑ 기수(Cardinality)가 모두 옳은 것은?

합격 강의

성명	컴퓨터	스프레드시트	데이터베이스
신정미	100	100	100
김민서	90	95	98
이대한	56	75	69

① ⓐ 3, ⓑ 3

② ⓐ 3, ⓑ 4

③ ⓐ 4, ⓑ 3

④ ⓐ 4, ⓑ 4

42 컴활(성명, 컴일반, 엑셀, 액세스) 테이블에서 점수 필드에 0 이상 100 이하의 값이 입력되도록 범위를 지정하고자 할 때에 사용되는 필드 속성은 어느 것인가?

① 입력 마스크

② 기본 값

③ 캡션

④ 유효성 검사 규칙

43 프로시저는 연산을 수행하거나 값을 계산하는 일련의 명령문과 메서드로 구성된다. 다음 예제 중 메서드에 해당되는 것은?

```
Private Sub OpenOrders_Click( )
DoCmd.OpenForm "Orders"
End Sub
```

① OpenOrders
② DoCmd
③ OpenForm
④ Orders

44 [학사관리] 테이블에서 다음과 같은 SQL문을 실행했을 때, 결과에 나타나는 레코드는 몇 개인가?

```
SELECT DISTINCT 학점
FROM 학사관리;
```

학사관리 ✕

과목번호 ▾	과목명 ▾	학점 ▾	담당교수 ▾
C001	컴퓨터일반	3	김선
C002	스프레드시트	3	왕정보
C003	데이터베이스	3	최영진
C004	영상편집	2	김나운
C005	그래픽	2	김혜빈
C006	연출기법	2	김희준
*		0	

레코드: I◀ ◀ 7/7 ▶ ▶I ▶* 🔽 필터 없음 검색

① 2
② 3
③ 4
④ 6

45 다음 중 보고서에서 [페이지 번호] 대화 상자를 이용한 페이지 번호 설정에 대한 설명으로 옳지 않은 것은?

① 첫 페이지에만 페이지 번호가 표시되거나 표시되지 않도록 설정할 수 있다.
② 페이지 번호의 표시 위치를 '페이지 위쪽', '페이지 아래쪽', '페이지 양쪽' 중 선택할 수 있다.
③ 페이지 번호의 형식을 'N 페이지'와 'N/M 페이지' 중 선택할 수 있다.
④ [페이지 번호] 대화 상자를 열 때마다 페이지 번호 표시를 위한 수식이 입력된 텍스트 상자가 자동으로 삽입된다.

46 [직원] 테이블에서 '점수'가 80 이상인 사원의 인원수를 구하는 예로 적절한 것은?(단, '사번' 필드는 [직원] 테이블의 기본키이다.)

① =Dcount("[직원]","[사번]","[점수]>80")
② =Dcount("[사번]","[직원]","[점수]>=80")
③ =Dlookup("[직원]","[사번]","[점수]>=80")
④ =Dlookup("*","[사번]","[점수]>=80")

47 다음 중 SQL 질의에 대한 설명으로 옳지 않은 것은?

① ORDER BY절 사용 시 정렬 방식을 별도로 지정하지 않으면 기본 값은 'DESC'로 적용된다.
② GROUP BY절은 특정 필드를 기준으로 그룹화하여 검색할 때 사용한다.
③ FROM절에는 테이블 또는 쿼리 이름을 지정하며, WHERE절에는 조건을 지정한다.
④ SELECT DISTINCT문을 사용하면 중복 레코드를 제거할 수 있다.

48 다음 중 위쪽 구역에 데이터시트를 표시하는 열 형식의 폼을 만들고, 아래쪽 구역에 선택한 레코드에 대한 정보를 수정하거나 입력할 수 있는 데이터시트 형식의 폼을 자동으로 만들어 주는 도구는?

① 폼
② 폼 분할
③ 여러 항목
④ 폼 디자인

49 다른 테이블을 참조하는 외래키(FK)에 대한 다음 설명 중 가장 옳은 것은?

① 외래키 필드의 값은 유일해야 하므로 중복된 값이 입력될 수 없다.
② 외래키 필드의 값은 널 값일 수 없으므로, 값이 반드시 입력되어야 한다.
③ 한 테이블에서 특정 레코드를 유일하게 구별할 수 있는 속성이다.
④ 하나의 테이블에는 여러 개의 외래키가 존재할 수 있다.

50 다음과 같이 페이지 번호를 출력하고자 할 때의 수식으로 옳은 것은?

> 100 페이지 중 1

① =[Page]& 페이지 중 & [Pages]
② =[Pages]& 페이지 중 & [Page]
③ =[Page]& "페이지 중" & [Pages]
④ =[Pages]& "페이지 중" & [Page]

51 다음 중 인덱스(Index)에 대한 설명으로 옳지 않은 것은?

① 일반적으로 검색을 자주하는 필드에 대해 인덱스를 설정하는 것이 바람직하다.
② 인덱스를 설정하면 레코드의 조회는 물론 레코드의 갱신 속도가 빨라진다.
③ 한 테이블에서 여러 개의 인덱스를 생성할 수 있다.
④ 중복 불가능한 인덱스를 생성하면 동일한 값이 중복적으로 입력될 수 없다.

52 다음 중 데이터베이스 관리 시스템(DBMS)에 대한 설명으로 옳지 않은 것은?

① 응용 프로그램과 데이터베이스 사이에 위치하여 데이터베이스를 관리한다.
② 파일 시스템의 단점인 데이터의 중복성과 종속성의 문제를 해결하기 위해 제안된 시스템이다.
③ DBMS의 기능은 정의 기능, 조작 기능 및 제어 기능으로 나뉜다.
④ 순차적인 접근을 지원하여 백업과 회복의 절차가 간단하다.

53 다음 중 아래와 같은 이벤트 프로시저를 실행하는 Command1 단추를 클릭했을 때 실행 결과로 옳은 것은?

```
Private Sub Command1_Click()
DoCmd.OpenForm "사원정보", acNormal
DoCmd.GoToRecord , , acNewRec
End Sub
```

① 사원정보 테이블이 열리고 새 레코드를 입력할 수 있도록 비워진 테이블이 열린다.
② 사원정보 폼이 열리고 첫번째 레코드의 가장 왼쪽 컨트롤에 포커스가 표시된다.
③ 사원정보 폼이 열리고 마지막 레코드의 가장 왼쪽 컨트롤에 포커스가 표시된다.
④ 사원정보 폼이 열리고 새 레코드를 입력할 수 있도록 비워진 폼이 표시된다.

54 다음 중 릴레이션(Relation)에 대한 설명으로 옳지 않은 것은?

① 한 릴레이션에서 모든 속성은 원자 값이다.
② 한 릴레이션을 구성하는 튜플들 사이에는 순서가 있다.
③ 한 릴레이션을 구성하는 속성들 사이에는 순서가 없다.
④ 한 릴레이션에 포함된 튜플들은 모두 다르다.

55 다음 중 액세스에서 사용되는 데이터 형식에 대한 설명으로 옳지 않은 것은?

① 숫자 형식 중 실수(Single)의 경우 할당되는 크기는 4바이트이다.
② 통화 형식은 소수점 아래 7자리까지의 숫자를 저장할 수 있으며, 할당되는 크기는 8바이트이다.
③ 일련번호 형식의 필드는 업데이트되지 않으며, 일단 필드에 데이터를 입력한 후에는 데이터 형식을 일련번호로 변경할 수 없다.
④ 긴 텍스트 형식은 텍스트와 숫자를 임의로 조합하여 63,999자까지 입력할 수 있다.

56 다음은 보고서의 영역에 대한 설명으로 가장 옳지 않은 것은?

① 보고서의 제목과 같이 보고서의 첫 페이지만 나오는 내용을 주로 표시하는 구역이 보고서 머리글이다.

② 페이지 번호나 출력 날짜 등을 주로 표시하는 구역이 페이지 바닥글이다.

③ 수치를 가진 필드나 계산 필드의 총합계나 평균 등을 주로 표시하는 구역은 본문이다.

④ 주로 필드의 제목과 같이 매 페이지의 윗부분에 나타날 내용을 표시하는 구역은 페이지 머리글이다.

57 다음 중 이벤트 프로시저에서 쿼리를 실행 모드로 여는 명령은?

① DoCmd.OpenQuery

② DoCmd.SetQuery

③ DoCmd.QueryView

④ DoCmd.QueryTable

58 다음 중 서류 봉투에 초대장을 넣어 발송하려는 경우 우편물에 사용할 수신자의 주소를 프린트하기에 가장 적합한 보고서는?

① 업무 문서 양식 보고서

② 우편 엽서 보고서

③ 레이블 보고서

④ 크로스탭 보고서

59 다음 중 주어진 [학생] 테이블을 참조하여 아래의 SQL문을 실행한 결과로 옳은 것은?

```
SELECT AVG(나이) FROM 학생
WHERE 전공 NOT IN ('수학', '회계');
```

[학생] 테이블

학번	전공	학년	나이
100	국사	4	21
150	회계	2	19
200	수학	3	30
250	국사	3	31
300	회계	4	25
350	수학	2	19
400	국사	1	23

① 25   ② 23

③ 21   ④ 19

60 다음 중 [관계 편집] 대화 상자에 대한 설명으로 옳지 않은 것은?

① 관계를 구성하는 어느 한쪽의 테이블 또는 필드 및 쿼리를 변경할 수 있다.

② 조인 유형을 내부 조인, 왼쪽 우선 외부 조인, 오른쪽 우선 외부 조인 중에서 선택할 수 있다.

③ '항상 참조 무결성 유지'를 선택한 경우 '관련 필드 모두 업데이트'와 '관련 레코드 모두 삭제' 옵션을 선택할 수 있다.

④ 관계의 종류를 일대다, 다대다, 일대일 중에서 선택할 수 있다.

해설과 따로 보는 **2022년 상시 기출문제 02회**

1급	소요시간	문항수
	총60분	총60개

풀이 시간 : _____   채점 점수 : _____

---

1 과목 컴퓨터 일반

상 **중** 하

01 다음 중 영상 신호와 음향 신호를 압축하지 않고 통합하여 전송하는 고선명 멀티미디어 인터페이스로 S-비디오, 컴포지트 등의 아날로그 케이블보다 고품질의 음향 및 영상을 감상할 수 있는 것은?

① DVI   ② HDMI
③ USB   ④ IEEE-1394

상 **중** 하

02 인터넷 기술을 이용하여 기업 내부의 업무를 해결하려는 네트워크 환경으로, 인터넷과 동일한 TCP/IP 프로토콜을 사용한 LAN 기반 네트워크를 무엇이라고 하는가?

① 원거리 통신망(WAN)
② 인트라넷(Intranet)
③ 부가가치통신망(VAN)
④ MAN(Metropolitan Area Network)

상 **중** 하

03 7bit ASCII 코드에 1bit 홀수 패리티(Odd Parity) 비트를 첨부하여 데이터를 송신하였을 경우 수신된 데이터에 에러가 발생한 것은 어느 것인가?(단, 우측에서 첫 번째 비트가 패리티 비트이다.)

① 10101110   ② 10111011
③ 00110111   ④ 00110100

상 **중** 하

04 다음 중 마우스 끌기에 대한 설명으로 가장 옳지 않은 것은?

① 특정한 파일이나 폴더를 동일한 드라이브 내의 다른 폴더로 드래그하면 해당 파일이나 폴더가 옮겨진다.
② Alt+Shift를 누른 채 특정한 파일이나 폴더를 다른 폴더로 드래그하면 해당 파일이나 폴더에 대한 바로 가기가 생성된다.
③ Shift를 누른 채 특정한 파일이나 폴더를 다른 폴더로 드래그하면 해당 파일이나 폴더가 옮겨진다.
④ 동일한 드라이브 내에서 Ctrl을 누른 채 특정한 파일이나 폴더를 드래그하면 해당 파일이나 폴더가 복사된다.

상 **중** 하

05 다음 중 RAM(Random Access Memory)의 설명으로 가장 옳지 않은 것은?

① 전원이 꺼지고 나면 기억된 내용이 모두 사라지는 휘발성 메모리이다.
② 일반적으로 주기억 장치라고 하면 RAM을 의미하는 경우가 많다.
③ RAM은 재충전 여부에 따라 DRAM과 SRAM으로 구분할 수 있다.
④ 제조 과정에서 필요한 내용을 미리 기억시키므로 사용자가 임의로 수정할 수 없다.

상 **중** 하

06 다음 중 Java 언어에 대한 설명으로 옳지 않은 것은?

① 객체 지향 언어로 추상화, 상속화, 다형성과 같은 특징을 가진다.
② 리스트 처리용 프로그래밍 언어로 수식처리를 비롯하여 기호 처리 분야에 사용되고 있으며 특히 인공지능 분야에서 널리 사용되고 있다.
③ 네트워크 환경에서 분산 작업이 가능하도록 설계되었다.
④ 특정 컴퓨터 구조와 무관한 가상 바이트 머신 코드를 사용하므로 플랫폼이 독립적이다.

상 중 **하**

07 다음 중 Windows의 [폴더 옵션] 창에서 설정할 수 있는 작업으로 옳지 않은 것은?

① 알려진 파일 형식의 파일 확장명을 숨기도록 설정할 수 있다.
② 숨김 파일이나 폴더의 표시 여부를 지정할 수 있다.
③ 폴더에서 시스템 파일을 검색할 때 색인의 사용 여부를 선택할 수 있다.
④ 탐색 창, 미리 보기 창, 세부 정보 창의 표시 여부를 선택할 수 있다.

08 다음은 어떤 그래픽 기법을 설명한 것인가?

> 그림 파일을 표시할 때 이미지의 대략적인 모습을 먼저 보여준 다음 점차 자세한 모습을 보여주는 기법

① 인터레이싱(Interlacing)
② 필터링(Filtering)
③ 메조틴트(Mezzotint)
④ 모핑(Morphing)

09 다음 중 운영체제에 대한 설명으로 옳지 않은 것은?

① 초기 컴퓨터 시스템에는 운영체제가 없었다.
② 운영체제의 종류로는 매크로 프로세서, 어셈블러, 컴파일러 등이 있다.
③ 운영체제란 하드웨어를 사용 가능하도록 소프트웨어나 펌웨어(Firmware)로 구현된 프로그램이다.
④ 운영체제의 주된 역할은 프로세서, 기억 장치, 입출력 장치, 통신 장치, 데이터 등과 같은 자원의 관리이다.

10 네트워크를 통해 전송되는 멀티미디어 데이터 파일의 용량이 크기 때문에 생겨난 기술로, 사용자가 전체 파일을 다운받을 때까지 기다릴 필요 없이 전송되는 대로 재생시키는 기술을 무엇이라고 하는가?

① MPEG 기술
② 디더링(Dithering) 기술
③ VOD(Video On Demand) 기술
④ 스트리밍(Streaming) 기술

11 다음 중 컴퓨터에서 사용하는 기억 장치에 관한 설명으로 옳지 않은 것은?

① 하드디스크 인터페이스 방식은 EIDE, SATA, SCSI 방식 등이 있다.
② RAM은 읽고 쓰기가 가능한 반도체 메모리로 DRAM과 SRAM으로 구분된다.
③ 캐시(Cache) 메모리는 CPU와 주기억 장치 사이에 위치하여 두 장치 간의 속도 차이를 줄여 컴퓨터의 처리 속도를 빠르게 하기 위한 메모리이다.
④ 연관(Associative) 메모리는 보조 기억 장치를 마치 주기억 장치와 같이 사용하여 실제 주기억 장치 용량보다 기억 용량을 확대하여 사용하는 방법이다.

12 다음은 인터넷 보안을 위한 해결책으로 사용되는 암호화 기법에 대한 설명이다. 다음 설명 중 옳지 않은 것은?

① 비밀키 암호화 기법은 동일한 키로 데이터를 암호화하고 복호화 한다.
② 비밀키 암호화 기법은 대칭키 기법 또는 단일키 암호화 기법이라고도 하며, 대표적으로 DES(Data Encryption Standard)가 있다.
③ 공개키 암호화 기법은 비대칭 암호화 기법이라고도 하며, 대표적인 암호화 방식으로 RSA(Rivest, Shamir, Adleman)이 있다.
④ 공개키 암호화 기법에서는 암호화할 때 사용하는 키는 비밀로 하고, 복호화할 때 사용하는 키는 공개하는 방식을 사용하여, 키의 분배가 용이하고 관리해야 하는 키의 개수가 작다는 장점을 가진다.

13 컴퓨터가 현재 실행하고 있는 명령을 끝낸 후 다음에 실행할 명령의 주소를 기억하고 있는 레지스터는?

① 명령 레지스터(Instruction Register)
② 명령 계수기(Program Counter)
③ 부호기(Encoder)
④ 명령 해독기(Instruction Decoder)

14 다음 중 32비트 및 64비트 버전의 Windows OS에 관한 설명으로 옳지 않은 것은?

① 64비트 버전의 Windows에서는 대용량 RAM을 32비트 시스템보다 효과적으로 처리한다.
② 64비트 버전의 Windows 10을 설치하려면 64비트 버전의 Windows를 실행할 수 있는 CPU가 필요하다.
③ 64비트 버전의 Windows에서 하드웨어 장치가 정상적으로 동작하려면 64비트용 장치 드라이버가 필요하다.
④ 프로그램이 64비트 버전의 Windows 용으로 설계된 경우 호환성 유지를 위해 32비트 버전의 Windows에서도 작동되도록 설계되어 있다.

15 다음 중 디지털 콘텐츠의 생성 · 거래 · 전달 · 관리 등 전체 과정을 관리할 수 있는 기술로 멀티미디어 프레임워크의 MPEG 표준은?

① MPEG-1　　　　　② MPEG-3
③ MPEG-7　　　　　④ MPEG-21

16 다음 중 IPv6 주소에 관한 설명으로 옳지 않은 것은?

① 16비트씩 8부분으로 총 128비트로 구성된다.

② 각 부분은 10진수로 표현되며, 세미콜론(;)으로 구분한다.

③ 주소 체계는 유니캐스트, 멀티캐스트, 애니캐스트로 나누어진다.

④ 실시간 흐름 제어로 향상된 멀티미디어 기능을 지원한다.

17 다음 중 컴퓨터에서 정상적인 프로그램을 처리하고 있는 도중에 특수한 상태가 발생했을 때 현재 실행하고 있는 프로그램을 일시 중단하고, 그 특수한 상태를 처리한 후 다시 원래의 프로그램을 처리하는 과정을 무엇이라 하는가?

① 채널(Channel)

② 인터럽트(Interrupt)

③ 데드락(Deadlock)

④ 스풀(Spool)

18 다음 중 블루투스에 대한 설명으로 옳은 것은?

① IEEE 802.15.1 규격을 사용하는 PANs(Personal Area Networks)의 산업 표준이다.

② 컴퓨터 주변 기기에 다양한 규격의 커넥터들을 사용하는 데 커넥터 간 호환되지 않는 문제를 해결하고자 개발되었다.

③ 기존의 통신 기기, 가전 및 사무실 기기들의 종류에 상관없이 하나의 표준 접속을 통하여 다양한 기능을 수행하도록 하기 위해 개발되었다.

④ 기존의 전화선을 이용한 고속 디지털 전송 기술 중 하나이다.

19 다음 중 정보 전송 방식에 대한 설명으로 옳지 않은 것은?

① 전송 모드는 병렬과 직렬 전송이 있다.

② 단방향 방식은 라디오나 TV 방송 등이 해당된다.

③ 정보의 전송 방식은 전송 방향, 전송 모드, 전송 동기에 따라 구분된다.

④ 전이중 방식은 동시 전송이 불가능한 무전기가 해당된다.

20 다음 중 컴퓨터 그래픽과 관련하여 벡터(Vector) 이미지에 관한 설명으로 옳지 않은 것은?

① 이미지의 크기를 확대하여도 화질에 손상이 없다.

② 점과 점을 연결하는 직선이나 곡선을 이용하여 이미지를 구성한다.

③ 대표적으로 WMF 파일 형식이 있다.

④ 픽셀로 이미지를 표현하며 래스터(Raster) 이미지라고도 한다.

---

2 과목 | **스프레드시트 일반**

21 다음 중 배열 수식을 이용하여 1학년 학생의 실습1 평균을 구하는 수식으로 옳은 것은?

	A	B	C	D	E	F
1	학년	성명	실습1	실습2	실습3	
2	1학년	이대한	80	77	69	
3	2학년	한상공	75	88	67	
4	1학년	엄지홍	60	90	100	
5	2학년	홍범도	88	45	89	
6						
7	1학년 실습1 평균					
8						

① {=AVERAGE(A2:A5="1학년",C2:C5)}

② {=AVERAGE(IF(A2:A5=1학년,C2:C5))}

③ {=AVERAGE(IF(A2:A5="1학년",C2:C5))}

④ {=IF(AVERAGE(A2:A5="1학년",C2:C5))}

22 다음 중 아래의 입력 데이터별 결과처럼 100 이상이면 파랑색의 ▲, 60 미만이면 빨강색의 ▼을 나타내고 그렇지 않은 경우는 입력된 데이터를 그대로 나타내는 사용자 지정 표시 형식으로 올바른 것은?

입력 데이터	결과
120	파랑색 ▲
100	파랑색 ▲
99	99
60	60
59	빨강색 ▼
0	빨강색 ▼

① [파랑][<=100]"▲";[빨강][>60]"▼";0

② [파랑][>=100]"▲";[빨강][<60]"▼";0

③ [빨강][>=100]"▲";[파랑][<60]"▼";0

④ [파랑][>=100]"▼";[빨강][<60]"▲";0

23 다음 중 통합 문서에 대한 설명으로 옳지 않은 것은?

① 시트 보호는 통합 문서 전체가 아닌 특정 시트만을 보호한다.
② 공유된 통합 문서는 여러 사용자가 동시에 변경 및 병합할 수 있다.
③ 사용자가 워크시트를 추가, 삭제하거나 숨겨진 워크시트를 표시하지 못하도록 통합 문서의 구조를 잠글 수 있다.
④ 통합 문서 보호 설정 시 암호를 지정하면 워크시트에 입력된 내용을 수정할 수 없다.

24 다음 중 아래의 내용에 맞는 차트로 옳은 것은?

- 세 개의 값의 집합이 있어야만 유용하게 사용할 수 있는 차트이다.
- 범주 축을 사용하지 않으며, 가로 및 세로 축은 모두 값 축이다.
- 차트는 x 값, y 값 및 z(크기) 값을 나타낸다.
- z(크기) 값은 특정 값을 시각적으로 강조하는 데 유용하다.
- 재무 데이터를 제시하는 데 자주 사용한다.

① 분산형
② 표면형
③ 영역형
④ 거품형

25 다음 중 [A1] 셀에 수식 =SUMPRODUCT({1,2,3}, {4,5,6}) 입력하고 Enter 를 눌렀을 때의 결과로 옳은 것은?

① 21
② 32
③ 38
④ 70

26 다음 중 윗주에 대한 설명으로 옳지 않은 것은?

① 윗주는 셀에 대한 주석을 설정하는 것으로 문자열 데이터가 입력되어 있는 셀에만 표시할 수 있다.
② 윗주는 삽입해도 바로 표시되지 않고 [홈]-[글꼴]-[윗주 필드 표시]를 선택해야만 표시된다.
③ 윗주에 입력된 텍스트 중 일부분의 서식을 별도로 변경할 수 있다.
④ 셀의 데이터를 삭제하면 윗주도 함께 삭제된다.

27 다음 중 [창]-[틀 고정]에 대한 기능 설명으로 옳지 않은 것은?

① 틀 고정 기준은 마우스로 위치를 조정할 수 있다.
② 데이터 양이 많은 경우, 특정한 범위의 열 또는 행을 고정시켜 셀 포인터의 이동과 상관없이 화면에 항상 표시할 수 있도록 하는 기능이다.
③ 화면에 틀이 고정되어 있어도 인쇄에는 적용되지 않는다.
④ 틀 고정을 수행하면 셀 포인터의 왼쪽과 위쪽으로 틀 고정선이 표시된다.

28 다음 중 아래의 워크시트에서 작성한 수식으로 결과 값이 다른 것은?

▲	A	B	C
1	10	30	50
2	40	60	80
3	20	70	90

① =SMALL(B1:B3, COLUMN(C3))
② =SMALL(A1:B3, AVERAGE({1;2;3;4;5}))
③ =LARGE(A1:B3, ROW(A1))
④ =LARGE(A1:C3, AVERAGE({1;2;3;4;5}))

29 다음 중 인쇄 기능에 대한 설명으로 옳지 않은 것은?

① 기본적으로 워크시트의 눈금선은 인쇄되지 않으나 인쇄 되도록 설정할 수 있다.
② [페이지 설정] 대화 상자의 [시트] 탭에서 '간단하게 인쇄'를 선택하면 셀의 테두리를 포함하여 인쇄할 수 있다.
③ [인쇄 미리 보기 및 인쇄] 화면을 표시하는 바로 가기 키는 Ctrl + F2 이다.
④ [인쇄 미리 보기 및 인쇄]에서 '여백 표시'를 선택한 경우 마우스로 여백을 변경할 수 있다.

30 다음 중 매크로 기록 및 실행과 관련된 설명으로 옳지 않은 것은?

① Excel을 실행할 때마다 매크로를 사용하려면 매크로 저장 위치를 개인용 매크로 통합 문서로 지정한다.

② '상대 참조로 기록'을 클릭하면 Excel을 종료하거나 '상대 참조로 기록'을 다시 클릭할 때까지 상대 참조로 매크로가 기록된다.

③ 매크로를 실행할 때 셀을 선택하면 매크로는 절대 참조로 기록하므로 기록할 때 선택한 셀은 무시하고 현재 선택한 셀을 이용한다.

④ 매크로를 실행할 때 선택한 셀의 위치를 무시하고 매크로가 셀을 선택하도록 하려면, 절대 참조로 기록하도록 매크로 기록기를 설정한다.

31 다음 중 [Before] 차트를 [After] 차트와 같이 변경하기 위한 축 옵션으로 옳은 것은?(단, 차트에 표시할 데이터 계열의 요소 간 값의 차이가 큰 경우 [Before] 차트와 같이 그 차이를 차트에 표시하기가 어려운데, [After] 차트처럼 변경하면 값의 차이를 표시할 수 있게 된다.)

[Before] 차트

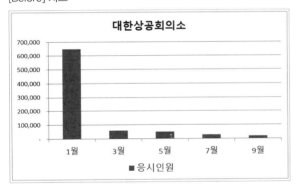

[After] 차트

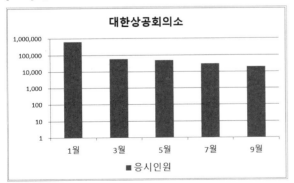

① 표시 단위를 백만으로 설정한다.

② 최소값과 최대값을 각각 1과 1,000,000으로 설정한다.

③ 주 단위를 1,000,000으로 설정한다.

④ 로그 눈금 간격을 10으로 설정한다.

32 다음 중 [A1:F6] 영역에 대해 아래 시트와 같이 배경색을 설정하기 위한 조건부 서식의 규칙으로 옳은 것은?

	A	B	C	D	E	F
1	성명	점수	성명	점수	성명	점수
2	이대한	67	지유환	98	김기준	77
3	한상공	50	이상영	97	권병선	88
4	김홍일	88	구승원	68	김건호	91
5	조승현	34	이선훈	35	조윤진	69
6	권충호	55	지용훈	66	신정미	100

① =MOD(COLUMN(A1),2)=1

② =MOD(COLUMNS(A1),2)=1

③ =MOD(COLUMN($A1),2)=1

④ =MOD(COLUMNS($A1),2)=1

33 다음 중 1부터 10까지의 짝수 합을 구하는 VBA 모듈로 옳지 않은 것은?

①
```
no = 0
sum = 0
Do While no < 10
    sum = sum + no
    no = no + 2
Loop
MsgBox sum
```

②
```
sum = 0
For no = 0 To 10 Step 2
    sum = sum + no
Next
MsgBox sum
```

③
```
no = 0
sum = 0
Do
    sum = sum + no
    no = no + 2
Loop While no <= 10
MsgBox sum
```

④
```
no = 0
sum = 0
Do While no <= 10
    sum = sum + no
    no = no + 2
Loop
MsgBox sum
```

34 다음 중 데이터 유효성 검사에서 유효성 조건의 제한 대상으로 '목록'을 설정하였을 때의 설명으로 옳지 않은 것은?

① 목록의 원본으로 정의된 이름의 범위를 사용하려면 등호(=)와 범위의 이름을 입력한다.

② 유효하지 않은 데이터를 입력할 때 표시할 메시지 창의 내용은 [오류 메시지] 탭에서 설정한다.

③ 드롭다운 목록의 너비는 데이터 유효성 설정이 있는 셀의 너비에 의해 결정된다.

④ 목록 값을 입력하여 원본을 설정하려면 값을 세미콜론(;)으로 구분하여 입력한다.

35 다음 중 현재 작업하고 있는 통합 문서의 시트 'Sheet1', 'Sheet2', 'Sheet3'의 [A1] 셀의 합을 구하고자 할 때 참조 방법이 옳지 않은 것은?

① =SUM(Sheet1!A1:Sheet3!A1)
② =SUM(Sheet1:Sheet3!A1)
③ =SUM(Sheet1!A1,Sheet2!A1,Sheet3!A1)
④ =SUM(Sheet1:Sheet2!A1,Sheet3!A1)

36 다음 중 엑셀의 각종 데이터 입력에 관한 설명으로 옳지 않은 것은?

① 오늘 날짜를 간단히 입력하기 위해서는 TODAY 함수나 Ctrl + ; (세미콜론)을 누르면 된다.
② 시간 데이터는 콜론(:)으로 시, 분, 초를 구분하여 입력한다.
③ 범위를 지정하고 데이터를 입력한 후 Ctrl + Alt + Enter 를 누르면 동일한 데이터가 한 번에 입력된다.
④ 날짜 데이터 입력 시 연도를 생략하고 월, 일만 입력하면 자동으로 올해의 연도가 추가되어 입력된다.

37 다음 [목표값 찾기] 대화 상자에 대한 설명으로 옳지 않은 것은?

목표값 찾기	?	×
수식 셀(E):		⬆
찾는 값(V):		
값을 바꿀 셀(C):		⬆
확인	취소	

① [찾는 값]에는 구할 목표값을 입력한다.
② [수식 셀]에는 [값을 바꿀 셀]이 참조하고 있는 수식이 들어있는 셀을 선택한다.
③ [값을 바꿀 셀]에는 하나 이상의 셀을 입력할 수 있다.
④ [찾는 값]에는 셀 주소를 입력할 수 없다.

38 다음 시트와 같이 [C1:C4] 셀에 입력된 문자열을 [C5] 셀에서 목록으로 표시하여 입력하기 위한 키 조작으로 올바른 것은?

▲	A	B	C	D
1	사원명	부서코드	부서명	
2	이대한	S	영업부	
3	한상공	I	인사부	
4	신정미	C	전산부	
5	엄지홍	S		
6	홍범도	C	부서명	
7	이순신	I	영업부	
8			인사부	
9			전산부	

① Tab + ↓ ② Shift + ↓
③ Ctrl + ↓ ④ Alt + ↓

39 다음과 같은 [매크로] 대화 상자를 불러오는 바로 가기 키로 옳은 것은?

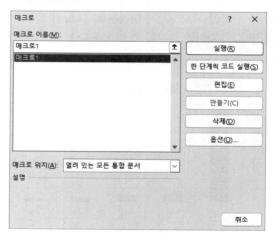

① Ctrl + F8 ② Ctrl + F9
③ Alt + F8 ④ Alt + F9

40 다음 중 엑셀의 상태 표시줄에 대한 설명으로 옳지 않은 것은?

① 상태 표시줄은 현재의 작업 상태에 대한 기본적인 정보가 표시되는 곳이다.
② 상태 표시줄의 바로 가기 메뉴를 이용하여 셀의 특정 범위에 대한 이름을 정의할 수 있다.
③ 상태 표시줄에는 확대/축소 슬라이더가 기본적으로 표시된다.
④ 상태 표시줄에서 워크시트의 보기 상태를 기본 보기, 페이지 레이아웃 보기, 페이지 나누기 미리 보기 중 선택하여 변경할 수 있다.

41 다음 중 다양한 사용자의 요구 사항을 분석하여 정보 구조를 표현한 관계도(ERD)를 생성하는 데이터베이스 설계 단계는?

① 데이터베이스 기획
② 개념적 설계
③ 논리적 설계
④ 물리적 설계

42 [매출 실적 관리] 폼의 'txt평가' 컨트롤에는 'txt매출수량' 컨트롤의 값이 1,000 이상이면 우수, 500 이상이면 보통, 그 미만이면 저조라고 표시하고자 한다. 다음 중 'txt평가'의 컨트롤 원본으로 옳지 않은 것은?

① =IIf([txt매출수량]<500,"저조",IIf(txt매출수량>=1000,"우수","보통"))
② =IIf([txt매출수량]>=500,IIf([txt매출수량]<1000,"보통","우수"),"저조")
③ =IIf([txt매출수량]>=1000,"우수",IIf([txt매출수량]>=500,"보통","저조"))
④ =IIf([txt매출수량]<500,"저조",IIf(txt매출수량>=500,"보통","우수"))

43 다음 중 주어진 [Customer] 테이블을 참조하여 아래의 SQL문을 실행한 결과로 옳은 것은?

```
SELECT Count(*)
FROM (SELECT Distinct City From Customer);
```

City	Age	Hobby
부산	30	축구
서울	26	영화감상
부산	45	낚시
서울	25	야구
대전	21	축구
서울	19	음악감상
광주	19	여행
서울	38	야구
인천	53	배구
*	0	

레코드: ◀ ◀ 1/9 ▶ ▶◀ ▶* 🖓 필터 없음 검색

① 3   ② 5
③ 7   ④ 9

44 다음 중 보고서에서 '텍스트 상자' 컨트롤의 속성 설정에 대한 설명으로 옳지 않은 것은?

① '상태 표시줄 텍스트' 속성은 컨트롤을 선택했을 때 상태 표시줄에 표시할 메시지를 설정한다.
② '중복 내용 숨기기' 속성은 데이터가 이전 레코드와 같을 때 컨트롤의 숨김 여부를 설정한다.
③ '사용 가능' 속성은 컨트롤에 포커스를 이동시킬 수 있는지의 여부를 설정한다.
④ '컨트롤 원본' 속성에서 함수나 수식 사용 시 문자는 작은따옴표('), 필드명이나 컨트롤 이름은 큰따옴표(")를 사용하여 구분한다.

45 다음 데이터 형식 중에서 검색과 쿼리 속도의 향상을 위한 인덱스(Index)를 설정할 수 없는 것은?

가. 짧은 텍스트	나. OLE 개체
다. Yes/No	라. 날짜/시간

① 가   ② 나
③ 다   ④ 라

46 폼이나 보고서의 특정 컨트롤에서 '=[단가]*[수량]*(1-[할인률])'과 같은 계산식을 사용하고자 한다. 이 때 계산 결과를 소수점 이하 첫째 자리까지 표시하기 위한 함수는?

① CIng( )
② Val( )
③ Format( )
④ DLookUp( )

47 다음 중 테이블의 기본키(Primary Key)의 특성으로 가장 거리가 먼 것은?

① 관계 설정 창에서 '관련 필드 모두 업데이트'가 선택되어 있을 경우, 외래키에 의해 참조되고 있는 기본키 필드의 값은 수정될 수 없다.
② 기본키 필드는 반드시 값을 입력해야 한다.
③ 기본키는 전체 레코드에 걸쳐 중복된 값이 없는 유일한 값들을 가져야 한다.
④ 테이블에 반드시 기본키 필드가 있어야 하는 것은 아니다.

48 아래와 같이 관계가 설정된 데이터베이스에 [Customer] 테이블에는 고객번호가 1004인 레코드만 있고, [Artist] 테이블에는 작가이름이 CAT인 레코드만 있을 경우, 다음 중 이 데이터베이스에서 실행 가능한 SQL문은?(단, SQL문에 입력되는 데이터 형식은 모두 올바르다고 간주함)

① INSERT INTO Artist VALUES ('ACE', '한국', Null, Null);
② INSERT INTO CINTA (고객번호, 작가이름) VALUES (1004, 'ACE');
③ INSERT INTO Customer (고객번호, 고객이름) VALUES (1004, 'ACE');
④ INSERT INTO CINTA VALUES (1234, 'CAT', '유화');

49 [직원] 테이블의 '급여' 필드는 데이터 형식이 숫자이고, 필드 크기가 정수(Long)로 설정되어 있다. 다음 중 '급여' 필드에 입력 가능한 숫자를 백만 원 이상, 오백만 원 이하로 설정하기 위한 유효성 검사 규칙으로 옳은 것은?

① <= 1000000 Or <= 5000000
② >= 1000000 And <= 5000000
③ >= 1000000, <= 5000,000
④ 1,000,000 <= And <= 5,000,000

50 다음 중 보고서의 그룹화 및 정렬에 대한 설명으로 옳지 않은 것은?

① '그룹'은 머리글과 같은 소계 및 요약 정보와 함께 표시되는 레코드의 모음으로 그룹 머리글, 세부 레코드 및 그룹 바닥글로 구성된다.
② 그룹화할 필드가 날짜 데이터이면 전체 값(기본), 일, 주, 월, 분기, 연도 중 선택한 기준으로 그룹화할 수 있다.
③ Sum 함수를 사용하는 계산 컨트롤을 그룹 머리글에 추가하면 현재 그룹에 대한 합계를 표시할 수 있다.
④ 필드나 식을 기준으로 최대 5단계까지 그룹화할 수 있으며, 같은 필드나 식은 한 번씩만 그룹화할 수 있다.

51 다음 중 폼이 다음과 같은 형태로 표시되는 경우 설정된 폼의 '기본 보기' 속성의 값으로 옳은 것은?

① 단일 폼
② 연속 폼
③ 데이터 시트
④ 분할 표시 폼

52 '갑' 테이블의 속성 A가 1, 2, 3, 4, 5의 도메인을 가지고 있고, '을' 테이블의 속성 A가 0, 2, 3, 4, 6의 도메인을 가지고 있다고 가정할 때 다음 SQL 구문의 실행 결과는?

SELECT A FROM 갑 UNION SELECT A FROM 을;

① 2, 3, 4
② 0, 1, 2, 3, 4, 5, 6
③ 1, 5, 6
④ 0

53 다음 중 폼의 모달 속성에 관한 설명으로 옳지 않은 것은?

① 폼이 열려 있는 경우 다른 화면을 선택할 수 있다.
② VBA 코드를 이용하여 대화 상자의 모달 속성을 지정할 수 있다.
③ 폼이 모달 대화 상자이면 디자인 보기로 전환 후 데이터 시트 보기로 전환이 가능하다.
④ 사용자 지정 대화 상자의 작성이 가능하다.

54 다음 중 특정 필드에 입력 마스크를 '09#L'로 설정하였을 때의 입력데이터로 옳은 것은?

① 123A   ② A124
③ 12A4   ④ 12AB

55 다음 중 DoCmd 개체에서 사용할 수 있는 메서드로 옳지 않은 것은?

① Close   ② Undo
③ OpenForm   ④ Quit

56 다음 중 보고서에 대한 설명으로 옳지 않은 것은?

① 보고서에 포함할 필드가 모두 한 테이블에 있는 경우 해당 테이블을 레코드 원본으로 사용한다.
② 둘 이상의 테이블을 이용하여 보고서를 작성하는 경우 쿼리를 만들어 레코드 원본으로 사용한다.
③ '보고서' 도구를 사용하면 정보를 입력하지 않아도 바로 보고서가 생성되므로 매우 쉽고 빠르게 보고서를 만들 수 있다.
④ '보고서 마법사'를 이용하는 경우 필드 선택은 여러 개의 테이블 또는 하나의 쿼리에서만 가능하며, 데이터 그룹화 및 정렬 방법을 지정할 수도 있다.

57 다음 중 직원 테이블에서 호봉이 10인 사원의 연봉을 3% 인상된 값으로 수정하는 실행 쿼리를 작성하고자 할 때, 아래의 각 괄호에 넣어야 할 용어를 순서대로 나열한 것으로 옳은 것은?

```
UPDATE 직원 (      ) 연봉=연봉*1.03 (      ) 호봉=10;
```

① FROM − WHERE
② SET − WHERE
③ VALUE − SELECT
④ INTO − VALUE

58 다음 중 테이블에 데이터가 입력되는 방식을 제어하기 위한 방법으로 적절하지 않은 것은?

① 유효성 검사 규칙을 설정하여 필드에 입력되는 데이터 값의 범위를 설정한다.
② 입력 마스크를 이용하여 필드의 각 자리에 입력되는 값의 종류를 제한한다.
③ 색인(Index)을 이용하여 해당 필드에 중복된 값이 입력되지 않도록 설정한다.
④ 기본키(Primary Key) 속성을 이용하여 레코드 추가 시 기본으로 입력되는 값을 설정한다.

59 폼 바닥글에 [사원] 테이블의 '직급'이 '과장'인 레코드들의 '급여' 합계를 구하고자 한다. 다음 중 폼 바닥글의 텍스트 상자 컨트롤에 입력해야 할 식으로 옳은 것은?

① =DHAP("[사원]", "[급여]", "[직급]='과장'")
② =DHAP("[급여]", "[사원]", "[직급]='과장'")
③ =DSUM("[사원]", "[급여]", "[직급]='과장'")
④ =DSUM("[급여]", "[사원]", "[직급]='과장'")

60 다음 중 테이블 연결을 통해 연결된 테이블과 가져오기 기능을 통해 생성된 테이블과의 차이점에 대한 설명으로 옳지 않은 것은?

① 연결된 테이블의 데이터를 삭제하면 연결된 원본 데이터베이스의 데이터도 삭제된다.
② 연결된 테이블을 삭제해도 원본 테이블은 삭제되지 않는다.
③ 가져오기 기능을 통해 생성된 테이블을 삭제해도 원본 테이블은 삭제되지 않는다.
④ 연결된 테이블을 이용하여 폼이나 보고서를 생성할 수 있다.

1 과목　컴퓨터 일반

01 다음 중 인터넷 부정 행위에 대한 설명으로 옳지 않은 것은?

① 스니핑(Sniffing)은 특정한 호스트에서 실행되어 호스트에 전송되는 정보(계정, 패스워드 등)를 엿보는 행위를 의미한다.

② DDoS는 MS-DOS 운영체제를 이용하여 어떤 프로그램이 정상적으로 실행되는 것처럼 위장하는 것이다.

③ 키로거(Key Logger)는 악성 코드에 감염된 시스템의 키보드 입력을 저장 및 전송하여 개인 정보를 빼내는 크래킹 행위이다.

④ 트로이 목마는 자기 복제를 하지 않는다는 점에서 바이러스와는 구별되며, 상대방의 컴퓨터 화면을 볼 수도 있고, 입력 정보 취득, 재부팅, 파일 삭제 등을 할 수 있다.

02 다음 중 IPv4와 IPv6를 비교한 것으로 옳지 않은 것은?

		IPv4	IPv6
①	크기	32비트 (8비트씩 4부분)	256비트 (32비트씩 8부분)
②	표현	10진수	16진수
③	주소 개수	약 43억	약 43억의 네제곱
④	구분	점(.)	콜론(:)

03 다음 중 연결 프로그램에 대한 설명으로 옳지 않은 것은?

① 연결 프로그램은 파일을 열어서 보여주는 해당 프로그램을 의미한다.

② 서로 다른 확장명의 파일들이 하나의 연결 프로그램에 지정될 수 있고, 필요에 따라 연결 프로그램을 바꿀 수 있다.

③ 파일의 확장명에 따라 연결 프로그램이 자동으로 결정된다.

④ 연결 프로그램을 삭제하면 연결된 데이터 파일도 함께 삭제된다.

04 다음 중 아래의 내용과 같은 기능을 수행하는 것으로 옳은 것은?

> • 네트워크에서 다른 네트워크로 들어가는 관문의 기능을 수행하는 지점을 의미한다.
> • 서로 다른 프로토콜을 사용하는 네트워크를 연결할 때 사용하는 장치이다.
> • 주로 LAN에서 다른 네트워크에 데이터를 보내거나 받아들이는 역할을 한다.

① 라우터　　　　　② 게이트웨이
③ 스위칭 허브　　　④ 모뎀

05 다음 중 한글 Windows에서 프린터를 이용한 인쇄 기능의 설명으로 옳지 않은 것은?

① 현재 인쇄 중인 문서가 인쇄가 완료되기 전에 다른 문서의 인쇄가 있을 경우 현재의 인쇄 작업은 중단되거나 취소된다.

② 인쇄 대기열에는 인쇄 대기 중인 문서가 표시되며, 목록의 각 항목에는 인쇄 상태 및 페이지 수와 같은 정보가 제공된다.

③ 문서가 인쇄되는 동안 프린터 아이콘이 알림 영역에 표시되며, 인쇄가 완료되면 아이콘이 사라진다.

④ 인쇄 대기열에서 프린터의 작동을 일시 중지하거나 계속할 수 있으며, 인쇄 대기 중인 모든 문서의 인쇄를 취소할 수 있다.

06 다음 중 바이오스(ROM BIOS)에 대한 설명으로 옳지 않은 것은?

① 펌웨어(Firmware)라고도 부르며 주변 장치들을 초기화하기 위해 하드디스크에 저장된다.

② 부팅(Booting)과 운영에 대한 기본적인 정보가 들어 있으며 컴퓨터의 기본 입출력 시스템이다.

③ POST라는 자체 진단 프로그램이 시스템을 점검한다.

④ OS와 주변장치 간의 데이터 흐름을 관리한다.

07 다음 중 프로그래밍 언어에 대한 설명으로 옳지 않은 것은?

① HTML5는 액티브X나 플러그인 등의 프로그램 설치 없이 동영상이나 음악 재생을 실행할 수 있는 웹 표준 언어이다.
② 자바(Java)는 HTML 문서 속에 내장시켜서 사용할 수 있다.
③ ASP는 Windows 환경에서 동적인 웹 페이지를 제작할 수 있는 스크립트 언어이다.
④ WML은 무선 접속을 통하여 웹 페이지의 텍스트와 이미지 부분이 표시될 수 있도록 해주는 웹 프로그래밍 언어이다.

08 다음 중 컴퓨터의 효율적인 관리로 옳지 않은 것은?

① 디스크 검사를 통해 파일과 폴더 및 디스크의 논리적, 물리적인 오류를 검사하고 수정한다.
② 백업(Backup)은 불의의 사고로부터 데이터를 유지하고 보호하기 위해 사용한다.
③ 드라이브 조각 모음 및 최적화를 통해 디스크에 단편화되어 저장된 파일들을 모아서 디스크를 최적화한다.
④ Windows에서 디스크의 사용 가능한 공간을 늘리기 위하여 불필요한 파일들을 삭제하는 작업은 디스크 포맷이다.

09 다음 중 Windows의 휴지통에 대한 설명으로 옳지 않은 것은?

① 복원은 모든 항목 복원과 선택한 항목 복원 중에서 선택할 수 있다.
② 휴지통 이름을 다른 이름으로 변경할 수 있다.
③ 휴지통을 비우거나 하드디스크의 파일을 삭제하면 주기억 장치의 용량 문제를 해결할 수 있다.
④ 휴지통 내에서의 파일의 실행 작업과 항목의 이름 변경은 불가능하다.

10 다음 내용이 설명하는 정보 처리 방식으로 옳은 것은?

> 하나의 컴퓨터에 여러 개의 중앙 처리 장치(CPU)를 설치하여 주기억 장치나 주변 장치들을 공유하여 신뢰성과 연산 능력을 향상시키는 시스템

① 분산 처리 시스템
② 시분할 시스템
③ 다중 처리 시스템
④ 다중 프로그래밍 시스템

11 다음 중 비트맵(Bitmap) 이미지에 관한 설명으로 옳은 것은?

① 이미지의 크기를 확대하여도 화질에 손상이 없다.
② 점과 점을 연결하는 직선이나 곡선을 이용하여 이미지를 구성한다.
③ 픽셀로 이미지를 표현하며 래스터(Raster) 이미지라고도 한다.
④ 대표적으로 WMF, AI 파일 형식이 있다.

12 다음 중 한글 Windows에서 사용할 수 있는 USB 포트에 관한 설명으로 옳지 않은 것은?

① PnP와 핫 플러그 인을 지원한다.
② 한 번에 16비트씩 전송하며 매우 빠른 전송 속도를 가진 병렬 포트이다.
③ 주변 장치를 최대 127개까지 연결할 수 있다.
④ 컴퓨터를 종료하거나 다시 시작하지 않아도 장치를 연결하거나 연결을 끊을 수 있다.

13 다음 중 시스템 보안을 위해 사용하는 방화벽(Firewall)에 대한 설명으로 적절하지 않은 것은?

① 로그 정보를 통해 외부 침입의 흔적을 찾아 역추적할 수 있다.
② '명백히 허용되지 않은 것은 금지한다.'라는 적극적 방어 개념을 가지고 있다.
③ 방화벽을 운영하면 바이러스와 내/외부의 새로운 위험에 효과적으로 대처할 수 있다.
④ IP 주소 및 포트 번호를 이용하거나 사용자 인증을 기반으로 접속을 차단하여 네트워크의 출입로를 단일화한다.

14 다음 중 패치(Patch) 버전 소프트웨어에 관한 설명으로 옳은 것은?

① 정식으로 대가를 지불하고 사용하는 소프트웨어이다.
② 홍보용으로 사용 기간이나 기능에 제한을 둔 소프트웨어이다.
③ 오류 수정이나 성능 향상을 위해 프로그램 일부를 변경해주는 소프트웨어이다.
④ 정식 프로그램 출시 전에 테스트용으로 제작되어 일반인에게 공개하는 소프트웨어이다.

15 다음 중 수의 표현에 있어 진법에 대한 설명으로 옳지 않은 것은?

① 2진수, 8진수, 16진수를 10진수 실수(Float)로 변환하려면 정수 부분과 소수 부분을 나누어서 변환하려는 각 진수의 자릿값과 자리의 지수승을 곱한 결과값을 모두 더하여 계산한다.

② 8진수를 16진수로 변환하려면 8진수를 뒤에서부터 2자리씩 자른 후 각각 16진수를 1자리로 계산한다.

③ 10진수(Decimal) 정수를 2진수, 8진수, 16진수로 변환하려면 10진수 값을 변환할 진수로 나누어 더 이상 나눠지지 않을 때까지 나누고, 몫을 제외한 나머지를 역순으로 표시한다.

④ 16진수(Hexadecimal)는 0~9까지의 숫자와 A~F까지 문자로 표현하는 진법으로 한 자리수를 표현하는 데 4개의 비트가 필요하다.

16 다음 중 MPEG 규격과 그 기능이 잘못 짝지어진 것은?

㉮ MPEG-2	㉯ MPEG-4
㉰ MPEG-7	㉱ MPEG-21

ⓐ 디지털 TV, 대화형 TV, DVD 등 높은 화질과 음질을 필요로 하는 분야의 압축 기술

ⓑ 동영상의 압축 표준안 중에서 IMT-2000 멀티미디어 서비스, 차세대 대화형 인터넷 방송의 핵심 압축 방식으로 비디오/오디오를 압축하기 위한 표준

ⓒ 인터넷상에서 멀티미디어 동영상의 정보 검색이 가능, 정보 검색 등을 효율적으로 사용하기 위한 콘텐츠 저장 및 검색을 위한 표준

ⓓ 비디오 CD나 CD-I의 규격, 저장 매체나 CD 재생의 용도로 이용하며 동영상과 음향을 최대 1.5Mbps로 압축하여 저장함

① ㉮ - ⓐ   ② ㉯ - ⓑ
③ ㉰ - ⓒ   ④ ㉱ - ⓓ

17 다음 중 유비쿼터스 센서 네트워크(USN)의 활용 분야에 속하는 것은?

① 테더링
② 고퍼
③ 블루투스
④ 텔레매틱스

18 다음 중 아래의 내용에 해당하는 저장 장치는?

- 움직임이 없는 내부 구조로 무수히 배열된 셀(Cell)이라고 하는 작은 칸에 0이나 1을 저장하는 방식의 '플래시 메모리' 기법을 사용
- 반도체를 이용한 컴퓨터 보조 기억 장치로 크기가 작고 충격에 강하며, 소음 발생이 없는 대용량 저장 장치

① HDD(Hard Disk Drive)
② DVD(Digital Versatile Disk)
③ CD-RW(Compact Disc Rewritable)
④ SSD(Solid State Drive)

19 다음 중 FTP 서비스에 관한 설명으로 옳지 않은 것은?

① get 명령은 한 개의 파일을 다운받을 때 사용하고, put 명령은 한 개의 파일을 업로드할 때 사용한다.

② FTP 서버에 파일을 전송 또는 수신, 삭제, 이름 바꾸기 등의 작업을 할 수 있다.

③ FTP 서버에 있는 프로그램은 접속 후에 서버에서 바로 실행할 수 있다.

④ 기본적으로 텍스트 파일은 ASCII 모드로 그림 파일은 Binary 모드로 전송한다.

20 다음 중 동영상 데이터 파일 형식으로 옳지 않은 것은?

① DXF
② DVI
③ ASF
④ AVI

---

2 과목 | **스프레드시트 일반**

21 다음 아래의 시트에서 채우기 핸들을 [F1] 셀까지 드래그했을 때 [F1] 셀의 결과로 옳은 것은?

▲	A	B	C	D	E	F
1	5		1			
2						

① 3   ② 7
③ -3   ④ -7

22 다음 시트에서 1과목에 대한 합계를 구하기 위한 수식으로 ㉮배열 수식을 사용한 경우와 ㉯배열 수식을 사용하지 않은 경우로 옳은 것은?

▲	A	B	C	D
1	성명	과목	점수	
2	이대한	1과목	50	
3	최상공	2과목	40	
4	엄지홍	1과목	100	
5	신정미	2과목	70	
6	김설련	1과목	60	
7				
8	과목	점수		
9	1과목			
10	2과목			
11				

① ㉮ {=SUMIF($B$2:$B$6=1과목,$C$2:$C$6)}
  ㉯ =SUM(IF($B$2:$B$6,1과목,$C$2:$C$6))

② ㉮ {=SUM(IF(A9,$B$2:$B$6,$C$2:$C$6))}
  ㉯ =SUMIF(A9,$B$2:$B$6,$C$2:$C$6)

③ ㉮ {=SUM(IF($B$2:$B$6=A9,$C$2:$C$6))}
  ㉯ =SUMIF($B$2:$B$6,A9,$C$2:$C$6)

④ ㉮ =SUMIF($B$2:$B$6=A9,$C$2:$C$6)
  ㉯ {=SUM(IF($B$2:$B$6,A9,$C$2:$C$6))}

23 다음 중 SmartArt에 대한 설명으로 옳지 않은 것은?

① SmartArt는 정보와 아이디어를 시각적으로 표현할 수 있는 기능을 지원하며 목록형, 프로세스형, 주기형, 계층 구조형, 관계형, 행렬형, 피라미드형, 그림 등의 형식을 선택할 수 있다.

② 텍스트 창에서 콘텐츠를 추가하고 편집하면 셰이프가 자동으로 업데이트되고 필요한 경우 셰이프가 추가되거나 제거되며, 텍스트 창이 보이지 않을 경우 SmartArt 그래픽의 왼쪽에 있는 화살표(◁) 컨트롤을 클릭하면 된다.

③ 입력할 텍스트의 개수가 셰이프의 최대 수를 초과하는 경우 텍스트 창의 빨간색 ×로 표시된 모든 내용은 저장되지만 SmartArt 그래픽에 표시되지는 않는다.

④ SmartArt 그래픽에 변경한 서식을 모두 취소하거나 이동, 크기 조정 또는 삭제할 수 있는 도형으로 변환할 수 있다.

24 다음 중 셀 서식에 대한 설명으로 옳지 않은 것은?

① 병합된 셀의 셀 참조는 처음에 선택한 범위에서 왼쪽 위에 있는 셀이다.

② 문자열의 길이가 길어 하나의 셀 안에 표시되지 않을 경우 글자 길이에 맞춰 셀의 열 너비가 자동으로 조절되게 설정할 수 있다.

③ 텍스트의 방향은 −90에서 90의 범위 내에서 설정이 가능하다.

④ 특정 위치에서 텍스트의 줄을 바꾸려면 줄을 바꿀 위치를 클릭한 다음 Alt + Enter 를 누른다.

25 다음과 같이 [B8] 셀에 '=B4+B5'를 입력하여 결과를 확인한 후 5번째 행을 삭제했을 때 [B7] 셀의 결과 값으로 옳은 것은?

B8	▼	:	×	✓	*fx*	=B4+B5	

▲	A	B	C
1	분기	매출액	
2	1사분기	237,765	
3	2사분기	56,789	
4	3사분기	785,600	
5	4사분기	69,000	
6			
7	1, 2사분기 합계	294,554	
8	3, 4사분기 합계	854,600	
9			

① #REF!
② #####
③ #VALUE!
④ 785,600

26 다음 중 원형 차트에서 '데이터 레이블'의 레이블 내용으로 설정할 수 없는 것은?

① 값
② 항목 이름
③ 백분율
④ 차트 제목

27 상중하 다음 중 데이터를 분석하기 위한 부분합에 대한 설명으로 틀린 것은?

① 같은 열에 있는 자료에 대하여 여러 개의 함수를 중복 사용할 수 없다.

② 첫 행에는 열 이름표가 있어야 하며 부분합을 구하려는 항목을 기준으로 정렬한다.

③ 부분합을 제거하면 부분합과 함께 표에 삽입된 윤곽 및 페이지 나누기도 제거된다.

④ 부분합은 SUBTOTAL 함수를 사용하여 합계나 평균 등의 요약 함수를 계산한다.

28 상중하 다음 중 고급 필터를 실행한 후 추출된 결과로 옳지 않은 것은?

	A	B	C
1	근무지역	평균점수	평균점수
2	서울	>=75	<90
3	부산	>75	<=89

① 근무지역이 부산이고 평균점수가 76 이상 89 이하인 경우의 자료

② 근무지역이 서울이고 평균점수가 75 이상 89 이하인 경우의 자료

③ 근무지역이 부산이고 평균점수가 75 이상 89 이하인 경우

④ 근무지역이 서울이고 평균점수가 75 이상 90 미만인 경우의 자료

29 상중하 다음과 같이 '표' 기능을 사용하여 이자율에 따른 이자액을 산출하려고 한다. 이때 실행하여야 할 작업 내용에 대한 설명으로 옳지 않은 것은?

	A	B	C	D	E	F
1			이자율에 따른 이자액 산출			
2				이자율		
3		0	5%	10%	15%	20%
4		2,000	100	200	300	400
5	원금	3,500	175	350	525	700
6		4,000	200	400	600	800
7		5,500	275	550	825	1,100

① 수식이 입력되어야 하는 [C4] 셀을 선택하고 수식 '=A2*B2'를 입력한다.

② 표의 범위([B3:F7])를 설정한 후 [데이터] 탭–[예측] 그룹–[가상 분석]을 클릭한 후 [데이터 표] 메뉴를 실행한다.

③ [표] 대화 상자가 표시되면 '행 입력 셀'은 [A2] 셀과, '열 입력 셀'은 [B2] 셀을 지정한 후 [확인]을 선택한다.

④ 자동으로 결과가 구해진 셀을 하나 선택해서 살펴보면 '{=TABLE(A2,B2)}'와 같은 배열 수식이 들어 있다.

30 상중하 다음 중 다른 엑셀 통합 문서로 작업 화면을 전환할 때 사용되는 바로 가기 키로 옳은 것은?

① Shift + Tab

② Home

③ Ctrl + Enter

④ Ctrl + Tab

31 상중하 다음 중 [페이지 설정] 대화 상자의 [시트] 탭에 대한 설명으로 옳지 않은 것은?

① 반복할 행은 '$1:$3'과 같이 행 번호로 나타낸다.

② 메모의 인쇄 방법을 '시트 끝'으로 선택하면 원래 메모가 속한 각 페이지의 끝에 모아 인쇄된다.

③ 인쇄 영역을 지정하지 않으면 기본적으로 워크시트의 모든 내용을 인쇄한다.

④ 여러 페이지가 인쇄될 경우 열 우선을 선택하면 오른쪽 방향으로 인쇄를 마친 후에 아래쪽 방향으로 진행된다.

32 상중하 다음 워크시트에서 보고서 점수 [C2:C6]을 기본점수 [E2] 셀의 값을 더한 값으로 변경하고자 한다. 다음 중 기능을 순서대로 올바르게 나열한 것은?

	A	B	C	D	E
1	성명	반	보고서 점수		기본점수
2	이대한	1	80		10
3	한상공	2	65		
4	홍길동	1	45		
5	신정미	3	77		
6	이순신	4	69		

㉮ 바로 가기 메뉴의 [선택하여 붙여넣기]를 실행

㉯ 기본점수를 추가해서 더할 셀 [C2:C6]을 선택

㉰ [E2] 셀을 선택하고 바로 가기 메뉴의 [복사]를 실행

㉱ '연산' 항목의 '더하기'를 선택하고 [확인]을 클릭

① ㉮ → ㉯ → ㉰ → ㉱

② ㉰ → ㉯ → ㉮ → ㉱

③ ㉯ → ㉮ → ㉱ → ㉰

④ ㉱ → ㉰ → ㉯ → ㉮

33 다음 중 아래의 시트처럼 평가점수를 기준으로 회사별 평가점수 순위를 구하기 위해 [B3] 셀에 입력할 수식으로 옳은 것은?(단, 평가점수는 동점이 없음)

	A	B	C	D	E
1	회사별 평가점수 순위				
2	순위	회사명		회사명	평가점수
3	1	준기정보		대한테크	53
4	2	엄지Tech		상공ENG	61
5	3	첨단영진		엄지Tech	90
6				첨단영진	88
7				기적INFO	70
8				준기정보	100

① =MATCH($D$3:$D$8,INDEX(LARGE($E$3:$E$8,A3),$E$3:$E$8,0))

② =MATCH($E$3:$E$8,INDEX(LARGE($D$3:$D$8,A3),$E$3:$E$8,0))

③ =INDEX($E$3:$E$8,MATCH(LARGE($D$3:$D$8,A3),$E$3:$E$8,0))

④ =INDEX($D$3:$D$8,MATCH(LARGE($E$3:$E$8,A3),$E$3:$E$8,0))

34 다음 중 자동 계산이 해제된 경우 열려 있는 전체 통합 문서를 지금 다시 계산하는 바로 가기 키로 옳은 것은?

① F1   ② F2

③ F5   ④ F9

35 다음 중 이름 상자에 대한 설명으로 옳지 않은 것은?

① 수식을 작성 중인 경우 최근 사용한 함수 목록이 표시된다.

② Ctrl 을 누르고 여러 개의 셀을 선택한 경우 마지막 선택한 셀 주소가 표시된다.

③ 차트가 선택되어 있는 경우 차트의 종류가 표시된다.

④ 셀이나 셀 범위에 이름을 정의해 놓은 경우 이름이 표시된다.

36 '상대 참조로 기록'을 설정한 상태에서 [매크로 기록] 대화 상자의 [확인] 단추를 누르고 [A2:A6] 범위를 선택한 후 글꼴 스타일을 굵게 지정하고 [기록 중지]를 눌러 '서식매크로'를 작성, 완료하였다. 다음 중 매크로 작성 후 [C1] 셀을 선택하고 '서식매크로'를 실행한 결과로 옳은 것은?

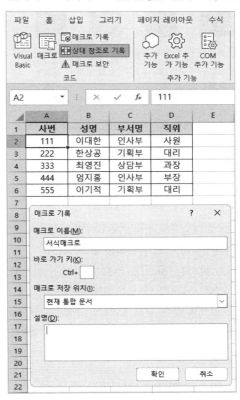

① [A2:A6] 영역의 글꼴 스타일이 굵게 지정된다.

② [A1] 셀만 글꼴 스타일이 굵게 지정된다.

③ [C2:C6] 영역의 글꼴 스타일이 굵게 지정된다.

④ [C1] 셀만 글꼴 스타일이 굵게 지정된다.

37 다음 중 아래 그림과 같은 시나리오 요약 보고서에 대한 설명으로 옳지 않은 것은?

시나리오 요약		현재 값:	호황	불황
변경 셀:				
	냉장고판매	2%	4%	-2%
	세탁기판매	3%	6%	-3%
	$C$5	5%	10%	-5%
결과 셀:				
	예상판매금액	516,600,000	533,200,000	483,400,000

① 원본 데이터에서 변경 셀의 현재 값을 수정하면 시나리오 요약 보고서가 자동으로 업데이트된다.

② 원본 데이터에 '냉장고판매', '세탁기판매', '예상판매금액'으로 이름을 정의한 셀이 있다.

③ '호황'과 '불황' 두 개의 시나리오로 작성한 시나리오 요약 보고서는 새 워크시트에 표시된다.

④ 시나리오 요약 보고서 내의 모든 내용은 수정 가능하며, 자동으로 설정된 윤곽도 지울 수 있다.

38 다음 중 아래 차트에 대한 설명으로 옳지 않은 것은?

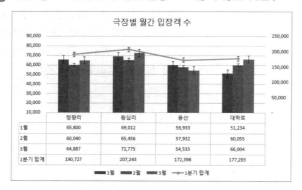

① '1분기 합계' 계열은 '보조 축'으로 지정되어 있다.
② '1월', '2월', '3월' 계열에 오차 막대가 표시되어 있다.
③ 범례 표지 없이 데이터 테이블이 표시되어 있다.
④ 계열 옵션에서 '간격 너비'가 0%로 설정되어 있다.

39 다음 중 워크시트에 대한 설명으로 옳은 것은?
① 워크시트 복사는 Shift를 누르면서 원본 워크시트 탭을 마우스로 드래그 앤 드롭하면 된다.
② 시트를 삭제하려면 시트 탭에서 마우스 오른쪽 단추를 클릭한 후 표시되는 [삭제] 메뉴를 선택하면 되지만, 삭제된 시트는 되살릴 수 없으므로 유의하여야 한다.
③ 연속된 여러 개의 시트를 선택할 때는 첫 번째 시트를 선택하고 Ctrl을 누른 상태에서 마지막 워크시트의 시트 탭을 클릭하면 된다.
④ 떨어져 있는 여러 개의 시트를 선택할 때는 먼저 Shift를 누른 상태에서 원하는 워크시트의 시트 탭을 차례로 누르면 된다.

40 다음 중 피벗 차트 보고서에 대한 설명으로 옳지 않은 것은?
① 피벗 차트 보고서는 주식형, 분산형, 거품형, 트리맵, 선버스트 등 다양한 차트로 변경할 수 있다.
② 피벗 차트 보고서를 삭제해도 관련된 피벗 테이블 보고서는 삭제되지 않는다.
③ 피벗 차트에는 표준 차트와 마찬가지로 데이터 계열, 범주, 데이터 표식, 축이 표시된다.
④ 피벗 차트 보고서에 필터를 적용하면 피벗 테이블 보고서에 자동 적용된다.

3 과목 데이터베이스 일반

41 다음 중 마법사를 사용하여 보고서를 작성할 때 보고서 마법사가 지원하는 모양으로 옳지 않은 것은?
① 열 형식
② 테이블 형식
③ 맞춤
④ 피벗 테이블 형식

42 다음 중 아래의 내용에 해당하는 언어는?

> 데이터 보안 및 회복, 무결성, 병행 수행 제어 등을 정의하는 데이터베이스 언어로 데이터베이스 관리자가 데이터 관리를 목적으로 주로 사용하는 언어

① 데이터 조작어(DML)
② 데이터 정의어(DDL)
③ 데이터 제어어(DCL)
④ 데이터 부속어(DSL)

43 다음 중 각 데이터 형식에 대한 설명으로 옳지 않은 것은?
① 조회 마법사는 필드에 값을 직접 입력하지 않고 다른 테이블에서 값을 선택할 때 사용한다.
② Yes/No 형식은 Yes/No, True/False, On/Off 등 두 값 중 하나만 입력하는 경우에 사용하는 것으로 기본 필드 크기는 1비트이다.
③ 설명, 참고 사항 등 255자를 초과해서 저장할 때는 긴 텍스트 데이터 형식을 사용한다.
④ 일련번호는 번호가 부여된 후 변경하거나 삭제할 수 있으며 크기는 2바이트이다.

44 다음 중 필드에 입력되는 값이 'S'로 시작하는 것만 입력되도록 하기 위한 유효성 검사 규칙으로 옳은 것은?
① Like "S*"
② ="S"
③ ="S??"
④ Equal "S??"

45 다음 중 아래 <학생> 테이블에 대한 SQL문의 실행 결과로 옳은 것은?

학번	전공	학년	나이
1002	영문	SO	19
1004	통계	SN	23
1005	영문	SN	21
1008	수학	JR	20
1009	영문	FR	18
1010	통계	SN	25

```
SELECT AVG([나이]) FROM 학생
WHERE 학년="SN" GROUP BY 전공
HAVING COUNT(*) >= 2;
```

① 21   ② 22
③ 23   ④ 24

46 다음 중 테이블 간의 관계 설정에서 일대일 관계가 성립하는 것은?

① 어느 한쪽의 테이블의 연결 필드가 중복 불가능의 인덱스나 기본키로 설정되어 있는 경우
② 양쪽 테이블의 연결 필드가 모두 중복 불가능의 인덱스나 기본키로 설정되어 있는 경우
③ 오른쪽 관련 테이블의 연결 필드가 중복 가능한 인덱스나 후보키로 설정되어 있는 경우
④ 양쪽 테이블의 연결 필드가 모두 중복 가능한 인덱스나 후보키로 설정되어 있는 경우

47 다음 중 전체 페이지가 10페이지이고 현재 페이지가 8페이지인 보고서에서 표시되는 식과 결과가 올바른 것은?

① =[Page] → 결과 : 8/10
② =[Page] & "페이지" → 결과 : 8페이지
③ =[Page] & "중" & [Page] → 결과 : 10중 8
④ =Format([Page], "000") → 결과 : 010

48 다음 중 회원 중에서 가입일이 2023년 6월 3일 이전인 준회원을 정회원으로 변경하고자 할 때 SQL문으로 옳은 것은?(단, 회원 테이블에는 회원번호, 성명, 가입일, 연락처, 등급 등의 필드가 있으며, 회원의 등급은 '등급' 필드에 저장되어 있다.)

① update 회원 set 등급 = '정회원' where 가입일 <= #2023-6-3# and 등급 = '준회원'
② update 회원 set 등급 = '정회원' where 가입일 <= "2023-6-3" and 등급 = '준회원'
③ update 회원 set 등급 = '정회원' where 가입일 <= #2023-6-3#
④ update 회원 set 등급 = '정회원' where 가입일 <= "2023-6-3"

49 [일반] 탭에서 '유효성 검사 규칙'과 '유효성 검사 텍스트'를 설정하였다. 다음 중 이에 대한 설명으로 옳은 것은?

일반	조회
필드 크기	10
형식	
입력 마스크	
캡션	
기본값	
유효성 검사 규칙	Like "S??"
유효성 검사 텍스트	유효성 확인입니다.
필수	아니요
빈 문자열 허용	아니요
인덱스	예(중복 불가능)
유니코드 압축	아니요
IME 모드	영숫자 반자
문장 입력 시스템 모드	없음
텍스트 맞춤	일반

① 입력되는 값은 반드시 S로 시작하면서 3자 이내이어야 하고, 규칙에 맞는 값이 입력된 경우에는 "유효성 확인입니다."라는 메시지가 나타난다.
② 입력되는 값은 반드시 S로 시작하면서 3자 이내이어야 하고, 규칙에 맞지 않는 값이 입력된 경우에는 "유효성 확인입니다."라는 메시지가 나타난다.
③ 입력되는 값은 반드시 S로 시작하면서 3자이어야 하고, 규칙에 맞는 값이 입력된 경우에는 "유효성 확인입니다."라는 메시지가 나타난다.
④ 입력되는 값은 반드시 S로 시작하면서 3자이어야 하고, 규칙에 맞지 않는 값이 입력된 경우에는 "유효성 확인입니다."라는 메시지가 나타난다.

50 다음 중 테이블의 이름을 지정하는 방법에 대한 설명으로 옳지 않은 것은?

▶합격강의

① 테이블 이름과 쿼리 이름은 동일하게 설정할 수 없다.
② 마침표(.), 느낌표(!), 악센트 기호('), 대괄호([ ])를 제외한 특수 문자 및 문자, 숫자, 공백 등을 조합하여 포함할 수 있다.
③ 테이블 이름은 선행 공백으로 시작할 수 있다.
④ 테이블 이름과 필드 이름은 동일하게 설정할 수 있으며 최대 64자까지 입력할 수 있다.

51 다음 중 보고서의 각 구역에 관한 설명으로 옳지 않은 것은?

① 보고서 머리글은 보고서의 맨 앞에 한 번 출력되며, 일반적으로 로고나 제목 및 날짜와 같이 표지에 나타나는 정보를 추가한다.
② 그룹 머리글은 각 새 레코드 그룹의 맨 앞에 출력되며, 그룹 이름을 출력하려는 경우에 사용한다.
③ 본문은 레코드 원본의 모든 행에 대해 한 번씩 출력되며, 보고서의 본문을 구성하는 컨트롤이 여기에 추가된다.
④ 보고서 바닥글은 모든 페이지의 맨 끝에 출력되며, 페이지 번호 또는 페이지별 정보를 표시하려는 경우에 사용한다.

52 다음 중 테이블의 기본키(Primary Key)의 특성으로 가장 거리가 먼 것은?

① 후보키 중에서 선정되어 사용되는 키이다.
② 기본키는 널(Null)이 될 수 없으며 중복될 수 없다.
③ 관계 설정 창에서 '관련 필드 모두 업데이트'가 선택되어 있을 경우, 외래키에 의해 참조되고 있는 기본키 필드의 값은 수정될 수 없다.
④ 테이블에 반드시 기본키 필드가 있어야 하는 것은 아니다.

53 다음 중 아래 SQL문으로 생성된 테이블에서의 레코드 작업에 대한 설명으로 옳지 않은 것은?(단, 고객과 계좌 간의 관계는 1:M이다.)

```
CREATE TABLE 고객
(고객ID                    CHAR(20) NOT NULL,
고객명                     CHAR(20) NOT NULL,
연락번호                   CHAR(12),
PRIMARY KEY (고객ID)
);
CREATE TABLE 계좌
(계좌번호                  CHAR(10) NOT NULL,
고객ID                    CHAR(20) NOT NULL,
잔액                      INTEGER DEFAULT 0,
PRIMARY KEY (계좌번호),
FOREIGN KEY (고객ID) REFERENCES 고객
);
```

① <고객> 테이블에서 '고객ID' 필드는 동일한 값을 입력할 수 없다.
② <계좌> 테이블에서 '계좌번호' 필드는 반드시 입력해야 한다.
③ <고객> 테이블에서 '연락번호' 필드는 원하는 값으로 수정하거나 생략할 수 있다.
④ <계좌> 테이블에서 '고객ID' 필드는 동일한 값을 입력할 수 없다.

54 다음 중 입력 마스크에서 사용되는 기호 문자에 대한 설명으로 옳은 것은?

① & : 필수 요소로서 모든 문자나 공백을 입력
② 9 : 필수 요소로서 0~9까지의 숫자를 입력
③ # : 선택 요소로서 A~Z까지의 영문자를 입력
④ 0 : 선택 요소로서 숫자나 공백을 입력

55 어떤 릴레이션 R에 존재하는 모든 속성들은 원자 값만을 가지며, 기본키에 속하지 않는 각 속성은 기본키에 완전하게 함수적으로 종속된다. 이 릴레이션 R은 어떤 정규형의 릴레이션인가?

① 제4정규형
② 제3정규형
③ 보이스-코드 정규형
④ 제2정규형

56 다음의 수식을 보고서를 이용하여 인쇄할 경우 표시되는 결과로 옳은 것은?

> =Left("부산 사하구 사하동", InStr("서울특별시 시흥구", "시"))

① 부산 사하
② 사하구 사하동
③ 서울특별시
④ 부산 사하구

57 다음 중 폼의 탭 순서(Tab Order)에 대한 설명으로 옳지 않은 것은?

① 탭 정지 속성의 기본 값은 '예'이다.
② [탭 순서] 대화 상자의 [자동 순서]는 탭 순서를 위에서 아래로, 오른쪽에서 왼쪽으로 설정한다.
③ 폼 보기에서 Tab 을 눌렀을 때 각 컨트롤 사이에 이동되는 순서를 설정하는 것이다.
④ 기본으로 설정되는 탭 순서는 폼에 컨트롤을 추가하여 작성한 순서대로 설정된다.

58 폼의 머리글에 아래와 같은 도메인 함수 계산식을 사용하는 컨트롤을 삽입하였다. 다음 중 계산 결과 값에 대한 설명으로 옳은 것은?

> =DLOOKUP("성명", "사원", "[사원번호] = 123")

① 성명 테이블에서 사원 번호가 123인 데이터의 성명 필드에 저장되어 있는 값
② 성명 테이블에서 사원 번호가 123인 데이터의 사원 필드에 저장되어 있는 값
③ 사원 테이블에서 사원 번호가 123인 데이터의 성명 필드에 저장되어 있는 값
④ 사원 테이블에서 사원 번호가 123인 데이터의 사원 필드에 저장되어 있는 값

59 다음 중 데이터베이스에서 인덱스를 사용하는 목적으로 가장 적절한 것은?

① 일관성 유지
② 중복성 제거
③ 레코드 검색 속도 향상
④ 데이터 독립성 유지

60 다음 중 [관계 편집] 대화 상자에 대한 설명으로 옳지 않은 것은?

① 관계형 데이터베이스에서는 다대다(N:M) 관계를 직접 표현할 수 없기 때문에 3개의 테이블을 가지고 일대다(1:∞) 관계 2개를 이용하여 설정한다.
② 조인 유형은 왼쪽 우선 내부 조인, 오른쪽 우선 내부 조인 중에서 선택할 수 있다.
③ '항상 참조 무결성 유지'를 선택한 경우 '관련 필드 모두 업데이트'와 '관련 레코드 모두 삭제' 옵션을 선택할 수 있다.
④ 관계를 구성하는 어느 한쪽의 테이블 또는 필드 및 쿼리를 변경할 수 있다.

1급	소요시간	문항수
	총60분	총60개

풀이 시간 : _____   채점 점수 : _____

1 과목   컴퓨터 일반

상 중 하

01 운영체제는 컴퓨터 시스템의 각종 하드웨어적인 자원과 소프트웨어적인 자원을 효율적으로 운영, 관리하기 위한 프로그램이다. 다음 중 운영체제의 목적으로 가장 거리가 먼 것은?

① 처리 능력의 향상
② 신뢰도 향상
③ 응답 시간의 최대화
④ 사용 가능도의 향상

상 중 하

02 다음 중 3D 프린터에 대한 설명으로 옳지 않은 것은?

① 입력한 도면을 바탕으로 3차원의 입체적인 공간에 물품을 만들어내는 프린터이다.
② 2D 이미지를 인쇄하는 잉크젯 프린터의 인쇄 원리와 같으며 제작 방식에 따라 층(레이어)으로 겹겹이 쌓아 입체 형상을 만들어내는 적층형과 큰 덩어리를 조각하듯이 깎아내는 절삭형으로 나뉜다.
③ 기계, 건축, 예술, 우주 등 많은 분야에서 응용되고 있으며, 의료 분야에서도 활발히 활용되고 있다.
④ 출력 속도의 단위는 LPM, PPM, IPM 등이 사용된다.

상 중 하

03 둘 이상의 프로세스들이 자원을 점유한 상태에서 서로 다른 프로세스가 점유하고 있는 자원을 서로 사용하기를 원해서 시스템이 정지되는 상황을 무엇이라 부르는가?

① LOCK
② DEADLOCK
③ UNLOCK
④ BLOCK

상 중 하

04 컴퓨터에서 취급되는 데이터에 따른 분류 중 그 설명이 옳지 않은 것은?

① 아날로그(Analog) 컴퓨터는 아날로그 신호를 사용하며 그 특성 요소에는 진폭, 파장, 위상 등이 있다.
② 하이브리드(Hybrid) 컴퓨터는 디지털 컴퓨터와 아날로그 컴퓨터의 특징 중 좋은 점만을 모아 사용된다.
③ 디지털(Digital) 컴퓨터는 숫자나 문자가 입출력 요소로 사용되며 논리 회로를 사용하여 사칙 연산 등을 처리한다.
④ 아날로그(Analog) 컴퓨터는 증폭 회로를 사용, 미적분 연산에 이용되며 연산 속도는 디지털 컴퓨터에 비해 느리나 정밀도는 필요한 한도까지 정확하게 산출할 수 있다.

상 중 하

05 다음 중 TELNET에 대한 설명으로 가장 적절한 것은?

① 인터넷상에서 파일을 전송하기 위해 사용되는 서비스이다.
② 원격 접속용으로 사용되며, 원격지에 있는 컴퓨터에 접속하여 프로그램을 실행시키거나 시스템 관리 작업 등을 할 수 있는 서비스이다.
③ 인터넷 사용자끼리 전자우편을 보낼 때 사용하는 프로토콜이다.
④ 관심 있는 분야끼리 그룹을 지어 자신의 의견을 주고받을 수 있는 서비스이다.

상 중 하

06 다음 중 운영체제에서 관리하는 가상 메모리는 실제로 어떤 장치에 존재하는가?

① 하드디스크 장치
② 주기억 장치
③ 프로세서 장치
④ 캐시 기억 장치

07 다음 중 암호화 기법에 대한 설명으로 옳지 않은 것은?

① 비밀키는 단일키이므로 알고리즘이 간단하다.
② 비밀키의 대표적인 방식은 DES가 있다.
③ 공개키는 사용자가 많아지면 관리할 키의 개수가 늘어난다.
④ 공개키는 암호화가 공개키이므로 키의 분배가 쉽다.

08 다음 중 URL(Uniform Resource Locator) 형식으로 옳지 않은 것은?

① http://www.korcham.net
② mailto://kcci@korcham.net
③ ftp://ftp.korcham.net
④ telnet://tel.korcham.net/

09 다음 중 HDD의 인터페이스 표준에 해당하지 않는 것은?

① VESA   ② EIDE
③ SCSI   ④ SATA

10 다음 내용이 설명하는 운영체제의 운영방식으로 옳은 것은?

- 지역별로 발생된 자료를 분산 처리하는 방식이다.
- 시스템의 과부하를 방지할 수 있다.
- 시스템의 안전성, 유연성, 신뢰성, 확장성 등에서 유리하다.
- 클라이언트/서버(Client/Server) 시스템 등이 있다.

① 다중 프로그래밍 시스템
② 시분할 시스템
③ 다중 처리 시스템
④ 분산 처리 시스템

11 다음 중 Windows의 [휴지통]에 관한 설명으로 옳지 않은 것은?

① 휴지통에 지정된 최대 크기를 초과하면 보관된 파일 중 가장 용량이 큰 파일부터 자동 삭제된다.
② 휴지통에 보관된 실행 파일은 복원은 가능하지만 휴지통에서 실행하거나 이름을 변경할 수는 없다.
③ 휴지통 속성에서 파일이나 폴더가 삭제될 때마다 삭제 확인 대화 상자가 표시되지 않도록 설정할 수 있다.
④ 휴지통의 파일이 실제 저장된 폴더 위치는 일반적으로 C:₩$Recycle.Bin이다.

12 다음 내용이 설명하는 코드로 옳은 것은?

세계 각국의 다양한 현대 언어로 작성된 텍스를 상호 교환, 처리, 표현하기 위한 코드로 16비트(2바이트) 체계로 이루어져 있다.

① BCD 코드
② ASCII 코드
③ EBCDIC 코드
④ UNI 코드

13 다음 중 이미지 표현 방식에 대한 설명으로 옳지 않은 것은?

① 비트맵 방식은 그림을 픽셀(Pixel)이라고 하는 여러 개의 점으로 표시하는 방식이다.
② 비트맵 방식으로 저장된 이미지는 벡터 방식에 비해 메모리를 적게 차지하며, 화면에 보여주는 속도가 느리다.
③ 벡터 방식은 점과 점을 연결하는 직선이나 곡선을 이용하여 이미지를 표현하는 방식이다.
④ 벡터 방식은 그림을 확대 또는 축소할 때 화질의 손상이 거의 없다.

14 다음 중 무선 랜(WLAN) 시스템을 구성하기 위한 주요 구성 요소에 해당하지 않는 것은?

① 리피터(Repeater)
② 무선 랜 카드
③ 안테나(Antenna)
④ AP(Access Point)

15 다음 중 Windows 10에서 파일의 검색 기능을 향상하기 위한 기능은?

① 색인
② 압축
③ 복원
④ 백업

16 다음 중 사물 인터넷에 대한 설명으로 옳지 않은 것은?

① IoT(Internet of Things)라고도 하며 개인 맞춤형 스마트 서비스를 지향한다.
② 사람을 제외한 사물과 공간, 데이터 등을 이터넷으로 서로 연결하는 무선 통신 기술을 의미한다.
③ 스마트센싱 기술과 무선 통신 기술을 융합하여 실시간으로 데이터를 주고받는 기술이다.
④ 사물 인터넷 기반 서비스는 개방형 아키텍처를 필요로 하기 때문에 정보 공유에 대한 부작용을 최소화하기 위한 정보 보안 기술의 적용이 중요하다.

17 다음 중 멀티미디어 그래픽과 관련하여 렌더링(Rendering) 기법에 대한 설명으로 옳은 것은?

① 제한된 색상을 조합하여 새로운 색을 만드는 기술이다.
② 2개의 이미지를 부드럽게 연결하여 변환하는 기술이다.
③ 3차원 그래픽에서 화면에 그린 물체의 모형에 명암과 색상을 입혀 사실감을 더해주는 기술이다.
④ 그림의 경계선을 부드럽게 처리해주는 필터링 기술이다.

18 다음 중 데이터 전송에 사용되는 장비에 대한 설명으로 옳지 않은 것은?

① 데이터 전송의 정확성을 보장받기 위하여 라우터를 사용한다.
② 디지털 데이터의 감쇠 현상을 방지하기 위해서 리피터를 사용한다.
③ 아날로그 데이터의 감쇠 현상을 복원하기 위해서 증폭기를 사용한다.
④ 모뎀은 디지털 신호와 아날로그 신호를 상호 변환하는 기능을 가진다.

19 다음 중 컴퓨터에서 사용하는 소프트웨어에서 셰어웨어 (Shareware)에 관한 설명으로 옳은 것은?

① 해당 프로그램의 모든 기능을 사용할 수 있으며, 정식 대가를 지불하고 사용하는 프로그램이다.
② 정식 프로그램의 구매를 유도하기 위해 기능이나 사용 기간에 제한을 두어 무료로 배포하는 프로그램이다.
③ 이미 제작 배포된 프로그램의 오류 수정이나 성능 향상을 위해 일부 파일을 변경해 주는 프로그램이다.
④ 제작 회사에서 테스트할 목적으로 제작하는 프로그램이다.

20 다음 중 한글 Windows에서 시스템에 설치되어 있는 [글꼴]에 대한 설명으로 옳지 않은 것은?

① 글꼴 파일은 png 또는 txt의 확장자를 가지고 있다.
② C:\Windows\Fonts 폴더에 글꼴이 설치되어 있다.
③ 설치되어 있는 글꼴을 폴더에서 제거할 수 있다.
④ 트루타입 글꼴 파일도 있고 여러 가지 트루타입의 글꼴을 모아놓은 글꼴 파일도 있다.

2 과목 | **스프레드시트 일반**

21 다음 중 아래의 워크시트에서 사원번호의 첫 번째 문자가 'S'인 매출액 [B2:B6]의 합계를 구하는 배열 수식으로 옳은 것은?

	A	B
1	사원번호	매출액
2	S0603	12500
3	F2005	7500
4	S0117	30000
5	F1233	56450
6	T3211	17990

① ={SUM(LEFT($A$2:$A$6,1="S")*$B$2:$B$6)}
② ={SUM((LEFT($A$2:$A$6,1)="S"),$B$2:$B$6)}
③ {=SUM(LEFT($A$2:$A$6,1="S"),$B$2:$B$6)}
④ {=SUM((LEFT($A$2:$A$6,1)="S")*$B$2:$B$6)}

22 다음 VBA 배열 선언문에 대한 설명으로 옳지 않은 것은?

```
Option Base 1
Dim No(3, 4, 2) As Integer
```

① 배열은 3차원 배열이고, 요소는 모두 24개이다.
② 배열의 첫 번째 요소는 No(0, 0, 0)이다.
③ 배열 요소의 데이터 형식은 모두 Integer이다.
④ 배열은 4행 2열의 테이블이 3면으로 되어 있다.

23 아래의 시트처럼 [A1] 셀에 입력된 문자열 '컴퓨터활용능력'이 셀의 너비보다 클 경우 글꼴 크기를 줄여 셀에 표시되게 하려면 셀 서식에서 어느 항목을 선택해 주어야 하는가?

① 자동 줄 바꿈
② 셀에 맞춤
③ 셀 병합
④ 텍스트 방향

24 다음 중 셀 스타일에 대한 설명으로 옳지 않은 것은?

① 셀 스타일은 글꼴과 글꼴 크기, 숫자 서식, 셀 테두리, 셀 음영 등의 정의된 서식의 집합으로 셀 서식을 일관성 있게 적용하는 경우 편리하다.
② 기본 제공 셀 스타일을 수정하거나 복제하여 사용자 지정 셀 스타일을 직접 만들 수 있다.
③ 사용 중인 셀 스타일을 수정한 경우 해당 셀에는 셀 스타일을 다시 적용해야 수정한 서식이 반영된다.
④ 특정 셀을 다른 사람이 변경할 수 없도록 셀을 잠그는 셀 스타일을 사용할 수도 있다.

25 다음 중 아래 그림의 리본 메뉴에 대한 설명으로 옳지 않은 것은?

① 그림과 같이 리본 메뉴에 바로 가기 키를 나타내려면 Shift + F10을 누른다.
② 오른쪽 방향키(→)를 누르면 활성화된 탭이 [홈] 탭에서 [삽입] 탭으로 변경된다.
③ [탭] 및 [명령] 간에 이동할 때도 키보드를 사용할 수 있으며, 그림과 같은 상태에서 N을 누르면 [삽입] 탭으로 변경된다.
④ [빠른 실행 도구 모음]에 명령이 추가되면 일련번호로 바로 가기 키가 부여된다.

26 다음 중 항목의 구성비를 표현하는 데 적합한 차트인 원형 차트 및 도넛형 차트에 대한 설명으로 옳지 않은 것은?

① 원형 차트의 모든 조각을 차트 중심에서 끌어낼 수 있다.
② 도넛형 차트는 원형 차트와 마찬가지로 전체에 대한 각 부분의 구성비를 보여주지만 데이터 계열이 두 개 이상 포함될 수 있다는 점이 다르다.
③ 원형 차트는 첫째 조각의 각을 0도에서 360도 사이의 값을 이용하여 회전시킬 수 있으나 도넛형 차트는 첫째 조각의 각을 회전시킬 수 없다.
④ 도넛형 차트의 도넛 구멍 크기는 0%에서 90% 사이의 값으로 변경할 수 있다.

27 다음 프로시저가 실행된 후 Total 값으로 옳은 것은?

합격강의

```
Sub KSTotal()
    For j = 1 To 10 Step 3
        Total = Total + j
    Next j
    MsgBox "총 " & Total & "입니다."
End Sub
```

① 17
② 22
③ 12
④ 10

28 다음 중 그림과 같이 [A1] 셀에 10을 입력하고 [A3] 셀까지 자동 채우기 한 후 나타나는 [자동 채우기] 옵션에 대한 설명으로 옳지 않은 것은?

① 셀 복사 : [A1] 셀의 값 10이 [A2] 셀과 [A3] 셀에 복사되고, [A1] 셀의 서식은 복사되지 않는다.
② 연속 데이터 채우기 : [A1] 셀의 서식과 함께 [A2] 셀에는 값 11, [A3] 셀에는 값 12가 입력된다.
③ 서식만 채우기 : [A2] 셀과 [A3] 셀에 [A1] 셀의 서식만 복사되고 값은 입력되지 않는다.
④ 서식 없이 채우기 : [A2] 셀과 [A3] 셀에 [A1] 셀의 서식은 복사되지 않고 [A1] 셀의 값 10이 입력된다.

상 중 하

29 다음 중 아래의 빈칸 ㉠과 ㉡에 들어갈 내용으로 옳은 것은?

> (㉠)와/과 (㉡)은/는 엑셀의 연산이나 기타 기능에 상관없이 사용자에게 셀에 입력된 데이터의 추가정보를 제공하기 위해서 사용하는 것이다.
> 셀의 데이터를 삭제할 때 (㉠)은/는 함께 삭제되지 않으며, (㉡)은/는 함께 삭제된다.

① ㉠ : 메모, ㉡ : 윗주
② ㉠ : 윗주, ㉡ : 메모
③ ㉠ : 메모, ㉡ : 회람
④ ㉠ : 회람, ㉡ : 메모

상 중 하

30 다음 중 수식의 결과가 옳지 않은 것은?

합격
강의

① =FIXED(3456.789,1,FALSE) → 3,456.8
② =EOMONTH(DATE(2023,2,25),1) → 2023-03-31
③ =CHOOSE(ROW(A3:A6), "동","서","남", 2023) → 남
④ =REPLACE("February",SEARCH("U", "Seoul-Unesco"),5,"") → Febru

상 중 하

31 다음 중 [찾기 및 바꾸기] 대화 상자에 대한 설명으로 옳지 않은 것은?

① 문서에서 '찾을 내용'에 입력한 내용과 일치하는 이전 항목을 찾으려면 Shift 를 누른 상태에서 [다음 찾기] 단추를 클릭한다.
② '찾을 내용'에 입력한 문자만 있는 셀을 검색하려면 '전체 셀 내용 일치'를 선택한다.
③ 별표(*), 물음표(?) 및 물결표(~) 등의 문자가 포함된 내용을 찾으려면 '찾을 내용'에 작은따옴표(') 뒤에 해당 문자를 붙여 입력한다.
④ 찾을 내용을 워크시트에서 검색할지 전체 통합 문서에서 검색할지 등을 선택하려면 '범위'에서 '시트' 또는 '통합 문서'를 선택한다.

상 중 하

32 다음 중 시나리오 요약 보고서에 대한 설명으로 옳지 않은 것은?

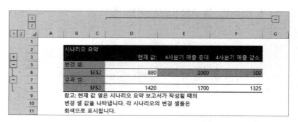

① 변경 요소가 되는 값의 그룹을 '변경 셀'이라고 하며, 하나의 시나리오에 최대 32개까지 변경 셀을 지정할 수 있다.
② 시나리오 보고서는 자동으로 다시 계산되므로 시나리오의 값을 변경하면 이러한 변경 내용이 기존 요약 보고서에 표시된다.
③ 시나리오 요약 보고서를 생성하려면 결과 셀이 필요하지 않지만, 피벗 테이블 보고서 시나리오에서는 필요하다.
④ 기본적으로 요약 보고서는 셀 참조를 사용하여 변경 셀 및 결과 셀을 식별하고 요약 보고서를 실행하기 전에 셀에 대해 명명된 범위를 만드는 경우 보고서에 셀 참조 대신 이름이 포함된다.

상 중 하

33 다음 중 아래의 차트에 대한 설명으로 옳지 않은 것은?

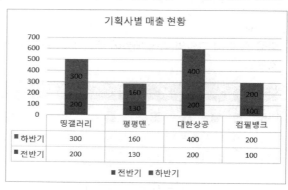

① 레이블 내용으로 값이 표시되어 있다.
② 범례 표지를 포함한 데이터 테이블이 나타나도록 설정되어 있다.
③ 범례는 아래쪽으로 설정되어 있다.
④ 누적 트리맵 차트로 데이터를 계층 구조 보기로 제공하므로 다른 범주 수준을 비교하는 간편한 방법으로 사용된다.

상❶하

34 아래 시트에서 수식을 실행했을 때 화면에 표시되는 결과가 다른 것은?

	A	B
1	상품	수량
2	노트북	10
3	컴퓨터	#N/A
4	마이크	13
5	태블릿	TRUE
6	프린터	5

① =IFERROR(ISERR(B3),"ERROR")
② =IFERROR(ISERROR(B3),"ERROR")
③ =IFERROR(ISLOGICAL(B5),"ERROR")
④ =IF(ISNUMBER(B4), TRUE,"ERROR")

상중하

35 다음 중 [페이지 설정] 대화 상자에 대한 설명으로 옳은 것은?

① 인쇄 배율을 수동으로 설정할 수 있으며, 배율은 워크시트 표준 크기의 10%에서 200%까지 설정 가능하다.
② [시트] 탭에서 머리글/바닥글과 행/열 머리글이 인쇄되도록 설정할 수 있다.
③ [페이지] 탭에서 '자동 맞춤'의 용지 너비와 용지 높이를 각각 1로 지정하면 여러 페이지가 한 페이지에 인쇄된다.
④ 셀에 설정된 메모는 시트에 표시된 대로 인쇄할 수는 없으나 시트 끝에 인쇄되도록 설정할 수 있다.

상중하

36 다음 중 목표값 찾기에 관한 설명으로 옳지 않은 것은?

① 수식에서 원하는 결과를 알고 있지만 그 결과를 얻는 데 필요한 입력 값이 확실하지 않은 경우 목표값 찾기 기능을 사용한다.
② 여러 개의 변수를 조정하여 특정한 목표값을 찾을 때 사용한다.
③ 찾는 값은 수식 셀의 결과로, 원하는 특정한 값을 숫자 상수로 입력한다.
④ 값을 바꿀 셀은 찾는 값(목표값)에 입력한 결과를 얻기 위해 데이터를 조절할 단일 셀로서, 반드시 수식에서 이 셀을 참조하고 있어야 한다.

상중❶

37 다음 중 화면 제어에 관한 설명으로 옳지 않은 것은?

① 틀 고정은 행 또는 열, 열과 행으로 모두 고정이 가능하다.
② 창 나누기는 워크시트를 여러 개의 창으로 분리하는 기능으로 최대 4개까지 분할할 수 있다.
③ [창] 그룹-[틀 고정]을 실행하면 현재 셀의 위쪽과 왼쪽에 틀 고정선이 나타난다.
④ 틀 고정선은 마우스를 드래그하여 위치를 변경할 수 있다.

상중하

38 다음 아이콘 표시가 번호 순서대로 바르게 나열된 것은?

① 텍스트 서식, 전체 페이지 수 삽입, 페이지 번호 삽입, 날짜 삽입, 시간 삽입, 시트 이름 삽입, 파일 이름 삽입, 파일 경로 삽입, 그림 삽입, 그림 서식
② 전체 페이지 수 삽입, 페이지 번호 삽입, 날짜 삽입, 시간 삽입, 파일 이름 삽입, 시트 이름 삽입, 그림 삽입, 그림 서식, 파일 경로 삽입, 텍스트 서식
③ 페이지 번호 삽입, 텍스트 서식, 전체 페이지 수 삽입, 날짜 삽입, 시간 삽입, 시트 이름 삽입, 파일 이름 삽입, 그림 서식, 파일 경로 삽입, 그림 삽입
④ 텍스트 서식, 페이지 번호 삽입, 전체 페이지 수 삽입, 날짜 삽입, 시간 삽입, 파일 경로 삽입, 파일 이름 삽입, 시트 이름 삽입, 그림 삽입, 그림 서식

상중하

39 다음 중 아래 괄호( )에 해당하는 바로 가기 키의 연결이 옳은 것은?

> Visual Basic Editor에서 매크로를 한 단계씩 실행하기 위한 바로 가기 키는 (㉮)이고, 모듈 창의 커서 위치까지 실행하기 위한 바로 가기 키는(㉯)이며, 매크로를 바로 실행하기 위한 바로 가기 키는 (㉰)이다.

① ㉮ F5, ㉯ Ctrl + F5, ㉰ F8
② ㉮ F5, ㉯ Ctrl + F8, ㉰ F8
③ ㉮ F8, ㉯ Ctrl + F5, ㉰ F8
④ ㉮ F8, ㉯ Ctrl + F8, ㉰ F5

40 엑셀에서 데이터를 정렬하려는데 다음과 같은 정렬 경고 대화 상자가 표시될 때, 다음 중 옳지 않은 것은?

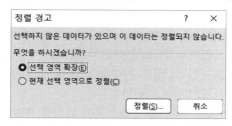

① 이 정렬 경고 대화 상자는 표 범위에서 하나의 열만 범위로 선택한 경우에 발생한다.
② 인접한 데이터를 포함하기 위해 선택 영역을 늘리려면 '선택 영역 확장'을 선택한다.
③ 이 정렬 경고 대화 상자는 셀 포인터가 표 범위 내에 있지 않기 때문에 발생한다.
④ '현재 선택 영역으로 정렬'을 선택하면 현재 설정한 열만을 정렬 대상으로 선택한다.

---

3 과목 데이터베이스 일반

41 관계형 데이터베이스에서 사용되는 용어에 대한 설명으로 옳은 것은?

① 도메인(Domain) : 테이블에서 행을 나타내는 말로 레코드와 같은 의미
② 튜플(Tuple) : 하나의 속성이 취할 수 있는 값의 집합
③ 속성(Attribute) : 테이블에서 열을 나타내는 말로 필드와 같은 의미
④ 차수(Degree) : 한 릴레이션에서의 튜플의 개수

42 입사 지원자의 정보를 DB화하기 위해 테이블을 설계하고자 한다. 다음 중 한 명의 지원자가 여러 개의 이력이나 경력 사항을 갖는 경우 가장 적절한 테이블 구조는?

① 지원자(지원자ID, 이름, 성별, 생년월일, 연락처)
   경력(경력ID, 회사, 직무, 근무기간)
② 지원자(지원자ID, 이름, 성별, 생년월일, 연락처)
   경력(경력ID, 지원자ID, 회사, 직무, 근무기간)
③ 지원자(지원자ID, 이름, 성별, 생년월일, 연락처, 회사, 직무, 근무기간)
④ 지원자(지원자ID, 이름, 성별, 생년월일, 연락처, 회사1, 직무1, 근무기간1, 회사2, 직무2, 근무기간2, 회사3, 직무3, 근무기간3)

---

43 다음 SQL문의 실행 결과로 옳은 것은?

```
select 사원명 from 사원
   where 부서 = '영업부' and 거주지 in (select 거주지 from 사원
   where 부서 = '개발부');
```

① 영업부 사원들과 다른 거주지에 사는 개발부 사원명
② 개발부 사원들과 다른 거주지에 사는 영업부 사원명
③ 영업부 사원들과 같은 거주지에 사는 개발부 사원명
④ 개발부 사원들과 같은 거주지에 사는 영업부 사원명

44 보고서의 매 페이지마다 같은 내용을 인쇄하려고 한다. 다음 중 보고서의 어떤 영역에 넣어야 하는가?

① 보고서 머리글 영역
② 본문 영역
③ 그룹 머리글 영역
④ 페이지 머리글 영역

45 다음 중 Access의 테이블 디자인에서 필드 속성의 입력 마스크가 'L&A'로 설정되어 있을 때 입력 가능한 데이터는?

① 123   ② 1AB
③ AB   ④ A1B

46 [수강] 테이블의 '수강학생' 필드는 [학생] 테이블의 '학번' 필드를 참조한다. 다음 중 참조 무결성 규칙을 위반한 작업으로 옳은 것은?

[학생] 테이블	
학번	성명
123	홍길동
246	김갑동
357	박동식

[수강] 테이블		
번호	수강학생	수강과목
1	123	영어회화
2	246	미적분학
3	123	일반화학
4	123	컴퓨터 개론
5	246	전기회로

① [학생] 테이블의 '학번'과 '성명'에 각각 '468'과 '김해성'을 추가했다.
② [수강] 테이블의 '수강학생' 필드에 '987', '수강과목' 필드에 '물리실험'을 추가했다.
③ [수강] 테이블에서 첫 번째 레코드의 '수강학생' 필드 값을 '123'에서 '357'로 변경했다.
④ [학생] 테이블의 '학번' 필드 '357'에 해당하는 레코드에서 '성명' 필드의 '박동식'을 '이황'으로 변경했다.

47 [학사관리] 테이블에서 다음과 같은 SQL문을 실행했을 때, 결과에 나타나는 레코드는 몇 개인가?

```
SELECT DISTINCT 학점
FROM 학사관리;
```

과목번호	과목명	학점	담당교수
C001	컴퓨터일반	3	김선
C002	스프레드시트	3	왕정보
C003	데이터베이스	3	최영진
C004	영상편집	2	김나운
C005	그래픽	2	김혜빈
C006	연출기법	2	김희준
*		0	

레코드: ◄ ◄ 7/7 ► ►◄ ► ▽필터 없음 검색

① 2
② 3
③ 4
④ 6

48 아래의 기본 테이블을 이용한 질의의 결과 레코드가 3개인 것은 무엇인가?(단, 테이블에는 화면에 표시된 7개의 데이터만 들어있음)

성명	부서	성별	판매액
지유환	영업부	남	1200000
김선	개발부	여	1000000
이상영	영업부	남	1500000
김나운	총무부	여	500000
김희준	개발부	여	600000
김혜빈	총무부	여	900000
엄지홍	개발부	여	800000
*			0

① Select 부서, SUM(판매액) AS 판매합계
  From 판매현황 Group By 부서;
② Select 부서, AVG(판매액) AS 판매평균
  From 판매현황 Group By 성별;
③ Select 부서, COUNT(부서) AS 사원수
  From 판매현황 Group By 부서
  Having COUNT(부서)〉 2;
④ Select 부서, COUNT(판매액) AS 사원수
  From 판매현황 Where 판매액 〉=1000000
  Group By 부서;

49 다음 설명에 해당하는 폼의 속성으로 옳은 것은?

> 폼에 연결할 데이터의 테이블 이름이나 쿼리를 입력하여 설정

① 기본 보기
② 캡션
③ 레코드 원본
④ 레코드 잠금

50 다음과 같은 [동아리회원] 테이블에서 학과명을 입력받아 일치하는 학과의 학생만을 조회할 수 있도록 하는 쿼리의 SQL문으로 옳은 것은?

회원ID	성명	성별	학과명
drpiano	마핑키	여	스포츠학과
xyz123	이대한	남	컴퓨터공학과
eng345	한상공	남	영어영문학과
dream69	홍범도	남	정보보안학과
kiacar	지유환	남	자동차공학과
leesang	이상영	남	무역학과
kimsun63	김선	여	비서학과

① select * from 동아리회원 where 학과명 = [학과를 입력하시오]
② select * from 동아리회원 where 학과명 = "학과를 입력하시오"
③ select * from 동아리회원 where 학과명 in (학과를 입력하시오)
④ select * from 동아리회원 where 학과명 like "학과를 입력하시오"

51 다음 중 보고서의 각 부분에 대한 설명으로 옳은 것은?
① 보고서 머리글 : 보고서의 모든 페이지 상단에 표시된다.
② 구역 선택기 : 보고서를 선택하거나 보고서의 속성을 지정할 때 사용한다.
③ 그룹 바닥글 : 그룹별 요약 정보를 각 그룹의 하단에 표시한다.
④ 페이지 머리글 : 실제 데이터가 반복적으로 표시되는 부분이다.

52 다음 중 "연결 테이블(Linked Table)"에 대한 설명으로 가장 옳지 않은 것은?

① 외부 데이터를 사용하는 방법 중의 하나이다.
② 연결된 테이블에서 데이터를 수정하면 원래의 데이터도 함께 수정된다.
③ 연결된 테이블을 삭제하면 원본에 해당하는 테이블도 함께 삭제된다.
④ 연결된 테이블에서 레코드를 추가하면 원래의 데이터에도 함께 추가된다.

53 다음 중 관계형 데이터 모델에서 데이터의 정확성과 일관성을 보장하기 위한 것은?

① 릴레이션
② 관계 연산자
③ 무결성 제약 조건
④ 속성의 집합

54 다음 중 폼을 작성할 수 있는 [만들기] 탭의 [폼] 그룹에서 선택 가능한 명령에 해당하지 않는 것은?

① 폼   ② 폼 디자인
③ 매크로   ④ 폼 마법사

55 다음 중 [학생] 테이블에서 '점수'가 60 이상인 학생들의 인원수를 구하는 식으로 옳은 것은?(단, '학번' 필드는 [학생] 테이블의 기본키임)

① =DCount("[학생]","[학번]","[점수]>= 60")
② =DCount("[학번]","[학생]","[점수]>= 60")
③ =DLookUp("[학생]","[학번]","[점수]>= 60")
④ =DLookUp("*","[학생]","[점수]>= 60")

56 다음 중 다른 테이블을 참조하는 외래키(FK)에 대한 설명으로 가장 적합한 것은?

① 외래키 필드의 값은 유일해야 하므로 중복된 값이 입력될 수 없다.
② 외래키 필드의 값은 널(Null) 값일 수 없으므로, 값이 반드시 입력되어야 한다.
③ 한 테이블에서 특정 레코드를 유일하게 구별할 수 있는 속성이다.
④ 하나의 테이블에는 여러 개의 외래키가 존재할 수 있다.

57 다음 중 '영동1단지'에서 숫자로 된 단지 정보 '1'을 추출하기 위한 함수로 옳은 것은?

① left("영동1단지", 3)
② rigth("영동1단지", 3)
③ mid("영동1단지", 3, 1)
④ instr("영동1단지", 3, 1)

58 다음 중 데이터베이스에서 인덱스를 사용하는 목적으로 가장 적절한 것은?

① 레코드 검색 속도 향상
② 데이터 독립성 유지
③ 중복성 제거
④ 일관성 유지

59 다음 중 하위 보고서에 대한 설명으로 옳지 않은 것은?

① 관계 설정에 문제가 있을 경우, 하위 보고서가 제대로 표시되지 않을 수 있다.
② 디자인 보기 상태에서 하위 보고서의 크기 조절 및 이동이 가능하다.
③ 테이블, 쿼리, 폼 또는 다른 보고서를 이용하여 하위 보고서를 작성할 수 있다.
④ 하위 보고서에는 그룹화 및 정렬 기능을 설정할 수 없다.

60 다음 중 계산 컨트롤을 만들기 위해 반드시 필요한 속성은 어느 것인가?

① 레코드 원본
② 행 원본
③ 수식 컨트롤
④ 컨트롤 원본

해설과 따로 보는 **2022년 상시 기출문제 05회**

1급	소요시간	문항수
	총60분	총60개

풀이 시간 : _____   채점 점수 : _____

---

1 과목 　**컴퓨터 일반**

---

①④⑤

01 한글 Windows 10에서 '하드디스크 여유 공간이 부족하다.'
▶ 합격 강의
는 메시지가 표시되는 경우의 해결 방법으로 가장 옳지 않은 것은?

① [휴지통 비우기]를 수행하여 여유 공간을 확보한다.
② [디스크 정리]를 통해 임시 파일들을 지운다.
③ 시스템에서 사용하지 않는 응용 프로그램을 하드디스크에서 삭제하여 여유 공간을 확보한다.
④ 시스템을 완전히 종료하고 다시 부팅한다.

①④⑤

02 다음 중 컴퓨터 출력 장치인 모니터에 관한 용어의 설명으로 옳지 않은 것은?

① 재생률(Refresh rate) : 픽셀들이 밝게 빛나는 것을 유지하도록 하기 위한 1초당 재충전 횟수를 의미한다.
② 점 간격(Dot pitch) : 픽셀들 사이의 공간을 나타내는 것으로 간격이 가까울수록 영상은 선명하다.
③ 해상도(Resolution) : 모니터 화면의 명확성을 나타내는 것으로 1인치(Inch) 사각형에 픽셀의 수가 많을수록 표시할 수 있는 색상의 수가 증가한다.
④ 픽셀(Pixel) : 화면을 이루는 최소의 단위로서 그림의 화소라는 뜻을 의미하며 픽셀 수가 많을수록 해상도가 높아진다.

①④⑤

03 다음 중 Serial ATA 방식의 장점으로 옳지 않은 것은?

① 정교하게 Master/Slave 점퍼 설정을 할 수 있다.
② 프로토콜 전체 단계에 CRC를 적용하여 데이터의 신뢰성이 높아졌다.
③ 데이터 선이 얇아 내부에 통풍이 잘 된다.
④ 핫 플러그인 기능으로 시스템 운용 도중에 자유롭게 부착이 가능하다.

①④⑤

04 다음 중 디지털 이미지, 오디오, 비디오 등의 파일에 저작권 정보를 식별할 수 있도록 삽입된 특정한 비트 패턴을 의미하는 것은?

① 디지털 기록(Digital Recording)
② 디지털 워터마크(Digital Watermark)
③ 디지털 인증서(Digital Certificate)
④ 디지털 서명(Digital Signature)

①④⑤

05 다음 중 부동 소수점 연산을 위하여 사용되는 자료 표현에 관한 설명으로 옳지 않은 것은?

① 소수점이 있는 2진 실수 연산에 사용한다.
② 지수부와 가수부를 분리시키는 정규화 작업이 필요하다.
③ 부호 비트는 양수는 0, 음수는 1로 표현한다.
④ 고정 소수점보다 간단하고 실행 시간이 적게 걸리며 아주 큰 수나 작은 수의 표현이 가능하다.

①④⑤

06 다음 내용이 설명하는 정보 통신망의 구성 형태로 옳은 것은?
▶ 합격 강의

> • 중앙의 컴퓨터에서 모든 단말기들의 제어가 가능하지만, 중앙 컴퓨터의 고장 시 전체 시스템 기능이 마비된다.
> • 중앙에 컴퓨터와 단말기들이 1:1(Point-To-Point)로 연결된 형태로, 네트워크 구성의 가장 기본적인 형태이다.
> • 모든 통신 제어가 중앙의 컴퓨터에 의해 행해지는 중앙 집중 방식이다.
> • 일반적인 온라인 시스템의 전형적 방식으로, 회선 교환 방식에 적합하다.

① 버스(Bus)형
② 성(Star)형
③ 망(Mesh)형
④ 링(Ring)형

07 다음 중 용어에 대한 설명으로 옳지 않은 것은?

① Ubiquitous : 시간과 장소에 상관없이 자유롭게 네트워크에 접속할 수 있는 정보 통신 환경
② WiBro : 고정된 장소에서 초고속 인터넷을 이용할 수 있는 무선 휴대 인터넷 서비스
③ VoIP : 음성 데이터를 인터넷 프로토콜 데이터 패킷으로 변화하여 일반 데이터망에서 통화를 가능하게 해주는 통신 서비스 기술
④ RFID : 전파를 이용해 정보를 인식하는 기술로 출입 관리, 주차 관리에 주로 사용

08 다음 중 TCP/IP 통신에서 클라이언트가 인터넷을 사용할 수 있도록 하기 위해 동적인 IP 주소를 할당받도록 해주는 것은?

① HTTP
② P2P
③ DHCP
④ FTP

09 다음 중 컴퓨터의 연산 장치에 관한 설명으로 옳지 않은 것은?

① 연산 장치가 수행하는 연산에는 산술, 논리, 관계, 이동(Shift) 연산 등이 있다.
② 연산 장치에는 뺄셈을 수행하기 위하여 입력된 값을 보수로 변환하는 보수기와 2진수 덧셈을 수행하는 가산기가 있다.
③ 누산기는 연산된 결과를 일시적으로 저장하는 레지스터이다.
④ 연산 장치에는 다음번 연산에 필요한 명령어의 번지를 기억하는 프로그램 카운터(Program Counter)를 포함한다.

10 다음 중 한글 Windows 10의 [작업 표시줄 및 시작 메뉴]에 대한 설명으로 옳지 않은 것은?

① 작업 표시줄에서 PC에 설치된 모든 프로그램이나 앱을 실행할 수 있다.
② 화면에서 작업 표시줄의 위치는 사용자가 지정할 수 있다.
③ 작업 표시줄은 작업 시 필요에 의해 숨기기할 수 있다.
④ 시작 메뉴는 Ctrl+Esc로 호출할 수 있다.

11 다음 중 웹 프로그래밍 개발에 사용되는 JSP에 대한 설명으로 옳지 않은 것은?

① 자바로 만들어진 서버 스크립트이다.
② 데이터베이스 연결이 쉽다.
③ Windows 계열에서만 실행이 가능하다.
④ HTML 문서 내에 〈% …%〉와 같은 형태로 작성된다.

12 한글 Windows 10에서 PC 성능을 개선하는 기능으로 USB 플래시 드라이브와 같은 이동식 드라이브를 사용하여 PC를 열거나 플래시 메모리 카드에 있는 저장 공간을 사용하여 메모리(RAM)를 더 추가하지 않고도 PC의 성능을 개선할 수 있는 것은?

① Spooling
② ReadyBoost
③ Virtual Memory
④ Windows Defender

13 다음 중 호스트의 IP 주소를 호스트와 연결된 네트워크 접속 장치의 물리적 주소로 번역해 주는 프로토콜로 옳은 것은?

① TCP
② UDP
③ IP
④ ARP

14 다음 중 보조 기억 장치인 SSD에 대한 설명으로 옳지 않은 것은?

① SSD는 Solid State Drive(또는 Disk)의 약자로 HDD에 비해 속도가 빠르고, 발열 및 소음이 적으며, 소형화·경량화할 수 있는 장점이 있다.
② 기억 매체로 플래시 메모리나 DRAM을 사용하나 DRAM은 제품 규격이나 가격, 휘발성의 문제로 많이 사용하지는 않는다.
③ SSD는 HDD에 비해 외부의 충격에 강하며, 디스크가 아닌 메모리에 데이터를 기록하므로 배드 섹터가 발생하지 않는다.
④ SSD는 HDD에 비해 저장 용량당 가격이 저렴하여 향후 빠르게 하드디스크를 대체할 것으로 전망된다.

15 다음 중 컴퓨터에서 사용하는 압축 프로그램에 관한 설명으로 옳지 않은 것은?

① 압축한 파일을 모아 재압축을 반복하면 파일 크기를 계속 줄일 수 있다.
② 여러 개의 파일을 압축하면 하나의 파일로 생성되어 파일 관리를 용이하게 할 수 있다.
③ 대부분의 압축 프로그램에는 분할 압축이나 암호 설정 기능이 있다.
④ 파일의 전송 시간과 비용을 절약하고, 디스크 공간을 효율적으로 사용할 수 있다.

16 일반적으로 RAID(Redundant Array of Inexpensive Disk)를 사용하는 목적으로 볼 수 없는 것은?

① 전송 속도 향상
② 한 개의 대용량 디스크를 여러 개의 디스크처럼 나누어 관리
③ 안정성 향상
④ 데이터 복구의 용이성

17 다음 중 스마트폰을 모뎀처럼 활용하는 방법으로, 컴퓨터나 노트북 등의 IT 기기를 스마트폰에 연결하여 무선 인터넷을 사용할 수 있게 하는 기능은?

① 와이파이(WiFi)
② 블루투스(Bluetooth)
③ 테더링(Tethering)
④ 와이브로(WiBro)

18 다음 중 Windows가 시작될 때 자동으로 실행되는 응용 프로그램들 중 일부 프로그램을 자동으로 실행되지 않도록 설정하기 위해 실행해야 할 명령어는?

① taskmgr
② regedit
③ winver
④ hdwwiz

19 다음 중 컴퓨터에서 사용하는 펌웨어에 관한 설명으로 옳은 것은?

① 하드웨어의 교체 없이 소프트웨어 업그레이드만으로도 시스템 성능을 개선할 수 있다.
② 컴퓨터를 더욱 효율적으로 사용하기 위한 전기, 전자적 장치이다.
③ 주로 캐시 메모리에 일시적으로 저장되어 하드웨어를 제어 또는 관리하는 역할을 한다.
④ 컴퓨터 바이러스의 일종으로 시스템의 성능을 저하시킬 수 있으므로 가급적 사용하지 않아야 한다.

20 다음 중 한글 Windows 10에서 마우스의 끌어놓기(Drag& Drop) 기능을 이용하여 할 수 있는 작업으로 옳지 않은 것은?

① 파일이나 폴더를 다른 폴더로 이동하거나 복사할 수 있다.
② 폴더 창의 크기를 조절하거나 이동을 할 수 있다.
③ 선택된 파일이나 폴더의 이름 바꾸기를 할 수 있다.
④ 파일이나 폴더의 바로 가기 아이콘을 만들 때 사용할 수 있다.

---

2 과목 　스프레드시트 일반

21 다음 서식 코드를 데이터에 사용자 지정 표시 형식으로 설정한 후 표시되는 결과로 옳지 않은 것은?(단, 열의 너비는 기본 값인 '8.38'로 설정되어 있음)

	서식코드	데이터	결과
①	*-#,##0	123	-------123
②	*0#,##0	123	******123
③	**#,##0	123	******123
④	**#,##0	-123	-******123

상중하

22 다음 중 아래의 서브 프로시저를 호출하는 방법으로 옳은 것은?

```
Sub TEST(단가, 수량, 이름)
    Dim 합계 As Long
    합계 = 단가 * 수량
    MsgBox 이름 & "의 금액 : "& 합계
End Sub
```

① TEST(200, 500, "이순신")
② TEST 200, 500, "이순신"
③ Call TEST 200, 500, "이순신"
④ =TEST(200, 500, "이순신")

상중하

23 다음 SmartArt의 텍스트 창에 대한 설명으로 옳지 않은 것은?

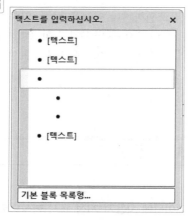

① 텍스트 창에 수식을 입력하는 경우 SmartArt에 결과 값이 계산되어 표시된다.
② 글머리 기호를 추가하여 사용할 수 있다.
③ 텍스트 창의 텍스트를 수정하면 SmartArt도 자동으로 수정된다.
④ 도형의 수가 고정된 SmartArt의 텍스트 창에서 고정된 도형보다 많은 수의 텍스트를 입력하면 SmartArt에 표시되지 못한 텍스트의 글머리 기호는 빨간색 ×로 표시된다.

상중하

24 다음 프로시저를 실행한 결과에 대한 설명으로 옳은 것은?

```
Sub range연습()
    Range("A1", "C5").Value = 8963
End Sub
```

① [A1] 셀에서 [C5] 셀까지 모든 셀에 8963을 입력한다.
② [A1] 셀과 [C5] 셀에 8963을 입력한다.
③ 1행에서 5행까지의 모든 셀에 8963을 입력한다.
④ 오류가 발생한다.

상중하

25 다음 중 엑셀에서 지원하는 파일 형식에 대한 설명으로 옳지 않은 것은?

① 통합 문서에 매크로나 VBA 코드가 없으면 '*.xlsx' 파일 형식으로 저장한다.
② Excel 2003 파일을 Excel 2021에서 열어 작업할 경우 파일은 자동으로 Excel 2021 형식으로 저장된다.
③ 통합 문서를 서식 파일로 사용하려면 '*.xltx' 파일 형식으로 저장한다.
④ 이전 버전의 Excel에서 만든 파일을 Excel 2021 파일로 저장하면 새로운 Excel 기능을 모두 사용할 수 있다.

상중하

26 다음 중 셀 범위에 이름을 작성하고 참조하는 작업에 대한 설명으로 옳지 않은 것은?

① 셀 범위를 설정한 후 이름 상자에 작성할 이름을 입력하고 Enter를 누르면 이름이 지정된다.
② 이름은 숫자로 시작될 수 없으며, 공백을 포함할 수 없다.
③ 이름을 지정한 후에 지정된 이름을 제거할 수 있다.
④ [A1:A4] 영역의 점수를 '수학'으로 이름을 지정한 경우, '수학' 이름을 이용하여 '=수학+A5'와 같이 수식을 작성하면 [A1] 셀부터 [A5] 셀까지의 합계가 구해진다.

27 다음 배열 수식 및 함수에 대한 설명으로 옳지 않은 것은?

① 배열 수식에서 사용되는 상수의 숫자로는 정수, 실수, 지수 형식의 숫자를 사용할 수 있다.
② MDETERM 함수는 배열로 저장된 행렬에 대한 역 행렬을 산출한다.
③ PERCENTILE.INC 경계 값을 포함한 함수는 범위에서 k번째 백분위수 값을 구하며, 이때 k는 0에서 1까지 백분위수 값 범위이다.
④ FREQUENCY 함수는 값의 범위 내에서 해당 값의 발생 빈도를 계산하여 세로 배열 형태로 나타낸다.

28 다음 워크시트에서 [A] 열의 사원코드 중 첫 문자가 A이면 50, B이면 40, C이면 30의 기말수당을 지급하고자 할 때 수식으로 옳은 것은?

▲	A	B
1	사원코드	기말수당
2	A101	50
3	B101	40
4	C101	30
5	*수당 단위는 천원임	

① =IF(LEFT(A2,1)="A",50,IF(LEFT(A2,1)="B", 40,30))
② =IF(RIGHT(A2,1)="A",50,IF(RIGHT(A2,1)="B", 40,30))
③ =IF(LEFT(A2,1)='A',50,IF(LEFT(A2,1)='B', 40,30))
④ =IF(RIGHT(A2,1)='A',50,IF(RIGHT(A2,1)='B', 40,30))

29 다음 중 수식에서 발생하는 각 오류에 대한 원인으로 옳지 않은 것은?

① #NULL! – 배열 수식이 들어 있는 범위와 행 또는 열수가 같지 않은 배열 수식의 인수를 사용하는 경우
② #VALUE! – 수식에서 잘못된 인수나 피연산자를 사용한 경우
③ #NUM! – 수식이나 함수에 잘못된 숫자 값이 포함된 경우
④ #NAME? – 수식에서 이름으로 정의되지 않은 텍스트를 큰따옴표로 묶지 않고 입력한 경우

30 [매크로 기록] 대화 상자의 각 항목에 대한 설명으로 옳지 않은 것은?

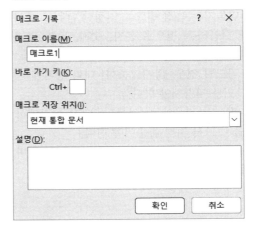

① 매크로 이름 지정 시 첫 글자는 반드시 문자로 작성해야 하고, 두 번째 글자부터 문자, 숫자, 밑줄 문자(_) 등을 사용할 수 있다.
② 바로 가기 키 조합 문자는 영문자와 숫자만 가능하다.
③ 매크로 저장 위치는 개인용 매크로 통합 문서, 새 통합 문서 그리고 현재 통합 문서 중 선택할 수 있다.
④ 매크로 실행을 위한 바로 가기 키로 엑셀에서 지정되어 있는 바로 가기 키를 지정할 수도 있다.

31 워크시트의 데이터를 분석하는 과정에서 사용되는 기능에 대한 설명으로 옳지 않은 것은?

① 데이터를 통합하려면 여러 범위의 데이터 값을 결합한다. 예를 들어 각 지국별 경비를 계산한 워크시트가 있으면 통합 기능을 사용하여 회사 전체 경비를 계산하는 워크시트로 수치를 통합할 수 있다.
② 시나리오는 워크시트에서 저장하고 자동으로 바꿀 수 있는 값의 집합이다. 시나리오를 사용하면 워크시트 모델의 결과를 예측할 수 있다. 여러 가지 값의 그룹을 만들어 워크시트에 저장한 다음, 새로운 시나리오로 전환하여 다른 결과를 볼 수 있다.
③ 정렬은 워크시트에 있는 데이터를 일정한 기준으로 요약하여 통계 처리를 수행한다. 따라서, 정렬 작업 전에 부분합으로 기준이 될 필드를 설정해야 한다.
④ 한 수식의 원하는 결과만 알고 그 결과를 확인하기 위하여 수식에 필요한 입력 값은 모를 때 목표값 찾기 기능을 사용할 수 있다.

32 다음 중 피벗 테이블 필드의 그룹 설정에 대한 설명으로 옳지 않은 것은?

① 그룹 만들기는 특정 필드를 일정한 단위로 묶어 표현할 때 사용하는 것으로 문자, 숫자, 날짜, 시간으로 된 필드에서 사용할 수 있다.

② 숫자 필드일 경우에는 [그룹화] 대화 상자에서 시작, 끝, 단위를 지정해야 한다.

③ 문자 필드일 경우에는 [그룹화] 대화 상자에서 그룹 이름을 반드시 지정해 주어야 한다.

④ 그룹을 해제하려면 그룹으로 설정된 영역의 바로 가기 메뉴에서 [그룹 해제]를 선택한다.

33 다음 프로시저를 실행한 결과에 대한 설명으로 옳은 것은?

```
Sub CellFont()
    For i= 5 to 10
    if Cells(i,1).Value<=50 Then
        Cells(i,1).Font.Italic=True
    Next
End Sub
```

① [A5:A10] 영역의 셀 중에서 50 초과 값들이 들어있는 셀 값을 '취소선'으로 표시

② [A5:A10] 영역의 셀 중에서 50 이상의 값들이 들어있는 셀 값을 '밑줄'로 표시

③ [A5:A10] 영역의 셀 중에서 50 미만의 값들이 들어있는 셀 값을 '진하게'로 표시

④ [A5:A10] 영역의 셀 중에서 50 이하의 값들이 들어있는 셀 값을 '이탤릭체'로 표시

34 다음의 차트에 대한 설명 중 옳지 않은 것은?

① 꺾은선형 차트의 하위 종류로 3차원 효과의 차트는 만들 수 없다.

② 데이터 계열 하나가 하나의 선으로 만들어진다.

③ 데이터 표식을 나타낼 수 있다.

④ 시간이나 항목에 따라 일정한 간격으로 추세를 파악할 수 있는 차트이다.

35 다음 중 엑셀에서 날짜 데이터의 입력 방법에 대한 설명으로 옳지 않은 것은?

① 날짜 데이터는 하이픈(−)이나 슬래시(/)를 이용하여 년, 월, 일을 구분한다.

② 날짜의 연도를 생략하고 월과 일만 입력하면 자동으로 현재 연도가 추가된다.

③ 날짜의 연도를 두 자리로 입력할 때 연도가 30 이상이면 1900년대로 인식하고, 29 이하이면 2000년대로 인식한다.

④ Ctrl + Shift + ; 을 누르면 오늘 날짜가 입력된다.

36 아래의 프로시저를 이용하여 [A1:C3] 영역의 서식만 지우려고 한다. 다음 중 괄호 안에 들어갈 코드로 옳은 것은?

```
Sub Procedure()
    Range("A1:C3")
    Selection.(        )
End Sub
```

① DeleteFormats

② FreeFormats

③ ClearFormats

④ DeactivateFormats

37 다음 시트에서 [B11] 셀에 영업1부의 인원수를 구하는 수식으로 옳지 않은 것은?

▲	A	B	C
1	성명	부서	
2	김남이	영업3부	
3	이지훈	영업1부	
4	김현철	영업2부	
5	김홍일	영업1부	
6	조승현	영업1부	
7	임진태	영업2부	
8	현상국	영업2부	
9	한동일	영업2부	
10			
11	영업1부 인원수		
12			

① =COUNTIF(B2:B9, "영업1부")

② {=SUM((B2:B9="영업1부")*1)}

③ {=SUM(IF(B2:B9="영업1부",1))}

④ {=COUNT(IF(B2:B9="영업1부",1,0))}

38 다음 중 열려 있는 통합 문서의 모든 워크시트를 재계산하기 위한 기능키로 옳은 것은?

① F1
② F2
③ F4
④ F9

39 다음 중 10,000,000원을 2년간 연 5.5%의 이자율로 대출할 때, 매월 말 상환해야 할 불입액을 구하기 위한 수식으로 옳은 것은?

① =PMT(5.5%/12, 24, −10000000)
② =PMT(5.5%, 24, −10000000)
③ =PMT(5.5%, 24, −10000000,0,1)
④ =PMT(5.5%/12, 24, −10000000,0,1)

40 다음 중 많은 데이터 계열의 합계 값을 비교할 때 사용하는 차트로서 각 항목마다 가운데 요소에서 뻗어 나온 값 축을 갖고, 선은 같은 계열의 모든 값을 연결하며 3차원 차트로 작성할 수 없는 차트인 것은?

① 분산형(XY 차트)
② 방사형 차트
③ 주식형 차트
④ 영역형 차트

3 과목 | **데이터베이스 일반**

41 다음 중 SQL문의 각 예약어에 대한 설명으로 옳지 않은 것은?

① SQL문에서 검색 결과가 중복되지 않게 표시하기 위해서 'DISTINCT'를 입력한다.
② ORDER BY문을 사용할 때에는 HAVING절을 사용하여 조건을 지정한다.
③ FROM절에는 SELECT문에 나열된 필드를 포함하는 테이블이나 쿼리를 지정한다.
④ 특정 필드를 기준으로 그룹화하여 검색할 때에는 GROUP BY문을 사용한다.

42 다음 중 쿼리를 실행할 때마다 메시지 상자를 표시하여 사용자에게 조건 값을 입력받아 쿼리를 실행하는 유형은?

① 크로스탭 쿼리
② 매개 변수 쿼리
③ 통합 쿼리
④ 실행 쿼리

43 다음 중 보고서의 [페이지 설정] 대화 상자에 대한 설명으로 옳지 않은 것은?

① 여러 열로 구성된 보고서를 인쇄할 때에는 [열] 탭에서 열의 개수와 행 간격, 열의 너비, 높이 등을 설정한다.
② [인쇄 옵션] 탭에서 보고서의 위쪽, 아래쪽, 왼쪽, 오른쪽 여백을 밀리미터 단위로 설정할 수 있다.
③ [페이지] 탭에서 보고서의 인쇄할 범위로 인쇄할 페이지를 지정할 수 있다.
④ [인쇄 옵션] 탭의 '데이터만 인쇄'를 선택하여 체크 표시하면 컨트롤의 테두리, 눈금선 및 선이나 상자 같은 그래픽을 표시하지 않는다.

44 다음 중 액세스에서 사용되는 데이터 형식의 종류−크기−특징에 대한 연결이 옳은 것은?

① 일련번호 − 4바이트 − 레코드 추가 시 자동으로 고유 번호를 부여할 때 사용, 번호가 부여되면 변경하거나 삭제할 수 없음
② 긴 텍스트 − 최대 255자 − 텍스트 또는 텍스트와 숫자의 조합뿐만 아니라 전화 번호와 같이 계산이 필요하지 않은 숫자
③ Yes/No − 1바이트 − 두 값 중 하나만을 선택할 때 사용
④ 날짜 − 8비트 − 날짜 데이터를 저장할 때 사용

45 다음 중 [Access 옵션]에서 파일을 열 때마다 나타나는 기본 시작 폼의 설정을 위한 '폼 표시' 옵션이 있는 범주는?

① 개체 디자이너
② 현재 데이터베이스
③ 데이터 시트
④ 클라이언트 설정

46 다음 중 아래 <PERSON> 테이블에 대한 쿼리의 실행 결과 값은?

<PERSON>	<쿼리>
Full_name ▾	SELECT COUNT(Full_name)
오연서	FROM PERSON
이종민	WHERE Full_name Like "*" & "오";
오연수	
오연서	
김종오	
오연수	

① 1
② 2
③ 4
④ 5

47 다음 중 데이터베이스에 저장된 데이터를 실제 처리하는 데 사용되는 데이터 조작어에 해당하는 SQL문은?

① COMMIT
② SELECT
③ DROP
④ CREATE

48 다음 중 쿼리의 [디자인 보기]에서 아래와 같이 설정한 경우 동일한 결과를 표시하는 SQL문은?

필드:	모집인원	지역
테이블:	채용	채용
업데이트:	2000	
조건:		"서울"
또는:	>1000	

① UPDATE 채용 SET 모집인원 > 1000 WHERE 지역="서울" AND 모집인원=2000;
② UPDATE 채용 SET 모집인원 = 2000 WHERE 지역="서울" AND 모집인원>1000;
③ UPDATE 채용 SET 모집인원 > 1000 WHERE 지역="서울" OR 모집인원=2000;
④ UPDATE 채용 SET 모집인원 = 2000 WHERE 지역="서울" OR 모집인원>1000;

49 데이터베이스 설계 중 가장 먼저 수행되는 것은?

① 논리적 설계 단계
② 개념적 설계 단계
③ 물리적 설계 단계
④ 요구 조건 분석 단계

50 관계를 맺고 있는 릴레이션 R1, R2에서 릴레이션 R1이 참조하고 있는 릴레이션 R2의 기본키와 같은 R1 릴레이션의 속성을 무엇이라 하는가?

① 후보키(Candidate Key)
② 외래키(Foreign Key)
③ 슈퍼키(Super Key)
④ 대체키(Alternate Key)

51 다음 중 [폼 마법사]를 이용한 폼 작성 시 선택 가능한 폼의 모양 중 각 필드가 왼쪽의 레이블과 함께 각 행에 표시되고 컨트롤 레이아웃이 자동으로 설정되는 것은?

① 열 형식
② 테이블 형식
③ 데이터시트
④ 맞춤

52 다음 아래의 [탭 순서] 대화 상자에 대한 설명으로 옳지 않은 것은?

① 탭 순서는 폼 보기에서 Tab 이나 Enter 를 눌렀을 때 각 컨트롤 사이에 이동되는 순서를 설정하는 것이다.
② [자동 순서]는 탭 순서를 왼쪽에서 오른쪽, 위에서 아래로 설정하거나 처음 설정된 탭 순서로 설정할 때 사용한다.
③ 탭 인덱스 값은 0부터 "현재 컨트롤 수-1"까지 그 순서 값을 설정할 수 있다.
④ 레이블 컨트롤과 이미지 컨트롤은 제일 먼저 탭 순서가 정해진다.

53 다음 중 아래 VBA 코드를 실행했을 때 MsgBox에 표시되는 값은?

```
Dim i As Integer
Dim Num As Integer
For i = 0 To 7 Step 2
Num = Num + i
Next i
MsgBox Str(Num)
```

① 7
② 12
③ 24
④ 28

54 다음 내용이 설명하는 컨트롤로 옳은 것은?

- 적은 공간에서 목록값을 선택하며 새로운 값을 입력할 경우 유용하다.
- 드롭다운 화살표를 클릭 전까지는 목록이 숨겨져 있으며, 클릭하면 목록이 표시된다.
- 텍스트 상자와 목록 상자의 기능이 결합된 컨트롤이다.
- 목록에 없는 값을 입력할 수 있다.

① 콤보 상자
② 텍스트 상자
③ 명령 단추
④ 옵션 그룹

55 하위 폼은 주로 '일대다' 관계가 설정된 테이블을 효과적으로 표시하기 위해 사용된다. 이때 하위 폼은 어느 쪽 테이블을 원본으로 하는 것이 가장 적절한가?

① '일'쪽 테이블
② '다'쪽 테이블
③ '일'쪽 테이블과 '다'쪽 테이블을 모두 보여주는 쿼리
④ '일'쪽 테이블로부터 만든 쿼리

56 다음 중 릴레이션의 특징으로 옳은 내용에 해당하는 것을 모두 나열한 것은?

ⓐ 한 릴레이션에 포함된 튜플들은 모두 상이하다.
ⓑ 한 릴레이션에 포함된 튜플 사이에는 순서가 없다.
ⓒ 한 릴레이션을 구성하는 속성 사이에는 순서가 없다.
ⓓ 모든 속성 값은 세분화가 가능해야 하므로 원자 값이어서는 안된다.

① ⓐ, ⓓ
② ⓐ, ⓑ, ⓒ
③ ⓐ, ⓑ, ⓓ
④ ⓐ, ⓑ, ⓒ, ⓓ

57 다음 중 아래 <고객>과 <구매리스트> 테이블 관계에 참조 무결성이 항상 유지되도록 설정할 수 없는 경우는?

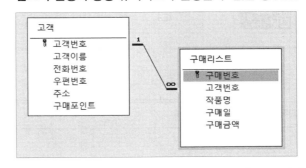

① <고객> 테이블의 '고객번호' 필드 값이 <구매리스트> 테이블의 '고객번호' 필드에 없는 경우
② <고객> 테이블의 '고객번호' 필드 값이 <구매리스트> 테이블의 '고객번호' 필드에 하나만 있는 경우
③ <구매리스트> 테이블의 '고객번호' 필드 값이 <고객> 테이블의 '고객번호' 필드에 없는 경우
④ <고객> 테이블의 '고객번호' 필드 값이 <구매리스트> 테이블의 '고객번호' 필드에 두 개 이상 있는 경우

58 다음 중 매크로에 대한 설명으로 옳지 않은 것은?

① 매크로는 작업을 자동화하고 폼, 보고서 및 컨트롤에 기능을 추가하는 데 사용되는 도구이다.
② 특정 조건이 참일 때에만 매크로 함수를 실행하도록 설정할 수 있다.
③ 하나의 매크로에는 하나의 매크로 함수만 포함될 수 있다.
④ 매크로를 컨트롤의 이벤트 속성에 포함시킬 수 있다.

59 다음 중 입력 마스크를 '>LOL L?0'로 지정했을 때 유효한 입력 값은?

① a9b M
② M3F A07
③ H3H 가H3
④ 9Z3 3?H

60 다음 중 VBA에서 프로시저, 형식, 데이터 선언과 정의 등의 선언 집단을 의미하는 것은?

① 매크로
② 모듈
③ 이벤트
④ 폼

해설과 따로 보는 **2023년 상시 기출문제 06회**

1급	소요시간	문항수
	총60분	총60개

풀이 시간 : _____   채점 점수 : _____

---

1 과목 | **컴퓨터 일반**

01 다음 중 컴퓨터가 현재 실행하고 있는 명령을 끝낸 후 다음에 실행할 명령의 주소를 기억하고 있는 레지스터는?

① 명령 레지스터(Instruction Register)
② 프로그램 계수기(Program Counter)
③ 부호기(Encoder)
④ 명령 해독기(Instruction Decoder)

02 다음 중 〈표1〉과 〈표2〉에 표시된 용어 간 관련성이 높은 것끼리 연결한 것으로 옳은 것은?

〈표1〉

㉮ 멀티프로세싱(Multiprocessing)
㉯ 멀티프로그래밍(Multiprogramming)
㉰ 가상 기억 장치(Virtual Memory)
㉱ 파일 압축(File Compression)
㉲ 응답 시간(Response Time)

〈표2〉

ⓐ 페이지 테이블(Page Table)
ⓑ 여러 개의 CPU
ⓒ 시분할(Time Sharing)
ⓓ 유틸리티 프로그램(Utility Program)
ⓔ 시스템 성능 측정(System Performance)

① ㉮ ↔ ⓑ, ㉯ ↔ ⓒ, ㉰ ↔ ⓐ, ㉱ ↔ ⓓ, ㉲ ↔ ⓔ
② ㉮ ↔ ⓑ, ㉯ ↔ ⓒ, ㉰ ↔ ⓐ, ㉱ ↔ ⓔ, ㉲ ↔ ⓓ
③ ㉮ ↔ ⓒ, ㉯ ↔ ⓑ, ㉰ ↔ ⓐ, ㉱ ↔ ⓓ, ㉲ ↔ ⓔ
④ ㉮ ↔ ⓒ, ㉯ ↔ ⓑ, ㉰ ↔ ⓓ, ㉱ ↔ ⓐ, ㉲ ↔ ⓔ

03 다음 중 한글 Windows에서 파일의 검색 기능을 향상시키기 위해 사용하는 기능은?

① 복원   ② 색인
③ 압축   ④ 백업

04 다음 중 반도체를 이용한 컴퓨터 보조 기억 장치로 크기가 작고 충격에 강하며, 소음 발생이 없는 대용량 저장 장치에 해당하는 것은?

① HDD(Hard Disk Drive)
② DVD(Digital Versatile Disk)
③ SSD(Solid State Drive)
④ CD-RW(Compact Disc Rewritable)

05 다음 내용은 무엇에 대한 설명인가?

- 시스템의 전원을 켜는 순간부터 Windows가 시작되기까지 부팅 과정을 이끄는 역할을 담당
- 하드웨어와 소프트웨어 사이의 연결과 번역 기능을 담당하는 인터페이스
- 루틴, 서비스 처리 루틴, 하드웨어 인터럽트 처리 루틴으로 구성
- 개발한 회사에 따라 AWARD(어워드), AMI(아미), PHONIX(피닉스) 등이 있음

① BIOS
② LOCAL BUS
③ MAINBOARD
④ BIU(Bus Interface Unit)

06 다음 중 한글 Windows의 스풀(SPOOL) 기능에 관한 설명으로 옳지 않은 것은?

① 컴퓨터 내부 장치에 비해 상대적으로 처리 속도가 느린 프린터 작업을 효율적으로 처리하기 위하여 사용하는 기능이다.
② 인쇄할 내용을 하드디스크 장치에 임시로 저장한 후에 인쇄 작업을 수행한다.
③ 스풀 기능을 설정하면 보다 인쇄 속도가 빨라지고 동시 작업 처리도 가능하다.
④ 스풀 기능을 선택하면 문서 전체 또는 일부를 스풀한 다음 인쇄를 시작할 수 있게 하는 기능을 선택할 수 있다.

07 다음 중 멀티미디어 그래픽과 관련하여 비트맵(Bitmap) 방식에 관한 설명으로 옳지 않은 것은?

① 비트맵은 실물 사진이나 복잡하고 세밀한 이미지 표현에 적합하다.
② 픽셀(Pixel) 단위의 단순한 매트릭스로 구성되어 있는 이미지를 표현하는 방식이다.
③ 벡터(Vector) 방식의 이미지를 저장했을 때보다 많은 메모리를 차지한다.
④ 비트맵 방식의 이미지를 확대하면 테두리가 거칠어지는 현상이 없이 매끄럽게 이미지를 표현할 수 있다.

08 다음 중 자료의 구성 단위에 대한 설명으로 옳지 않은 것은?

① 1바이트(Byte)는 8비트(Bit)로 구성된다.
② 문자를 표현하는 최소 단위는 워드(Word)가 사용된다.
③ 레코드(Record)는 하나 이상의 필드들이 모여서 구성된 자료 처리 단위이다.
④ 파일(File)은 여러 개의 레코드가 모여 구성되며, 디스크의 저장 단위로 사용된다.

09 다음 중 컴퓨터 소프트웨어 개발 과정에서 제작되는 알파(Alpha) 버전에 관한 설명으로 옳은 것은?

① 정식 프로그램의 기능을 홍보하기 위해 기능 및 기간을 제한하여 배포하는 프로그램이다.
② 베타 테스트를 하기 전에 제작 회사 내에서 테스트할 목적으로 제작된 프로그램이다.
③ 정식 버전을 출시하기 전에 테스트 목적으로 일반인에게 공개하는 프로그램이다.
④ 오류 수정이나 성능 향상을 위해 이미 배포된 프로그램의 일부를 변경해 주는 프로그램이다.

10 다음 중 외부로부터의 데이터 침입 행위에 관한 유형의 위조(Fabrication)에 대한 설명으로 옳은 것은?

① 자료가 수신측으로 전달되는 것을 방해하는 행위
② 전송한 자료가 수신지로 가는 도중에 몰래 보거나 도청하는 행위
③ 원래의 자료를 다른 내용으로 바꾸는 행위
④ 자료가 다른 송신자로부터 전송된 것처럼 꾸미는 행위

11 다음 중 Java 언어에 대한 설명으로 옳지 않은 것은?

① 특정 컴퓨터 구조와 무관한 가상 바이트 머신 코드를 사용하므로 플랫폼이 독립적이다.
② 인터프리터를 이용한 프로그래밍 언어로 특히 인공지능 분야에서 널리 사용되고 있다.
③ 객체 지향 언어로 추상화, 상속화, 다형성과 같은 특징을 가진다.
④ 네트워크 환경에서 분산 작업이 가능하도록 설계되었다.

12 다음 중 용어에 대한 설명으로 옳지 않은 것은?

① Ubiquitous : 시간과 장소에 상관없이 자유롭게 네트워크에 접속할 수 있는 정보 통신 환경
② WiBro : 고정된 장소에서 초고속 인터넷을 이용할 수 있는 무선 휴대 인터넷 서비스
③ VoIP : 음성 데이터를 인터넷 프로토콜 데이터 패킷으로 변화하여 일반 데이터망에서 통화를 가능하게 해 주는 통신서비스 기술
④ RFID : 전파를 이용해 정보를 인식하는 기술로 출입 관리, 주차 관리에 주로 사용

13 컴퓨터는 취급하는 데이터에 따라 디지털 컴퓨터, 아날로그 컴퓨터, 하이브리드 컴퓨터로 나눌 수 있다. 다음 중 아날로그 컴퓨터에서 사용되는 주요 구성 회로는?

① 연산 회로
② 논리 회로
③ 플립플롭 회로
④ 증폭 회로

14 다음 중 인터넷 주소 체계에서 IPv6에 대한 설명으로 옳지 않은 것은?

① 32비트를 8비트씩 4부분으로 나누어 각 부분을 점(.)으로 구분한다.
② 등급별, 서비스별로 패킷을 구분할 수 있어서 품질보장이 용이하다.
③ 실시간으로 흐름을 제어하므로 향상된 멀티미디어 기능이 지원된다.
④ 주소의 개수는 약 43억×43억×43억×43억 개다.

15 다음 중 사용자가 눈으로 보는 현실 화면이나 실제 영상에 문자나 그래픽과 같은 가상의 3차원 정보를 실시간으로 겹쳐 보여주는 새로운 멀티미디어 기술을 의미하는 용어로 옳은 것은?

① 가상 장치 인터페이스(VDI)
② 가상 현실 모델 언어(VRML)
③ 증강현실(AR)
④ 주문형 비디오(VOD)

16 다음 중 OSI 7계층 중 종점 호스트 사이의 데이터 전송을 다루는 계층으로 종점 간의 연결 관리, 오류 제어와 흐름 제어 등을 수행하는 계층은?

① 응용 계층
② 전송 계층
③ 프리젠테이션 계층
④ 물리 계층

17 다음 중 7개의 데이터 비트(Data Bit)와 1개의 패리티 비트(Parity Bit)를 사용하며, 128개의 문자를 표현할 수 있는 코드로 옳은 것은?

① BCD 코드
② ASCII 코드
③ EBCDIC 코드
④ UNI 코드

18 다음 중 호스트의 IP 주소를 호스트와 연결된 네트워크 접속장치의 물리적 주소로 번역해 주는 프로토콜로 옳은 것은?

① TCP
② UDP
③ IP
④ ARP

19 다음 중 한글 Windows에서 프린터 설치에 관한 설명으로 옳지 않은 것은?

① [프린터 추가 마법사]를 실행하여 새로운 프린터를 설치할 수 있다.
② 새로운 프린터를 설치하는 과정에서 네트워크 프린터를 기본 프린터로 설정하려면 반드시 스풀링의 설정이 필요하다.
③ 여러 대의 프린터를 한 대의 컴퓨터에 설치할 수 있고, 한 대의 프린터를 네트워크로 공유하여 여러 대의 컴퓨터에서 사용할 수 있다.
④ 기본 프린터는 한 대만 지정할 수 있으며, 기본 프린터로 설정된 프린터도 삭제할 수 있다.

20 다음 중 SRAM과 DRAM에 대한 설명으로 옳은 것은?

① SRAM의 소비전력이 DRAM보다 낮다.
② DRAM은 SRAM에 비해 속도가 빠르다.
③ DRAM의 가격이 SRAM보다 고가이다.
④ SRAM은 재충전이 필요 없는 메모리이다.

2과목 | 스프레드시트 일반

21 다음 중 메모에 대한 설명으로 옳지 않은 것은?

① 메모를 삽입할 때 바로 가기 키인 Shift+F2를 사용하거나 [검토] 탭의 [메모] 그룹에서 [새 메모]를 클릭한다.
② 피벗 테이블에서 메모를 삽입한 경우 데이터를 정렬하면 메모는 함께 정렬되지 않는다.
③ 입력된 텍스트의 크기에 맞게 메모 크기를 자동으로 조정하려면 [Excel 옵션]-[고급]의 [메모가 있는 셀 표시]에서 '자동 크기'를 설정한다.
④ [메모 서식]에서 메모의 글꼴, 텍스트 맞춤(가로, 세로), 방향, 채우기 색, 선의 종류 및 색을 설정할 수 있다.

22 [홈] 탭-[맞춤] 그룹의 [자동 줄 바꿈]은 길이가 매우 긴 텍스트를 여러 줄로 줄 바꿈 처리하여 모든 내용이 표시되도록 하는 기능이다. 다음 중 [자동 줄 바꿈] 기능의 다른 방법으로 옳지 않은 것은?

① 셀을 선택한 다음 Alt+H+W를 누른다.
② 셀을 선택한 다음 F2를 누른 후 셀에서 선을 끊을 위치를 클릭하고 Alt+Enter를 클릭한다.
③ Ctrl+1을 누른 후 [셀 서식] 대화 상자의 [맞춤] 탭-[텍스트 조정]에서 '자동 줄 바꿈'을 클릭하여 설정한다.
④ [보기] 탭의 [표시] 그룹에서 'Wrap Text'를 클릭하여 설정한다.

23 다음 중 아래의 워크시트처럼 셀 구분 선과 행/열 머리글을 그대로 인쇄하기 위한 설정 방법으로 옳은 것은?

	A	B	C	D
1	컴퓨터활용능력		컴퓨터활용능력	
2		컴퓨터활용능력		
3	컴퓨터활용능력		컴퓨터활용능력	
4				
5				

① 페이지 설정 대화 상자의 [페이지] 탭에서 '눈금선'과 '행/열 머리글'을 선택한다.
② 페이지 설정 대화 상자의 [여백] 탭에서 '눈금선'과 '행/열 머리글'을 선택한다.
③ 페이지 설정 대화 상자의 [머리글/바닥글] 탭에서 '눈 금선'과 '행/열 머리글'을 선택한다.
④ 페이지 설정 대화 상자의 [시트] 탭에서 '눈금선'과 '행/열 머리글'을 선택한다.

24 다음 중 문서를 인쇄했을 때 문서의 위쪽에 "−1 Page−" 형식으로 페이지 번호를 표시하는 방법으로 옳은 것은?

① −#[페이지 번호] Page−
② #−[페이지 번호] Page−
③ −&[페이지 번호] Page−
④ &−[페이지 번호] Page−

25 통합 문서의 첫 번째 시트 뒤에 새로운 시트를 추가하는 프로시저를 작성하려고 한다. 다음 중 괄호( ) 안에 해당하는 인수로 옳은 것은?

```
Worksheets.Add ( ):=Sheets(1)
```

① Left
② Right
③ After
④ Before

26 다음 중 아래 그림에서 수식 =DMAX(A1:C6,2,E1:E2)를 실행하였을 때의 결과 값으로 옳은 것은?

	A	B	C	D	E
1	성명	키	체중		체중
2	홍길동	167	88		>=70
3	이기적	178	67		
4	최영진	174	69		
5	한민국	162	58		
6	홍범도	180	80		

① 167
② 174
③ 178
④ 180

27 다음 중 아래의 워크시트처럼 [D1:D5] 범위를 선택하고 [데이터] 탭-[정렬 및 필터] 그룹에서 [정렬]을 클릭했을 때의 결과로 옳은 것은?

① 점수를 기준으로 오름차순 또는 내림차순 정렬을 선택하는 정렬 대화 상자가 나타난다.
② 선택하지 않은 나머지 데이터를 자동으로 선택하여 영역을 확장한다.
③ 현재 선택된 영역을 기준으로 기본 내림차순 정렬이 실행된다.
④ '선택하지 않은 데이터가 있으며 이 데이터는 정렬되지 않습니다.'라는 정렬 경고 대화 상자가 표시된다.

28 다음 중 배열 수식의 입력 및 변경 규칙에 대한 설명으로 옳지 않은 것은?

① 배열 수식을 입력하거나 편집할 때에는 [Ctrl]+[Shift]+[Enter]를 눌러야 수식이 올바르게 실행된다.
② 수식에 사용되는 배열 인수들은 각각 동일한 개수의 행과 열을 가져야 한다.
③ 배열 수식의 일부만을 이동하거나 삭제할 수는 있으나 전체 배열 수식을 이동하거나 삭제할 수는 없다.
④ 배열 상수는 중괄호를 직접 입력하여 상수를 묶어야 한다.

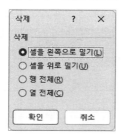

29 다음 아래의 삭제 대화 상자는 [홈] 탭-[셀] 그룹-[삭제]에서 [셀 삭제]를 클릭했을 때 나타나는 대화 상자이다. 바로 가기 키로 옳은 것은?

① Alt + + 를 누른다.
② Alt + − 를 누른다.
③ Ctrl + + 를 누른다.
④ Ctrl + − 를 누른다.

30 다음 중 연이율 4.5%로 2년 만기로 매월 말 400,000원씩 저축할 경우, 복리 이자율로 계산하여 만기에 찾을 수 있는 금액을 구하기 위한 수식으로 옳은 것은?

① =FV(4.5%/12,2*12,−400000)
② =FV(4.5%/12,2*12,−400000,,1)
③ =FV(4.5%,2*12,−400000,,1)
④ =FV(4.5%,2*12,−400000)

31 다음 중 작업에 필요한 여러 개의 통합 문서를 한 화면에 함께 표시하여 비교하면서 작업하기에 편리한 기능은?

① 창 나누기   ② 창 정렬
③ 틀 고정   ④ 페이지 나누기

32 다음 설명하는 차트의 종류로 옳은 것은?

• 과학, 통계 및 공학 데이터와 같은 숫자 값을 표시하고 비교하는 데 주로 사용
• 두 개의 숫자 그룹을 XY 좌표로 이루어진 하나의 계열로 표시하기에 적합
• 가로축의 값이 일정한 간격이 아닌 경우
• 가로축의 데이터 요소 수가 많은 경우
• 데이터 요소 간의 차이점보다는 데이터 집합 간의 유사점을 표시하려는 경우

① 주식형 차트   ② 분산형 차트
③ 영역형 차트   ④ 방사형 차트

33 다음 중 수식에서 발생하는 각 오류에 대한 원인으로 옳지 않은 것은?

① #NULL! – 배열 수식이 들어 있는 범위와 행 또는 열수가 같지 않은 배열 수식의 인수를 사용하는 경우
② #VALUE! – 수식에서 잘못된 인수나 피연산자를 사용한 경우
③ #NUM! – 수식이나 함수에 잘못된 숫자 값이 포함된 경우
④ #NAME? – 수식에서 이름으로 정의되지 않은 텍스트를 큰따옴표로 묶지 않고 입력한 경우

34 다음 중 아래 시트에서 각 수식을 실행했을 때의 결과 값으로 옳은 것은?

	A	B	C	D	E
1	이름	국어	영어	수학	평균
2	홍길동	83	90	73	82
3	이대한	65	87	91	81
4	한민국	80	75	100	85
5	평균	76	84	88	82.66667

① =SUM(COUNTA(B2:D4), MAXA(B2:D4)) → 102
② =AVERAGE(SMALL(C2:C4, 2), LARGE(C2:C4, 2)) → 75
③ =SUM(LARGE(B3:D3, 2), SMALL(B3:D3, 2))→174
④ =SUM(COUNTA(B2,D4), MINA(B2,D4)) → 109

35 다음 중 여러 워크시트를 선택하여 그룹으로 설정한 경우에 대한 설명으로 옳지 않은 것은?

① 엑셀 창의 맨 위 제목 표시줄에 [그룹]이라고 표시된다.
② 그룹 상태에서 도형이나 차트 등의 그래픽 개체는 삽입되지 않는다.
③ 그룹으로 설정된 임의의 시트에서 입력하거나 편집한 데이터는 그룹으로 설정된 모든 시트에 반영된다.
④ 그룹 상태에서 여러 개의 시트에 정렬 및 필터 기능을 수행할 수 있다.

36 다음 중 가상 분석 도구인 [데이터 표]에 대한 설명으로 옳지 않은 것은?

① 테스트할 변수의 수에 따라 변수가 한 개이거나 두 개인 데이터 표를 만들 수 있다.

② 데이터 표를 이용하여 입력된 데이터는 부분적으로 수정 또는 삭제할 수 있다.

③ 워크시트가 다시 계산될 때마다 데이터 표도 변경 여부와 관계없이 다시 계산된다.

④ 데이터 표의 결과 값은 반드시 변화하는 변수를 포함한 수식으로 작성해야 한다.

37 다음 중 데이터 입력에 대한 설명으로 옳지 않은 것은?

① `Ctrl`+`E`는 값을 자동으로 채워주는 빠른 채우기의 바로 가기 키이다.

② 데이터를 입력하는 도중에 입력을 취소하려면 `Esc`를 누른다.

③ 텍스트, 텍스트/숫자 조합, 날짜, 시간 데이터는 셀에 입력하는 처음 몇 자가 해당 열의 기존 내용과 일치하면 자동으로 입력된다.

④ 여러 셀에 동일한 데이터를 입력하려면 해당 셀을 범위로 지정하여 데이터를 입력한 후 `Ctrl`+`Enter`를 누른다.

38 다음 중 피벗 테이블에 대한 설명으로 옳지 않은 것은?

① 피벗 차트 보고서는 피벗 테이블 보고서를 만들지 않고는 만들 수 없으며, 피벗 테이블과 피벗 차트를 함께 만든 후 피벗 테이블을 삭제하면 피벗 차트는 일반 차트로 변경된다.

② 피벗 테이블 보고서에서 필드 단추를 다른 열이나 행의 위치로 끌어다 놓으면 데이터 표시형식이 달라진다.

③ 피벗 테이블 보고서는 엑셀에서 작성된 데이터를 대상으로 새로운 대화형 테이블을 만드는 데 사용하며 외부 액세스 데이터베이스에서 만들어진 데이터는 호환되지 않으므로 사용할 수 없다.

④ 피벗 테이블 보고서를 이용하면 가장 유용하고 관심이 있는 하위 데이터 집합에 대해 필터, 정렬, 그룹 및 조건부 서식을 적용하여 원하는 정보만 강조할 수 있다.

39 다음 중 작성된 매크로를 실행하는 방법으로 옳지 않은 것은?

① 매크로 대화 상자에서 매크로를 선택하여 실행한다.

② 매크로를 작성할 때 지정한 바로 가기 키를 이용하여 실행한다.

③ 매크로를 지정한 도형을 클릭하여 실행한다.

④ 매크로가 적용되는 셀의 바로 가기 메뉴를 이용하여 실행한다.

40 다음 중 차트의 데이터 계열 서식에 대한 설명으로 옳지 않은 것은?

① 계열 겹치기 수치를 양수로 지정하면 데이터 계열 사이가 벌어진다.

② 차트에서 데이터 계열의 간격을 넓게 또는 좁게 지정할 수 있다.

③ 특정 데이터 계열의 값이 다른 데이터 계열의 값과 차이가 많이 나거나 데이터 형식이 혼합되어 있는 경우 보조 세로(값) 축에 하나 이상의 데이터 계열을 나타낼 수 있다.

④ 보조 축에 해당되는 데이터 계열을 구분하기 위하여 보조 축의 데이터 계열만 선택하여 차트 종류를 변경할 수 있다.

---

3 과목 **데이터베이스 일반**

41 다음 중 개체 관계 모델(Entity Relationship Model)에 관한 설명으로 옳지 않은 것은?

① 개념적 설계에 가장 많이 사용되는 모델로 개체 관계도(ERD)가 가장 대표적이다.

② 개체집합과 관계집합으로 나누어서 개념적으로 표시하는 방식으로 특정 데이터베이스 관리 시스템(DBMS)을 고려한 것은 아니다.

③ 데이터를 개체(Entity), 관계(Relationship), 속성(Attribute)과 같은 개념으로 표시한다.

④ 개체(Entity)는 가상의 객체나 개념을 의미하고, 속성(Attribute)은 개체를 묘사하는 데 사용될 수 있는 특성을 의미한다.

42 다음 중 관계형 데이터베이스에서 사용되는 용어에 대한 설명으로 옳은 것은?

① 도메인(Domain) : 테이블에서 행을 나타내는 말로 레코드와 같은 의미
② 튜플(Tuple) : 하나의 속성이 취할 수 있는 값의 집합
③ 속성(Attribute) : 테이블에서 열을 나타내는 말로 필드와 같은 의미
④ 차수(Degree) : 한 릴레이션에서의 튜플의 개수

43 다음 중 관계를 맺고 있는 릴레이션 R1, R2에서 릴레이션 R1이 참조하고 있는 릴레이션 R2의 기본키와 같은 R1 릴레이션의 속성을 무엇이라 하는가?

① 후보키(Candidate Key)
② 외래키(Foreign Key)
③ 슈퍼키(Super Key)
④ 대체키(Alternate Key)

44 다음 중 E-R 다이어그램에서 개체를 의미하는 기호는?

① 사각형
② 오각형
③ 삼각형
④ 타원

45 다음 중 전체 페이지가 5페이지이고 현재 페이지가 2페이지인 보고서에서 표시되는 식과 결과가 옳지 않은 것은?

① 식 =[Page] → 결과 2
② 식 =[Page] & "페이지" → 결과 2페이지
③ 식 =[Page] & "중 " & [Page] → 결과 5중 2
④ 식 =Format([Page], "000") → 결과 002

46 사원관리 데이터베이스에는 [부서정보] 테이블과 실적 정보를 포함한 [사원정보] 테이블이 관계로 연결되어 있다. 다음 중 아래의 SQL문의 실행 결과에 대한 설명으로 옳은 것은?(단, 부서에는 여러 사원이 있으며, 한 사원은 하나의 부서에 소속되는 일대다 관계임)

SELECT 부서정보. 부서번호, 부서명, 번호, 이름, 실적 FROM 부서정보
RIGHT JOIN 사원정보 ON 부서정보.부서번호 = 사원정보.부서번호;

① 두 테이블에서 부서번호가 일치되는 레코드의 부서번호, 부서명, 번호, 이름, 실적 필드를 표시한다.
② [부서정보] 테이블의 레코드는 모두 포함하고, [사원정보] 테이블에서는 실적이 있는 레코드만 포함하여 결과를 표시한다.
③ [부서정보] 테이블의 레코드는 [사원정보] 테이블의 부서번호와 일치되는 것만 포함하고, [사원정보] 테이블에서는 실적이 있는 레코드만 포함하여 결과를 표시한다.
④ [부서정보] 테이블의 레코드는 [사원정보] 테이블의 부서번호와 일치되는 것만 포함하고, [사원정보] 테이블에서는 모든 레코드가 포함하여 결과를 표시한다.

47 폼 바닥글에 [사원] 테이블의 '직급'이 '과장'인 레코드들의 '급여' 합계를 구하고자 한다. 다음 중 폼 바닥글의 텍스트 상자 컨트롤에 입력해야 할 식으로 옳은 것은?

① =DHAP("[사원]", "[급여]", "[직급]='과장'")
② =DHAP("[급여]", "[사원]", "[직급]='과장'")
③ =DSUM("[사원]", "[급여]", "[직급]='과장'")
④ =DSUM("[급여]", "[사원]", "[직급]='과장'")

48 다음 중 폼이나 보고서에서 테이블이나 쿼리의 필드를 컨트롤 원본으로 사용하는 컨트롤을 의미하는 것은?

① 언바운드 컨트롤
② 바운드 컨트롤
③ 계산 컨트롤
④ 레이블 컨트롤

49 테이블에서 이미 작성된 필드의 순서를 변경하려고 할 때 옳지 않은 것은?

① 데이터시트 보기에서 이동시킬 필드를 선택한 후 새로운 위치로 드래그 앤 드롭하여 필드를 이동시킬 수 있다.

② 디자인 보기에서 이동시킬 필드를 선택한 후 새로운 위치로 드래그 앤 드롭 하여 필드를 이동시킬 수 있다.

③ 디자인 보기에서 한번에 여러 개의 필드를 선택한 후 이동시킬 수 있다.

④ 데이터시트 보기에서 「잘라내기」와 「붙여넣기」를 이용하여 필드를 이동시킬 수 있다.

50 다음 중 쿼리를 실행할 때마다 메시지 상자를 표시하여 사용자에게 조건 값을 입력받아 쿼리를 실행하는 유형은?

① 크로스탭 쿼리
② 매개 변수 쿼리
③ 통합 쿼리
④ 실행 쿼리

51 다음 중 Access의 테이블 디자인에서 필드 속성의 입력 마스크가 'L&A'로 설정되어 있을 때 입력할 수 있는 데이터는?

① 123
② 1AB
③ AB
④ A1B

52 다음 중 위쪽 구역에 데이터시트를 표시하는 열 형식의 폼을 만들고, 아래쪽 구역에 선택한 레코드에 대한 정보를 수정하거나 입력할 수 있는 데이터시트 형식의 폼을 자동으로 만들어 주는 도구는?

① 폼
② 폼 분할
③ 여러 항목
④ 폼 디자인

53 다음 중 프로시저에 대한 설명으로 옳지 않은 것은?

① 프로시저는 연산을 수행하거나 값을 계산하는 일련의 명령문과 메서드로 구성된다.

② 명령문은 대체로 프로시저나 선언 구역에서 한 줄로 표현되며 명령문의 끝에는 세미콜론(;)을 찍어 구분한다.

③ 이벤트 프로시저는 특정 객체에 해당 이벤트가 발생하면 자동으로 실행되나 다른 프로시저에서도 이를 호출하여 실행할 수 있다.

④ Function 프로시저는 Function문으로 함수를 선언하고 End Function문으로 함수를 끝낸다.

54 다음 중 회원(회원번호, 성명, 연락처, 회원사진) 테이블에서 회원사진 필드에 회원의 사진을 저장하려고 한다. 가장 적합한 데이터 형식으로 옳은 것은?

① 일련번호
② 긴 텍스트
③ 첨부 파일
④ 하이퍼링크

55 아래는 쿼리의 '디자인 보기'이다. 다음 중 아래 쿼리의 실행 결과로 옳은 것은?

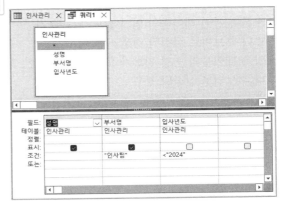

① 2024년 전에 입사했거나 부서명이 인사팀인 직원의 성명과 부서명을 표시

② 2024년 전에 입사하여 부서명이 인사팀인 직원의 성명과 부서명을 표시

③ 2024년 전에 입사했거나 부서명이 인사팀인 직원의 성명, 부서명, 입사년도를 표시

④ 2024년 전에 입사하여 부서명이 인사팀인 직원의 성명, 부서명, 입사년도를 표시

56 다음 중 보고서의 각 구역에 대한 설명으로 옳지 않은 것은?

① 보고서 바닥글 영역에는 로고, 보고서 제목, 날짜 등을 삽입하며, 보고서의 모든 페이지에 출력된다.
② 페이지 머리글 영역에는 열 제목 등을 삽입하며, 모든 페이지의 맨 위에 출력된다.
③ 그룹 머리글/바닥글 영역에는 일반적으로 그룹별 이름, 요약 정보 등을 삽입한다.
④ 본문 영역은 실제 데이터가 레코드 단위로 반복 출력되는 부분이다.

57 다음 중 아래처럼 테이블 간의 관계 설정에서 일대일 관계가 성립하는 것은?

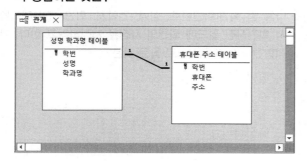

① 양쪽 테이블의 연결 필드가 모두 중복 불가능의 인덱스나 기본키로 설정된 경우
② 어느 한쪽의 테이블의 연결 필드가 중복 불가능의 인덱스나 기본키로 설정된 경우
③ 오른쪽 관련 테이블의 연결 필드가 중복 가능한 인덱스나 후보키로 설정된 경우
④ 양쪽 테이블의 연결 필드가 모두 중복 가능한 인덱스나 후보키로 설정된 경우

58 다음 중 관계형 데이터 모델에서 데이터의 정확성과 일관성을 보장하기 위한 것은?

① 릴레이션
② 관계 연산자
③ 무결성 제약조건
④ 속성의 집합

59 다음 중 사원 테이블에서 호봉이 33인 사원의 연봉을 3% 인상된 값으로 수정하는 실행 쿼리를 작성하고자 할 때, 아래의 각 괄호에 넣어야 할 구문을 순서대로 나열한 것은?

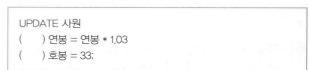

```
UPDATE 사원
(     ) 연봉 = 연봉 * 1.03
(     ) 호봉 = 33;
```

① FROM, WHERE
② SET, WHERE
③ VALUE, SELECT
④ INTO, VALUE

60 다음 데이터베이스 관련 용어 중에서 성격이 다른 것은?

① DDL
② DBA
③ DML
④ DCL

해설과 따로 보는 **2023년 상시 기출문제 07회**

1급	소요시간	문항수
	총60분	총60개

풀이 시간 : _____   채점 점수 : _____

---

1 과목   컴퓨터 일반

상③하

01 다음 중 통신 기술과 GPS, 실시간으로 사용할 수 있는 데 이터베이스와의 연동으로 주변의 위치 정보 서비스와 그에 따른 기타 부가 서비스를 제공하는 기술은?

① 빅 데이터(Big Data)
② 사물 인터넷(IoT)
③ 위치 기반 서비스(LBS)
④ 시멘틱 웹(Semantic Web)

상③하

02 다음 〈보기〉에서 설명하는 기억 장치로 옳은 것은?

〈보기〉

• 기억 공간의 확대에 목적이 있다.
• 운영체제에서 소프트웨어적으로 사용한다.
• 보조 기억 장치인 하드디스크 일부를 주기억 장치처럼 사용한다.
• 주기억 장치보다 큰 프로그램을 로드하여 실행할 때 유용하다.
• 페이징 기법(동일한 크기의 블록)과 세그멘테이션(가변적 크기의 블록) 기법이 있다.

① 연관 메모리(Associative Memory)
② 캐시 메모리(Cache Memory)
③ 가상 메모리(Virtual Memory)
④ 플래시 메모리(Flash Memory)

상③하

03 다음 중 멀티미디어 그래픽 데이터의 벡터 방식에 대한 설명으로 옳지 않은 것은?

① 좌표 개념을 사용하여 이동 회전 등의 변형이 쉽다.
② 이미지를 확대하여도 테두리가 매끄럽게 표현된다.
③ 점과 점을 연결하는 직선이나 곡선을 이용하여 이미지를 표현한다.
④ 비트맵 방식과 비교하여 기억 공간을 많이 차지한다.

상③하

04 다음 중 컴퓨터에서 메모리가 정상적으로 인식되지 않을 때에 해결 대책으로 옳지 않은 것은?

① CMOS 셋업에서 캐시 항목이 Enable로 설정되어 있는지 확인한다.
② CMOS 셋업에서 RAM의 속도를 임의로 변경하지 않았는지 확인한다.
③ 메인보드에서 지원하는 RAM을 사용했는지 확인한다.
④ RAM 소켓에 RAM이 올바르게 꽂혀있는지 확인한다.

상③하

05 다음 중 〈보기〉에 해당하는 프로그래밍 언어는?

〈보기〉

• 미국의 선 마이크로시스템즈에서 개발한 객체 지향적 프로그래밍 언어이다.
• 처음에는 가전제품 내에 탑재해 동작하는 프로그램을 위해 개발했다.
• 현재 웹 어플리케이션 개발에 가장 많이 사용하는 언어 가운데 하나이다.
• 모바일 기기용 소프트웨어 개발에도 널리 사용하고 있는 언어이다.
• 네트워크 분산 처리 환경에서 사용하기 때문에 보안성이 좋다.
• 컴파일한 코드는 클래스(Class)로 제공되므로 다른 운영체제에서 사용할 수 있다.

① JAVA   ② C++
③ LISP   ④ SNOBOL

상③하

06 다음 중 한글 Windows에서 사용하는 [휴지통]에 대한 설명으로 옳은 것은?

① USB 메모리에 있는 파일을 선택한 후 Delete 를 눌러 삭제하면 휴지통으로 가지 않고 완전히 지워진다.
② 지정된 휴지통의 용량을 초과하면 가장 최근에 삭제된 파일부터 자동으로 지워진다.
③ 삭제할 파일을 선택하고 Shift + Delete 를 누르면 해당 파일이 휴지통으로 이동한다.
④ 휴지통의 크기는 사용자가 원하는 크기를 KB 단위로 지정할 수 있다.

07 다음 중 HTTP 프로토콜에 대한 설명으로 옳지 않은 것은?

① 파일 전송 프로토콜로, 파일을 전송하거나 받을 때 사용한다.

② HTTPS는 HTTP의 보안이 강화된 버전이다.

③ HTTP가 사용하는 포트는 80번 포트이다.

④ 인터넷에서 하이퍼텍스트(Hypertext) 문서를 전송하기 위한 용도로 사용되는 통신규약이다.

08 다음 중 공격 유형 중 마치 다른 송신자로부터 정보가 수신된 것처럼 꾸미는 것으로, 시스템에 불법적으로 접근하여 오류의 정보를 정확한 정보인 것처럼 속이는 행위를 뜻하는 것은?

① 차단(Interruption)

② 변조(Modification)

③ 위조(Fabrication)

④ 가로채기(Interception)

09 다음 중 대칭형 암호화 방식에 대한 설명으로 옳지 않은 것은?

① 처리 속도가 빠르다.

② RSA와 같은 키 교환 방식을 사용한다.

③ 키의 교환 문제가 발생한다.

④ 단일키이므로 알고리즘이 간단하고 파일의 크기가 작다.

10 다음 중 한글 Windows에서 인터넷을 사용하기 위하여 해당 컴퓨터의 IP 주소를 동적으로 구성할 때 사용하는 프로토콜로 옳은 것은?

① POP3

② FTP

③ DHCP

④ SMTP

11 다음 〈보기〉 중 디지털 컴퓨터의 특징으로만 짝지어진 것은?

〈보기〉

ⓐ 증폭 회로	ⓑ 논리 회로
ⓒ 부호화된 문자, 숫자	ⓓ 프로그래밍
ⓔ 연속적인 물리량	ⓕ 범용성

① ⓐ, ⓑ, ⓒ, ⓓ

② ⓑ, ⓒ, ⓓ, ⓕ

③ ⓒ, ⓓ, ⓔ, ⓕ

④ ⓐ, ⓑ, ⓒ, ⓕ

12 다음 중 컴퓨터에서 중앙 처리 장치와 입출력 장치 사이의 속도 차이로 인한 문제점을 해결해 주는 장치는?

① 레지스터(Register)

② 인터럽트(Interrupt)

③ 콘솔(Console)

④ 채널(Channel)

13 다음 중 시퀀싱(Sequencing)에 대한 설명으로 옳은 것은?

① 컴퓨터를 이용하여 오디오 파일이나 여러 연주, 악기 소리 등을 프로그램에 입력하여 녹음하는 방법으로 음악을 제작, 녹음, 편집하는 작업을 의미한다.

② 전자 악기 사이의 데이터 교환을 위한 규약으로 음의 강도, 악기 종류 등과 같은 정보를 기호화하여 코드화한 방식이다.

③ 아날로그 신호를 디지털화하여 나타내는 것으로, 소리의 파장이 그대로 저장되며, 자연의 음향과 사람의 음성 표현이 가능하다.

④ 오디오 데이터 압축 파일 형식으로 무손실 압축 포맷이며 원본 오디오의 음원 손실이 없다.

14 다음 중 한쪽의 CPU가 가동 중일 때, CPU가 고장이 나거나 장애가 발생하면 즉시 예비로 대기 중인 다른 CPU가 작동되도록 운영하는 것으로 시스템의 안정성을 고려한 방식은?

① 다중 처리 시스템

② 듀얼 시스템(Dual System)

③ 분산 처리 시스템

④ 듀플렉스 시스템(Duplex System)

15 다음 중 인터넷의 보안 문제로부터 특정 네트워크를 격리하는 데 사용되는 것으로 보안이 필요한 네트워크의 통로를 단일화하여 이 출입구를 관리함으로써 외부로부터의 불법적인 접근을 대부분 막을 수 있는 시스템은?

① 방화벽(Firewall)
② 해킹(Hacking)
③ 펌웨어(Firmware)
④ 데이터 디들링(Data Diddling)

16 다음 중 인터넷에 대한 설명으로 옳지 않은 것은?

① 인터넷에서 사용할 수 있는 서비스로 E-mail, FTP, Telnet 등이 있다.
② URL이란 인터넷상에서 각종 자원이 있는 위치를 나타낸다.
③ IPv4는 16비트 주소 체계를 가지고 있으며 IPv6는 32비트 주소 체계를 가지고 있다.
④ HTTP는 WWW를 이용할 때 서버와 클라이언트 간의 정보교환 프로토콜이다.

17 다음 중 전송 오류 검출 방식이 아닌 것은?

① CRC(순환 중복 검사) 방식
② 패리티 검사 방식
③ 정마크 부호 방식
④ CSMA/CD(매체 접근 제어) 방식

18 다음 중 CISC와 RISC의 차이를 대비한 것으로 옳지 않은 것은?

① CISC : 복잡한 주소지정 방식, RISC : 간단한 주소지정 방식
② CISC : 복잡하고 기능이 많은 명령어, RISC : 간단한 명령어
③ CISC : 많은 수의 레지스터, RISC : 적은 수의 레지스터
④ CISC : 다양한 사이즈의 명령어, RISC : 동일한 사이즈의 명령어

19 다음 중 컴파일러(Compiler) 언어와 인터프리터(Interpreter) 언어의 차이점에 대한 설명으로 옳지 않은 것은?

① 인터프리터는 번역 과정을 따로 거치지 않고 각 명령문을 디코딩(Decoding)을 거쳐 직접 처리한다.
② 인터프리터 언어는 대화식 처리가 가능하나, 컴파일러 언어는 일반적으로 불가능하다.
③ 컴파일러 언어는 목적 프로그램이 있는 반면, 인터프리터 언어는 일반적으로 없다.
④ 인터프리터 언어가 컴파일러 언어보다 일반적으로 실행 속도가 빠르다.

20 다음 〈보기〉는 전자 메일에 사용되는 프로토콜에 대한 설명이다. ( ) 안에 들어갈 프로토콜을 순서대로 올바르게 나열한 것은?

〈보기〉

> (ⓐ)는 사용자의 컴퓨터에서 작성된 메일을 받아서 다른 사람의 계정이 있는 곳으로 전송해 주는 역할에 사용되며, (ⓑ)는 전송 받은 메일을 저장하고 있다가 사용자가 메일 서버에 접속하면 이를 보내 주는 역할에 사용된다.

① ⓐ SNMP, ⓑ TCP
② ⓐ POP3, ⓑ SMTP
③ ⓐ TCP, ⓑ SNMP
④ ⓐ SMTP, ⓑ POP3

---

2 과목 | **스프레드시트 일반**

21 다음 중 [찾기 및 바꾸기] 대화 상자에 대한 설명으로 옳지 않은 것은?

① [찾기]의 바로 가기 키는 Ctrl+F, [바꾸기]의 바로 가기 키는 Ctrl+H를 사용한다.
② [찾기] 탭에서 찾는 위치는 '수식, 값, 메모'를 사용할 수 있고, [바꾸기] 탭에서는 '수식'만 사용할 수 있다.
③ [범위]에서 행 방향을 우선하여 찾을 것인지 열 방향을 우선하여 찾을 것인지를 지정할 수 있다.
④ [서식] 단추를 이용하면 특정 셀의 서식을 선택하여 동일한 셀 서식이 적용된 셀을 찾을 수도 있다.

22 다음 중 아래 그림의 리본 메뉴에 대한 설명으로 옳지 않은 것은?

① 그림과 같이 리본 메뉴에 바로 가기 키를 나타내려면 Alt 나 / 를 누른다.

② 오른쪽 방향키(→)를 누르면 활성화된 탭이 [수식] 탭에서 [데이터] 탭으로 변경된다.

③ [빠른 실행 도구 모음]에 명령이 추가되면 일련번호로 바로 가기 키가 부여된다.

④ [탭] 및 [명령] 간에 이동할 때도 키보드를 사용할 수 있으며, 그림과 같은 상태에서 W 를 누르면 [수학/삼각 함수]로 변경된다.

23 다음 수식의 결과로 옳지 않은 것은?

① =REPLACE("December",SEARCH("E","korea"),4,"") → Dec

② =CHOOSE(MOD(-11,2),1,2,3) → 1

③ =EOMONTH("2024-6-3",2) → 2024-8-31

④ =FIXED(3.141592) → 3.14

24 다음 중 부분합에 대한 설명으로 옳은 것은?

① 부분합은 [데이터] 탭-[예측] 그룹-[가상 분석]에서 실행할 수 있다.

② 부분합에서 그룹으로 사용할 데이터는 반드시 내림차순으로 정렬된 상태에서만 실행할 수 있다.

③ 부분합에서 데이터 아래에만 요약을 표시할 수 있다.

④ 부분합은 그룹 사이에서 페이지를 나눌 수 있다.

25 다음 중 아래의 워크시트에서 평균 점수가 85점이 되려면 영어 점수가 몇 점이 되어야 하는지 알고 싶을 때 사용할 수 있는 기능은?

	A	B	C
1	성명	김선	
2	국어	80	
3	영어	60	
4	수학	90	
5	정보	90	
6			
7	평균	80	
8			

① 부분합

② 목표값 찾기

③ 데이터 표

④ 피벗 테이블

26 다음과 같은 시트에서 [D5] 셀에 아래의 수식을 입력했을 때 계산 결과로 올바른 것은?

=COUNT(OFFSET(D4,-2,-2,3,3))

	A	B	C	D
1	성명	컴일반	엑셀	액세스
2	홍범도	90	100	80
3	이상공	67	68	69
4	진선미	80	80	90

① 3

② 9

③ 68

④ 90

27 다음 아래의 시트처럼 메일주소에서 ID와 도메인을 분리하는 패턴으로 만들기 위한 바로 가기 키로 옳은 것은?

	A	B	C
1	메일주소	ID	도메인
2	com@korcham.net	com	korcham.net
3	abc@naver.com		
4	sunny@gmail.com		
5	excel@daum.net		

① Ctrl + Shift + L

② Ctrl + E

③ Ctrl + F

④ Ctrl + T

28 다음 〈보기〉 중 시트의 계산을 원하는 셀 영역을 선택한 후 상태 표시줄의 바로 가기 메뉴인 [상태 표시줄 사용자 지정]에서 선택할 수 있는 자동 계산에 해당하지 않는 것으로 옳게 짝지어진 것은?

〈보기〉

ⓐ 합계.	ⓑ 평균.	ⓒ 개수.	ⓓ 숫자 셀 수
ⓔ 최대값.	ⓕ 최소값.	ⓖ 최빈수.	ⓗ 중위수

① ⓐ, ⓑ
② ⓒ, ⓓ
③ ⓔ, ⓕ
④ ⓖ, ⓗ

29 다음 중 〈보기〉에 해당하는 경우 사용할 수 있는 차트로 옳은 것은?

〈보기〉

- 데이터 계열이 하나만 있는 경우
- 데이터에 음수 값이 없는 경우
- 데이터의 값 중 0 값이 거의 없는 경우
- 항목의 수가 7개 이하이며 이 항목이 모두 전체 이 차트의 일부분을 나타내는 경우

① 세로 막대형 차트
② 영역형 차트
③ 원형 차트
④ 방사형 차트

30 다음 중 아래와 같이 [통합 문서 보호]를 설정했을 경우에 대한 설명으로 옳지 않은 것은?

① [검토] 탭–[보호] 그룹의 [통합 문서 보호]를 클릭하여 실행한다.
② 워크시트의 추가나 삭제 작업을 실행할 수 없다.
③ 워크시트의 이동이나 복사, 이름 수정, 코드 보기, 시트 보호, 모든 시트 선택을 실행할 수 없다.
④ 암호는 반드시 입력하지 않아도 된다.

31 다음 중 윗주에 대한 설명으로 옳은 것은?

① 윗주의 서식은 변경할 수 없다.
② 윗주는 데이터를 삭제하면 같이 삭제된다.
③ 문자, 숫자 데이터 모두 윗주를 표시할 수 있다.
④ 윗주 필드 표시는 인쇄 미리 보기에서는 표시되지만 인쇄할 때는 같이 인쇄되지 않는다.

32 다음 중 아래의 프로시저에서 1부터 100까지 홀수의 평균을 구하기 위해서 입력될 코드로 옳지 않은 것은?

```
Public Sub OddAvg( )
    Dim i As Integer
    Dim sum As Double
    Dim count As Integer
    i=1
    sum=0
    count=0
    While i<=100
        If (   ①   ) Then
            sum=(   ②   )
            count=(   ③   )
        End If
        i=i+1
    Wend
    MsgBox "1부터 100까지 홀수의 평균 : " & (   ④   )
End Sub
```

① i Mod 2=1
② sum+i
③ count+1
④ count/sum

33 다음 중 아래의 차트에 대한 설명으로 옳은 것은?

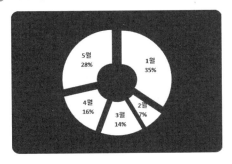

① 차트의 종류는 전체에서 차지하는 비율을 보여주는 원형 대 원형 차트이다.
② 계열1 요소인 1월의 첫째 조각의 각은 200°가 설정된 상태이다.
③ 쪼개진 정도는 10%가 설정된 상태이다.
④ 차트 가운데 구멍의 크기는 0%가 설정된 상태이다.

34 다음 중 아래의 시트에서 [A1:E7] 범위만 선택하는 방법으로 옳지 않은 것은?

	A	B	C	D	E	F
1	성명	헤어미용	피부미용	메이크업	네일아트	
2	전세현	80	90	100	88	
3	임하림	100	98	77	59	
4	송학사	56	72	40	90	
5	안예희	60	60	71	63	
6	이새솔	77	88	43	99	
7	장유리	69	79	89	99	
8						

① [A1] 셀을 클릭하고 선택 영역 확장키인 F8을 누른 뒤에 → 방향키를 4번 눌러 E열까지 이동한 후 ↓ 방향키를 6번 눌러 7행까지 선택한다.
② [A1] 셀을 클릭한 후 Ctrl + A 를 누른다.
③ [A1] 셀을 클릭한 후 Shift 를 누른 채 [E7] 셀을 클릭한다.
④ [모두 선택] 단추(◢)를 클릭한다.

35 다음 아래의 그림에 대한 설명으로 옳지 않은 것은?

① [삽입] 탭-[일러스트레이션] 그룹의 [SmartArt]를 실행하여 [SmartArt 그래픽 선택] 대화 상자에서 목록형의 세로 상자 목록형을 실행한 결과이다.
② 세로 상자 목록형은 여러 정보 그룹, 특히 수준 2 텍스트가 많이 있는 그룹을 표시하고 정보의 글머리 기호 목록을 사용하는 경우 적합하다.
③ 텍스트 창에서 수식을 입력할 경우 계산된 수식의 결과 값이 SmartArt에 표시되며 입력 데이터가 변경되면 자동으로 그 결과 값이 변경된다.
④ 텍스트 창에서 텍스트를 입력한 후 텍스트를 수정하면 SmartArt에서도 자동으로 변경된다.

36 다음 중 화면 제어에 대한 설명으로 옳지 않은 것은?

① 틀 고정을 위한 구분선은 마우스를 드래그하여 변경할 수 있다.
② 화면에 틀이 고정되어 있어도 인쇄에는 영향을 끼치지 않는다.
③ 창 나누기는 [실행 취소] 명령으로 나누기를 해제할 수 없다.
④ 창 나누기는 셀 포인터의 위치를 기준으로 2개 또는 4개로 나눌 수 있다.

37 다음 중 아래의 워크시트에서 사원번호의 첫 번째 문자가 'S'인 매출액[B2:B6]의 합계를 구하는 배열 수식으로 옳은 것은?

	A	B
1	사원번호	매출액
2	S0603	12500
3	F2005	7500
4	S0117	30000
5	F1233	56450
6	T3211	17990

① ={SUM(LEFT($A$2:$A$6,1="S")*$B$2:$B$6)}
② ={SUM((LEFT($A$2:$A$6,1)="S"),$B$2:$B$6)}
③ {=SUM(LEFT($A$2:$A$6,1="S"),$B$2:$B$6)}
④ {=SUM((LEFT($A$2:$A$6,1)="S")*$B$2:$B$6)}

38 다음 중 매크로 기록에 관한 설명으로 옳지 않은 것은?

① 매크로에서 지정한 바로 가기 키와 엑셀에서 사용하는 바로 가기 키가 같을 경우 엑셀 고유 기능의 바로 가기 키가 우선 적용된다.
② 매크로를 기록하는 경우 기본적으로 절대 참조로 기록되며, 상대 참조로 기록을 해야 할 경우는 '상대 참조로 기록'을 클릭하여 선택한 다음 매크로 기록을 실행한다.
③ 매크로 저장 위치를 '개인용 매크로 통합 문서'에 저장하면 엑셀 실행 시 자동으로 로드되고 다른 통합 문서에서도 실행할 수 있다.
④ 매크로 기록 시 리본 메뉴의 탐색은 기록에 포함되지 않는다.

39 다음 중 아래의 시트에서 조건([E1:F3])을 이용하여 고급 필터를 실행한 결과에 해당하는 성명이 아닌 것은?

	A	B	C	D	E	F	G
1	성명	직급	호봉		성명	호봉	
2	홍길동	과장	33		홍*	<=30	
3	지용훈	대리	30		지*	>=30	
4	홍범도	부장	30				
5	이상영	대리	23				
6	지유환	차장	44				
7							

① 홍길동 ② 지용훈
③ 홍범도 ④ 지유환

40 다음 중 아래 시트의 [1학년]과 [2학년] 강의 시간표를 [1, 2학년] 강의 시간표처럼 하나로 합치는 수식으로 옳은 것은?

① =SUM(AND(B10:F13,I10:M13))
② =SUBSTITUTE(B10:F13,I10:M13)
③ =REPLACE(B10:F13,I10:M13)
④ =(B10:F13)&(I10:M13)

3 과목 데이터베이스 일반

41 다음 〈보기〉 중 데이터 조작어(DML : Data Manipulation Language)의 특징으로 옳지 않은 것은?

〈보기〉

가. 데이터 처리를 위하여 사용자와 DBMS 사이의 인터페이스를 제공한다.
나. 데이터 처리를 위한 연산의 집합으로 데이터의 검색, 삽입, 삭제, 변경 등 데이터 조작을 제공하는 언어이다.
다. SELECT, INSERT, UPDATE, DELETE가 DML 명령에 해당한다.
라. 데이터 보안(Security), 무결성(Integrity), 회복(Recovery) 등에 관련된 사항을 정의한다.

① 가 ② 나
③ 다 ④ 라

42 다음 중 관계형 데이터베이스 관리 시스템(RDBMS)의 종류에 해당하지 않는 것은?

① MS-SQL Server
② 오라클(ORACLE)
③ MY-SQL
④ 파이썬(Python)

43 다음 중 폼에 연결할 데이터의 테이블 이름이나 쿼리를 입력하여 설정할 폼의 속성으로 옳은 것은?

① 캡션
② 레코드 원본
③ 기본 보기
④ 레코드 잠금

44 다음 중 보고서의 각 부분에 대한 설명으로 옳은 것은?

① 보고서 머리글 : 보고서의 모든 페이지 상단에 표시된다.
② 구역 선택기 : 보고서를 선택하거나 보고서의 속성을 지정할 때 사용한다.
③ 페이지 머리글 : 실제 데이터가 반복적으로 표시되는 부분이다.
④ 그룹 바닥글 : 그룹별 요약 정보를 각 그룹의 하단에 표시한다.

45 다음 중 폼을 작성할 수 있는 [만들기] 탭의 [폼] 그룹에서 선택 가능한 명령에 해당하지 않는 것은?

① 폼 디자인
② 여러 항목
③ 매크로
④ 모달 대화 상자

46 [매출] 테이블에서 '전반기' 필드와 '하반기' 필드를 더한 후 '총매출'이라는 이름으로 표시하고자 한다. 다음 중 SQL문의 (   ) 안에 들어갈 내용으로 옳은 것은?

SELECT 전반기+하반기 (   ) FROM 매출;

① NAME IS 총매출
② ALIAS 총매출
③ AS 총매출
④ TO 총매출

47 다음 중 '코참패스2024'에서 '2024'를 추출하기 위한 함수로 옳은 것은?

① left("코참패스2024", 8)
② right("코참패스2024", 2024)
③ mid("코참패스2024", 5, 4)
④ instr("코참패스2024", 5, 4)

48 [학과] 테이블의 '학과코드'는 기본키로 설정되어 있고, [학생] 테이블의 '학과코드' 필드는 [학과] 테이블의 '학과코드'를 참조하고 있는 외래키(FK)이다. 다음 중 [학과] 테이블과 [학생] 테이블에 아래와 같이 데이터가 입력되어 있을 때의 설명으로 옳지 않은 것은?

[학과] 테이블

학과코드	학과명
A	인공지능학과
E	영어영문학과
C	컴퓨터공학과

[학생] 테이블

학번	성명	학과코드
2401	이선훈	A
2402	이상영	C
2403	홍범도	A
2404	지유환	null

① 현재 각 테이블에 입력된 데이터 상태는 참조 무결성이 유지되고 있다.
② [학과] 테이블에서 학과코드 'E'를 삭제하면 참조 무결성이 유지되지 않는다.
③ [학생] 테이블에서 학번이 2402인 이상영 학생을 삭제해도 참조 무결성이 유지된다.
④ [학생] 테이블에서 학번이 2404인 지유환 학생의 '학과코드'를 'B'로 입력하면 참조 무결성이 유지되지 않는다.

49 다음 중 아래와 같은 폼을 작성하려고 할 때 [만들기] 탭-[폼] 그룹에서 사용하는 폼 작성 도구는 무엇인가?

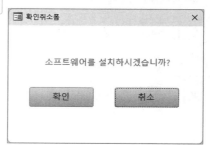

① 새 폼
② 여러 항목
③ 모달 대화 상자
④ 폼 분할

50 다음 중 액세스의 보고서 작성에 대한 설명으로 옳지 않은 것은?

① 보고서를 작성해 놓으면 데이터가 변경된 경우 새로운 보고서를 작성할 필요없이 해당 데이터에 대한 보고서를 다시 출력하면 된다.
② 엑셀 데이터와 같은 외부 데이터를 연결한 테이블을 이용하여 보고서를 작성할 수도 있다.
③ 표나 레이블이 미리 인쇄되어 있는 양식 종이를 이용하여 보고서를 인쇄하는 경우 [페이지 설정] 대화 상자에서 '데이터만 인쇄'를 선택한다.
④ 텍스트 상자나 콤보 상자와 같은 컨트롤을 이용하는 경우 보고서에서 테이블의 데이터를 수정할 수 있다.

51 다음 중 쿼리에 대한 설명으로 옳지 않은 것은?

① 쿼리는 테이블의 데이터를 이용하여 사용자가 원하는 형식으로 가공하여 보여줄 수 있다.
② 쿼리를 이용하여 추출한 결과는 폼에서만 사용할 수 있다.
③ 쿼리는 단순한 조회 이외에도 데이터의 추가, 삭제, 수정 등을 수행할 수 있다.
④ 테이블이나 다른 쿼리를 이용하여 새로운 쿼리를 생성할 수 있다.

52 다음 중 SQL문에서 HAVING문을 사용하여 조건을 설정할 수 있는 것은?

① WHERE 절
② LIKE 절
③ GROUP BY 절
④ ORDER BY 절

53 다음 보고서에 대한 설명으로 옳지 않은 것은?(단, 보고서는 전체 7페이지이며, 현재 페이지는 4페이지이다.)

제품별 납품 현황

제품코드	제품명	납품일자	거래처명	납품단가	납품수량	납품금액
D5	커플러	2010-10-12	구리전기	35	45	1,575
		2003-10-19	의정부전기	35	94	3,290
		2003-10-09	호주전기	35	31	1,085
		납품건수 : 7				
제품코드	제품명	납품일자	거래처명	납품단가	납품수량	납품금액
D6	PCB	2003-08-12	강화전기	65	23	1,495
		2003-12-20	산본전기	65	34	2,210
		2003-08-22	금촌전기	65	42	2,730
		납품건수 : 3				
제품코드	제품명	납품일자	거래처명	납품단가	납품수량	납품금액
D7	와이어	2003-08-21	정화전기	40	31	1,240

4/7

① '제품별 납품 현황'을 표시하는 제목은 보고서 머리글에 작성하였다.
② '그룹화 및 정렬' 옵션 중 '같은 페이지에 표시 안함'을 설정하였다.
③ '제품코드'에 대한 그룹 머리글과 그룹 바닥글을 모두 만들었다.
④ '제품코드'와 '제품명'을 표시하는 컨트롤의 '중복 내용 숨기기' 속성을 '예'로 설정하였다.

54 다음 중 [성적] 테이블에서 '점수'가 90 이상인 학생들의 인원수를 구하는 식으로 옳은 것은?(단, '학번' 필드는 [성적] 테이블의 기본키이다.)

① =DCount("[성적]", "[학번]", "[점수]>=90")
② =DCount("[학번]", "[성적]", "[점수]>=90")
③ =DLookUp("[성적]", "[학번]", "[점수]>=90")
④ =DLookUp("*", "[성적]", "[점수]>= 90")

55 다음 중 기관이 필요로 하는 정보를 생성하기 위한 모든 데이터 객체들에 대한 정의뿐만 아니라 데이터베이스 접근권한, 보안정책, 무결성 규칙에 대한 명세를 기술한 것은?

① 외부스키마
② 개념 스키마
③ 내부스키마
④ 서브스키마

56 다음 중 SQL 명령 중 DDL에 해당하는 것으로만 짝지어진 것은?

① SELECT, INSERT, UPDATE
② UPDATE, DROP, INSERT
③ ALTER, DROP, UPDATE
④ CREATE, ALTER, DROP

57 총 10개의 튜플을 갖는 EMPLOYEE 테이블에서 DEPT_ID 필드의 값은 "D1"이 4개, "D2"가 4개, "D3"가 2개로 구성되어 있다면, 다음 SQL문 ㉠, ㉡의 실행 결과 튜플 수로 옳은 것은?

```
㉠ SELECT DEPT_ID FROM EMPLOYEE;
㉡ SELECT DISTINCT DEPT_ID FROM EMPLOYEE;
```

① ㉠ 1, ㉡ 10
② ㉠ 3, ㉡ 10
③ ㉠ 10, ㉡ 1
④ ㉠ 10, ㉡ 3

58 다음 중 한 릴레이션의 기본키를 구성하는 어떠한 속성값도 널(Null) 값이나 중복 값을 가질 수 없다는 것을 의미하는 것은?

① 참조 무결성 제약 조건
② 주소 무결성 제약 조건
③ 원자값 무결성 제약 조건
④ 개체 무결성 제약 조건

59 다음 〈보기〉에 해당하는 컨트롤은?

〈보기〉

> • 적은 공간에서 목록값을 선택하며 새로운 값을 입력할 경우 유용하다.
> • 드롭다운 화살표를 클릭 전까지는 목록이 숨겨져 있으며, 클릭하면 목록이 표시된다.
> • 목록에 없는 값을 직접 입력하거나 선택할 수 있다.
> • 목록에 있는 값만 입력하도록 설정할 수 있다.

① 콤보 상자
② 텍스트 상자
③ 명령 단추
④ 옵션 그룹

60 다음 아래의 조인 속성 대화 상자처럼 '동아리코드' 테이블의 레코드는 모두 포함하고, '학번성명동아리코드' 테이블에서는 '동아리코드' 필드가 일치하는 레코드만 포함하는 조인 형식으로 옳은 것은?

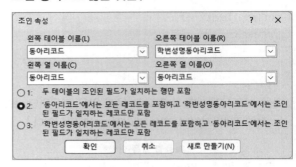

① 교차 조인(Cross Join)
② 내부 조인(Inner Join)
③ 왼쪽 외부 조인(Left Join)
④ 오른쪽 외부 조인(Right Join)

해설과 따로 보는 2023년 상시 기출문제 08회

1급	소요시간	문항수
	총60분	총60개

풀이 시간 : _____   채점 점수 : _____

---

1 과목 **컴퓨터 일반**

상중하

01 다음 중 데이터 보안의 암호화에 대한 설명으로 옳지 않은 것은?

① 데이터를 보낼 때 송신자가 지정한 수신자 이외에는 그 내용을 알 수 없도록 데이터를 암호화하여 안전하게 전송할 수 있다.
② 복호화(Decryption)란 암호화된 데이터를 원상으로 복구하는 것이다.
③ 암호화 방법은 대칭키와 비대칭키 방식으로 구분이 된다.
④ 대칭키 암호화 시스템으로 많이 사용되는 기법으로는 RSA가 있으며, 대표적인 공개키 암호 시스템으로는 DES가 있다.

상중하

02 다음 중 DMA에 대한 설명으로 옳지 않은 것은?

① DMA가 입출력 처리를 하는 동안 CPU는 정지 상태에 들어간다.
② DMA가 메모리에 접근하기 위해서는 Cycle Steal을 한다.
③ 전송이 끝나면 DMA 제어기는 CPU를 인터럽트(Interrupt) 한다.
④ CPU의 계속적인 관여 없이 데이터를 메모리와 주변 장치 사이에 전송하게 한다.

상중하

03 다음 중 아래 설명에 해당하는 네트워크 구성 장비는?

- 두 개의 근거리 통신망(LAN) 시스템을 이어주는 접속 장치이다.
- 양쪽 방향으로 데이터의 전송만 해줄 뿐 프로토콜 변환 등 복잡한 처리는 불가능하다.
- 네트워크 프로토콜과는 독립적으로 작용하므로 네트워크에 연결된 여러 단말들의 통신 프로토콜을 바꾸지 않고도 네트워크를 확장할 수 있다.

① 라우터   ② 스위칭 허브
③ 브리지   ④ 모뎀

상중하

04 한글 Windows에서 LNK 확장자를 갖는 파일에 대한 다음 설명 중 옳지 않은 것은?

① 바로 가기 아이콘과 관계가 있다.
② 시스템에 여러 개 존재할 수 있다.
③ 연결 대상 파일의 위치 정보를 가지고 있다.
④ 연결 정보를 가지고 있으므로 삭제하면 연결 프로그램에 중요한 영향을 끼친다.

상중하

05 다음 중 파일의 성격 유형 분류에 해당하는 확장자의 종류로 옳지 않은 것은?

① 실행 파일 : COM, EXE, ZIP
② 그림 파일 : BMP, JPG, GIF
③ 사운드 파일 : WAV, MP3, MID
④ 동영상 파일 : MPG, AVI, MOV

상중하

06 한글 Windows의 메모장에서 저장된 문서를 열 때마다 현재의 시간과 날짜를 삽입하기 위해서 문서의 처음에 삽입하는 문자열은?

① .DATE
② .LOG
③ .TIME
④ .DIARY

상중하

07 다음 중 통신 사업자로부터 통신 회선을 빌려 판매하는 통신망으로 패킷 교환 방식을 사용하는 통신망은?

① MAN
② LAN
③ VAN
④ WAN

08 다음 중 GIF 파일 형식에 대한 설명으로 옳지 않은 것은?

① 비트맵 방식이다.

② 최대 256개의 색으로 제한된 이미지 압축 형식이다.

③ 애니메이션 파일 형식으로 움직이지 않는 이미지는 나타낼 수 없다.

④ 웹 문서에서 사용될 수 있는 형식이다.

09 TCP/IP 프로토콜에서 네트워크상의 수많은 컴퓨터를 구분하기 위하여 IPv4를 사용하고 있다. 다음 중에서 IPv4 주소의 부족 현상을 해소하기 위한 IP 주소 체계는?

① 64비트의 IPv5

② 128비트의 IPv5

③ 64비트의 IPv6

④ 128비트의 IPv6

10 한글 Windows에서 윈도우 호환 키보드를 사용하는 경우에 ⊞와 추가키를 함께 사용하였을 때 나타나는 현상으로 옳지 않은 것은?

① ⊞+D : 바탕 화면 표시 및 숨기기

② ⊞+R : 실행 대화 상자

③ ⊞+U : 설정 실행

④ ⊞+Break : 시스템 속성 대화 상자

11 다음 중 전원이 공급되지 않아도 내용이 지워지지 않아서 디지털 카메라의 보조 저장 장치로 사용되는 기억 장치는 어느 것인가?

① DRAM

② SRAM

③ Flash Memory

④ ROM

12 다음 중 정보 보안 시스템에서 사용될 수 있는 사용자 인증 방법으로 가장 거리가 먼 것은?

① 홍채 인증

② 지문 인증

③ 나이 인증

④ 음성 인증

13 다음 중 화면상에 픽셀의 색상을 트루컬러(True Color)로 표현하고자 할 때 필요한 비트 수는?

① 1   ② 8

③ 16   ④ 24

14 다음 중 쿠키에 대한 설명으로 옳은 것은?

① 인터넷 사용 시 네트워크에 접속하기 위한 프로그램이다.

② 특정 웹 사이트 접속 시 반복적으로 사용되는 접속 정보를 가지고 있는 파일이다.

③ 웹 브라우저에서 기본으로 제공하지 않는 기능을 부가적으로 설치하여 구현되도록 한다.

④ 자주 사용하는 사이트의 자료를 저장한 후 다시 동일한 사이트 접속 시 자동으로 자료를 불러온다.

15 다음 중 인터넷 서버까지의 경로를 추적하는 명령어인 'Tracert'의 실행 결과에 관한 설명으로 옳지 않은 것은?

① IP 주소, 목적지까지 거치는 경로의 수, 각 구간 사이의 데이터 왕복 속도를 확인할 수 있다.

② 특정 사이트가 열리지 않을 때 해당 서버가 문제인지 인터넷망이 문제인지 확인할 수 있다.

③ 인터넷 속도가 느릴 때 어느 구간에서 정체를 일으키는지 확인할 수 있다.

④ 현재 자신의 컴퓨터에 연결된 다른 컴퓨터의 IP 주소나 포트 정보를 확인할 수 있다.

16 다음 중 한글 Windows에서 하드디스크의 여유 공간이 부족할 경우의 해결 방법으로 옳지 않은 것은?

① [휴지통 비우기]를 수행한다.

② [디스크 정리]를 통해 임시 파일들을 지운다.

③ 시스템에서 사용하지 않는 응용 프로그램을 삭제한다.

④ [디스크 조각 모음]을 수행하여 하드디스크의 단편화를 제거한다.

17 다음 중 컴퓨터의 연산 장치에 관한 설명으로 옳지 않은 것은?

① 연산 장치가 수행하는 연산에는 산술, 논리, 관계, 이동(Shift) 연산 등이 있다.

② 연산 장치에는 뺄셈을 수행하기 위하여 입력된 값을 보수로 변환하는 보수기와 2진수 덧셈을 수행하는 가산기(Adder)가 있다.

③ 누산기(Accumulator)는 연산된 결과를 일시적으로 저장하는 레지스터이다.

④ 연산 장치에는 다음 번 연산에 필요한 명령어의 번지를 기억하는 프로그램 카운터(Program Counter)를 포함한다.

18 다음 중 디지털 콘텐츠의 제작 및 유통, 보안 등의 모든 과정을 관리할 수 있게 하는 기술 표준을 제시한 MPEG의 종류로 옳은 것은?

① MPEG-3
② MPEG-4
③ MPEG-7
④ MPEG-21

19 다음 중 〈보기〉의 특성을 갖는 통신망의 구조는 어느 것인가?

〈보기〉

• 모든 노드가 중앙 노드에 연결되어 있다.
• 통신망의 처리 능력 및 신뢰성은 중앙 노드의 제어 장치에 의해 제어된다.

① 링(Ring) 형
② 버스(Bus) 형
③ 트리(Tree) 형
④ 스타(Star) 형

20 다음 중 실제로는 악성코드로 행동하지 않으면서 겉으로는 악성코드인 것처럼 가장하여 행동하는 소프트웨어를 무엇이라고 하는가?

① 혹스(Hoax)
② 드롭퍼(Dropper)
③ 백도어(Back Door)
④ 스니핑(Sniffing)

2 과목   스프레드시트 일반

21 다음 아래의 워크시트에서 [B12:D13] 범위에 성별, 분류별 포인트의 합계를 함수가 아닌 분석 도구를 사용하여 계산하고자 한다. 가장 적합한 도구는 무엇인가?

	A	B	C	D
1	성명	성별	분류	포인트
2	이대한	남성	우수	25,000
3	한상공	남성	보통	10,000
4	안지현	여성	보통	18,000
5	홍성욱	여성	우수	22,000
6	이예린	여성	VIP	50,000
7	조명섭	남성	보통	10,000
8	정훈희	여성	우수	20,000
9				
11		VIP	보통	우수
12	남성		20000	25000
13	여성	50000	18000	42000

① 시나리오 관리자
② 목표값 찾기
③ 데이터 표
④ 피벗 테이블

22 다음 중 피벗 테이블 보고서와 피벗 차트 보고서에 대한 설명으로 옳지 않은 것은?

① 피벗 테이블 보고서에서는 값 영역에 표시된 데이터 일부를 삭제하거나 추가할 수 없다.

② 피벗 차트 보고서를 만들 때마다 동일한 데이터로 관련된 피벗 테이블 보고서가 자동으로 생성된다.

③ 피벗 차트 보고서는 분산형, 주식형, 거품형 등 다양한 차트 종류로 변경할 수 있다.

④ 행 또는 열 레이블에서의 데이터 정렬은 수동(항목을 끌어 다시 정렬), 오름차순, 내림차순 중 선택할 수 있다.

23 다음 중 워크시트의 이름 작성에 관한 설명으로 옳은 것은?

① 시트 이름 입력 시 : ₩ / ? * [ ] 등의 기호는 입력되지 않는다.

② 시트 이름으로 영문을 사용할 때 대소문자를 구분한다.

③ 하나의 통합 문서 안에서는 동일한 시트 이름을 지정할 수 있다.

④ 시트 탭의 시트 이름을 클릭하여 이름을 수정할 수 있다.

상 중 하

24 아래 그림과 같이 조건부 서식의 수식을 사용하여 표의 짝수 행마다 배경색을 노란색으로 채우고자 한다. 다음 중 조건부 서식에서 작성해야 할 수식으로 옳은 것은?

	A	B	C	D
1	성명	부서명	직급	근속년수
2	한대한	인사팀	대리	7
3	이상공	홍보팀	과장	10
4	홍범도	인사팀	부장	18
5	정훈희	홍보팀	사원	2
6	송유리	영업팀	부장	20
7	이예지	영업팀	과장	12
8	안유진	홍보팀	대리	6

① =MOD(COLUMN(),2)=1
② =MOD(ROW(),2)=0
③ =COLUMN()/2=1
④ =ROW()/2=1

상 중 하

25 다음 중 아래 그림과 같이 [목표값 찾기]를 실행했을 때 이에 대한 의미로 옳은 것은?

	A	B	C	D	E	F
1	분기별 수출 현황					
3	국가	미국				
4	1사분기	459,650		목표값 찾기 ? ×		
5	2사분기	500,000		수식 셀(E): $B$8 ↑		
6	3사분기	650,000		찾는 값(V): 800000		
7	4사분기	750,000		값을 바꿀 셀(C): $B$4 ↑		
8	평균	589,913		확인 취소		
9						

① 평균이 800000이 되려면 1사분기의 수출량은 얼마가 되어야 하는가?
② 1사분기 수출량이 800000이 되려면 평균은 얼마가 되어야 하는가?
③ 평균이 800000이 되려면 2사분기의 수출량은 얼마가 되어야 하는가?
④ 1사분기 수출량이 800000이 되려면 4사분기의 수출량은 얼마가 되어야 하는가?

상 중 하

26 다음 중 [페이지 나누기 미리 보기] 기능에 대한 설명으로 옳지 않은 것은?

① 수동으로 삽입한 페이지 나누기는 실선으로 표시되고, 자동으로 추가된 페이지 나누기는 파선으로 표시된다.
② 자동 페이지 나누기 구분선을 이동하면 수동 페이지 나누기로 바뀐다.
③ 행 높이와 열 너비를 변경하여도 자동 페이지 나누기는 영향을 받지 않고 원래대로 유지된다.
④ 수동으로 삽입한 페이지 나누기를 제거하려면 페이지 나누기를 페이지 나누기 미리 보기 영역 밖으로 끌어 놓는다.

상 중 하

27 다음 중 아래와 같이 워크시트에 데이터가 입력된 경우, 보기의 수식과 그 결과 값으로 옳지 않은 것은?

	A
1	
2	한국 대한민국
3	분기 수익
4	수익
5	아름다운 설악산

① =MID(A5,SEARCH(A1,A5)+5,3) → '설악산'
② =REPLACE(A5,SEARCH("한",A2),5,"") → '설악산'
③ =MID(A2,SEARCH(A4,A3),2) → '대한'
④ =REPLACE(A3,SEARCH(A4,A3),2,"명세서") → '분기명세서'

상 중 하

28 다음 중 통합 문서에 대한 설명으로 옳지 않은 것은?

① 시트 보호는 통합 문서 전체가 아닌 특정 시트만을 보호한다.
② 공유된 통합 문서는 여러 사용자가 동시에 변경 및 병합할 수 있다.
③ 통합 문서 보호 설정 시 암호를 지정하면 워크시트에 입력된 내용을 수정할 수 없다.
④ 사용자가 워크시트를 추가, 삭제하거나 숨겨진 워크시트를 표시하지 못하도록 통합 문서의 구조를 잠글 수 있다.

29 다음 중 셀 서식의 표시 형식 기호가 "₩#,###;-₩###0"으로 설정된 셀에 −8963.633을 입력하였을 때의 표시 결과로 옳은 것은?

① ₩8964
② ₩8,964
③ −₩8964
④ −₩8,964

30 다음 배열 수식 및 함수에 대한 설명으로 옳지 않은 것은?

① 배열에서 열은 콤마(,)를 사용하여 구분하고, 행은 세미콜론(;)을 사용하여 구분한다.
② MINVERSE 함수는 배열로 저장된 행렬에 대한 역 행렬을 구해준다.
③ MMULT 함수는 배열의 행렬 곱을 구해준다.
④ FREQUENCY 함수는 범위에서 k번째 백분위 수 값을 구하며, 이때 K는 0에서 1까지 백분위 수 값 범위이다.

31 다음 중 〈보기〉의 내용에 해당하는 차트는 무엇인가?

〈보기〉

- 두 데이터 집합 간의 최적 조합을 찾을 때 유용함
- 데이터 계열이 두 개 이상일 때 만 작성이 가능함
- 이 차트는 항목과 데이터 계열이 모두 숫자 값인 경우에 만들 수 있음

① 〰️ ② ⁝∴
③ ◢ ④ ✦

32 다음 프로그램의 실행 결과 변수 test의 값으로 올바른 것은?

```
Sub 예제()
    test = 0
    Do Until test < 99
        test = test + 1
    Loop
    MsgBox test
End Sub
```

① 0   ② 98
③ 99   ④ 100

33 다음 중 매크로 기록 대화 상자에 대한 설명으로 옳은 것은?

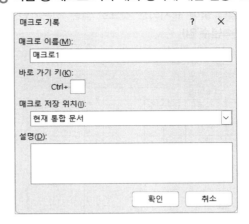

① Ctrl+1로 바로 가기 키를 설정할 수 있다.
② 매크로 저장 위치를 현재 통합 문서, 새 통합 문서, 개인용 매크로 통합 문서 중에서 선택할 수 있다.
③ 매크로 이름은 자동으로 지정되므로 사용자가 지정할 수 없다.
④ 설명은 엑셀에서 기본적으로 설정해 놓았기 때문에 사용자가 임의로 수정할 수 없다.

34 다음 중 엑셀의 각종 데이터 입력에 관한 설명으로 옳지 않은 것은?

① TODAY 함수의 결과는 Ctrl+;을 누른 결과와 같다.
② Esc를 누르면 입력 중인 데이터를 취소할 수 있다.
③ 시간 데이터는 콜론(:)으로 시, 분, 초를 구분하여 입력한다.
④ 범위를 지정하고 데이터를 입력한 후 Alt+Enter를 누르면 동일한 데이터가 한꺼번에 입력된다.

35 다음 중 셀 포인터의 이동 방법으로 옳지 않은 것은?

① Ctrl+Shift+Home : 현재 셀 포인터부터 [A1] 셀까지 범위가 설정된다.
② Shift+Tab : 현재 셀의 왼쪽으로 이동한다.
③ Ctrl+Page Down : 활성 시트의 다음 시트로 이동한다.
④ Alt+Page Down : 다음 통합 문서로 이동한다.

36 다음 중 차트 제목으로 [B1] 셀의 텍스트를 연결하는 과정과 수식 입력 줄에 표시되는 것으로 옳은 것은?(단, 시트 이름은 '근속년수'임)

① 과정 : 차트의 차트 제목을 클릭한 후 등호(=)를 입력한 후 [B1] 셀을 선택한다.
표시 : "근속년수"=$B$1!

② 과정 : 차트의 차트 제목을 클릭한 후 수식 입력 줄에서 등호(=)를 입력한 후 [B1] 셀을 선택한다.
표시 : =근속년수!$B$1

③ 과정 : 차트의 차트 제목을 클릭한 후 수식 입력 줄에서 [B1] 셀을 선택한다.
표시 : '$B$1'

④ 과정 : 차트의 차트 제목을 클릭한 후 수식 입력 줄에서 '=TEXT(B1)'을 입력한다.
표시 : $B$1

37 다음 중 시나리오에 대한 설명으로 옳지 않은 것은?

① 시나리오는 별도의 파일로 저장하고 자동으로 바꿀 수 있는 값의 집합이다.

② 시나리오를 사용하여 워크시트 모델의 결과를 예측할 수 있다.

③ 여러 시나리오를 비교하기 위해 시나리오를 한 페이지의 피벗 테이블로 요약할 수 있다.

④ 시나리오 피벗 테이블 보고서에는 결과 셀이 반드시 있어야 한다.

38 다음 중 채우기 핸들에 대한 설명으로 옳은 것은?

① 문자와 숫자가 혼합된 셀의 채우기 핸들을 Ctrl 을 누른 채 드래그하면 동일한 내용으로 복사된다.

② 숫자가 입력된 첫 번째 셀과 두 번째 셀을 범위로 설정한 후 채우기 핸들을 드래그하면 두 번째 셀의 값이 복사된다.

③ 숫자가 입력된 셀에서 Ctrl 을 누른 채 채우기 핸들을 오른쪽으로 드래그하면 숫자가 1씩 감소한다.

④ 사용자 정의 목록에 정의된 목록 데이터의 첫 번째 항목을 입력하고 Ctrl 을 누른 채 채우기 핸들을 드래그하면 목록 데이터가 입력된다.

39 다음 중 [페이지 설정] 대화 상자에서 워크시트에 포함된 메모의 인쇄 여부 및 인쇄 위치를 지정하기 위해 선택해야 할 탭은?

① [페이지] 탭
② [여백] 탭
③ [머리글/바닥글] 탭
④ [시트] 탭

40 다음 중 아래 시트에서 부서별 인원수[H3:H6]를 구하기 위하여 [H3] 셀에 입력되는 배열 수식으로 옳지 않은 것은?

① {=SUM(($C$3:$C$9=G3)*1)}
② {=DSUM(($C$3:$C$9=G3)*1)}
③ {=SUM(IF($C$3:$C$9=G3,1))}
④ {=COUNT(IF($C$3:$C$9=G3,1))}

상 중 **하**

41 다음 중 후보키(Candidate Key)가 만족해야 할 두 가지 성질과 예로 모두 옳게 짝지어진 것은?

① 성질 : 유일성과 무결성, 예 : 물품코드, 물품가격
② 성질 : 유일성과 최소성, 예 : 주민등록번호, 사원번호
③ 성질 : 독립성과 최소성, 예 : 학번, 동아리코드
④ 성질 : 독립성과 무결성, 예 : 직급, 호봉

상 중 **하**

42 다음 중 관계 데이터 모델에서 하나의 애트리뷰트가 취할 수 있는 같은 타입의 원자(Atomic) 값들의 집합을 무엇이라 하는가?

① 튜플   ② 속성
③ 도메인   ④ 테이블

상 **중** 하

43 다음 두 릴레이션 간의 관계에서 교수 릴레이션에 존재하는 외래키는?(단, 교수 릴레이션의 기본키는 교수번호이고 학과 릴레이션의 기본키는 학과번호이다.)

교수(교수번호, 교수이름, 학과번호, 직급)
학과(학과번호, 학과이름, 학과장 교수번호, 학생수)

① 교수이름
② 학과번호
③ 학과장 교수번호
④ 학과이름

상 **중** 하

44 데이터베이스 질의를 사용할 때 다양한 특수 연산자가 있어 매우 유용하게 이용되고 있다. 특수 연산자에 대한 설명으로 가장 잘못된 것은?

① in 연산은 or 연산을 수행한 결과와 같다.
② between 연산은 and 연산을 수행한 결과와 같다.
③ like 연산자를 사용하면 특정한 문자로 시작하는 결과를 검색할 수 있다.
④ where 번호 between 1 and 3하면 1은 포함되고 3은 포함되지 않는다.

상 중 **하**

45 다음 중 폼 마법사를 이용하여 폼을 작성할 때 지정할 수 있는 폼의 모양으로 옳지 않은 것은?

① 열 형식
② 행 형식
③ 테이블 형식
④ 데이터 시트

상 **중** 하

46 다음 쿼리문에 대한 설명으로 가장 옳지 않은 것은?

DELETE * FROM 회원 WHERE 회원번호=300

① [회원] 테이블에서 회원번호가 300인 레코드를 삭제한다.
② WHERE 절 이하 부분이 없으면 아무 레코드도 삭제하지 않는다.
③ 레코드를 삭제한 다음에는 삭제한 내용은 되돌릴 수 없다.
④ 질의문을 실행하는 경우 레코드 수에는 변화가 있을 수 있지만 필드 수에는 변화가 없다.

상 중 **하**

47 폼이나 보고서의 특정 컨트롤에서 '=[단가]*[수량]*(1-[할인률])'과 같은 계산식을 사용하고자 한다. 이 때 계산 결과를 소수점 이하 첫째 자리까지 표시하기 위한 함수는?

① CInd()
② Val()
③ Format()
④ DLookUp()

상 중 **하**

48 다음 중 학생과 학교 개체 간의 학적관계를 E-R 다이어그램으로 옳게 표현한 것은?

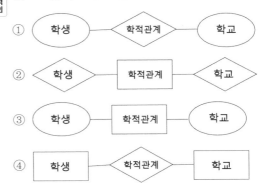

49 다음 중 보고서에서 순번 항목과 같이 그룹 내의 데이터에 대한 일련번호를 표시하기 위해 텍스트 상자 컨트롤의 속성을 설정하는 방법으로 옳은 것은?

① 텍스트 상자의 컨트롤 원본을 '=1'로 지정하고, 누적 합계 속성을 '그룹'으로 지정한다.
② 텍스트 상자의 컨트롤 원본을 '+1'로 지정하고, 누적 합계 속성을 '그룹'으로 지정한다.
③ 텍스트 상자의 컨트롤 원본을 '+1'로 지정하고, 누적 합계 속성을 '모두'로 지정한다.
④ 텍스트 상자의 컨트롤 원본을 '=1'로 지정하고, 누적 합계 속성을 '모두'로 지정한다.

50 다음 쿼리문에 대한 설명으로 옳은 것은?

SELECT 학과명, COUNT(*) AS [휴학자수] FROM 학생
GROUP BY 학과명 HAVING [재학구분]="휴학중"

① 구문의 오류로 인해 실행될 수 없는 쿼리이다.
② 쿼리를 실행하면 5개의 필드가 출력된다.
③ 학과명 별로 휴학 중인 학생들의 인원수를 표시한다.
④ 휴학 중인 학생 수가 가장 많은 학과를 표시한다.

51 다음 중 입력 마스크를 '>L0L L?0'로 지정했을 때 유효한 입력 값은?

① a9b M   ② M3F A07
③ H3H 가H3   ④ 9Z3 3?H

52 다음 〈견적〉 테이블에 대한 함수의 결과로 옳지 않은 것은?

〈견적〉

품명	수량	단가
노트북	5	1000000
모니터	10	500000
키보드	20	30000
마우스	10	15000
프린터	Null	650000

① 함수 =Max([단가]) 결과 : 1000000
② 함수 =Sum([수량]) 결과 : 45
③ 함수 =Avg([수량]) 결과 : 9
④ 함수 =Count([단가]) 결과 : 5

53 다음 중 폼 만들기 도구로 빈 양식의 폼에서 사용자가 직접 텍스트 상자, 레이블, 단추 등의 필요한 컨트롤들을 삽입하여 작성해야 하는 것은?

① 폼
② 폼 분할
③ 여러 항목
④ 폼 디자인

54 다음 중 〈인사〉 테이블에 있는 '고과점수' 필드를 참조하려고 할 때 참조 형식으로 옳은 것은?

① (Forms)!(인사)!(고과점수)
② [Forms]![인사]![고과점수]
③ {Forms}!{인사}&{고과점수}
④ 〈Forms〉&〈인사〉!〈고과점수〉

55 다음 두 테이블 J와 K에 대한 아래 SQL문의 실행 결과로 옳은 것은?

J

A	B
1	A
2	B
3	C

K

A	C
2	X
3	Y
4	X

SELECT A FROM J
UNION
SELECT A FROM K;

① 23
② 123
③ 234
④ 1234

56 다음 중 보고서 인쇄 미리 보기에서의 [페이지 설정] 대화 상자에 대한 설명으로 옳지 않은 것은?

① [열] 탭의 '열 크기'에서 '본문과 같게'는 열의 너비와 높이를 보고서 본문의 너비와 높이에 맞춰 인쇄하는 것이다.
② [열] 탭에서 지정한 '눈금 설정'과 '열 크기'에 비해 페이지의 가로 크기가 작은 경우 자동으로 축소하여 인쇄되지 않는다.
③ [인쇄 옵션] 탭에서 레이블 및 컨트롤의 테두리, 눈금선 등의 그래픽은 인쇄하지 않고 데이터만 인쇄되도록 설정할 수 있다.
④ [인쇄 옵션] 탭에서는 인쇄할 용지의 크기, 용지 방향, 프린터를 지정할 수 있다.

57 다음 중 폼을 열자마자 'txt조회' 컨트롤에 커서(포커스)를 자동적으로 위치하게 하는 이벤트 프로시저는?

① Private Sub txt조회_Click()
　　　txt조회.AutoTab = True
　　End Sub
② Private Sub txt조회_Click()
　　　txt조회.SetFocus
　　End Sub
③ Private Sub Form_Load()
　　　txt조회.AutoTab = True
　　End Sub
④ Private Sub Form_Load()
　　　txt조회.SetFocus
　　End Sub

58 다음 중 인덱스(Index)에 대한 설명으로 옳지 않은 것은?

① 일반적으로 검색을 자주하는 필드에 대해 인덱스를 설정하는 것이 바람직하다.
② 인덱스를 설정하면 검색과 쿼리 속도를 향상시킬 수 있지만 데이터를 추가하거나 업데이트할 때는 속도가 느려진다.
③ 한 테이블에서 한 개의 인덱스만 생성할 수 있다.
④ 중복 불가능한 인덱스를 생성하면 동일한 값이 중복적으로 입력될 수 없다.

59 다음 중 데이터베이스관리자(DBA)의 역할에 대한 설명으로 거리가 먼 것은?

① 데이터의 저장구조와 접근방법을 결정하는 역할을 한다.
② 시스템의 보안성과 무결성을 검사하는 기능을 결정하는 역할을 한다.
③ 데이터 부속어와 호스트 프로그래밍 언어를 이용하여 프로그램을 작성한다.
④ 데이터베이스에 대한 백업과 회복을 위한 적절한 방법을 선택하는 역할을 한다.

60 폼의 머리글에 아래와 같은 도메인 함수 계산식을 사용하는 컨트롤을 삽입하였다. 다음 중 계산 결과 값에 대한 설명으로 옳은 것은?

```
= DLOOKUP("성명", "사원", "[사원번호]=1")
```

① 성명 테이블에서 사원번호가 1인 데이터의 성명 필드에 저장된 값
② 성명 테이블에서 사원번호가 1인 데이터의 사원 필드에 저장된 값
③ 사원 테이블에서 사원번호가 1인 데이터의 성명 필드에 저장된 값
④ 사원 테이블에서 사원번호가 1인 데이터의 사원 필드에 저장된 값

해설과 따로 보는 **2023년 상시 기출문제 09회**

1급	소요시간	문항수
	총60분	총60개

풀이 시간 : _____   채점 점수 : _____

1과목 ┃ **컴퓨터 일반**

상**중**하

01 다음 중 〈보기〉의 기능을 수행하는 것으로 옳은 것은?

〈보기〉

> • 에러 검출과 교정이 가능하다.
> • 최대 2비트까지 에러를 검출하고 1비트의 에러 교정이 가능한 방식이다.
> • 8421코드에 3비트의 짝수 패리티를 추가해서 구성한다.

① CSMA/CD(매체 접근 제어) 방식
② 패리티 검사 방식
③ CRC(순환 중복 검사) 방식
④ 해밍 코드(Hamming Code)

상**중**하

02 다음 중 컴퓨터에서 사용하는 마이크로프로세서(Microprocessor)에 관한 설명으로 옳지 않은 것은?

① 제어 장치, 연산 장치, 주기억 장치가 하나의 반도체 칩에 내장된 장치이다.
② 클럭 주파수와 내부 버스의 Bit 수로 성능을 평가한다.
③ 트랜지스터의 집적도에 따라 기본적인 처리 속도가 결정된다.
④ 현재는 작은 규모의 임베디드 시스템이나 휴대용 기기에서부터 메인 프레임이나 슈퍼컴퓨터까지 사용된다.

상중**하**

03 다음 중 컴퓨터 프로그래밍 언어와 관련하여 객체 지향 언어의 특징으로 옳지 않은 것은?

① 은닉화
② 구조화
③ 상속
④ 자료 추상화

상**중**하

04 다음 중 비밀키 암호화 기법에 해당하지 않는 것은?

① 사용자의 증가에 따라 관리해야 하는 키의 수가 상대적으로 많아진다.
② 대표적으로 DES(Data Encryption Standard) 방식이 있다.
③ 암호화와 복호화의 속도가 빠르다.
④ 이중 키 방식이므로 알고리즘이 복잡하다.

상**중**하

05 다음 중 운영체제의 성능 평가 요소로 가장 거리가 먼 것은?

① 신뢰도 향상
② 앱 번역 및 생성
③ 응답 시간 단축
④ 처리 능력 증대

상**중**하

06 다음 중 XML(eXtensible Markup Language) 문서에 대한 설명으로 옳지 않은 것은?

① 태그(Tag)와 속성을 사용자가 정의할 수 있으며 문서의 내용과 이를 표현하는 방식이 독립적이다.
② HTML과는 달리 DTD(Document Type Declaration)가 고정되어 있지 않으므로 논리적 구조를 표현할 수 있는 유연성을 가진다.
③ XML은 HTML에 사용자가 새로운 태그(Tag)를 정의할 수 있는 기능이 추가되었다.
④ 확장성 생성 언어라는 뜻으로 기존의 HTML의 단점을 보완하여 비구조화 문서를 기술하기 위한 국제 표준 규격이다.

07 다음 중 아래의 내용이 의미하는 것으로 옳은 것은?

- CPU의 간섭 없이 주기억 장치와 입출력 장치 사이에서 직접 전송이 이루어지는 방법
- 고속으로 대량의 데이터를 전송하여 입출력이 이루어짐

① 교착상태(DeadLock)
② DMA(Direct Memory Access)
③ 인터럽트(Interrupt)
④ IRQ(Interrupt ReQuest)

08 다음 중 인터넷상에서 접속이 너무 많거나 너무 원격지일 경우 과부하나 속도 저하를 막기 위해 동일한 사이트를 여러 곳에 복사해 놓는 것을 의미하는 것은?

① 포털 사이트(Portal Site)
② 미러 사이트(Mirror Site)
③ 인트라넷(Intranet)
④ 엑스트라넷(Extranet)

09 다음 중 한글 Windows 10에서 사용되는 [휴지통]에 관한 설명으로 옳지 않은 것은?

① 하드디스크의 파일이나 폴더를 [Delete]를 눌러서 삭제하면 [휴지통]에 넣어지며, [휴지통] 아이콘은 빈 휴지통에서 가득 찬 휴지통 아이콘으로 바뀐다.
② [휴지통]에 보관된 실행형 파일은 복원할 수 있으며 복원하기 전에도 실행시킬 수 있다.
③ Windows에서는 각각의 파티션이나 하드디스크에 [휴지통]을 하나씩 할당한다.
④ [휴지통]에 있는 항목은 사용자가 컴퓨터에서 영구적으로 삭제하기 전까지 휴지통에 그대로 있으며, 사용자가 삭제를 취소하거나 원래 위치로 복원할 수 있다.

10 다음 중 컴퓨터 그래픽과 관련하여 〈보기〉에서 설명하고 있는 그래픽 파일의 형식은?

〈보기〉

- 비손실 압축 방법을 사용한다.
- 애니메이션을 표현할 수 있다.
- 8비트 컬러 사용으로 256가지 색을 표현할 수 있다.
- 비손실 압축이므로 이미지의 손상은 없지만, 압축률이 좋지 않다.

① GIF
② JPG
③ PNG
④ BMP

11 다음 중 컴퓨터 소프트웨어 개발 과정에서 제작되는 알파(Alpha) 버전에 관한 설명으로 옳은 것은?

① 정식 프로그램의 기능을 홍보하기 위해 기능 및 기간을 제한하여 배포하는 프로그램이다.
② 베타 테스트를 하기 전에 제작 회사 내에서 테스트할 목적으로 제작된 프로그램이다.
③ 정식 버전을 출시하기 전에 테스트를 목적으로 일반인에게 공개하는 프로그램이다.
④ 오류 수정이나 성능 향상을 위해 이미 배포된 프로그램 일부를 변경해 주는 프로그램이다.

12 다음 중 서로 독립되어 컴파일된 여러 개의 목적 프로그램을 하나의 실행 가능한 로드 모듈로 만드는 기능을 하는 프로그램은 무엇인가?

① 정렬/합병 프로그램
② 언어 번역 프로그램
③ 다중 프로그램
④ 연계 편집 프로그램

13 10진수 1,024(=2^{10})를 이진수로 올바르게 표현한 것은?

① 10000000000
② 1111111111
③ 11111111111
④ 1000000000

14 다음 중 컴퓨터 통신과 관련하여 P2P 방식에 관한 설명으로 옳은 것은?

① 인터넷에서 이루어지는 개인 대 개인의 파일 공유를 위한 기술이다.
② 인터넷을 통해 MP3를 제공해 주는 기술 및 서비스이다.
③ 인터넷을 통해 동영상을 상영해 주는 기술 및 서비스이다.
④ 여러 사용자가 동시에 온라인 게임을 할 수 있도록 제공해 주는 기술이다.

15 다음 중 레지스터(Register)에 대한 설명 중 옳지 않은 것은?

① CPU 내부에서 처리할 명령어나 연산 결과 값을 일시적으로 저장하는 기억 장치이다.
② 레지스터의 크기는 컴퓨터가 한 번에 처리할 수 있는 데이터의 크기를 나타낸다.
③ 펌웨어(Firmware)를 저장하는 비휘발성 메모리로 액세스 속도가 가장 빠른 기억 장치이다.
④ 구조는 플립플롭(Flip-Flop)이나 래치(Latch)를 직렬 또는 병렬로 연결한다.

16 다음 중 한글 Windows 10에서 사용하는 바로 가기 키의 기능으로 옳지 않은 것은?

① ⊞+X : 빠른 링크 메뉴 열기
② ⊞+ + : 돋보기를 이용한 확대
③ ⊞+ Tab : PC 잠금 또는 계정 전환
④ ⊞+ Ctrl + Enter : 내레이터 열기

17 다음 중 인터넷 연결을 위하여 TCP/IP 프로토콜을 설정할 때 네트워크 ID와 호스트 ID를 구분해 주는 역할을 하며, 대부분 255.255.255.0의 C 클래스(Class)로 정의되는 것은?

① IP 주소
② 기본 게이트웨이
③ DNS(Domain Name System)
④ 서브넷 마스크(Subnet Mask)

18 다음 중 가로 200 픽셀, 세로 400 픽셀 크기의 256 색상으로 표현된 정지 영상을 10:1로 압축하여 JPG 파일로 저장하였을 때 이 파일의 크기는 얼마인가?

① 6KB   ② 7KB
③ 8KB   ④ 9KB

19 다음 중 업무 처리의 신뢰도를 높이기 위해 2개의 CPU가 같은 업무를 동시에 처리하여 그 결과를 상호 점검하면서 운영하는 것으로 컴퓨터 고장으로 인한 작업 중단에 대비하는 시스템은?

① 듀플렉스 시스템
② 클러스터링 시스템
③ 듀얼 시스템
④ 다중 처리 시스템

20 다음 중 Windows의 [설정]-[장치]-[마우스]에서 설정 가능한 기능으로 옳지 않은 것은?

① 기본 단추 선택은 왼쪽과 오른쪽 중에서 선택할 수 있다.
② Alt 를 눌러 포인터의 위치를 표시할 수 있다.
③ 커서 속도를 조절할 수 있다.
④ 마우스 휠을 돌릴 때 스크롤 할 양을 조절할 수 있다.

---

2 과목   스프레드시트 일반

21 다음 중 아래의 함수식 결과가 올바르게 짝지어진 것은?(단, 함수식의 결과가 날짜로 표시된 경우 셀의 표시 형식은 '날짜'로 설정된 것으로 함)

> 가. =EDATE("2024-6-3", 6)
> 나. =EOMONTH("2024-1-1", 11)

① 가. 2024-6-9, 나. 2024-1-12
② 가. 2024-12-31, 나. 2024-12-3
③ 가. 2030-6-3, 나. 2035-12-31
④ 가. 2024-12-3, 나. 2024-12-31

22 다음 프로시저가 실행된 후 ⓐ Sum과 ⓑ k 값으로 옳게 짝지어진 것은?

```
Sub Hap()
    For k = 1 To 20 Step 5
        Sum = Sum + k
    Next
    MsgBox Sum
    MsgBox k
End Sub
```

① ⓐ 17, ⓑ 20
② ⓐ 34, ⓑ 21
③ ⓐ 50, ⓑ 20
④ ⓐ 210, ⓑ 21

23 다음 중 아래의 워크시트에서 사원번호의 3번째 문자가 "K"에 해당하는 사원의 실적[B2:B7]의 합계를 구하는 배열 수식은?

	A	B
1	사원번호	실적
2	04K001	1,000
3	17C021	3,500
4	07K111	2,000
5	20C033	4,500
6	23K222	7,000
7	20C089	6,500

① =SUM(MID($A$2:$A$7="K")*$B$2:$B$7)
② =SUM((MID($A$2:$A$7,1="K"),$B$2:$B$7)
③ =SUM(MID($A$2:$A$7,3="K"),$B$2:$B$7)
④ =SUM((MID($A$2:$A$7,3,1)="K")*$B$2:$B$7)

24 다음 〈보기〉의 정렬에 대한 설명 중 맞는 것만으로 옳게 짝 지어진 것은?

〈보기〉

ⓐ 머리글 행이 없는 데이터도 원하는 기준으로 정렬이 가능하다.
ⓑ 영숫자 텍스트는 왼쪽에서 오른쪽으로 정렬된다.
ⓒ 영문자의 경우 대/소문자를 구분하여 정렬할 수 있으며, 오름 차순으로 정렬하면 대문자가 우선순위를 갖는다.
ⓓ 글꼴에 지정된 색을 기준으로 정렬하려면 정렬 기준을 '셀 색'으로 설정한다.
ⓔ 빈 셀(공백)은 정렬 순서와 관계없이 항상 가장 마지막으로 정렬된다.

① ⓐ, ⓑ, ⓒ
② ⓐ, ⓑ, ⓔ
③ ⓑ, ⓒ, ⓓ
④ ⓒ, ⓓ, ⓔ

25 다음 중 작성된 매크로를 실행하는 방법으로 옳지 않은 것은?

① 매크로를 지정한 도형을 클릭하여 실행한다.
② 매크로를 작성할 때 지정한 바로 가기 키를 이용하여 실행한다.
③ 매크로가 적용되는 셀의 바로 가기 메뉴를 이용하여 실행한다.
④ 매크로 대화 상자에서 매크로를 선택하여 실행한다.

26 다음 중 [데이터]-[데이터 가져오기 및 변환]에서 가져올 수 없는 파일 형식은?

① 웹(*.html)
② MS-Word(*.docx)
③ 텍스트/CSV(*.txt, *.csv)
④ Access(*.mdb, *.accdb)

27 다음 아래의 차트에 대한 설명으로 옳지 않은 것은?

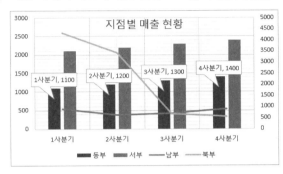

① 묶은 세로 막대형-꺾은선형, 보조 축이 적용된 차트이다.
② 차트 제목 "지점별 매출 현황"은 '차트 위'가 설정되어 있다.
③ 데이터 레이블은 동부 지점에 대해 '데이터 설명선'이 적용되어 있다.
④ 눈금선은 기본 주 가로, 기본 주 세로, 기본 보조 가로, 기본 보조 세로가 적용되어 있다.

28 다음 중 아래와 같이 '김선'의 성적 변화([D3:D8])에 따른 평균의 변화([E3:E8])를 표의 형태로 표시하기 위한 [데이터 표] 작업에 대한 설명으로 옳지 않은 것은?

	A	B	C	D	E	F
1	성명	점수		김선	평균	
2	이대한	68			75.2	
3	한상공	79		50	68.7	
4	왕예린	56		60	70.3	
5	차은서	69		70	72.0	
6	김선	89		80	73.7	
7	최지선	90		90	75.3	
8	평균	75.2		100	77.0	
9						

① [데이터 표]의 결과 값은 반드시 변화하는 '김선'의 성적을 포함한 수식으로 작성되어야 한다.
② 평균의 변화 값을 구하는 [데이터 표]이므로 평균 [B8] 셀의 수식을 그대로 [E2] 셀에 입력한다.
③ [D2:E8] 영역을 선택하고, [데이터]-[예측]-[가상 분석]-[데이터 표]를 선택하여 실행한다.
④ [데이터 표] 대화 상자에서 '행 입력 셀'에 [B6]을 입력한다.

29 국어, 영어, 수학의 각 점수가 70, 80, 90일 때, 평균이 90이 되기 위한 국어 점수를 구하고자 한다. 다음 중 어떤 기능을 이용하는 것이 가장 적절한가?

① 목표값 찾기
② 시나리오 분석
③ 데이터 통합
④ 부분합

30 다음 중 피벗 차트 보고서에 대한 설명으로 옳지 않은 것은?

① 피벗 차트 보고서에 필터를 적용하면 피벗 테이블 보고서에 자동 적용된다.
② 처음 피벗 테이블 보고서를 만들 때 자동으로 피벗 차트 보고서를 함께 만들 수도 있고, 기존 피벗 테이블 보고서에서 피벗 차트 보고서를 만들 수도 있다.
③ 피벗 차트 보고서를 정적 차트로 변환하려면 관련된 피벗 테이블 보고서를 선택한 후 [피벗 테이블 분석] 탭 [동작] 그룹의 [지우기]–[모두 지우기] 명령을 수행하여 피벗 테이블 보고서를 먼저 삭제한다.
④ 피벗 차트 보고서를 삭제해도 관련된 피벗 테이블 보고서는 삭제되지 않는다.

31 다음 아래의 [머리글/바닥글] 편집 단추의 기능에 따른 삽입 코드로 옳지 않은 것은?

	기능	삽입 코드
①	전체 페이지 수 삽입	&[전체 페이지 수]
②	파일 경로 삽입	&[경로]&[파일]
③	파일 이름 삽입	&[파일]
④	시트 이름 삽입	&[시트]

32 다음 중 시트 전체를 범위로 선택하는 방법으로 옳지 않은 것은?

① 시트의 임의의 셀에서 Ctrl + A 를 누른다.
② 시트 전체 선택 단추(◢)를 클릭한다.
③ 하나의 열이 선택된 상태에서 Shift + Space Bar 를 누른다.
④ 하나의 행이 선택된 상태에서 Shift + Space Bar 를 누른다.

33 통합 문서를 열 때마다 특정 작업이 자동으로 수행되는 매크로를 작성하려고 한다. 이때 사용해야 할 매크로 이름으로 옳은 것은?

① Auto_Open
② Auto_Exec
③ Auto_Macro
④ Auto_Start

34 다음 중 아래의 수학식을 엑셀의 해당 함수를 이용하여 수식으로 바르게 표현한 것은?

$$\sqrt{89} \times (|-63| + 6^3)$$

① =POWER(89)*(ABS(-63)+SQRT(6,3))
② =SQRT(89)*(EXP(-63)+POWER(6,3))
③ =SQRT(89)*(ABS(-63)+POWER(6,3))
④ =POWER(89)*(ABS(63)+SQRT(3,6))

35 다음 중 엑셀에서 지원하는 파일 형식에 대한 설명으로 옳지 않은 것은?

① 통합 문서에 매크로나 VBA 코드가 없으면 '*.xlsx' 파일 형식으로 저장한다.
② Excel 2003 파일을 Excel 2021에서 열어 작업하면 파일은 자동으로 Excel 2021 형식으로 저장된다.
③ 통합 문서를 서식 파일로 사용하려면 '*.xltx' 파일 형식으로 저장한다.
④ 이전 버전의 Excel에서 만든 파일을 Excel 2021 파일로 저장하면 새로운 Excel 기능을 모두 사용할 수 있다.

36 다음 중 항목 레이블이 월, 분기, 연도와 같이 일정한 간격의 값을 나타낼 때 적합한 차트로 일정 간격에 따라 데이터의 추세를 표시하는 데 유용한 것은?

① 분산형 차트
② 원형 차트
③ 꺾은선형 차트
④ 방사형 차트

37 다음 중 워크시트의 [틀 고정] 기능에 관한 설명으로 옳지 않은 것은?

① 워크시트에서 화면을 스크롤할 때 행 또는 열 레이블이 계속 표시되도록 설정하는 기능이다.

② 화면에 표시되는 틀 고정 형태는 인쇄 시에도 그대로 적용되어 출력된다.

③ [틀 고정] 기능에는 현재 선택 영역을 기준으로 하는 '틀 고정' 외에도 '첫 행 고정', '첫 열 고정' 등의 옵션이 있다.

④ 행과 열을 모두 잠그려면 창을 고정할 위치의 오른쪽 아래 셀을 클릭한 후 '틀 고정'을 실행한다.

38 다음 중 매크로 편집에 사용되는 Visual Basic Editor에 관한 설명으로 옳지 않은 것은?

① Visual Basic Editor는 바로 가기 키인 Alt + F11을 누르면 실행된다.

② 작성된 매크로는 한 번에 실행되며, 한 단계씩 실행될 수는 없다.

③ Visual Basic Editor는 프로젝트 탐색기, 속성 창, 모듈 시트 등으로 구성되어 있다.

④ 실행하고자 하는 매크로 구문 내에 커서를 위치시키고 F5를 누르면 매크로가 바로 실행된다.

39 다음 중 고급 필터 실행을 위한 조건 지정 방법에 대한 설명으로 옳지 않은 것은?

① 함수나 식을 사용하여 조건을 입력하면 셀에는 비교되는 현재 대상의 값에 따라 TRUE나 FALSE가 표시된다.

② 함수를 사용하여 조건을 입력하는 경우 원본 필드명과 동일한 필드명을 조건 레이블로 사용해야 한다.

③ 다양한 함수와 식을 혼합하여 조건을 지정할 수 있다.

④ 텍스트 데이터를 필터링할 때 대/소문자는 구분되지 않으나 수식으로 대/소문자를 구분하여 검색할 수 있다.

40 다음 아래의 시트처럼 짝수 행에만 서식을 적용하는 조건부 서식의 수식으로 옳은 것은?

▲	A	B	C	D	E
1	성명	컴일반	엑셀	액세스	평균
2	왕예린	90	80	70	80
3	김서연	100	67	89	85
4	이세현	50	60	70	60
5	정하림	44	55	66	55

① =ISODD(ROW())

② =ISEVEN(ROW())

③ =ISODD(COLUMN())

④ =ISEVEN(COLUMN())

---

3 과목　데이터베이스 일반

41 다음 중 관계형 데이터베이스 관리 시스템(RDBMS)의 종류에 해당하지 않는 것은?

① MS-SQL Server

② 오라클(ORACLE)

③ MY-SQL

④ 파이썬(Python)

42 [사원] 테이블에서 '사번' 필드를 기본키로 설정하려 하였더니 다음과 같은 내용의 오류 메세지가 나타났다. 중복된 사번을 찾는 쿼리로 가장 적절한 것은?

> 인덱스, 기본키 또는 관계에서 중복된 값을 만들었기 때문에 테이블에 요청된 변경 사항이 적용되지 않았습니다. 필드의 데이터 또는 중복 데이터가 있는 필드를 변경하거나 인덱스를 제거하거나 중복이 가능한 인덱스로 다시 정의하여 다시 시도하십시오.

① Select 사번 From 사원 Having Count(*) > 1

② Select 사번 From 사원 Group by 사번 Where Count(*) > 1

③ Select 사번 From 사원 Where Count(*) > 1 Group by 사번

④ Select 사번 From 사원 Group by 사번 Having Count(*) > 1

43 다음 중 다양한 사용자의 요구사항을 분석하여 정보 구조를 표현한 관계도(ERD)를 생성하는 데이터베이스 설계 단계는?

① 데이터베이스 기획
② 개념적 설계
③ 논리적 설계
④ 물리적 설계

44 다음 〈보기1〉 SQL문에 의해서 조회되는 CNO 목록으로 가장 적절한 것은?(단, [COURSE] 테이블의 CNO 필드에는 〈보기2〉와 같은 값들이 입력되어 있다.)

〈보기1〉

```
SELECT CNO
FROM COURSE
WHERE CNO LIKE 'K?'
```

〈보기2〉

```
K5, KBO, KO, KOREA, K82, OK, SKC
```

① K5, KBO, KO, KOREA, K82
② K5, KBO, KO, KOREA, K82, OK, SKC
③ K5, KO
④ K5, KO, K82, OK, SKC

45 다음 중 액세스에서 색인(Index)에 대한 설명으로 가장 옳지 않은 것은?

① 테이블의 내용을 검색할 때 그 속도를 높이기 위해서 이용한다.
② OLE 개체 데이터 형식의 필드는 인덱스를 사용할 수 없다.
③ 인덱스의 종류는 단일 필드 인덱스와 다중 필드 인덱스가 있다.
④ 인덱스를 설정하면 조회 및 정렬 속도는 느려지지만, 업데이트 속도는 빨라진다.

46 다음 중 관계형 데이터베이스에서 사용되는 용어로 옳지 않게 짝지어진 것은?

> ⓐ 도메인(Domain), ⓑ 튜플(Tuple)
> ⓒ 차수(Degree), ⓓ 기수(Cardinality)

가. 하나의 속성이 취할 수 있는 값의 집합이다.
나. 테이블에서 행을 나타내는 말로 레코드와 같은 의미이다.
다. 한 릴레이션(테이블)에서 속성(필드=열)의 개수이다.
라. 테이블에서 열을 나타내는 말로 필드와 같은 의미이다.

① ⓐ-가.
② ⓑ-나.
③ ⓒ-다.
④ ⓓ-라.

47 다음의 수식을 보고서를 이용하여 인쇄할 경우 표시되는 결과로 옳은 것은?

> =Right("서울특별시 중구 세종대로 39 상공회의소회관", InStr("서울특별시 중구","시"))

① 서울특별시
② 시 중구 세
③ 상공회의소
④ 회의소회관

48 다음 중 다른 테이블을 참조하는 외래키에 대한 설명으로 옳은 것은?

① 외래키 필드의 값은 유일해야 하므로 중복된 값이 입력될 수 없다.
② 외래키 필드의 값은 Null 값일 수 없으므로, 값이 반드시 입력되어야 한다.
③ 한 테이블에서 특정 레코드를 유일하게 구별할 수 있는 속성이다.
④ 하나의 테이블에는 여러 개의 외래키가 존재할 수 있다.

49 [성적] 테이블의 점수 필드의 속성을 아래와 같이 설정한 경우, 입력 값에 대한 결과가 옳지 않은 것은?

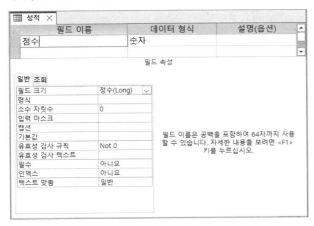

① 1.3를 입력하면 1의 값이 저장된다.
② 0.3를 입력하면 0의 값이 저장된다.
③ 8963을 입력하면 8963이 된다.
④ 8,963을 입력하면 8963이 된다.

50 다음 쿼리문에 대한 설명으로 가장 옳지 않은 것은?

합격
강의

```
DELETE * FROM 고객 WHERE 고객번호=123
```

① 쿼리문을 실행하는 경우 레코드 수에는 변화가 있을 수 있지만 필드 수에는 변화가 없다.
② 레코드를 삭제한 다음에는 삭제한 내용은 되돌릴 수 없다.
③ WHERE 절 이하 부분이 없으면 아무 레코드도 삭제하지 않는다.
④ [고객] 테이블에서 고객번호가 123인 레코드를 삭제한다.

51 다음 중 아래 <고객>과 <구매리스트> 테이블 관계에 참조 무결성이 항상 유지되도록 설정할 수 없는 경우는?

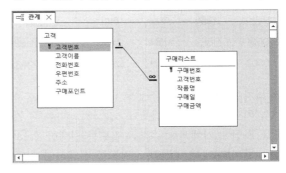

① <고객> 테이블의 '고객번호' 필드 값이 <구매리스트> 테이블의 '고객번호' 필드에 없는 경우
② <고객> 테이블의 '고객번호' 필드 값이 <구매리스트> 테이블의 '고객번호' 필드에 하나만 있는 경우
③ <고객> 테이블의 '고객번호' 필드 값이 <구매리스트> 테이블의 '고객번호' 필드에 두 개 이상 있는 경우
④ <구매리스트> 테이블의 '고객번호' 필드 값이 <고객> 테이블의 '고객번호' 필드에 없는 경우

52 다음 중 보고서의 각 구역에 대한 설명으로 옳지 않은 것은?

① '페이지 머리글'은 인쇄 시 모든 페이지의 맨 위에 출력되며, 모든 페이지에 특정 내용을 반복하려는 경우 사용한다.
② '보고서 머리글'은 보고서의 맨 앞에 한 번 출력되며, 함수를 이용한 집계 정보를 표시할 수 없다.
③ '그룹 머리글'은 각 새 레코드 그룹의 맨 앞에 출력되며, 그룹 이름이나 그룹별 계산결과를 표시할 때 사용한다.
④ '본문'은 레코드 원본의 모든 행에 대해 한 번씩 출력되며, 보고서의 본문을 구성하는 컨트롤이 추가된다.

53 다음 중 폼의 레코드 원본으로 사용할 수 없는 것은?

① 테이블
② 쿼리
③ SQL문
④ 매크로

54 다음 중 아래와 같은 <고객> 테이블에서 필드의 순서를 변경하기 위한 방법으로 옳지 않은 것은?

고객번호	고객명	주소	취미	전화
0001	정하림	서울시	독서	010-1111-2222
0002	이세현	구리시	게임	010-2222-3333

① 디자인 보기에서 <주소> 필드를 선택한 후 이동할 위치로 끌어다 놓는다.

② 디자인 보기에서 <주소> 필드를 선택한 후 [Shift]를 누른 상태에서 <전화> 필드를 선택하여 이동할 위치로 끌어다 놓으면 <주소, 취미, 전화> 필드가 이동된다.

③ 데이터시트 보기에서 <전화> 필드를 선택한 후 이동할 위치로 끌어다 놓는다.

④ 데이터시트 보기에서 <주소> 필드명을 선택한 후 [Ctrl]을 누른 상태에서 <전화> 필드를 선택하여 이동할 위치로 끌어다 놓으면 <주소, 전화> 필드만 이동된다.

55 다음 중 하위 폼에 대한 설명으로 옳지 않은 것은?

① 하위 폼은 테이블, 쿼리나 다른 폼을 이용하여 작성할 수 있다.

② 연결된 기본 폼과 하위 폼 모두 연속 폼의 형태로 표시할 수 있다.

③ 사용할 수 있는 하위 폼의 개수에는 제한이 없으나, 하위 폼의 중첩은 7개 수준까지만 가능하다.

④ 기본 폼과 하위 폼을 연결할 필드의 데이터 형식은 같거나 호환되어야 한다.

56 다음 중 함수에 대한 설명으로 옳지 않은 것은?

① ROUND() : 인수로 입력한 숫자를 지정한 자릿수로 반올림해 준다.

② DSUM() : 지정된 레코드 집합에서 해당 필드 값의 합계를 계산할 수 있다.

③ INSTR() : 문자열에서 특정한 문자 또는 문자열이 존재하는 위치를 구해준다.

④ VALUE() : 문자열에 포함된 숫자를 적절한 형식의 숫자 값으로 반환한다.

57 다음 중 레코드가 추가될 때마다 시스템에서 자동으로 값을 입력해 주며 업데이트나 수정이 불가능한 데이터 형식은?

① 짧은 텍스트
② 숫자
③ 일련번호
④ Yes/No

58 다음 중 테이블 간의 관계 설정에서 일대일 관계가 성립하는 것은?

① 양쪽 테이블의 연결 필드가 모두 중복 불가능의 인덱스나 기본키로 설정된 경우

② 어느 한쪽 테이블의 연결 필드가 중복 불가능의 인덱스나 기본키로 설정된 경우

③ 오른쪽 관련 테이블의 연결 필드가 중복 가능한 인덱스나 후보키로 설정된 경우

④ 양쪽 테이블의 연결 필드가 모두 중복 가능한 인덱스나 후보키로 설정된 경우

59 다음 중 전체 페이지가 10페이지이고 현재 페이지가 5페이지인 보고서에서 표시되는 식과 결과가 올바른 것은?

① =[Pages] & "중 " & [Page] → 5중 10
② =[Pages] & "Page" → 5Page
③ =[Pages] → 5/10
④ =Format([Pages], "0000") → 0010

60 다음 중 액세스의 작업을 자동화하고 폼이나 보고서의 컨트롤에 기능들을 미리 정의하여 사용할 수 있도록 하는 기능은?

① 매크로
② 응용 프로그램 요소
③ 업무 문서 양식 마법사
④ 성능 분석 마법사

해설과 따로 보는 **2023년 상시 기출문제 10회**

1급	소요시간	문항수
	총60분	총60개

풀이 시간 : _____   채점 점수 : _____

---

1 과목 **컴퓨터 일반**

01 다음 중 방화벽(Firewall)에 대한 설명으로 옳지 않은 것은?

① 방화벽은 외부 네트워크와 내부 네트워크 사이에 위치한다.
② 내부 네트워크에서 외부로 나가는 패킷을 체크하여 인증된 패킷만 통과시킨다.
③ 역추적 기능으로 외부 침입자의 흔적을 찾을 수 있다.
④ 보안이 필요한 네트워크의 통로를 단일화하여 관리한다.

02 다음 중 바탕 화면에 바로 가기 아이콘을 만들기 위한 방법으로 옳지 않은 것은?

① [파일 탐색기]에서 파일을 Ctrl 을 누른 채 드래그하여 바탕 화면에 놓는다.
② 파일에서 마우스 오른쪽 버튼을 누른 채 빈 곳으로 드래그한 후 [여기에 바로 가기 만들기] 메뉴를 선택한다.
③ 바탕 화면의 빈 곳에서 마우스 오른쪽 버튼을 눌러 [새로 만들기]-[바로 가기] 메뉴를 선택한다.
④ 파일을 Ctrl + C 로 복사한 후 바탕 화면의 빈 곳에서 마우스 오른쪽 버튼을 눌러 [바로 가기 붙여 넣기] 메뉴를 선택한다.

03 다음 중 〈보기〉에서 설명하는 코드로 옳은 것은?

〈보기〉
• 세계 각 나라의 언어를 표현할 수 있는 국제 표준 코드이다.
• 코드의 크기는 2바이트이다.
• 표현 가능한 문자수는 65,536자이다.
• 한글의 경우 조합, 완성, 옛 글자 모두 표현 가능하다.

① ASCII 코드
② BCD 코드
③ 유니코드(Unicode)
④ EBCDIC 코드

04 다음 중 컴퓨터의 정상적인 작동을 방해하여 운영체제나 저장된 데이터에 손상을 입힐 수 있는 보안 위협의 종류는?

① 바이러스
② 키로거
③ 애드웨어
④ 스파이웨어

05 다음 중 인터넷에서 사용하는 표준 주소 체계인 URL(Uniform Resource Locator)의 4가지 구성 요소를 순서대로 옳게 나열한 것은?

① 서버 주소, 프로토콜, 포트 번호, 파일 경로
② 프로토콜, 서버 주소, 포트 번호, 파일 경로
③ 프로토콜, 서버 주소, 파일 경로, 포트 번호
④ 포트 번호, 프로토콜, 서버 주소, 파일 경로

06 다음 중 인터넷을 이용한 FTP(File Transfer Protocol)에 관한 설명으로 옳지 않은 것은?

① 멀리 떨어져 있는 컴퓨터로부터 파일을 전송받거나 전송하는 서비스를 의미한다.
② 익명의 계정을 이용하여 파일을 전송할 수 있는 서버를 Anonymous FTP 서버라고 한다.
③ 일반적으로 텍스트 파일의 전송을 위한 ASCII 모드와 실행 파일의 전송을 위한 Binary 모드로 구분하여 수행한다.
④ FTP 서버에 계정을 가지고 있는 사용자는 FTP 서버에 있는 프로그램을 다운로드 없이 실행시킬 수 있다.

07 다음 중 〈보기〉의 네트워크 명령에 따른 수행 기능으로 옳지 않게 짝지어진 것은?

〈보기〉

가. ipconfig	나. ping	다. tracert	라. finger

ⓐ URL 주소로 IP 주소를 확인하는 명령이다.
ⓑ 네트워크에 연결된 컴퓨터의 경로(라우팅 경로)를 추적할 때 사용하는 명령이다.
ⓒ 네트워크의 현재 상태나 다른 컴퓨터의 네트워크 접속 여부를 확인하는 명령이다.
ⓓ 사용자 자신의 컴퓨터 IP 주소를 확인하는 명령이다.

① 가. -ⓓ
② 나. -ⓒ
③ 다. -ⓑ
④ 라. -ⓐ

08 다음 〈보기〉는 컴퓨터 그래픽과 관련된 내용이다. 이를 표현 방식으로 나눌 때 같은 방식의 특징에 해당되지 않은 것은?

〈보기〉

가. BMP, TIF, GIF, JPEG 등이 있다.
나. 이미지를 확대하면 테두리가 거칠게 표현된다.
다. 다양한 색상을 이용하기 때문에 사실적 표현이 용이하다.
라. 점과 점을 연결하는 직선이나 곡선을 이용하여 이미지를 표현하는 방식이다.

① 가
② 나
③ 다
④ 라

09 다음 중 하드디스크에서 기억 영역을 효율적으로 관리하기 위해 여러 개의 섹터를 하나로 묶는 단위로 사용되며 크기가 늘어나면 검색 속도는 느려지는 것은?

① 로더(Loader)
② 클러스터링(Clustering)
③ PnP(Plug & Play)
④ 채널(Channel)

10 다음 중 아날로그 컴퓨터와 비교하여 디지털 컴퓨터의 특징으로 옳지 않은 것은?

① 산술 및 논리 연산을 처리하는 회로에 기반을 둔 범용 컴퓨터로 사용된다.
② 온도, 전압, 진동 등과 같이 연속적으로 변하는 데이터를 효율적으로 처리할 수 있다.
③ 데이터 처리를 위한 명령어들로 구성된 프로그램에 의해 동작된다.
④ 데이터의 각 자리마다 0 혹은 1의 비트로 표현한 이산적인 데이터를 처리한다.

11 다음 컴파일러 기법의 특징으로 틀린 것은?

① 정적 자료 구조
② 효율성을 강조한 처리
③ 기억 장소가 많이 필요
④ 명령 단위별로 번역하여 즉시 실행

12 다음 중 다양한 정보의 데이터베이스를 구축하여 사용자가 요구하는 정보를 원하는 시간에 서비스받을 수 있는 멀티미디어 서비스를 무엇이라 하는가?

① 폴링(Polling)
② P2P(Peer to Peer)
③ VCS(Video Conference System)
④ VOD(Video On Demand)

13 영상(Image)은 화소(Pixel)의 2차원 배열로 구성된다. 이때 한 화소가 8비트를 사용한다면 한 화소가 표현할 수 있는 컬러 수는 몇 개인가?

① 16
② 32
③ 64
④ 256

14 다음 중 오디오 압축 방식에 대한 설명으로 옳지 않은 것은?

① WAV(Waveform Audio Format)는 비압축 오디오 포맷으로 MS사의 Windows의 오디오 파일 포맷 표준으로 사용되는 무손실 음원이다.

② ALAC(Apple Lossless Audio Codec)는 애플사에서 만든 오디오 코덱으로 디지털 음악에 대한 무손실 압축을 지원한다.

③ AIFF(Audio Interchange File Format)는 오디오 파일 형식으로 비압축 무손실 압축 포맷이며 고품질의 오디오 CD를 만들 수 있고 애플사의 매킨토시에서 사용된다.

④ FLAC(Free Lossless Audio Codec)는 오디오 파일이나 여러 연주, 악기 소리 등을 프로그램에 입력하여 녹음하는 방법으로 음의 수정이나 리듬 변형 등의 여러 편집 작업이 가능하다.

15 다음은 데이터 통신 시스템에서 사용되는 데이터의 흐름을 나타낸 것이다. 괄호 안에 들어갈 용어로 옳게 짝지어진 것은?

변조 – (ⓐ) – (ⓑ) – 병렬화

① ⓐ 직렬화, ⓑ 복조
② ⓐ 복조, ⓑ 직렬화
③ ⓐ 샘플링, ⓑ 동조
④ ⓐ 동조, ⓑ 샘플링

16 컴퓨터 시스템 보안 등급에 대한 설명 중 올바른 것은?

① 미국 국방성에서 만든 컴퓨터 시스템 보안 평가 기준으로 5등급으로 세분화하였다.

② 운영체제의 보안 등급은 Unix, Windows NT, MS-DOS 중 MS-DOS가 가장 높다.

③ B1 등급은 모든 데이터가 각각 보안 등급을 갖고 있어서 보안 권한이 있는 사람만이 접근할 수 있다.

④ D 등급은 최상위 보안 등급으로 개인용 운영체제가 이에 속한다.

17 다음 중 제한된 색상을 조합하여 새로운 색을 만드는 작업을 뜻하는 그래픽 기법으로 옳은 것은?

① 렌더링(Rendering)
② 디더링(Dithering)
③ 모델링(Modelling)
④ 리터칭(Retouching)

18 다음 중 사물 인터넷에 대한 설명으로 가장 옳지 않은 것은?

① 개인별 맞춤형 스마트 서비스를 지향하며 정보 보안 기술의 적용이 중요하다.

② 개방형 아키텍처로 스마트 센싱 기술과 무선 통신 기술을 융합한 실시간 송수신 서비스가 제공된다.

③ 사물 인터넷은 LBS라고도 하며 위치 기반 맞춤형 스마트 서비스를 지향한다.

④ 인간 대 사물, 사물 대 사물 간에 인터넷으로 연결되어 정보의 소통이 가능한 기술이다.

19 다음 중 와이파이(WiFi)에 대한 설명으로 옳지 않은 것은?

① IEEE 802.11 기술 규격으로 IEEE 802.11b 규격은 최대 11Mbps, IEEE 802.11g 규격은 최대 54Mbps의 속도를 지원한다.

② 인프라스트럭쳐(Infrastructure) 모드는 AP(Access Point)를 통해 데이터를 송수신하는 방식이다.

③ WiFi는 Wireless Fidelity의 약어로 장소와 환경에 따라 전혀 영향을 받지 않으며 사용 거리에 제한을 두지 않는다.

④ 다중 접속 환경에 최적화된 WiFi 6은 공공 와이파이 환경에서도 최상의 품질을 제공한다.

20 다음 중 핫 스왑(Hot Swap)에 대한 설명으로 옳은 것은?

① 사용을 위해 요구된 만큼 프로그램의 필요한 부분을 메모리에 적재하는 것

② 전원을 끄지 않고도 컴퓨터에 장착된 장비를 제거하거나 교환할 수 있는 기능

③ 응용 프로그램이 운영체제의 서비스를 요구할 때 사용하는 기능

④ 필요한 만큼의 공간을 만들기 위해 메모리로부터 불필요한 부분을 삭제하는 것

21 셀의 서식은 기본 설정인 'G/표준'으로 설정되어 있다. 셀에 입력된 값이 10000을 초과하면 파란색으로 표시하고, 음수이면 빨간색과 부호는 생략하고 괄호 안에 수치를 표시하고자 한다. 다음 중 사용자 지정 서식으로 옳은 것은?

① [파랑][>=10000]G/표준;[빨강][<0](G/표준);
② [빨강]G/표준;[파랑][>10000]G/표준
③ [파랑][>10000]G/표준;[빨강][<0](G/표준)
④ [파랑][>10000]G/표준;[빨강](G/표준)

22 다음 아래의 시트처럼 [A1] 셀에 입력된 문자열이 셀의 너비보다 클 경우 [B1] 셀처럼 입력 문자열의 글꼴 크기를 줄여 한 줄로 셀에 표시되게 하려면 셀 서식에서 어느 항목을 선택해 주어야 하는가?

	A	B	C
1	대한상공회의소		
2	대한상공회의소		
3			

① 자동 줄 바꿈　　② 셀에 맞춤
③ 셀 병합　　④ 균등 분할

23 다음 중 [A1] 셀을 [D1] 셀까지 채우기 핸들을 이용하여 드래그했을 때 표시되는 값으로 옳은 것은?

	A	B	C	D
1	89.63			
2				

① 89.63　　② 90.63
③ 91.63　　④ 92.63

24 다음 중 연속적인 위치에 데이터가 입력된 여러 개의 셀을 범위로 설정한 후, 셀 병합을 실행하였을 때의 결과에 대한 설명으로 옳은 것은?

① 데이터가 들어 있는 여러 셀은 셀 보호가 자동으로 설정되어 병합할 수 없다.
② 가장 위쪽 또는 왼쪽의 셀 데이터만 남고 나머지 셀 데이터는 모두 지워진다.
③ 가장 아래쪽 또는 오른쪽의 셀 데이터만 남고 나머지 셀 데이터는 모두 지워진다.
④ 기존에 입력되어 있던 데이터들이 한 셀에 모두 표시된다.

25 회사에서 업무를 위해 사용하는 기계나 물건, 설비 등은 사용되면서 소모가 되어 그 가치가 떨어지는데 그만큼의 감소분을 보전하기 위한 비용을 감가상각액이라 한다. 다음 중 감가상각액을 구하기 위한 함수로 옳게 짝지어진 것은?

ⓐ FV, ⓑ PV, ⓒ NPV, ⓓ PMT, ⓔ SLN, ⓕ SYD

① ⓐ, ⓑ
② ⓒ, ⓓ
③ ⓔ, ⓕ
④ ⓐ, ⓑ, ⓒ, ⓓ

26 다음 중 [시나리오 관리자]의 실행 단추에 대한 설명으로 잘못된 것은?

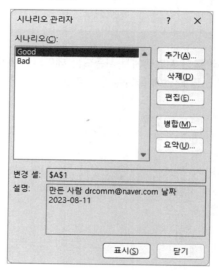

① [삭제] 단추는 선택한 시나리오를 제거할 때 사용하는 것으로, '실행 취소' 단추를 이용하여 삭제된 시나리오를 복원할 수 있다.
② [편집] 단추는 선택한 시나리오를 수정할 때 사용하는 것으로, 시나리오 이름과 대상 셀의 범위를 수정할 수 있다.
③ [병합] 단추는 다른 시트에 있는 시나리오를 불러와서 추가할 때 사용하는 것이다.
④ [요약] 단추는 선택한 시나리오의 요약보고서나 시나리오 피벗 테이블 보고서를 작성할 때 사용하는 것이다.

27 다음 중 주 근무 시간의 합계를 구하기 위해 [C9] 셀에 적용해야 할 사용자 지정 셀 서식으로 올바른 것은?

C9	▼ : × ✓ fx	=SUM(C4:C8)		
▲	A	B	C	D	E
1		주 근무 시간			
2					
3	성명	요일	근무시간		
4	왕예린	월요일	5:20		
5		화요일	4:40		
6		수요일	5:00		
7		목요일	5:30		
8		금요일	4:30		
9		합계	25:00		
10					

① h:mm ② [h]:mm

③ hh:mm ④ #h:mm

28 다음 중 수식과 그 실행 결과 값의 연결이 옳지 않은 것은?

① =SUM(MEDIAN(1,2,3,4,5),MODE.SNGL(1,2,3,4,5,5)) → 8

② =SUM(INT(−4.9),TRUNC(14.3)) → 9

③ =CHOOSE(MOD(101,3),POWER(3,2),FACT(3),INT(89.63)) → 6

④ =POWER(SQRT(4),2^2) → 8

29 다음 중 Excel 2021의 리본 메뉴에 대한 설명으로 옳지 않은 것은?

① 리본의 활성 탭을 선택하고 액세스 키를 활성화하려면 Alt 나 F10 을 누른다.

② 리본 메뉴를 빠르게 최소화하려면 활성 탭의 이름을 두 번 클릭하고 리본 메뉴를 원래 상태로 되돌리려면 탭을 다시 두 번 클릭한다.

③ 리본 메뉴는 탭, 그룹 및 명령의 세 요소로 구성되어 있다.

④ 리본 메뉴를 최소화하거나 원래 상태로 되돌리려면 Ctrl + F10 을 누른다.

30 다음 〈보기〉에서 설명하는 차트로 옳은 것은?

〈보기〉

• 계층적 데이터를 표시하는 데 이상적이며 계층 구조 내에 빈 (공백) 셀이 있을 때 그릴 수 있다.

• 하나의 고리 또는 원이 계층 구조의 각 수준을 나타내며 가장 안쪽에 있는 원이 계층 구조의 가장 높은 수준을 나타낸다.

• 계층 구조가 없는(하나의 범주 수준) 이 차트는 도넛형 차트와 모양이 유사하다.

• 범주 수준이 여러 개인 이 차트는 외부 고리와 내부 고리의 관계를 보여준다.

① 히스토그램 차트

② 상자 수염 차트

③ 트리맵 차트

④ 선버스트 차트

31 다음 중 [셀 서식] 대화 상자의 [맞춤] 탭의 '텍스트 방향'에서 설정할 수 없는 항목은?

① 텍스트 방향대로

② 텍스트 반대 방향으로

③ 왼쪽에서 오른쪽

④ 오른쪽에서 왼쪽

32 다음 중 아래 프로시저의 실행 결과로 옳은 것은?

```
Sub loopTest()
    Dim k As Integer
    Do while k < 3
        [A1].offset(k,1)=10
        k = k + 2
    Loop
End Sub
```

① [A2] 셀에 10이 입력된다.

② [A1] 셀과 [A3] 셀에 10이 입력된다.

③ [B2] 셀에 10이 입력된다.

④ [B1] 셀과 [B3] 셀에 10이 입력된다.

33 다음 중 아래의 시트에서 수식 =DSUM(A1:D7,4,B1:B2)를 실행했을 때의 결과 값으로 옳은 것은?

▲	A	B	C	D
1	성명	부서명	상반기	하반기
2	이대한	영업1부	15	30
3	한상공	영업2부	20	27
4	이상영	영업1부	30	60
5	지유환	영업2부	40	44
6	이선훈	영업2부	27	37
7	김선	영업1부	89	110

① 87　　　　　　　② 108
③ 134　　　　　　 ④ 200

34 다음 중 셀 서식의 바로 가기 키와 그 기능이 옳지 않은 것은?

① Ctrl + 1 : 셀 서식
② Ctrl + 2 : 굵게 적용 및 취소
③ Ctrl + 3 : 기울임꼴 적용 및 취소
④ Ctrl + 4 : 취소선 적용 및 취소

35 다음 중 부분합 실행 결과에 대한 설명으로 옳지 않은 것은?

1 2 3	▲	A	B	C	D
	1	사원명	구분	실적	
	2	이대한	상반기	1,500,000	
	3	이대한	하반기	5,600,000	
	4	**이대한 평균**		3,550,000	
	5	한상공	상반기	2,300,000	
	6	한상공	하반기	2,000,000	
	7	**한상공 평균**		2,150,000	
	8	황영철	하반기	680,000	
	9	황영철	상반기	457,000	
	10	**황영철 평균**		568,500	
	11	**전체 평균**		2,089,500	
	12				

① 상반기와 하반기를 기준으로 항목이 그룹화되었다.
② 실적에 대하여 평균 함수가 사용되었다.
③ 데이터 아래에 요약 표시가 선택되었다.
④ 부분합 개요 기호를 사용할 수 있다.

36 다음 중 작업에 필요한 여러 개의 통합 문서를 한 화면에 함께 표시하여 비교하면서 작업하기에 편리한 기능은?

① 창 나누기
② 창 정렬
③ 틀 고정
④ 페이지 구분선

37 다음 중 데이터의 자동 필터 기능에 대한 설명으로 옳지 않은 것은?

① 같은 열에서 여러 개의 항목을 동시에 선택하여 데이터를 추출할 수 있다.
② 숫자로만 구성된 하나의 열에서는 색 기준 필터와 숫자 필터를 동시에 적용할 수 없다.
③ 필터를 이용하여 추출한 데이터는 항상 레코드(행) 단위로 표시된다.
④ 같은 열에 날짜, 숫자, 텍스트가 섞여 있으면 항상 텍스트 필터가 기본으로 적용된다.

38 다음 중 피벗 테이블에 대한 설명으로 옳지 않은 것은?

① 피벗 테이블 필드 목록에서 보고서에 추가할 필드로 데이터 형식이 텍스트와 논리 값인 것을 선택하면 '행 레이블' 영역으로 옮겨진다.
② 피벗 테이블 보고서를 작성한 후 원본 데이터를 수정하면 수정된 내용이 피벗 테이블 보고서에 자동으로 반영된다.
③ 값 영역에 추가된 필드가 2개 이상이 되면 값 필드가 열 레이블 또는 행 레이블 영역에 표시된다.
④ 행 레이블 또는 열 레이블에 표시된 값 필드가 값 영역에 추가된 필드의 표시 방향을 결정한다.

39 다음 중 아래 그림의 [매크로 기록] 대화 상자에 대한 설명으로 옳지 않은 것은?

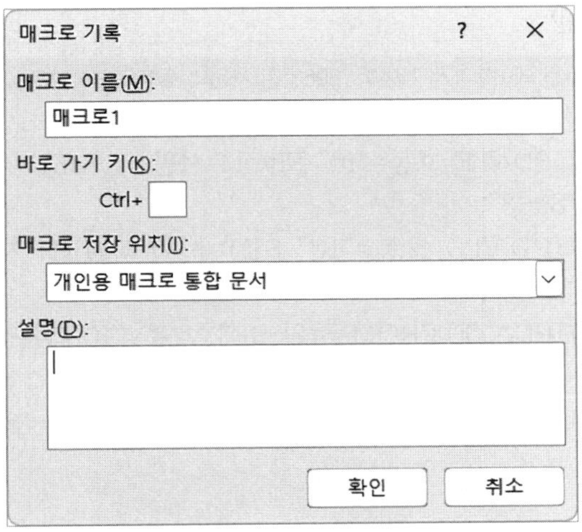

① 매크로 이름의 첫 글자는 문자, 숫자, 밑줄 등을 사용할 수 있으며, 공백은 사용할 수 없다.

② 바로 가기 키 상자에 사용할 문자는 @나 #과 같은 특수 문자와 숫자는 사용할 수 없으며, 영문 대소문자는 모두 입력할 수 있다.

③ 개인용 매크로 통합 문서에 저장된 매크로는 엑셀을 시작할 때마다 모든 통합 문서에서 사용할 수 있다.

④ 설명란에 매크로에 관한 설명을 입력할 수 있으며, 입력된 내용은 매크로 실행에 영향을 주지 않는다.

40 다음 중 [찾기 및 바꾸기] 대화 상자에 대한 설명으로 옳지 않은 것은?

① Ctrl + F : [바꾸기] 탭이 선택된 [찾기 및 바꾸기] 대화 상자를 표시한다.

② 찾기 방향은 오른쪽이나 아래쪽으로 진행되지만, Shift 를 누른 상태에서 [다음 찾기]를 클릭하면 왼쪽이나 위쪽 방향(역순)으로 찾기가 진행된다.

③ 영문자의 경우 대/소문자를 구분하여 찾을 수 있다.

④ 찾는 위치를 수식, 값, 메모 중에서 선택하여 지정할 수 있다.

---

3 과목 | **데이터베이스 일반**

41 다음 중 정규화(Normalization)의 목적에 대한 설명으로 옳지 않은 것은?

① 데이터의 중복을 최소화하고, 불일치를 방지하기 위해 릴레이션 스키마를 분해해 가는 과정이다.

② 데이터 중복을 최소화하기 위해 데이터베이스의 물리적 설계 단계에서 수행한다.

③ 간단한 관계 연산에 의해 효율적인 정보 검색과 데이터 조작이 가능하다.

④ 모든 릴레이션이 데이터베이스 내에서 모든 개체 간의 관계를 표현 가능하도록 한다.

42 입력 모드를 '한글' 또는 '영문' 입력 상태로 지정할 때 사용하는 속성으로 폼에서 '성명' 컨트롤에 데이터를 입력할 때 사용할 수 있는 것은?

① 〈Enter〉 키 기능

② IME Mode

③ 탭 인덱스

④ 상태 표시줄 텍스트

43 다음 SQL 명령 중 DML에 해당하는 것으로만 옳게 짝지어진 것은?

① CREATE, ALTER, DROP

② CREATE, ALTER, SELECT

③ CREATE, UPDATE, DROP

④ DELETE, UPDATE, SELECT

44 다음 중 Peter Chen이 제안한 것으로 현실 세계에 존재하는 객체들을 개념적으로 표현하고 그들 간의 관계를 사람이 이해하기 쉽게 표현하는 모델로 옳은 것은?

① 네트워크 데이터 모델

② 관계 데이터 모델

③ 개체-관계(E-R) 모델

④ 계층 데이터 모델

45 다음 〈보기〉처럼 관계형 데이터 모델에서 하나의 애트리뷰트(Attribute)가 취할 수 있는 모든 원자 값들의 집합을 무엇이라고 하는가?

〈보기〉

성별 : 남, 여 / 월 : 1월~12월 / 요일 : 월요일~일요일

① 도메인   ② 스키마
③ 튜플   ④ 차수

46 다음 중 기본 폼과 하위 폼을 연결하는 방법에 대한 설명으로 가장 적절하지 않은 것은?

① 한 테이블을 기본으로 해서 또 다른 테이블의 작업을 동시에 할 수 있도록 한다.
② 기본 폼과 하위 폼을 연결할 필드의 데이터 형식은 같거나 호환되어야 한다.
③ 기본 폼과 하위 폼을 연결할 필드 이름을 지정한다.
④ 2개 이상의 연결 필드를 지정할 때는 필드 이름을 기호("&")로 구분한다.

47 다음 쿼리에 대한 설명으로 올바른 것은?

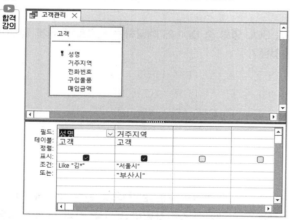

① 성명이 '김'으로 시작하는 레코드 중 거주지역이 '서울시' 또는 '부산시'인 레코드 검색
② 성명이 '김'으로 시작하거나 거주지역이 '서울시' 이거나 '부산시'인 레코드 검색
③ 성명이 '김'으로 시작하는 레코드 중 거주지역이 '서울시'이거나 성명과 관계없이 거주지역이 '부산시'인 레코드 검색
④ 성명이 '김'으로 시작하는 레코드 중 거주지역이 '부산시'는 제외하고 '서울시'인 레코드 검색

48 다음 〈보기〉의 작업을 수행하기 위한 SQL 명령으로 옳은 것은?

〈보기〉

사원 테이블에서 사번이 "8963"인 사원의 호봉을 "10"으로 수정

① UPDATE 호봉="10" FROM 사원 WHERE 사번="8963";
② UPDATE 호봉="10" SET 사원 WHEN 사번="8963";
③ UPDATE FROM 사원 SET 호봉="10" WHERE 사번="8963";
④ UPDATE 사원 SET 호봉="10" WHERE 사번="8963"

49 다음 중 하위 보고서에 대한 설명으로 옳지 않은 것은?

① 관계 설정에 문제가 있을 경우, 하위 보고서가 제대로 표시되지 않을 수 있다.
② 디자인 보기 상태에서 하위 보고서의 크기 조절 및 이동이 가능하다.
③ 테이블, 쿼리, 폼 또는 다른 보고서를 이용하여 하위 보고서를 작성할 수 있다.
④ 하위 보고서에는 그룹화 및 정렬 기능을 설정할 수 없다.

50 다음 아래의 〈물품 주문 내역〉 폼에서 '주문개수' 필드의 합계를 계산하여 표시하는 컨트롤에 대한 설명으로 옳지 않은 것은?

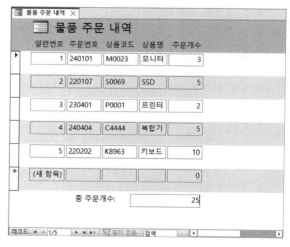

① 컨트롤의 이름은 주문개수의 합 결과에 영향을 미치지 않는다.
② 컨트롤은 텍스트 상자를 사용한다.
③ 컨트롤은 폼 바닥글 영역에 위치한다.
④ 컨트롤의 원본 속성을 '=Sum([총 주문개수])로 설정한다.

51 'cmb조회' 명령 단추를 클릭하면 '고객코드' 필드의 값과 'txt조회' 컨트롤에 입력된 값이 일치하는 레코드만 표시되도록 하기 위한 이벤트 프로시저를 작성하고자 한다. 빈칸에 알맞은 코드는?

```
Private Sub cmb조회_Click()
Me.Filter=:"고객코드='" & txt조회 & "'"


End Sub
```

① Me.Show
② Me.HiddenOff
③ Me.FilterOn=True
④ Me.FilterOn=False

52 [제품] 테이블의 '제품명' 필드는 기본키(PK)가 아니면서도 동일한 값이 두 번 이상 입력되지 않도록 설정하고자 한다. 다음 중 가장 옳은 방법은?

① 해당 필드의 '빈 문자열 허용' 속성을 '아니오'로 설정한다.
② 해당 필드의 '입력 마스크' 속성을 '예(중복 불가능)'로 설정한다.
③ 해당 필드에 '유효성 검사 규칙' 속성을 '예(중복 불가능)'로 지정한다.
④ 해당 필드의 '인덱스' 속성을 '예(중복 불가능)'로 설정한다.

53 다음 중 일반적으로 보고서의 시작 부분에 한 번만 표시하는 회사의 로고나 보고서 제목, 인쇄일 등을 표시하는 구역으로 옳은 것은?

① 그룹 머리글
② 그룹 바닥글
③ 보고서 머리글
④ 페이지 머리글

54 다음 중 〈보기〉의 기능을 수행하기 위한 컨트롤로 옳은 것은?

〈보기〉

- 계산된 값을 표시할 수 있다.
- 폼, 보고서에서 레코드 원본의 데이터를 나타낼 때 사용한다.

① 가가
② ㄱ|
③ 가나다
④

55 다음 중 필드의 각 데이터 형식에 대한 설명으로 옳지 않은 것은?

① '조회 마법사' 형식은 조회를 수행하는 데 사용되는 기본키 필드와 동일한 크기로, 일반적으로 4바이트의 크기를 가진다.
② 'Yes/No' 형식은 Yes/No, True/False, On/Off 등 두 값 중 하나만 입력하는 경우에 사용하는 것으로 기본 필드 크기는 1비트이다.
③ '일련번호' 형식은 테이블에 새 레코드가 추가될 때마다 Microsoft Access에서 할당하는 고유한 순차적 (1씩 증가) 숫자이며, 일련번호 필드는 항상 업데이트를 할 수 있고 크기는 8바이트이다.
④ 레거시 버전의 '메모' 형식은 Microsoft Access 2021에서는 '긴 텍스트'로 사용되며 설명, 참고 사항 등 255자를 초과해서 저장할 때는 '긴 텍스트' 데이터 형식을 사용한다.

56 다음 중 테이블 간의 관계 설정에서 일대일 관계가 성립하는 것은?

① 어느 한쪽 테이블의 연결 필드가 중복 불가능의 인덱스나 기본키로 설정된 경우
② 양쪽 테이블의 연결 필드가 모두 중복 불가능의 인덱스나 기본키로 설정된 경우
③ 오른쪽 관련 테이블의 연결 필드가 중복 가능한 인덱스나 후보키로 설정된 경우
④ 양쪽 테이블의 연결 필드가 모두 중복 가능한 인덱스나 후보키로 설정된 경우

57 다음 중 〈보기〉는 '개체 무결성 제약 조건'에 대한 설명이다. 괄호 안에 들어갈 용어로 옳은 것은?

〈보기〉

한 릴레이션의 기본키를 구성하는 어떠한 속성 값도 (   ) 값이나 중복 값을 가질 수 없다는 것을 의미한다.

① 튜플(Tuple)
② 도메인(Domain)
③ 대체키(Alternate Key)
④ 널(Null)

58 다음 중 학과별 자격 취득자수를 집계하는 SQL 명령으로 옳은 것은?(단, [자격취득] 테이블은 (취득일, 학번, 학과명, 자격증코드, 자격증명)으로 구성되어 있음)

① Select 학과별, 취득자수 From 자격취득
② Select 학과별, Count(*) as 취득자수 From 자격취득
③ Select 학과명, Total(*) as 취득자수 Having 학과별 From 자격취득
④ Select 학과명, Count(*) as 취득자수 From 자격취득 Group by 학과명

59 다음 중 두 테이블에서 조인(Join)된 필드가 일치하는 레코드만 결합하는 조인일 때, 괄호 안에 알맞은 것은?

SELECT 필드목록 FROM 테이블1 (   ) JOIN 테이블2 ON 테이블1.필드=테이블2.필드;

① INNER
② OUTER
③ LEFT
④ RIGHT

60 다음 중 아래의 폼에서 '종목코드'의 내용을 수정할 수 없도록 설정하기 위한 방법으로 옳은 것은?

① 폼의 '기본 값' 속성을 '예(중복 불가)'로 설정한다.
② 종목코드의 '탭 정지' 속성을 '예'로 설정한다.
③ 종목코드의 '입력 마스크' 속성을 '예'로 설정한다.
④ 종목코드의 '잠금' 속성을 '예'로 설정한다.

해설과 따로 보는 **2024년 상시 기출문제 11회**

1급	소요시간	문항수
	총60분	총60개

풀이 시간 : _____   채점 점수 : _____

1과목 **컴퓨터 일반**

(상)(중)(하)

01 다음 중 전자우편에서 스팸(SPAM) 메일에 대한 설명으로 옳지 않은 것은?

① 다수의 불특정인에게 보내는 광고성 메일이나 메시지를 의미한다.

② 바이러스를 유포시켜 개인 정보를 탈취하거나 데이터를 파괴하는 행위이다.

③ 일반적으로 상업용을 목적으로 발송된다.

④ 요청에 의한 것이 아닌 대량으로 전송되는 모든 형태의 통신이다.

(상)(중)(하)

02 다음 중 한글 Windows 10의 시스템이 종료되었을 때 저장된 정보가 없어지는 기억 장치로 옳은 것은?

① HDD

② SSD

③ DVD

④ RAM

(상)(중)(하)

03 다음 중 아래에서 설명하는 통신망으로 옳은 것은?

▶ 합격 강의

- 단일 회사의 사무실 공간이나 건물 내에 설치되어 패킷 지연이 최소화된다.
- 설치 이후 확장성이 좋으며 재배치가 용이하다.
- 낮은 에러율로 정보 전송에 있어서 신뢰성이 확보된다.
- 네트워크 내의 모든 정보 기기와 통신이 가능하다.

① 부가가치통신망(VAN)

② 종합정보통신망(ISDN)

③ 근거리 통신망(LAN)

④ 광대역통신망(WAN)

(상)(중)(하)

04 변조는 데이터 전송 시 사용되는 기능이다. 다음 중 변조의 필요성에 대한 설명으로 옳은 것은?

▶ 합격 강의

① 변조란 데이터를 전송하기 위한 반송파를 발생시키는 것이다.

② 변조는 근거리 전송에만 사용되며, 장거리 전송에는 사용되지 않는다.

③ 변조는 데이터를 손실 없이 가능하면 멀리 전송하기 위한 것이다.

④ 변조는 수신된 데이터를 원래의 데이터로 복원시키는 기능이다.

(상)(중)(하)

05 다음 중 한글 Windows 10에서 컴퓨터에 설치된 디바이스 하드웨어를 확인하거나 설정 및 디바이스 사용 안 함, 디바이스 제거, 드라이버의 업데이트 등 드라이버 소프트웨어를 관리할 수 있는 곳은?

① 시스템 정보

② 작업 관리자

③ 장치 관리자

④ 레지스트리 편집기

(상)(중)(하)

06 다음 중 인터프리터의 특징으로 옳지 않은 것은?

① 인터프리터는 실행할 때마다 한 줄씩 소스 코드를 기계어로 번역하는 방식이다.

② 인터프리터 언어의 실행 속도는 컴파일 언어보다 느리다.

③ 인터프리터 언어는 프로그램 수정이 간단하나 소스 코드가 쉽게 공개된다.

④ 인터프리터 언어는 Python, SQL, Ruby, R, Java Script, Scratch, C, C++, C# 등이 있다.

07 다음 중 Windows 10의 기본 프린터 설정에 관한 설명으로 옳지 않은 것은?

① 기본 프린터는 해당 프린터 아이콘에 체크 표시가 추가된다.
② 기본 프린터는 한 대만 지정할 수 있다.
③ 인쇄 시 특정 프린터를 지정하지 않으면 기본 프린터로 인쇄된다.
④ 네트워크 프린터를 제외한 로컬 프린터만 기본 프린터로 지정할 수 있다.

08 다음 중 보기에서 설명하는 컴퓨터의 하드디스크 연결 방식으로 옳은 것은?

> • 직렬(Serial) 인터페이스 방식이다.
> • 핫 플러그인(Hot Plug In)을 지원한다.
> • 데이터 선이 얇아 내부의 통풍이 잘된다.
> • 데이터 전송 속도가 빠르다.

① IDE
② EIDE
③ SCSI
④ SATA

09 다음 중 64가지의 각기 다른 자료를 나타내려고 하면 최소한 몇 개의 비트(Bit)가 필요한가?

① 1   ② 3
③ 5   ④ 6

10 다음 중 인터넷 관련 캐시 파일, 휴지통의 파일, 임시 파일 등을 삭제하여 하드디스크의 공간을 늘리는 역할을 하는 것은?

① 백업
② 디스크 정리
③ 디스크 조각 모음
④ 압축

11 다음 중 웹 프로그래밍 언어인 JSP에 대한 설명으로 옳지 않은 것은?

① 웹 서버에서 동적으로 웹 브라우저를 관리하는 스크립트 언어이다.
② 웹 환경에서 작동되는 웹 어플리케이션을 개발할 수 있다.
③ JAVA 언어를 기반으로 하여 윈도우즈 운영체제에서만 실행이 가능하다.
④ HTML 문서 내에서는 <% … %>와 같은 형태로 작성된다.

12 다음 중 파일의 성격 유형 분류에 해당하는 확장자의 종류로 옳지 않은 것은?

① 실행 파일 : COM, EXE, ZIP
② 그림 파일 : BMP, JPG, GIF
③ 사운드 파일 : WAV, MP3, MID
④ 동영상 파일 : MPG, AVI, MOV

13 다음 중 한글 Windows 10의 파일 삭제에 대한 설명으로 옳지 않은 것은?

① 삭제할 파일을 선택한 다음 [Shift]와 [Delete]를 함께 누르면 휴지통에 저장되지 않고 영구히 삭제된다.
② 명령 프롬프트 창에서 삭제한 파일은 휴지통에 보관한다.
③ [Shift]를 누른 상태에서 삭제할 파일을 마우스 왼쪽 버튼으로 드래그하여 바탕 화면의 휴지통 아이콘에 올려놓으면 휴지통에 보관되지 않고 영구적으로 삭제된다.
④ 하드디스크 드라이브마다 휴지통 크기를 다르게 설정할 수 있다.

14 다음 중 한글 Windows에서 시스템에 설치되어 있는 [글꼴]에 대한 설명으로 옳지 않은 것은?

① 글꼴 파일은 png 또는 txt의 확장자를 가지고 있다.
② C:\Windows\Fonts 폴더에 글꼴이 설치되어 있다.
③ 설치되어 있는 글꼴을 폴더에서 제거할 수 있다.
④ 트루타입 글꼴 파일도 있고 여러 가지 트루타입의 글꼴을 모아놓은 글꼴 파일도 있다.

15 다음 중 컴퓨터 시스템에서 사용하는 채널(Channel)에 관한 설명으로 옳지 않은 것은?

① 주변 장치에 대한 제어 권한을 CPU로부터 넘겨받아 CPU 대신 입출력을 관리한다.
② 입출력 작업이 끝나면 CPU에게 인터럽트 신호를 보낸다.
③ CPU와 주기억 장치의 속도차를 해결하기 위하여 사용된다.
④ 채널에는 셀렉터(Selector), 멀티플랙서(Multi-plexer), 블록 멀티플랙서(Block Multiplexer) 등이 있다.

16 다음 중 PC에서 CMOS 셋업 시의 비밀번호를 잊어버린 경우에 해결 방법으로 가장 옳은 것은?

① 컴퓨터의 하드디스크를 포맷하고, 운영체제를 다시 설치하여야 한다.
② 시동 디스크를 이용하여 컴퓨터를 다시 부팅한다.
③ 컴퓨터 본체의 리셋 버튼을 눌러 다시 부팅한다.
④ 메인 보드에 장착되어 있는 배터리를 뽑았다가 다시 장착한다.

17 다음 중 컴퓨터에서 사용하는 유니코드(Unicode)에 대한 설명으로 옳지 않은 것은?

① 세계 각국의 언어를 통일된 방법으로 표현할 수 있게 제안된 국제적인 코드 규약의 이름이다.
② 8비트 문자코드인 아스키(ASCII) 코드를 32비트로 확장하여 전 세계의 모든 문자를 표현하는 표준코드이다.
③ 한글은 조합형, 완성형, 옛글자 모두를 표현할 수 있다.
④ 최대 65,536자의 글자를 코드화할 수 있다.

18 다음 중 디지털 콘텐츠의 제작 및 유통, 보안 등의 모든 과정을 관리할 수 있게 하는 기술 표준을 제시한 MPEG의 종류로 옳은 것은?

① MPEG-3
② MPEG-4
③ MPEG-7
④ MPEG-21

19 다음 멀티미디어 용어 중 선택된 두 개의 이미지에 대해 하나의 이미지가 다른 이미지로 자연스럽게 변화하도록 하는 특수 효과를 뜻하는 것은?

① 렌더링(Rendering)
② 안티앨리어싱(Anti-Aliasing)
③ 모핑(Morphing)
④ 블러링(Blurring)

20 다음 중 정보 보안을 위한 비밀키 암호화 기법의 설명으로 옳지 않은 것은?

① 서로 다른 키로 데이터를 암호화하고 복호화한다.
② 암호화와 복호화의 속도가 빠르다.
③ 알고리즘이 단순하고 파일의 크기가 작다.
④ 사용자의 증가에 따라 관리해야 할 키의 수가 상대적으로 많아진다.

2과목 | **스프레드시트 일반**

21 다음 아래의 시트에서 [B1] 셀에 '=MID(CONCAT(LEFT(A1,3),RIGHT(A1,3)),3,3)' 수식을 입력한 결과로 옳은 것은?

	A	B
1	가나다라마바사	
2		

① 마바사
② 다라마
③ 가나다
④ 다마바

22 다음 중 셀 포인터의 이동 작업에 사용되는 바로 가기 키의 기능으로 옳은 것은?

① Ctrl + Shift + Home : [A1] 셀로 이동한다.
② Ctrl + Page Down : 한 화면을 오른쪽으로 이동한다.
③ Alt + Page Down : 다음 시트로 이동한다.
④ Shift + Tab : 셀 포인터가 왼쪽으로 이동한다.

23 다음 아래의 삭제 대화 상자는 [홈] 탭-[셀] 그룹-[삽입]에서 [셀 삽입]을 클릭했을 때 나타나는 대화 상자이다. 바로 가기 키로 옳은 것은?

① Alt + + 를 누른다.
② Alt + - 를 누른다.
③ Ctrl + + 를 누른다.
④ Ctrl + - 를 누른다.

24 다음 중 아래 워크시트의 [A1] 셀에 '#,###,,'처럼 사용자 지정 표시 형식을 설정했을 때의 결과로 옳은 것은?

	A	B
1	343899.89	
2		

① 3
② 3,438
③ 4
④ 아무것도 표시되지 않음

25 다음 중 차트의 오차 막대에 관한 설명으로 옳지 않은 것은?

① 데이터 계열의 각 데이터 표식에 대한 오류 가능성이나 불확실성의 정도를 표시한다.
② 3차원 세로 막대형 차트에서 사용 가능하다.
③ 고정값, 백분율, 표준 편차, 표준 오차 등으로 설정할 수 있다.
④ 분산형과 거품형 차트에 X값, Y값 또는 이 두 값 모두에 대한 오차 막대를 나타낼 수 있다.

26 다음 중 셀에 수식을 입력하는 방법에 대한 설명으로 옳지 않은 것은?

① 수식에서 통합 문서의 여러 워크시트에 있는 동일한 셀 범위 데이터를 이용하려면 3차원 참조를 사용한다.
② 계산할 셀 범위를 선택하여 수식을 입력한 다음 Ctrl + Enter 를 누르면 동일한 수식을 선택한 범위의 모든 셀에 빠르게 입력할 수 있다.
③ 수식을 입력한 후 결과 값이 수식이 아닌 상수로 입력되게 하려면 수식을 입력한 후 바로 Alt + F9 를 누른다.
④ 배열 상수에는 숫자나 텍스트 외에 'TRUE', 'FALSE' 등의 논리 값 또는 '#N/A'와 같은 오류 값도 포함될 수 있다.

27 다음 중 셀 서식 관련 바로 가기 키에 대한 설명으로 옳지 않은 것은?

① Ctrl + 1 : 셀 서식 대화 상자가 표시된다.
② Ctrl + 2 : 선택한 셀에 글꼴 스타일 '굵게'가 적용되며, 다시 누르면 적용이 취소된다.
③ Ctrl + 3 : 선택한 셀에 밑줄이 적용되며, 다시 누르면 적용이 취소된다.
④ Ctrl + 5 : 선택한 셀에 취소선이 적용되며, 다시 누르면 적용이 취소된다.

28 다음 아래의 내용에 해당하는 차트로 옳은 것은?

- 일반적으로 과학, 통계 및 공학 데이터와 같은 숫자 값을 표시하고 비교하는 데 사용된다.
- 워크시트의 여러 열과 행에 있는 데이터를 XY 차트로 그릴 수 있다.
- x 값을 한 행이나 열에 두고 해당 y값을 인접한 행이나 열에 입력한다.
- 두 개의 값 축, 즉 가로(x) 및 세로(y) 값 축이 있다.
- x 및 y의 값이 단일 데이터 요소로 결합되어 일정하지 않은 간격이나 그룹으로 표시된다.

① 표면형 차트
② 분산형 차트
③ 꺾은선형 차트
④ 방사형 차트

29 다음 중 시트 보호 설정 시 '워크시트에서 허용할 내용'으로 옳지 않은 것은?

① 셀 서식, 열 서식, 행 서식
② 행 삽입, 열 삽입, 하이퍼링크 삽입
③ 열 삭제, 행 삭제, 정렬, 자동 필터 사용
④ 시트 이름 바꾸기, 탭 색 변경하기

30 다음 중 아래의 시트처럼 코드별 해당 과일을 표시하기 위해 [B2] 셀에 입력할 수식으로 옳은 것은?(단, [B2] 셀의 수식을 [B6] 셀까지 복사한다.)

	A	B	C
1	코드	과일	
2	A	사과	
3	B	바나나	
4	O	오렌지	
5	S	딸기	
6	X	없음	
7			

① =CHOOSE(A2,"사과","바나나","오렌지","딸기","없음")
② =IF(A2="A","사과",A2="B","바나나", A2="O","오렌지",A2="S","딸기","없음")
③ =IFS(A2="A","사과",A2="B","바나나",A2="O","오렌지",A2="S","딸기","없음")
④ =IFS(A2="A","사과",A2="B","바나나",A2="O","오렌지",A2="S","딸기",TRUE,"없음")

31 다음 중 상품 가격이 200,000원인 물품의 총판매액이 15,000,000원이 되려면 판매 수량이 몇 개가 되어야 하는지 알고 싶을 때 사용하는 기능은?

① 통합
② 부분합
③ 목표값 찾기
④ 시나리오 관리자

32 다음 중 날짜 데이터의 자동 채우기 옵션에 포함되지 않는 내용은?

① 주 단위 채우기
② 일 단위 채우기
③ 월 단위 채우기
④ 평일 단위 채우기

33 다음 중 엑셀의 참조에 대한 설명으로 옳지 않은 것은?

① 참조는 워크시트의 셀이나 셀 범위를 나타내며 수식에 사용할 값이나 데이터를 찾을 수 있다.
② 문자(총 16,384개의 열에 대해 A부터 XFD까지)로 열을 참조하고 숫자(1부터 1,048,576까지)로 행을 참조하는 A1 참조 스타일이 기본적으로 사용된다.
③ 통합 문서의 여러 워크시트에 있는 동일한 셀 데이터나 셀 범위 데이터를 분석하려면 2차원 참조 스타일인 R1C1 참조 스타일을 사용한다.
④ R1C1 참조 스타일은 워크시트의 행과 열 모두에 번호가 매겨지는 참조 스타일을 사용할 수도 있다.

34 다음 중 아래의 빈칸 ㉠과 ㉡에 들어갈 내용으로 옳은 것은?

> [㉠]와/과 [㉡]은/는 엑셀의 연산이나 기타 기능에 상관없이 사용자에게 셀에 입력된 데이터의 추가정보를 제공하기 위해서 사용하는 것이다. 셀의 데이터를 삭제할 때 [㉠]은/는 함께 삭제되지 않으며, [㉡]은/는 함께 삭제된다.

① ㉠ : 메모, ㉡ : 윗주
② ㉠ : 윗주, ㉡ : 메모
③ ㉠ : 메모, ㉡ : 회람
④ ㉠ : 회람, ㉡ : 메모

35 다음 중 다양한 상황과 변수에 따른 여러 가지 결과 값의 변화를 가상의 상황을 통해 예측하여 분석할 수 있는 도구는?

① 시나리오 관리자
② 목표값 찾기
③ 부분합
④ 통합

36 다음 중 아래의 괄호 안에 들어갈 단추명이 바르게 연결된 것은?

> 매크로 대화 상자의 (㉮) 단추는 바로 가기 키나 설명을 변경할 수 있고, (㉯) 단추는 매크로 이름이나 명령 코드를 수정할 수 있다

① ㉮ - 옵션, ㉯ - 편집
② ㉮ - 편집, ㉯ - 옵션
③ ㉮ - 매크로, ㉯ - 보기 편집
④ ㉮ - 편집, ㉯ - 매크로 보기

37 다음 중 입력 데이터가 '3275860'이고 [셀 서식]의 표시 형식이 '###0,'으로 설정되었을 때 표시되는 값으로 옳은 것은?

① 3,275
② 3275
③ 3276
④ 3,276

38 다음 아래의 시트처럼 홀수 열에만 서식을 적용하는 조건부 서식의 수식으로 옳은 것은?

▲	A	B	C	D	E
1	지점명	1사분기	2사분기	3사분기	4사분기
2	동부	10	20	30	40
3	서부	15	30	45	60
4	남부	20	30	40	50
5	북부	25	30	35	40

① =ISODD(ROW())
② =ISEVEN(ROW())
③ =ISODD(COLUMN())
④ =ISEVEN(COLUMN())

39 다음 중 [B7] 셀에 '한상공'을 입력하면 [B8] 셀에 해당하는 ⓐ'직급'과 [B9] 셀에 해당하는 ⓑ'합계'를 구하는 수식으로 옳게 짝지어진 것은?

▲	A	B	C	D	E	F
1	사원번호	직급	근무평가	연수점수	합계	성명
2	23A001	과장	88	90	178	이대한
3	02B222	대리	75	60	135	한상공
4	12A333	사원	86	80	166	이기적
5	20C444	부장	90	100	190	김선
6						
7	성명	한상공				
8	직급	ⓐ				
9	합계	ⓑ				

① ⓐ =VLOOKUP(B7,F2:F5,B2:B5),
　ⓑ =HLOOKUP(B7,F2:F5,E2:E5)
② ⓐ =VLOOKUP(B7,F2:F5,B2:B5),
　ⓑ =VLOOKUP(B7,F2:F5,E2:E5)
③ ⓐ =HLOOKUP(B7,F2:F5,B2:B5),
　ⓑ =HLOOKUP(B7,F2:F5,E2:E5)
④ ⓐ =XLOOKUP(B7,F2:F5,B2:B5),
　ⓑ =XLOOKUP(B7,F2:F5,E2:E5)

40 다음 중 문서를 인쇄했을 때 문서의 위쪽에 "-1 Page-" 형식으로 페이지 번호를 표시하는 방법으로 옳은 것은?

① -#[페이지 번호] Page-
② #-[페이지 번호] Page-
③ -&[페이지 번호] Page-
④ &-[페이지 번호] Page

---

3 과목　데이터베이스 일반

41 다음 중 액세스에서 테이블의 필드 이름을 지정하는 방법으로 옳지 않은 것은?

① 필드 이름은 공백을 포함하여 64자까지 지정할 수 있지만, 공백으로 시작하는 필드 이름은 줄 수 없다.
② 필드 이름 첫 글자는 숫자로 시작할 수 있다.
③ 필드 이름과 테이블 이름은 동일하게 지정할 수 없다.
④ 테이블 내에서 필드 이름이 중복될 수는 없다.

42 다음 중 테이블에서 이미 작성된 필드의 순서를 변경하려고 할 때 옳지 않은 것은?

① 데이터시트 보기에서 이동시킬 필드를 선택한 후 새로운 위치로 드래그 앤 드롭하여 필드를 이동시킬 수 있다.
② 디자인 보기에서 이동시킬 필드를 선택한 후 새로운 위치로 드래그 앤 드롭하여 필드를 이동시킬 수 있다.
③ 디자인 보기에서 한 번에 여러 개의 필드를 선택한 후 이동시킬 수 있다.
④ 데이터시트 보기에서 「잘라내기」와 「붙여넣기」를 이용하여 필드를 이동시킬 수 있다.

43 다음 중 하나의 테이블로만 구성되어 있는 데이터베이스에서 사용할 수 없는 쿼리 마법사는?

① 단순 쿼리 마법사
② 중복 데이터 검색 쿼리 마법사
③ 크로스탭 쿼리 마법사
④ 불일치 검색 쿼리 마법사

44 다음 중 SQL 명령 중 DDL에 해당하는 것으로만 옳게 짝지어진 것은?

① CREATE, ALTER, SELECT
② CREATE, ALTER, DROP
③ CREATE, UPDATE, DROP
④ DELETE, ALTER, DROP

45 다음의 데이터베이스 설계 단계 중 가장 먼저 행해지는 것은?

① 물리 설계
② 논리 설계
③ 개념 설계
④ 요구 분석

46 다음 중 일반적으로 보고서의 시작 부분에 한 번만 표시하는 회사의 로고나 보고서 제목, 인쇄일 등을 표시하는 구역으로 옳은 것은?

① 그룹 머리글
② 그룹 바닥글
③ 보고서 머리글
④ 페이지 머리글

47 다음은 학생이라는 개체의 속성을 나타내고 있다. 여기서 '학과'를 기본키로 사용하기 곤란한 이유로 가장 타당한 것은?

학생(학과, 성명, 학번, 세부전공, 주소, 우편번호)

① 학과는 기억하기 어렵다.
② 동일한 학과명을 가진 학생이 두 명 이상 존재할 수 있다.
③ 학과는 기억 공간을 많이 필요로 한다.
④ 학과는 정렬하는 데 많은 시간이 소요된다.

48 다음 중 테이블의 '디자인 보기'에서 필드마다 [한/영]키를 사용하지 않고도 데이터 입력 시의 한글이나 영문 입력 상태를 정할 수 있는 필드 속성은?

① 캡션
② 기본 값
③ IME 모드
④ 인덱스

49 다음 중 쿼리를 실행할 때마다 아래처럼 메시지 상자를 표시하여 사용자에게 조건 값을 입력받아 쿼리를 실행하는 유형은?

① 크로스탭 쿼리
② 매개 변수 쿼리
③ 통합 쿼리
④ 실행 쿼리

50 다음 중 [속성 시트] 창에서 하위 폼의 제목(레이블)을 변경하기 위한 방법으로 옳은 것은?

① [형식] 탭의 '캡션'을 수정한다.
② [데이터] 탭의 '표시'를 수정한다.
③ [이벤트] 탭의 '제목'을 수정한다.
④ [기타] 탭의 '레이블'을 수정한다.

51 다음 중 외래키 값이 참조하는 테이블의 기본키 값과 동일하게 유지해 주는 제약 조건은?

① 동일성
② 관련성
③ 참조 무결성
④ 동시 제어성

52 다음 중 관계형 데이터베이스에서 사용되는 용어에 대한 설명으로 옳은 것은?

① 도메인(Domain) : 테이블에서 행을 나타내는 말로 레코드와 같은 의미
② 튜플(Tuple) : 하나의 속성이 취할 수 있는 값의 집합
③ 속성(Attribute) : 테이블에서 열을 나타내는 말로 필드와 같은 의미
④ 차수(Degree) : 한 릴레이션에서의 튜플의 개수

53 〈고객포인트〉 폼에서 '등급'을 임의로 수정할 수 없도록 설정하는 방법은?

① '표시' 속성을 '아니요'로 설정한다.
② '사용 가능' 속성을 '아니요'로 설정한다.
③ '잠금' 속성을 '예'로 설정한다.
④ '탭 정지' 속성을 '아니요'로 설정한다.

54 다음 중 보고서의 원본으로 사용할 수 없는 것은?

① 폼
② 쿼리
③ 테이블
④ SQL 구문

55 다음 아래의 [찾기 및 바꾸기] 대화 상자에서 와일드 카드를 사용하고자 할 때 옳지 않은 것은?

① a[b-c]d : abc, acd 등을 찾는다.
② 소?자 : 소유자, 소개자, 소비자를 찾는다.
③ 1#3 : 103, 113, 123 등을 찾는다.
④ 소[!비유]자 : 소유자, 소개자, 소비자 등을 찾는다.

56 다음 중 함수에 대한 설명으로 옳지 않은 것은?

① ROUND() : 인수로 입력한 숫자를 지정한 자릿수로 반올림해 준다.
② VALUE() : 문자열에 포함된 숫자를 적절한 형식의 숫자값으로 반환한다.
③ INSTR() : 문자열에서 특정한 문자 또는 문자열이 존재하는 위치를 구해 준다.
④ DSUM() : 지정된 레코드 집합에서 해당 필드 값의 합계를 계산할 수 있다.

57 다음 중 특정 필드에 입력 마스크를 '09#L'로 설정하였을 때의 입력 데이터로 옳은 것은?

① 123A
② A124
③ 12A4
④ 12AB

상중하

58 다음과 같이 페이지 번호를 출력하고자 할 때의 수식으로 옳은 것은?

> 10 페이지 중 1

① =[Page]& 페이지 중& [Pages]
② =[Pages]& 페이지 중& [Page]
③ =[Page]& " 페이지 중 "& [Pages]
④ =[Pages]& " 페이지 중 "& [Page]

상중하

59 다음 중 아래의 기능을 가진 컨트롤은?

> • 좁은 공간에서 효율적으로 사용할 수 있다.
> • 직접 입력하거나 목록에서 선택할 수 있다.
> • 테이블 또는 쿼리를 목록의 값 원본으로 지정할 수도 있다.
> • 목록에 있는 값만 입력하도록 설정할 수 있다.

① 텍스트 상자
② 콤보 상자
③ 확인란
④ 토글 단추

상중하

60 다음 중 프로시저에 대한 설명으로 옳지 않은 것은?

① 프로시저는 연산을 수행하거나 값을 계산하는 일련의 명령문과 메서드로 구성된다.
② 명령문은 대체로 프로시저나 선언 구역에서 한 줄로 표현되며 명령문의 끝에는 세미콜론(;)을 찍어 구분한다.
③ 이벤트 프로시저는 특정 객체에 해당 이벤트가 발생하면 자동적으로 실행되나 다른 프로시저에서도 이를 호출하여 실행할 수 있다.
④ Function 프로시저는 Function 문으로 함수를 선언하고 End Function 문으로 함수를 끝낸다.

---

1 과목 │ 컴퓨터 일반

01 다음 중 컴퓨터에서 사용하는 캐시 메모리에 관한 설명으로 옳은 것은?

① 중앙 처리 장치와 주기억 장치 사이에 위치하여 컴퓨터의 처리 속도를 향상시키는 역할을 한다.

② RAM의 종류 중 DRAM이 캐시 메모리로 사용된다.

③ 보조 기억 장치의 일부를 주기억 장치처럼 사용하는 메모리이다.

④ 주기억 장치의 용량보다 큰 프로그램을 로딩하여 실행시킬 때 사용된다.

02 다음 중 전송 오류 검출 방식이 아닌 것은?

① CRC(순환 중복 검사) 방식

② 패리티 검사 방식

③ 정마크 부호 방식

④ CSMA/CD(매체 접근 제어) 방식

03 다음 중 컴퓨터 통신과 관련하여 P2P 방식에 관한 설명으로 옳은 것은?

① 인터넷에서 이루어지는 개인 대 개인의 파일 공유를 위한 기술이다.

② 인터넷을 통해 MP3를 제공해 주는 기술 및 서비스이다.

③ 인터넷을 통해 동영상을 상영해 주는 기술 및 서비스이다.

④ 여러 사용자가 동시에 온라인 게임을 할 수 있도록 제공해 주는 기술이다.

04 다음 중 사물 인터넷에 대한 설명으로 옳지 않은 것은?

① IoT(Internet of Things)라고도 하며 개인 맞춤형 스마트 서비스를 지향한다.

② 사람을 제외한 사물과 공간, 데이터 등을 이더넷으로 서로 연결시켜주는 무선 통신 기술을 의미한다.

③ 스마트센싱기술과 무선 통신 기술을 융합하여 실시간으로 데이터를 주고받는 기술이다.

④ 사물 인터넷 기반 서비스는 개방형 아키텍처를 필요로 하기 때문에 정보 공유에 대한 부작용을 최소화하기 위한 정보보안기술의 적용이 중요하다.

05 다음 중 프로그래밍 언어에 대한 설명으로 옳지 않은 것은?

① HTML5는 액티브X나 플러그인 등의 프로그램 설치 없이 동영상이나 음악 재생을 실행할 수 있는 웹 표준 언어이다.

② 자바(Java)는 HTML 문서 속에 내장시켜서 사용할 수 있다.

③ ASP는 Windows 환경에서 동적인 웹 페이지를 제작할 수 있는 스크립트 언어이다.

④ WML은 무선 접속을 통하여 웹 페이지의 텍스트와 이미지 부분이 표시될 수 있도록 해 주는 웹 프로그래밍 언어이다.

06 한글 Windows에서 LNK 확장자를 갖는 파일에 대한 다음 설명 중 옳지 않은 것은?

① 바로 가기 아이콘과 관계가 있다.

② 시스템에 여러 개 존재할 수 있다.

③ 연결 대상 파일의 위치 정보를 가지고 있다.

④ 연결 정보를 가지고 있으므로 삭제하면 연결 프로그램에 중요한 영향을 끼친다.

07 다음 중 방화벽(Firewall)에 대한 설명으로 옳지 않은 것은?

① 보안이 필요한 네트워크의 통로를 단일화하여 관리한다.
② 내부 네트워크에서 외부로 나가는 패킷을 체크하여 인증된 패킷만 통과시킨다.
③ 역추적 기능으로 외부 침입자의 흔적을 찾을 수 있다.
④ 방화벽은 외부 네트워크와 내부 네트워크 사이에 위치한다.

08 다음 중 3D 프린터에 대한 설명으로 옳지 않은 것은?

① 입력한 도면을 바탕으로 3차원의 입체적인 공간에 물품을 만들어 내는 프린터이다.
② 2D 이미지를 인쇄하는 잉크젯 프린터의 인쇄 원리와 같으며 제작 방식에 따라 층(레이어)으로 겹겹이 쌓아 입체 형상을 만들어내는 적층형과 큰 덩어리를 조각하듯이 깎아내는 절삭형으로 나뉜다.
③ 기계, 건축, 예술, 우주 등 많은 분야에서 응용되고 있으며, 의료 분야에서도 활발히 활용되고 있다.
④ 출력 속도의 단위는 LPM, PPM, IPM 등이 사용된다.

09 다음 중 운영체제에서 관리하는 가상 메모리는 실제로 어떤 장치에 존재하는가?

① 하드디스크 장치
② 주기억 장치
③ 프로세서 장치
④ 캐시 기억 장치

10 다음 중 32비트 및 64비트 버전의 Windows OS에 관한 설명으로 옳지 않은 것은?

① 64비트 버전의 Windows에서는 대용량 RAM을 32비트 시스템보다 효과적으로 처리한다.
② 64비트 버전의 Windows를 설치하려면 64비트 버전의 Windows를 실행할 수 있는 CPU가 필요하다.
③ 64비트 버전의 Windows에서 하드웨어 장치가 정상적으로 동작하려면 64비트용 장치 드라이버가 필요하다.
④ 앱이 64비트 버전의 Windows용으로 설계된 경우 호환성 유지를 위해 32비트 버전의 Windows에서도 작동되도록 설계되어 있다.

11 다음 중 인터넷 통신 장비인 게이트웨이(Gateway)의 기본적인 역할에 관한 설명으로 옳은 것은?

① 현재 위치한 네트워크에서 다른 네트워크로 연결할 때 사용된다.
② 인터넷 신호를 증폭하며 먼 거리로 정보를 전달할 때 사용된다.
③ 네트워크 계층의 연동 장치로 경로 설정에 사용된다.
④ 문자로 된 도메인 이름을 숫자로 이루어진 실제 IP 주소로 변환하는 데 사용된다.

12 다음 중 한글 Windows의 [보조 프로그램]의 [그림판]에 관한 설명으로 옳지 않은 것은?

① [그림판]으로 작성된 파일의 형식은 BMP, JPG, GIF 등으로 저장할 수 있다.
② 레이어 기능으로 그림의 작성과 편집 과정을 편리하게 하여 준다.
③ 배경색을 설정하려면 [홈] 탭의 [색] 그룹에서 색2를 클릭한 다음 원하는 색 사각형을 클릭한다.
④ 정원 또는 정사각형을 그리려면 타원이나 직사각형을 선택한 후에 Shift 를 누른 상태로 그리면 된다.

13 다음 중 쿠키에 대한 설명으로 옳은 것은?

① 특정 웹 사이트 접속 시 반복적으로 사용되는 접속 정보를 가지고 있는 파일이다.
② 인터넷 사용 시 네트워크에 접속하기 위한 프로그램이다.
③ 웹 브라우저에서 기본으로 제공하지 않는 기능을 부가적으로 설치하여 구현되도록 한다.
④ 자주 사용하는 사이트의 자료를 저장한 후 다시 동일한 사이트 접속 시 자동으로 자료를 불러온다.

14 다음 중 텔레매틱스(Telematics)에 대한 설명으로 옳지 않은 것은?

① 통신(Telecommunication)과 정보과학(Informatics)의 합성어이다.
② 차량에 장착된 특수한 장치와 노변의 장치를 이용하여 안전하게 차량을 제어하는 시스템이다.
③ 다양한 멀티미디어 서비스를 제공하며 여러 IT 기술을 차량에 접목하여 새로운 부가 가치를 창출한다.
④ 자동차에 무선 통신 기술을 접목한 것으로 '차량 무선 인터넷 서비스'라고 한다.

15 7bit ASCII 코드에 1bit 짝수 패리티(Even Parity) 비트를 첨부하여 데이터를 송신하였을 경우 수신된 데이터에 에러가 발생하는 것은 어느 것인가?(단, 우측에서 첫 번째 비트가 패리티 비트이다.)

① 10101100
② 01110111
③ 10101011
④ 00110101

16 다음 중 다양한 정보의 데이터베이스를 구축하여 사용자가 요구하는 정보를 원하는 시간에 서비스 받을 수 있는 멀티미디어 서비스를 무엇이라 하는가?

① 폴링(Polling)
② P2P(Peer-to-Peer)
③ VCS(Video Conference System)
④ VOD(Video-On-Demand)

17 다음 중 Windows의 [폴더 옵션] 창에서 설정할 수 있는 작업으로 옳지 않은 것은?

① 탐색 창, 미리 보기 창, 세부 정보 창의 표시 여부를 선택할 수 있다.
② 숨김 파일이나 폴더의 표시 여부를 지정할 수 있다.
③ 폴더에서 시스템 파일을 검색할 때 색인의 사용 여부를 선택할 수 있다.
④ 알려진 파일 형식의 파일 확장명을 숨기도록 설정할 수 있다.

18 다음 중 인터넷에서 사용하는 표준 주소 체계인 URL (Uniform Resource Locator)의 4가지 구성 요소를 순서대로 옳게 나열한 것은?

① 프로토콜, 서버 주소, 포트 번호, 파일 경로
② 서버 주소, 프로토콜, 포트 번호, 파일 경로
③ 프로토콜, 서버 주소, 파일 경로, 포트 번호
④ 포트 번호, 프로토콜, 서버 주소, 파일 경로

19 다음 중 PC의 CMOS에서 설정 가능한 항목으로 옳지 않은 것은?

① 시스템 날짜와 시간
② 부팅 순서
③ Windows 로그인 암호 변경
④ 칩셋 설정

20 다음 중 이미지 데이터의 표현 방식에서 벡터(Vector) 방식에 관한 설명으로 옳지 않은 것은?

① 벡터 방식의 그림 파일 형식에는 wmf, ai 등이 있다.
② 이미지를 점과 선을 이용하여 표현하는 방식이다.
③ 그림을 확대하거나 축소할 때 계단 현상이 발생하지 않는다.
④ 포토샵, 그림판 등의 소프트웨어로 그림을 편집할 수 있다.

2 과목 | **스프레드시트 일반**

21 다음 중 자동 필터에 관한 설명으로 옳지 않은 것은?

① 데이터에 필터를 적용하면 지정한 조건에 맞는 행만 표시되고 나머지 행은 숨겨지며, 필터링된 데이터는 다시 정렬하거나 이동하지 않고도 복사, 찾기, 편집 및 인쇄를 할 수 있다.
② '상위 10 자동 필터'는 숫자 데이터 필드에서만 설정 가능하고, 텍스트 데이터 필드에서는 사용할 수 없다.
③ 한 열에 숫자 입력 셀이 5개 있고, 텍스트 입력 셀이 3개 있는 경우 자동 필터는 셀의 수가 적은 '텍스트 필터' 명령으로 표시된다.
④ 날짜 데이터는 연, 월, 일의 계층별로 그룹화되어 계층에서 상위 수준을 선택하거나 선택을 취소하는 경우 해당 수준 아래의 중첩된 날짜가 모두 선택되거나 선택 취소된다.

상중하

22 다음 중 데이터 입력에 대한 설명으로 옳은 것은?

① Ctrl + E 는 값을 자동으로 채워주는 [빠른 채우기]의 바로 가기 키이다.

② 데이터를 입력하는 도중에 입력을 취소하려면 Tab 을 누른다.

③ 텍스트, 텍스트/숫자 조합, 날짜, 시간 데이터는 셀에 입력하는 처음 몇 자가 해당 열의 기존 내용과 일치하면 자동으로 입력된다.

④ 여러 셀에 동일한 데이터를 입력하려면 해당 셀을 범위로 지정하여 데이터를 입력한 후 Alt + Enter 를 누른다.

상중하

23 다음 중 [페이지 설정] 대화 상자에 대한 설명으로 옳지 않은 것은?

① 인쇄 배율을 수동으로 설정할 수 있으며, 배율은 워크시트 표준 크기의 10%에서 400%까지 설정할 수 있다.

② [시트] 탭에서 머리글/바닥글과 행/열 머리글이 인쇄되도록 설정할 수 있다.

③ [페이지] 탭에서 '자동 맞춤'의 용지 너비와 용지 높이를 각각 1로 지정하면 여러 페이지가 한 페이지에 인쇄된다.

④ 셀에 설정된 메모는 '시트에 표시된 대로'나 '시트 끝'에 인쇄되도록 설정할 수 있다.

상중하

24 다음 중 항목의 구성비를 표현하는 데 적합한 차트인 원형 차트 및 도넛형 차트에 대한 설명으로 옳지 않은 것은?

① 원형 차트의 모든 조각을 차트 중심에서 끌어낼 수 있다.

② 도넛형 차트는 원형 차트와 마찬가지로 전체에 대한 각 부분의 구성비를 보여 주지만 데이터 계열이 두 개 이상 포함될 수 있다는 점이 다르다.

③ 원형 차트는 첫째 조각의 각을 0도에서 360도 사이의 값을 이용하여 회전시킬 수 있으나 도넛형 차트는 첫째 조각의 각을 회전시킬 수 없다.

④ 도넛형 차트의 도넛 구멍 크기는 0%에서 90% 사이의 값으로 변경할 수 있다.

상중하

25 다음 중 아래의 차트에 대한 설명으로 옳지 않은 것은?

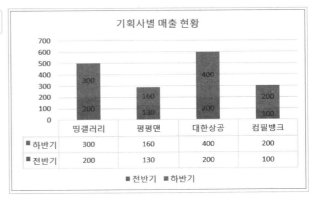

① 레이블 내용으로 값이 표시되어 있다.

② 범례 표지를 포함한 데이터 테이블이 나타나도록 설정되어 있다.

③ 범례는 아래쪽으로 설정되어 있다.

④ 누적 트리맵 차트로 데이터를 계층 구조 보기로 제공하므로 다른 범주 수준을 비교하는 간편한 방법으로 사용된다.

상중하

26 다음 중 [셀 서식]–[맞춤] 탭의 '텍스트 방향'에서 설정할 수 없는 항목은?

① 텍스트 방향대로

② 텍스트 반대 방향으로

③ 왼쪽에서 오른쪽

④ 오른쪽에서 왼쪽

상중하

27 다음 중 화면 제어에 관한 설명으로 옳지 않은 것은?

① 틀 고정은 행 또는 열, 열과 행으로 모두 고정이 가능하다.

② 창 나누기는 워크시트를 여러 개의 창으로 분리하는 기능으로 최대 4개까지 분할할 수 있다.

③ [창] 그룹–[틀 고정]을 실행하면 현재 셀의 위쪽과 왼쪽에 틀 고정선이 나타난다.

④ 틀 고정선은 마우스를 드래그하여 위치를 변경할 수 있다.

28 다음 중 수식에 잘못된 인수나 피연산자를 사용할 때 표시되는 오류 메시지로 옳은 것은?

① #DIV/0!

② #NUM!

③ #NAME?

④ #VALUE!

29 아래 시트에서 [표1]의 할인율 [B3]을 적용한 할인가 [B4]를 이용하여 [표2]의 각 정가에 해당하는 할인가 [E3:E6]을 계산하고자 한다. 다음 중 가장 적합한 데이터 도구는?

(합격강의)

	A	B	C	D	E	F
1	[표1] 할인 금액			[표2] 할인 금액표		
2	정가	₩10,000		정가	₩9,500	
3	할인율	5%		₩10,000		
4	할인가	₩9,500		₩15,000		
5				₩24,000		
6				₩30,000		
7						

① 통합

② 데이터 표

③ 부분합

④ 시나리오 관리자

30 다음 중 10,000,000원을 2년간 연 5.5%의 이자율로 대출할 때, 매월 말 상환해야 할 불입액을 구하기 위한 수식으로 옳은 것은?

① =PMT(5.5%/12, 24, −10000000)

② =PMT(5.5%, 24, −10000000)

③ =PMT(5.5%, 24, −10000000,0,1)

④ =PMT(5.5%/12, 24, −10000000,0,1)

31 다음 배열 수식 및 배열 함수에 대한 설명으로 옳지 않은 것은?

① 배열 수식에서 사용되는 배열 상수의 숫자로는 정수, 실수, 지수 형식의 숫자를 사용할 수 있다.

② MDETERM 함수는 배열로 저장된 행렬에 대한 역 행렬을 산출한다.

③ PERCENTILE.INC 함수는 범위에서 k번째 백분위수 값을 구하며, 이때 k는 0에서 1까지 백분위수 값 범위이다.

④ FREQUENCY 함수는 값의 범위 내에서 해당 값의 발생 빈도를 계산하여 세로 배열 형태로 나타낸다.

32 다음 중 부분합에 관한 설명으로 옳지 않은 것은?

① 여러 함수를 이용하여 부분합을 작성하려면 두 번째부터 실행하는 [부분합] 대화 상자에서 '새로운 값으로 대치'가 반드시 선택되어 있어야 한다.

② 부분합을 작성한 후 개요 기호를 눌러 특정한 데이터가 표시된 상태에서 차트를 작성하면 화면에 표시된 데이터만 차트에 표시된다.

③ 부분합을 실행하기 전에 그룹화하고자 하는 필드를 기준으로 정렬되어 있어야 올바른 결과를 얻을 수 있다.

④ 그룹별로 페이지를 달리하여 인쇄하기 위해서는 [부분합] 대화 상자에서 '그룹 사이에서 페이지 나누기'를 선택한다.

33 다음 중 [Excel 옵션]–[고급]에서 [소수점 자동 삽입]의 [소수점 위치]를 −2로 설정한 다음 시트에서 1을 입력하는 경우의 결과로 옳은 것은?

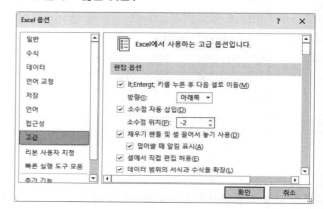

① 0.01

② 0.001

③ 100

④ 1000

34 다음 중 피벗 테이블에 대한 설명으로 옳지 않은 것은?

① 피벗 차트 보고서는 피벗 테이블 보고서를 만들지 않고는 만들 수 없으며, 피벗 테이블과 피벗 차트를 함께 만든 후 피벗 테이블을 삭제하면 피벗 차트는 일반 차트로 변경된다.

② 피벗 테이블 보고서에서 필드 단추를 다른 열이나 행의 위치로 끌어다 놓으면 데이터 표시 형식이 달라진다.

③ 피벗 테이블 보고서는 엑셀에서 작성된 데이터를 대상으로 새로운 대화형 테이블을 만드는 데 사용하며 외부 액세스 데이터베이스에서 만들어진 데이터는 호환되지 않으므로 사용할 수 없다.

④ 피벗 테이블 보고서를 이용하면 필터, 정렬, 그룹 및 조건부 서식을 적용하여 가장 유용한 하위 데이터 집합에서 원하는 정보만 강조할 수 있다.

35 다음 중 아래 시트에서 사원명이 두 글자이면서 실적이 전체 실적의 평균을 초과하는 데이터를 검색할 때, 고급 필터의 조건으로 옳은 것은?

	A	B
1	사원명	실적
2	유민	15,030,000
3	오성준	35,000,000
4	김근태	18,000,000
5	김원	9,800,000
6	정영희	12,000,000
7	남궁정훈	25,000,000
8	이수	30,500,000
9	김용훈	8,000,000

①
사원명	실적조건
="=??"	=$B2>AVERAGE($B$2:$B$9)

②
사원명	실적
="=??"	=$B2&">AVERAGE($B$2:$B$9)"

③
사원명	실적
=LEN($A2)=2	=$B2>AVERAGE($B$2:$B$9)

④
사원명	실적조건
="=**"	=$B2>AVERAGE($B$2:$B$9)

36 매출액 [B3:B9]을 이용하여 매출 구간별 빈도수를 [F3:F6] 영역에 계산한 후 그 값만큼 "★"을 반복하여 표시하고자 한다. 다음 중 [F3] 셀에 입력될 수식으로 옳은 것은?

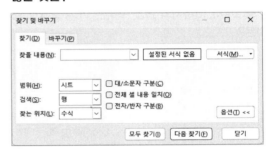

	A	B	C	D	E	F
1						
2		매출액		매출구간		빈도수
3		75		0	50	★
4		93		51	100	★★
5		130		101	200	★★★
6		32		201	300	★
7		123				
8		257				
9		169				

① =REPT("★",FREQUENCY(B3:B9))

② =REPT("★",FREQUENCY(E3:E6))

③ =REPT("★",FREQUENCY(E3:E6,B3:B9))

④ =REPT("★",FREQUENCY(B3:B9,E3:E6))

37 다음 중 [찾기 및 바꾸기] 대화 상자에 대한 설명으로 옳지 않은 것은?

① 문서에서 '찾을 내용'에 입력한 내용과 일치하는 이전 항목을 찾으려면 Shift를 누른 상태에서 [다음 찾기] 단추를 클릭한다.

② '찾을 내용'에 입력한 문자만 있는 셀을 검색하려면 '전체 셀 내용 일치'를 선택한다.

③ 별표(*), 물음표(?) 및 물결표(~) 등의 문자가 포함된 내용을 찾으려면 '찾을 내용'에 작은따옴표(') 뒤에 해당 문자를 붙여 입력한다.

④ 찾을 내용을 워크시트에서 검색할지 전체 통합 문서에서 검색할지 등을 선택하려면 '범위'에서 '시트' 또는 '통합 문서'를 선택한다.

38 통합 문서를 열 때마다 특정 작업이 자동으로 수행되는 매크로를 작성하려고 한다. 이때 사용해야 할 매크로 이름으로 옳은 것은?

① Auto_Open
② Auto_Exec
③ Auto_Macro
④ Auto_Start

39 다음 중 인쇄 시 테두리나 그래픽 등을 생략하고 데이터만 인쇄하려고 할 때 설정해야 할 것으로 올바른 것은?

① 눈금선
② 행/열 머리글
③ 간단하게 인쇄
④ 흑백으로

40 다음 중 1부터 10까지의 합을 구하는 VBA 모듈로 옳지 않은 것은?

①
```
no = 0
sum = 0
Do While no <= 10
sum = sum + no
no = no + 1
Loop
MsgBox sum
```

②
```
no = 0
sum = 0
Do
sum = sum + no
no = no + 1
Loop While no <= 10
MsgBox sum
```

③
```
no = 0
sum = 0
Do While no < 10
sum = sum + no
no = no + 1
Loop
MsgBox sum
```

④
```
sum = 0
For no = 1 To 10
sum = sum + no
Next
MsgBox sum
```

---

3 과목 데이터베이스 일반

41 다음 중 특정 컨트롤로 포커스를 이동시킬 때 사용하는 매크로 함수는?

① GoToRecord
② GoToControl
③ SetValue
④ RunCode

42 다음 중 현재 폼에서 활성화되어 있는 ShipForm 폼의 DateDue 컨트롤의 Visible 속성을 참조하는 방법으로 옳은 것은?

① Forms![ShipForm]![DateDue].Visible
② Forms.[ShipForm]![DateDue].Visible
③ Forms![ShipForm].[DateDue]!Visible
④ Forms.[ShipForm].[DateDue].Visible

43 다음 중 레코드가 추가될 때마다 시스템에서 자동으로 값을 입력해 주며 업데이트나 수정이 불가한 데이터 형식은?

① 짧은 텍스트
② 숫자
③ 일련번호
④ Yes/No

44 다음 중 아래 그림과 같은 결과를 표시하는 쿼리로 옳은 것은?

영화명	감독	장르	제작년도
베테랑	백감독	멜로	2013
베테랑	류승완	액션	2015
퇴마전	김휘	스릴러	2014
Mother	난니 모레티	멜로	2015

① SELECT * FROM movie ORDER BY 영화명, 장르;
② SELECT * FROM movie ORDER BY 영화명 DESC, 장르 DESC;
③ SELECT * FROM movie ORDER BY 제작년도, 장르 DESC;
④ SELECT * FROM movie ORDER BY 감독, 제작년도;

45 [직원] 테이블의 '급여' 필드는 데이터 형식이 숫자이고, 필드 크기가 정수(Long)로 설정되어 있다. 다음 중 '급여' 필드에 입력이 가능한 숫자를 백만 원 이상, 오백만 원 이하로 설정하기 위한 유효성 검사 규칙으로 옳은 것은?

① <= 1000000 Or <= 5000000

② >= 1000000 And <= 5000000

③ >= 1000000, <= 5000,000

④ 1,000,000 <= And <= 5,000,000

46 다음 중 [학생] 테이블에서 '점수'가 60 이상인 학생들의 인원수를 구하는 식으로 옳은 것은?(단, '학번' 필드는 [학생] 테이블의 기본키이다.)

① =DCount("[학생]","[학번]","[점수]>= 60")

② =DCount("[학번]","[학생]","[점수]>= 60")

③ =DLookUp("[학생]","[학번]","[점수]>= 60")

④ =DLookUp("*","[학생]","[점수]>= 60")

47 다음은 색인(Index)에 대한 설명이다. 가장 옳지 않은 것은?

① 하나의 필드나 필드 조합에 인덱스를 만들어 레코드 찾기와 정렬을 효율적으로 수행할 수 있게 한다.

② 색인을 많이 설정하면 테이블의 변경 속도가 저하될 수 있다.

③ 인덱스를 삭제하면 필드나 필드 데이터도 함께 삭제된다.

④ 레코드를 변경하거나 추가할 때마다 자동으로 업데이트된다.

48 회원(회원번호, 이름, 나이, 주소)테이블에서 회원번호가 555인 회원의 주소를 '부산'으로 변경하는 질의문으로 옳은 것은?

① UPGRAGE 회원 set 회원번호=555 where 주소='부산'

② UPGRAGE 회원 set 주소='부산' where 회원번호=555

③ UPDATE 회원 set 회원번호=555 where 주소='부산'

④ UPDATE 회원 set 주소='부산' where 회원번호=555

49 다음 중 다양한 사용자의 요구 사항을 분석하여 정보 구조를 표현한 관계도(ERD)를 생성하는 데이터베이스 설계 단계는?

① 요구 조건 분석

② 개념적 설계

③ 논리적 설계

④ 물리적 설계

50 다음 중 아래와 같이 표시된 폼의 탐색 단추에 대한 설명으로 옳지 않은 것은?

① ㉠ 첫 레코드로 이동한다.

② ㉡ 이전 레코드로 이동한다.

③ ㉢ 마지막 레코드로 이동한다.

④ ㉣ 이동할 레코드 번호를 입력하여 이동한다.

51 다음 중 기본 폼과 하위 폼에 대한 설명으로 옳지 않은 것은?

① '일대다' 관계일 때 하위 폼에는 '일'에 해당하는 데이터가 표시되며, 기본 폼에는 '다'에 해당하는 데이터가 표시된다.

② 하위 폼은 연속 폼의 형태로 표시할 수 있지만 기본 폼은 연속 폼의 형태로 표시할 수 없다.

③ 기본 폼 내에 포함시킬 수 있는 하위 폼의 개수는 제한이 없으며, 최대 7 수준까지 하위 폼을 중첩시킬 수 있다.

④ 테이블, 쿼리나 다른 폼을 이용하여 하위 폼을 작성할 수 있다.

52 다음 중 아래의 탭 순서 대화 상자에 대한 설명으로 옳지 않은 것은?

① 폼 보기에서 [Tab]이나 [Enter]를 눌렀을 때 포커스(Focus)의 이동 순서를 지정하는 것이다.
② 키보드를 이용하여 컨트롤 간 이동을 신속하게 할 수 있는 기능이다.
③ 레이블 컨트롤을 포함한 모든 컨트롤에 탭 순서를 지정할 수 있다.
④ 해당 컨트롤의 '탭 정지' 속성을 '아니요'로 지정하면 탭 순서에서 제외된다.

53 다음 데이터베이스 관련 용어 중에서 성격이 다른 것은?

① DDL　　　　　② DBA
③ DML　　　　　④ DCL

54 폼이나 보고서의 특정 컨트롤에서 '=[단가]*[수량]*(1−[할인률])'과 같은 계산식을 사용하고자 한다. 이 때 계산 결과를 소수점 이하 첫째 자리까지 표시하기 위한 함수는?

① Clng()
② Val()
③ Format()
④ DLookUp()

55 다음 중 데이터를 입력 또는 삭제 시 이상(Anomaly) 현상이 일어나지 않도록 데이터베이스를 설계하기 위한 기술을 의미하는 용어는?

① 자동화
② 정규화
③ 순서화
④ 추상화

56 다음 중 각 데이터 형식에 대한 설명으로 옳지 않은 것은?

① 조회 마법사는 필드에 값을 직접 입력하지 않고 다른 테이블에서 값을 선택할 때 사용한다.
② Yes/No 형식은 Yes/No, True/False, On/Off 등 두 값 중 하나만 입력하는 경우에 사용하는 것으로 기본 필드 크기는 1비트이다.
③ 설명, 참고 사항 등 255자를 초과해서 저장할 때는 긴 텍스트 데이터 형식을 사용한다.
④ 일련번호는 번호가 부여된 후 변경하거나 삭제할 수 있으며 크기는 2바이트이다.

57 다음 중 <학생> 테이블의 '나이' 필드에 유효성 검사규칙을 아래와 같이 지정한 경우 데이터 입력 상황에 대한 설명으로 옳은 것은?

유효성 검사 규칙	>20
유효성 검사 테스트	숫자는 >20으로 입력합니다.

① 데이터를 입력하려고 하면 항상 '숫자는 >20으로 입력합니다.'라는 메시지가 먼저 표시된다.
② 20을 입력하면 '숫자는 >20으로 입력합니다.'라는 메시지가 표시된 후 입력 값이 정상적으로 저장된다.
③ 20을 입력하면 '숫자는 >20으로 입력합니다.'라는 메시지가 표시되며, 값을 다시 입력해야만 한다.
④ 30을 입력하면 '유효성 검사 규칙에 맞습니다.'라는 메시지가 표시된 후 입력 값이 정상적으로 저장된다.

58 다음 중 아래 VBA 코드를 실행했을 때 MsgBox에 표시되는 값은?

합격
강의

```
Dim i As Integer
Dim Num As Integer
For i = 0 To 7 Step 2
Num = Num + i
Next i
MsgBox Str(Num)
```

① 7
② 12
③ 24
④ 28

59 다음 중 각 연산식에 대한 결과 값이 옳지 않은 것은?

① IIF(1,2,3) → 결과 값: 2
② MID("123456",3,2) → 결과 값: 34
③ "A" & "B" → 결과 값: "AB"
④ 4 MOD 2 → 결과 값: 2

60 다음 중 보고서의 그룹 바닥글 구역에 '=COUNT(*)'를 입력했을 때 출력되는 결과로 옳은 것은?

① Null 필드를 포함한 그룹별 레코드 개수
② Null 필드를 포함한 전체 레코드 개수
③ Null 필드를 제외한 그룹별 레코드 개수
④ Null 필드를 제외한 전체 레코드 개수

해설과 따로 보는 **2024년 상시 기출문제 13회**

1급	소요시간	문항수
	총60분	총60개

풀이 시간 : _____ 채점 점수 : _____

---

1 과목 **컴퓨터 일반**

01 다음 중 한글 Windows의 실행 대화 상자에서 [시스템 구성] 대화 상자를 열 수 있는 명령어로 옳은 것은?

① ipconfig
② tracert
③ ping
④ msconfig

02 다음 중 기억된 정보의 일부분을 이용하여 원하는 정보가 기억된 위치를 알아낸 후 그 위치에서 나머지 정보에 접근하는 기억 장치를 무엇이라 하는가?

① 캐시 메모리(Cache memory)
② 주기억 장치(Main memory)
③ 가상 기억 장치(Virtual memory)
④ 연관 메모리(Associative memory)

03 둘 이상의 프로세스들이 자원을 점유한 상태에서 서로 다른 프로세스가 점유하고 있는 자원을 서로 사용하기를 원해서 시스템이 정지되는 상황을 무엇이라 부르는가?

① LOCK
② DEADLOCK
③ UNLOCK
④ BLOCK

04 다음 중 컴퓨터에서 정상적인 프로그램을 처리하고 있는 도중에 특수한 상태가 발생했을 때 현재 실행하고 있는 프로그램을 일시 중단하고, 그 특수한 상태를 처리한 후 다시 원래의 프로그램을 처리하는 과정을 무엇이라 하는가?

① 채널(Channel)
② 인터럽트(Interrupt)
③ 데드락(Deadlock)
④ 스풀(Spool)

05 컴퓨터 내부에서 중앙 처리 장치와 메모리 사이의 데이터 전송에 사용되는 통로를 버스(Bus)라고 한다. 다음 중 이 버스에 해당하지 않는 것은?

① 제어 버스(Control Bus)
② 프로그램 버스(Program Bus)
③ 데이터 버스(Data Bus)
④ 주소 버스(Address Bus)

06 다음 중 AVI, MPEG-1, MPEG-4, ASF(Advanced Stream Format) 파일 형식의 공통점은 무엇인가?

① 텍스트 파일 형식
② 오디오 파일 형식
③ 이미지 파일 형식
④ 비디오 파일 형식

07 다음 중 한글 Windows에서 하드디스크에 저장된 파일을 다시 정렬하는 단편화 제거 과정을 통해 디스크의 파일 읽기/쓰기 성능을 향상시키는 프로그램으로 옳은 것은?

① 디스크 검사
② 디스크 정리
③ 디스크 포맷
④ 드라이브 조각 모음 및 최적화

08 다음 중 한글 Windows 10의 작업 표시줄에 대한 설명으로 옳지 않은 것은?

① 작업 표시줄은 현재 실행되고 있는 프로그램 단추와 프로그램을 빠르게 실행하기 위해 등록한 고정 프로그램 단추 등이 표시되는 곳이다.
② 작업 표시줄은 위치를 변경하거나 크기를 조절할 수 있으며, 크기는 화면의 1/4까지만 늘릴 수 있다.
③ '작업 표시줄 잠금'이 지정된 상태에서는 작업 표시줄의 크기나 위치 등을 변경할 수 없다.
④ 작업 표시줄은 기본적으로 바탕화면의 맨 아래쪽에 있다.

09 다음 중 아래의 기능을 수행하는 코드로 옳은 것은?

> • 에러 검출과 교정이 가능한 코드로, 최대 2비트까지 에러를 검출하고 1비트의 에러 교정이 가능한 방식
> • 일반적으로 8421코드에 3비트의 짝수 패리티를 추가해서 구성함

① 해밍 코드
② 패리티 체크 비트
③ 순환 중복 검사
④ 정 마크 부호 방식

10 운영체제가 응용 프로그램의 상태에 의존하지 않고 강제로 작업을 변경함으로써 하나의 응용 프로그램에 문제가 발생해도 다른 응용 프로그램에 영향을 주지 않도록 하는 제어 방식을 무엇이라 하는가?

① 비선점형 멀티태스킹
② 선점형 멀티태스킹
③ 플러그 앤 플레이
④ 멀티 프로그래밍

11 다음 중 비트맵 방식에 대한 설명으로 옳지 않은 것은?

① 픽셀 단위로 표현한다.
② 저장 공간을 많이 차지한다.
③ 비트맵 방식의 그래픽 프로그램으로는 코렐드로, 일러스트레이터가 있다.
④ 확대하거나 축소하면 이미지가 손상된다.

12 다음 중 송신자의 송신 여부와 수신자의 수신 여부를 확인하는 기능으로 송 · 수신자가 송수신 사실을 부정하지 못하도록 하는 보안 기능은?

① 인증
② 접근 제어
③ 부인 방지
④ 기밀성

13 다음 중 디지털 컴퓨터의 특징으로만 짝지어진 것은?

> ⓐ 증폭 회로   ⓑ 논리 회로   ⓒ 부호화된 문자, 숫자
> ⓓ 프로그래밍   ⓔ 연속적인 물리량   ⓕ 범용성

① ⓐ, ⓑ, ⓒ, ⓓ
② ⓑ, ⓒ, ⓓ, ⓕ
③ ⓒ, ⓓ, ⓔ, ⓕ
④ ⓐ, ⓑ, ⓒ, ⓕ

14 다음 중 일반적으로 URL로 표시된 주소의 프로토콜과 기본 포트 번호가 관련이 없는 것은?

① [http://www.korcham.net] 포트 번호 : 80
② [ftp://ftp.korcham.net] 포트 번호 : 22
③ [telnet://home.chollian.net] 포트 번호 : 23
④ [gopher://gopher.ssu.org] 포트 번호 : 70

15 다음 중 하이퍼미디어에 관한 설명으로 옳지 않은 것은?

① 특정 텍스트나 이미지 등의 다양한 미디어를 클릭하면 연결된 문서로 이동하는 문서 형식이다.
② 문서와 문서가 연결된 형식으로 문서를 읽는 순서가 결정되는 선형 구조를 가지고 있다.
③ 하이퍼미디어는 하이퍼텍스트와 멀티미디어를 합한 개념이다.
④ 하나의 데이터를 여러 사용자가 서로 다른 경로를 통해 검색할 수 있다.

16 다음 중 IPv6에 해당하는 내용으로만 올바르게 짝지어진 것은?

> ⓐ 32비트, ⓑ 64비트, ⓒ 128비트, ⓓ 10진수로 표현,
> ⓔ 16진수로 표현, ⓕ 각 부분을 콜론(:)으로 구분,
> ⓖ 각 부분을 점(.)으로 구분

① ⓐ, ⓓ, ⓖ
② ⓒ, ⓔ, ⓕ
③ ⓑ, ⓓ, ⓕ
④ ⓒ, ⓓ, ⓖ

17 다음 중 영상 신호와 음향 신호를 압축하지 않고 통합하여 전송하는 고선명 멀티미디어 인터페이스로 S-비디오, 컴포지트 등의 아날로그 케이블보다 고품질의 음향 및 영상을 감상할 수 있는 것은?

① DVI
② HDMI
③ USB
④ IEEE 1394

18 다음 중 소스 코드까지 제공되어 사용자들이 자유롭게 수정하거나 변경할 수 있는 소프트웨어를 의미하는 것은?

① 오픈 소스 소프트웨어(Open source software)
② 주문형 소프트웨어(Customized software)
③ 쉐어웨어(Shareware)
④ 프리웨어(Freeware)

19 다음 중 Windows에서 에어로 쉐이크(Aero Shake)와 같은 기능을 하는 바로 가기 키로 옳은 것은?

① ⊞+E
② ⊞+X
③ ⊞+U
④ ⊞+Home

20 다음 중 운영체제의 발달 과정이 올바르게 나열된 것은?

① 다중 프로그래밍 → 시분할 처리 → 다중 처리 → 분산 처리 → 일괄 처리 → 실시간 처리
② 실시간 처리 → 다중 프로그래밍 → 시분할 처리 → 다중 처리 → 분산 처리 → 일괄 처리
③ 일괄 처리 → 실시간 처리 → 다중 프로그래밍 → 시분할 처리 → 다중 처리 → 분산 처리
④ 시분할 처리 → 다중 처리 → 분산 처리 → 일괄 처리 → 실시간 처리 → 다중 프로그래밍

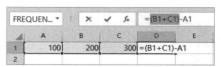

2 과목 스프레드시트 일반

21 아래 시트에서 [D1] 셀을 선택한 상태에서 수식 입력줄의 (B1+C1)을 선택하고 F9를 누르면 나타나는 현상에 대한 설명으로 옳은 것은?

FREQUEN... ▼	:	×	✓	fx	=(B1+C1)-A1

	A	B	C	D	E
1	100	200	300	=(B1+C1)-A1	
2					

① 선택된 수식이 계산되어 500이 표시된다.
② 선택된 해당 셀의 값이 표기되어 (200+300)이 표시된다.
③ 수식 입력줄의 모든 수식이 계산되어 400이 표시된다.
④ 수식 입력줄의 셀의 값이 표기되어 (200+300)-100이 표시된다.

22 다음 중 아래 워크시트에서 [A1:D1] 영역을 선택한 후 채우기 핸들을 이용하여 [D4] 셀까지 드래그했을 때 [A4] 셀, [B4] 셀, [C4] 셀, [D4] 셀의 값으로 옳은 것은?

	A	B	C	D
1	AAA-000	1989-06-03	Excel-A	1-A
2				
3				
4				

① DDD-003, 1992-06-03, Excel-D, 4-A
② DDD-000, 1989-09-03, Excel-A, 1-D
③ AAA-333, 1992-09-03, Excel-4, 4-A
④ AAA-003, 1989-06-06, Excel-A, 4-A

23 다음 수식의 결과 값으로 옳은 것은?

=ROUNDDOWN(165.657,2) − ABS(POWER(−2,3))

① 156.65
② 157.65
③ 156.66
④ 157.66

상중하

24 다음 중 데이터 통합에 대한 설명으로 옳지 않은 것은?

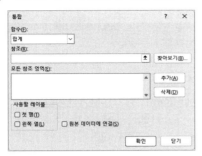

① 데이터 통합은 여러 셀 범위를 통합하여 합계, 평균, 최대값, 최소값, 표준 편차 등을 계산할 수 있는 기능이다.

② 서로 다른 통합 문서에 분산 입력된 데이터를 통합하기 위해서는 모든 통합 문서를 열어 놓고 실행해야 한다.

③ 참조 영역의 범위에 열 이름표와 행 이름표를 복사할 것인지를 설정하려면 '사용할 레이블'에서 옵션을 체크한다.

④ '원본 데이터에 연결' 옵션을 선택하면 원본 데이터의 변경이 통합된 데이터에 즉시 반영된다.

25 다음에서 설명하는 기능으로 옳은 것은?

> • 선택한 셀의 모든 데이터가 열에 맞게 표시되도록 글꼴의 문자 크기를 줄임
> • 열 너비를 변경하면 문자 크기가 자동으로 조정됨
> • 적용된 글꼴 크기는 바뀌지 않음

① 자동 줄 바꿈
② 셀 병합
③ 텍스트 방향
④ 셀에 맞춤

26 다음 중 엑셀에서 날짜 데이터의 입력 방법에 대한 설명으로 옳지 않은 것은?

① 날짜 데이터는 하이픈(-)이나 슬래시(/)를 이용하여 년, 월, 일을 구분한다.

② 날짜의 연도를 생략하고 월과 일만 입력하면 자동으로 현재 연도가 추가된다.

③ 날짜의 연도를 두 자리로 입력할 때 연도가 30 이상이면 1900년대로 인식하고, 29 이하이면 2000년대로 인식한다.

④ Ctrl + Shift + ; 을 누르면 오늘 날짜가 입력된다.

27 다음 중 조건부 서식 설정을 위한 [새 서식 규칙] 대화 상자의 '규칙 유형 선택' 항목에 해당하지 않는 것은?

① 임의의 날짜를 기준으로 셀의 서식 지정
② 셀 값을 기준으로 모든 셀의 서식 지정
③ 다음을 포함하는 셀만 서식 지정
④ 고유 또는 중복 값만 서식 지정

28 다음 중 [상태 표시줄 사용자 지정]에서 선택할 수 있는 자동 계산으로 옳은 것은?

① 특수 기호 셀 수 : 선택한 영역 중 특수 기호 데이터가 입력된 셀의 수

② 숫자 셀 수 : 선택한 영역 중 숫자 데이터가 입력된 셀의 수

③ 문자 셀 수 : 선택한 영역 중 문자 데이터가 입력된 셀의 수

④ 수식 셀 수 : 선택한 영역 중 수식 데이터가 입력된 셀의 수

29 다음 중 카메라 기능에 대한 설명으로 옳지 않은 것은?

① 카메라 기능은 특정한 셀 범위를 그림으로 복사하여 붙여넣는 기능이다.

② 카메라 기능을 이용하여 셀 범위를 복사한 경우 그림으로 복사한 셀에 입력된 내용이 변경되면 그림에 표시되는 텍스트도 자동으로 변경된다.

③ 카메라 기능을 이용하여 복사된 그림은 일반 그림과 같이 취급하여 그림자 효과를 줄 수 있다.

④ 카메라 기능을 이용하려면 [삽입] 탭-[일러스트레이션] 그룹에서 [카메라] 버튼을 클릭하여 실행한다.

30 다음 중 수식의 결과가 나머지 셋과 다른 것은?

① =ABS(INT(-3/2))
② =MOD(-3,2)
③ =ROUNDUP(RAND(),0)
④ =FACT(1.9)

31 다음 중 데이터를 분석하기 위한 부분합에 대한 설명으로 옳지 않은 것은?

① 부분합은 SUBTOTAL 함수를 사용하여 합계나 평균 등의 요약 함수를 계산한다.

② 첫 행에는 열 이름표가 있어야 하며 부분합을 구하려는 항목을 기준으로 정렬한다.

③ 부분합을 제거하면 부분합과 함께 표에 삽입된 개요 및 페이지 나누기도 제거된다.

④ 같은 열에 있는 자료에 대하여 여러 개의 함수를 중복하여 사용할 수 없다.

32 다음 중 시나리오에 대한 설명으로 옳지 않은 것은?

① 시나리오는 별도의 파일로 저장하고 자동으로 바꿀 수 있는 값의 집합이다.

② 시나리오를 사용하여 워크시트 모델의 결과를 예측할 수 있다.

③ 여러 시나리오를 비교하기 위해 시나리오를 한 페이지의 피벗 테이블로 요약할 수 있다.

④ 시나리오 피벗 테이블 보고서에는 결과 셀이 반드시 있어야 한다.

33 다음 중 데이터를 정렬할 때 정렬 옵션으로 설정할 수 있는 사항이 아닌 것은?

① 문자/숫자 우선순위

② 대/소문자 구분 여부

③ 정렬 방향 : 위쪽에서 아래쪽

④ 정렬 방향 : 왼쪽에서 오른쪽

34 다음 중 괄호( ) 안에 해당하는 바로 가기 키로 옳은 것은?

> 통합 문서 내에서 (ㄱ)키는 다음 워크시트로 이동, (ㄴ)키는 이전 워크시트로 이동할 때 사용된다.

① (ㄱ) `Home` , (ㄴ) `Ctrl`+`Home`

② (ㄱ) `Ctrl`+`Page Down` , (ㄴ) `Ctrl`+`Page Up`

③ (ㄱ) `Ctrl`+`←` , (ㄴ) `Ctrl`+`→`

④ (ㄱ) `Shift`+`↑` , (ㄴ) `Shift`+`↓`

35 다음 중 아래의 예처럼 천 단위 데이터를 빠르게 입력하기 위해 [Excel 옵션]-[고급]에서 설정해야 하는 작업으로 옳은 것은?

> **예** 1을 입력하면 1000, 2를 입력하면 2000, 3을 입력하면 3000, 11을 입력하면 11000, 22를 입력하면 22000으로 표시된다.

① 자동 % 입력 사용

② 소수점 자동 삽입

③ 셀에서 직접 편집

④ 셀 내용을 자동 완성

36 다음 중 엑셀에서 특수문자나 한자를 입력하는 경우 그에 대한 설명으로 틀린 것은?

① 특수문자는 한글 자음 중 하나를 입력한 후 `한자`를 누르면 하단에 특수문자 목록이 표시된다.

② 한글 자음 모두 하단에 표시되는 특수문자가 동일하므로 아무 자음을 입력해도 된다.

③ "한"과 같이 한자의 음이 되는 글자를 한 글자 입력한 후 `한자`를 누르면 하단에 해당 글자에 대한 한자 목록이 표시된다.

④ "대한민국"을 입력한 후 바로 마우스로 블록을 설정하고 `한자`를 누르면 [한글/한자 변환] 대화 상자가 나타나며 "大韓民國"을 선택하여 한 번에 변환시킬 수 있다.

37 아래 시트에서 주민등록번호의 여덟 번째 문자가 '1' 또는 '3'이면 '남', '2' 또는 '4'이면 '여'로 성별 정보를 알 수 있다. 다음 중 성별을 계산하기 위한 [D2] 셀의 수식으로 옳지 않은 것은?(단, [F2:F5] 영역은 숫자 데이터임)

	A	B	C	D	E	F	G
1	번호	성명	주민등록번호	성별		코드	성별
2	1	이경훈	940209-1******	남		1	남
3	2	서정연	920305-2******	여		2	여
4	3	이정재	971207-1******	남		3	남
5	4	이춘호	990528-1******	남		4	여
6	5	김지수	001128-4******	여			

① =IF(OR(MID(C2, 8, 1)="2", MID(C2, 8, 1)="4"), "여", "남")

② =CHOOSE(VALUE(MID(C2, 8, 1)), "남", "여", "남", "여")

③ =VLOOKUP(VALUE(MID(C2, 8, 1)), $F$2:$G$5, 2, 0)

④ =IF(MOD(VALUE(MID(C2, 8, 1)), 2)=0, "남", "여")

38 다음 중 아래 차트에 대한 설명으로 옳지 않은 것은?

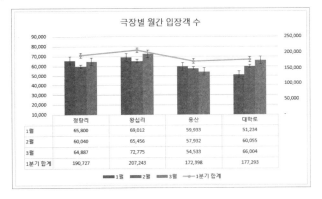

① 계열 옵션에서 '간격 너비'가 0%로 설정되어 있다.

② 범례 표지 없이 데이터 테이블이 표시되어 있다.

③ '1월', '2월', '3월' 계열에 오차 막대가 표시되어 있다.

④ '1분기 합계' 계열은 '보조 축'으로 지정되어 있다.

39 다음 중 서식 코드를 셀의 사용자 지정 표시 형식으로 설정한 경우 입력 데이터와 표시 결과가 옳지 않은 것은?

	서식 코드	입력 데이터	표시
ⓐ	# ???/???	3.75	3 3/4
ⓑ	0,00#,	-6789	-0,007
ⓒ	*-#,##0	6789	*----6789
ⓓ	▲#;▼#;0	-6789	▼6789

① ⓐ

② ⓑ

③ ⓒ

④ ⓓ

40 다음 중 피벗 테이블과 피벗 차트에 대한 설명으로 옳지 않은 것은?

① 새 워크시트에 피벗 테이블을 생성하면 보고서 필터의 위치는 [A1] 셀, 행 레이블은 [A3] 셀에서 시작한다.

② 피벗 테이블과 연결된 피벗 차트가 있는 경우 피벗 테이블에서 [피벗 테이블 분석]의 [모두 지우기] 명령을 사용하면 피벗 테이블과 피벗 차트의 필드, 서식 및 필터가 제거된다.

③ 하위 데이터 집합에도 필터와 정렬을 적용하여 원하는 정보만 강조할 수 있으나 조건부 서식은 적용되지 않는다.

④ [피벗 테이블 옵션] 대화 상자에서 오류 값을 빈 셀로 표시하거나 빈 셀에 원하는 값을 지정하여 표시할 수도 있다.

상중하

41 다음 중 주어진 [학생] 테이블을 참조하여 아래의 SQL문을 실행한 결과로 옳은 것은?

> SELECT AVG(나이) FROM 학생
> WHERE 전공 NOT IN ('수학', '회계');

[학생] 테이블

학번	전공	학년	나이
100	국사	4	21
150	회계	2	19
200	수학	3	30
250	국사	3	31
300	회계	4	25
350	수학	2	19
400	국사	1	23

① 25
② 23
③ 21
④ 19

상중하

42 다음 중 Access 파일에 암호를 설정하는 방법으로 옳은 것은?

① [데이터베이스 압축 및 복구] 도구에서 파일 암호를 설정할 수 있다.
② 데이터베이스를 단독 사용 모드(단독으로 열기)로 열어야 파일 암호를 설정할 수 있다.
③ 데이터베이스를 MDE 형식으로 저장한 후 파일을 열어야 파일 암호를 설정할 수 있다.
④ [Access 옵션] 창의 보안 센터에서 파일 암호를 설정할 수 있다.

상중하

43 다음 중 테이블에서의 필드 이름 지정 규칙에 대한 설명으로 옳은 것은?

① 필드 이름의 첫 글자는 숫자로 시작할 수 없다.
② 테이블 이름과 동일한 이름을 필드 이름으로 지정할 수 없다.
③ 한 테이블 내에 동일한 이름의 필드를 2개 이상 지정할 수 없다.
④ 필드 이름에 문자, 숫자, 공백, 특수문자를 조합한 모든 기호를 포함할 수 있다.

상중하

44 다음 중 테이블 간의 관계 설정에서 일대일 관계가 성립하는 것은?

① 양쪽 테이블의 연결 필드가 모두 중복 불가능의 인덱스나 기본키로 설정되어 있는 경우
② 어느 한쪽의 테이블의 연결 필드가 중복 불가능의 인덱스나 기본키로 설정되어 있는 경우
③ 오른쪽 관련 테이블의 연결 필드가 중복 가능한 인덱스나 후보키로 설정되어 있는 경우
④ 양쪽 테이블의 연결 필드가 모두 중복 가능한 인덱스나 후보키로 설정되어 있는 경우

상중하

45 다음 중 읽기 전용 폼을 만들기 위한 폼과 컨트롤의 속성 설정이 옳지 않은 것은?

① [편집 가능] 속성을 '아니오'로 설정한다.
② [삭제 가능] 속성을 '아니오'로 설정한다.
③ [잠금] 속성을 '아니오'로 설정한다.
④ [추가 가능] 속성을 '아니오'로 설정한다.

상중하

46 다음 중 보고서의 그룹화 및 정렬에 대한 설명으로 옳지 않은 것은?

① '그룹'은 머리글과 같은 소계 및 요약 정보와 함께 표시되는 레코드의 모음으로 그룹 머리글, 세부 레코드 및 그룹 바닥글로 구성된다.
② 그룹화할 필드가 날짜 데이터이면 전체 값(기본), 일, 주, 월, 분기, 연도 중 선택한 기준으로 그룹화할 수 있다.
③ Sum 함수를 사용하는 계산 컨트롤을 그룹 머리글에 추가하면 현재 그룹에 대한 합계를 표시할 수 있다.
④ 필드나 식을 기준으로 최대 5단계까지 그룹화할 수 있으며, 같은 필드나 식은 한 번씩만 그룹화할 수 있다.

상중하

47 다음 중 '영동1단지'에서 숫자로 된 단지 정보 '1'을 추출하기 위한 함수로 옳은 것은?

① left("영동1단지", 3)
② right("영동1단지", 3)
③ mid("영동1단지", 3, 1)
④ instr("영동1단지", 3, 1)

48 [성적] 테이블에서 '수행' 필드와 '지필' 필드를 더한 후 합계라는 이름으로 표시하고자 한다. 다음 중 SQL문의 괄호 안에 들어갈 내용으로 옳은 것은?

> SELECT 수행+지필 (　　　　) FROM 성적;

① NAME IS 합계
② ALIAS 합계
③ AS 합계
④ TO 합계

49 다음 중 서류 봉투에 초대장을 넣어 발송하려는 경우 우편물에 사용할 수신자의 주소를 프린트하기에 가장 적합한 보고서는?

① 업무 문서 양식 보고서
② 우편 엽서 보고서
③ 레이블 보고서
④ 크로스탭 보고서

50 다음 중 SQL문의 각 예약어에 대한 설명으로 옳지 않은 것은?

① SQL문에서 검색 결과가 중복되지 않게 표시하기 위해서 'DISTINCT'를 입력한다.
② ORDER BY문을 사용할 때에는 HAVING절을 사용하여 조건을 지정한다.
③ FROM절에는 SELECT문에 나열된 필드를 포함하는 테이블이나 쿼리를 지정한다.
④ 특정 필드를 기준으로 그룹화하여 검색할 때에는 GROUP BY문을 사용한다.

51 다음 중 테이블의 필드 속성에서 인덱스를 지정할 수 없는 데이터 형식은?

① 짧은 텍스트
② OLE 개체
③ Yes/No
④ 숫자

52 다음 중 키의 개념에 대한 설명으로 옳지 않은 것은?

① 후보키(Candidate Key)는 유일성과 최소성을 만족한다.
② 슈퍼키(Super Key)는 유일성은 가지지만 최소성을 가지지 않는 키이다.
③ 기본키(Primary Key)로 지정된 속성은 모든 튜플에 대해 널(Null)값을 가질 수 없다.
④ 외래키(Foreign Key)는 후보키 중에서 기본키로 정의되지 않은 나머지 후보키들을 말한다.

53 아래와 같이 조회할 고객의 최소 나이를 입력받아 검색하는 매개 변수 쿼리를 작성하려고 한다. 다음 중 '나이' 필드의 조건식으로 옳은 것은?

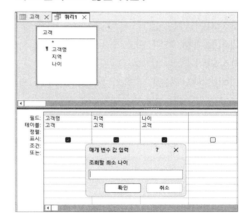

① >={조회할 최소 나이}
② >="조회할 최소 나이"
③ >=[조회할 최소 나이]
④ >=(조회할 최소 나이)

54 다음 두 개의 테이블 사이에서 외래키(Foreign Key)는 무엇인가?(단, 밑줄은 각 테이블의 기본키를 표시함)

> 직원(사번, 성명, 부서명, 주소, 전화, 이메일)
> 부서(부서명, 팀장, 팀원수)

① 직원 테이블의 사번
② 부서 테이블의 팀원수
③ 직원 테이블의 부서명
④ 부서 테이블의 팀장

55 다음 중 테이블에서 입력 마스크를 "LA09?"로 설정한 경우 입력할 수 없는 값은?

① AA111
② A11
③ AA11
④ A111A

56 폼의 머리글에 아래와 같은 도메인 함수 계산식을 사용하는 컨트롤을 삽입하였다. 다음 중 계산 결과 값에 대한 설명으로 옳은 것은?

합격
강의

= DLOOKUP("성명", "사원", "[사원번호] = 1")

① 성명 테이블에서 사원 번호가 1인 데이터의 성명 필드에 저장되어 있는 값
② 성명 테이블에서 사원 번호가 1인 데이터의 사원 필드에 저장되어 있는 값
③ 사원 테이블에서 사원 번호가 1인 데이터의 성명 필드에 저장되어 있는 값
④ 사원 테이블에서 사원 번호가 1인 데이터의 사원 필드에 저장되어 있는 값

57 다음 중 외부 데이터 가져오기 기능을 이용하여 액세스로 가져올 수 없는 데이터 형식은?

① Excel
② HTML
③ HWP 파일
④ 텍스트 파일

58 다음 중 선택 쿼리에서 사용자가 지정한 패턴과 일치하는 데이터를 찾고자 할 때 사용되는 연산자는?

① Match
② Some
③ Like
④ Any

59 다음 중 개체 관계 모델(Entity Relationship Model)에 관한 설명으로 옳지 않은 것은?

① 개념적 설계에 가장 많이 사용되는 모델로 개체 관계도(ERD)가 가장 대표적이다.
② 개체집합과 관계집합으로 나누어서 개념적으로 표시하는 방식으로 특정 데이터베이스 관리 시스템(DBMS)을 고려한 것은 아니다.
③ 데이터를 개체(Entity), 관계(Relationship), 속성(Attribute)과 같은 개념으로 표시한다.
④ 개체(Entity)는 가상의 객체나 개념을 의미하고, 속성(Attribute)은 개체를 묘사하는 데 사용될 수 있는 특성을 의미한다.

60 다음 중 보고서에서 순번 항목과 같이 그룹 내의 데이터에 대한 일련번호를 표시하기 위해 텍스트 상자 컨트롤의 속성을 설정하는 방법으로 옳은 것은?

① 텍스트 상자의 컨트롤 원본을 '=1'로 지정하고, 누적합계 속성을 '그룹'으로 지정한다.
② 텍스트 상자의 컨트롤 원본을 '+1'로 지정하고, 누적합계 속성을 '그룹'으로 지정한다.
③ 텍스트 상자의 컨트롤 원본을 '+1'로 지정하고, 누적합계 속성을 '모두'로 지정한다.
④ 텍스트 상자의 컨트롤 원본을 '=1'로 지정하고, 누적합계 속성을 '모두'로 지정한다.

해설과 따로 보는 **2024년 상시 기출문제 14회**

1급	소요시간	문항수
	총60분	총60개

풀이 시간 : _____   채점 점수 : _____

---

1 과목 | **컴퓨터 일반**

상 중 하

01 다음 내용이 설명하는 운영체제의 운영 방식으로 옳은 것은?

> 지역적으로 여러 개의 컴퓨터를 연결해서 작업을 분담 처리하는 시스템으로 컴퓨터의 부담을 줄이며 일부의 시스템 고장 시에도 운영이 가능한 방식이다.

① 분산 처리 시스템
② 시분할 시스템
③ 다중 처리 시스템
④ 다중 프로그래밍 시스템

상 중 하

02 다음 중 한글 Windows 10에서 파일이나 폴더 또는 프린터의 공유 기능에 관한 설명으로 옳지 않은 것은?

① 공유된 폴더의 아이콘에는 손 모양의 그림이 추가로 표시된다.
② 공유된 폴더에 대한 공유 이름을 부여할 수 있다.
③ 프린터는 네트워크 프린터의 경우에만 공유를 설정할 수 있다.
④ 네트워크 설정 마법사를 사용하여 자동으로 파일 및 프린터를 공유하거나 공유하지 않을 수 있다.

상 중 하

03 다음 중 호스트나 라우터의 오류 상태 통지 및 예상치 못한 상황에 대한 정보를 제공할 수 있게 하는 인터넷 프로토콜로 옳은 것은?

① ICMP
② ARP
③ RARP
④ IP

상 중 하

04 다음 중 데이터 분산 처리 기술을 이용한 '공공 거래 장부'로 비트코인, 이더리움 같은 가상 암호 화폐가 탄생한 기반 기술이며 거래할 때 발생할 수 있는 불법적인 해킹을 막는 기술로 옳은 것은?

① 핀테크(FinTech)
② 블록체인(Block Chain)
③ 전자봉투(Digital Envelope)
④ 암호화 파일 시스템(Encrypting File System)

상 중 하

05 다음 중 프로그램 카운터(PC)의 기능에 대한 설명으로 옳은 것은?

① 수행해야 할 명령어를 해석하여 부호기로 전달하는 회로이다.
② 다음에 수행할 명령어의 번지(주소)를 기억하는 레지스터이다.
③ 현재 수행 중인 명령어를 기억하는 레지스터이다.
④ 중간 연산 결과를 일시적으로 기억하는 레지스터이다.

상 중 하

06 다음 중 클럭 주파수에 대한 설명으로 옳지 않은 것은?

① 컴퓨터는 전류가 흐르는 상태(ON)와 흐르지 않는 상태(OFF)가 반복되어 작동하는데, ON/OFF의 전류 흐름에 의해 CPU는 작동한다. 이 전류의 흐름을 클럭 주파수(Clock Frequency)라 하고, 줄여서 클럭(Clock)이라고 한다.
② 클럭의 단위는 MHz를 사용하는데 1MHz는 1,000,000Hz를 의미하며, 1Hz는 1초 동안 1,000번의 주기가 반복되는 것을 의미한다.
③ CPU가 기본적으로 클럭 주기에 따라 명령을 수행한다고 할 때, 이 클럭 값이 높을수록 CPU는 빠르게 일을 하고 있는 것으로 볼 수 있다.
④ 클럭 주파수를 높이기 위해 메인보드로 공급되는 클럭을 CPU 내부에서 두 배로 증가시켜 사용하는 클럭 더블링(Clock Doubling)이란 기술이 486 이후부터 사용되었다.

07 다음 중 컴퓨터에서 사용하는 모니터에 관한 설명으로 옳지 않은 것은?

① 모니터 해상도는 픽셀(Pixel) 수에 따라 결정된다.
② 모니터 크기는 화면의 가로와 세로 길이를 더한 값이다.
③ 재생률(Refresh Rate)이 높을수록 모니터의 깜박임이 줄어든다.
④ 플리커프리(Flicker Free)가 적용된 모니터의 경우 눈의 피로를 줄일 수 있다.

08 다음 중 컴퓨터에서 사용하는 캐시 메모리에 관한 설명으로 옳은 것은?

① 중앙 처리 장치와 주기억 장치 사이에 위치하여 컴퓨터의 처리 속도를 향상시킨다.
② 주로 DRAM이 캐시 메모리로 사용된다.
③ 보조 기억 장치의 일부를 주기억 장치처럼 사용하는 메모리이다.
④ 주기억 장치의 용량보다 큰 프로그램을 로딩하여 실행할 경우에 사용된다.

09 다음 중 인터넷 주소 체계에서 IPv6에 대한 설명으로 옳지 않은 것은?

① 16비트씩 8부분으로 구성되며 총 128비트이다.
② IPv4의 주소 부족 문제를 해결하기 위해서 개발되었다.
③ 16진수의 숫자를 콜론(:)으로 구분하여 표시한다.
④ 웹 캐스팅이나 모바일 IP로 사용이 어렵다.

10 다음 중 한글 Windows의 실행 창에서 실행되는 프로그램으로 옳게 짝지어진 것은?

① explorer : 엣지
② msconfig : 시스템 구성 유틸리티
③ taskmgr : 시스템 정보
④ msinfo32 : 작업 관리자

11 다음 중 하드웨어나 소프트웨어를 비교, 검사하여 성능을 평가하기 위해 실제로 사용되는 조건과 같은 환경에서 처리 능력을 테스트하는 것은?

① 베타 버전
② 알파 버전
③ 벤치마크
④ 번들

12 다음 중 데이터 보안 침해 형태 중 위협 보안 요건으로 옳은 것은?

① 가로막기(Interruption) : 정보의 기밀성(Secrecy) 저해
② 가로채기(Interception) : 정보의 무결성(Integrity) 저해
③ 변조/수정(Modification) : 정보의 무결성(Integrity) 저해
④ 위조(Fabrication) : 정보의 가용성(Availability) 저해

13 다음 중 입력 장치에 대한 설명으로 옳은 것은?

① MICR : 자성 재료의 미립자를 함유한 특수 잉크로 기록된 숫자나 기호를 감지하여 판독하는 장치로, 수표나 어음 등에 이용한다.
② OMR : 문서에 인자된 문자를 광학적으로 판독하는 장치로, 공공요금 청구서 등에 이용된다.
③ OCR : 카드나 용지의 특정 장소에 연필이나 펜 등으로 표시한 것을 직접 광학적으로 판독하는 장치로, 시험 답안용, 설문지용으로 이용된다.
④ BCR : 백화점, 쇼핑 센터 등의 공공장소에 설치된 무인 자동화 정보 안내 시스템으로 터치 스크린 방식을 이용한다.

14 다음 중 방화벽(Firewall)에 대한 설명으로 옳지 않은 것은?

① 권한이 없는 사용자가 네트워크를 통해 컴퓨터에 액세스하는 것을 방지한다.

② 해킹에 의한 외부로의 정보 유출을 막기 위해 사용한다.

③ 특정 프로그램에 대하여 연결 차단을 해제하기 위해 예외를 둘 수 있다.

④ 방화벽은 외부로부터의 불법적인 침입을 차단하고 내부의 해킹을 완전하게 막을 수 있다.

15 다음 중 멀티미디어 자료를 인터넷에서 실시간으로 전송받으면서 보거나 들을 수 있는 방식이 아닌 것은?

① 스트림웍스(Streamworks)

② 리얼 오디오(Real Audio)

③ 비디오 라이브(VDO Live)

④ 드림위버(Dreamweaver)

16 다음 중 컴퓨터 프로그래밍 언어와 관련하여 객체 지향 언어의 특징으로 옳지 않은 것은?

① 은닉화(Encapsulation)

② 구조화(Structured)

③ 상속(Inheritance)

④ 자료 추상화(Data Abstraction)

17 다음 중 CD, HDTV 등에서 동영상을 표현하기 위한 국제 표준 압축 방식은?

① MPEG

② JPEG

③ GIF

④ PNG

18 다음 중 컴퓨터에서 사용하는 자료의 표현에 관한 설명으로 옳지 않은 것은?

① 보수는 컴퓨터에서 기본적으로 사용하는 덧셈 연산을 이용하여 뺄셈을 수행하기 위하여 사용한다.

② 실수 데이터는 정해진 크기에 부호, 지수부, 가수부 등으로 구분하여 표현한다.

③ 2진 정수 데이터는 실수 데이터보다 표현할 수 있는 범위가 크기 때문에 연산 속도가 빠르다.

④ 10진 연산을 위하여 언팩(Unpack)과 팩(Pack) 표현이 사용된다.

19 다음 중 터치 스크린(Touch Screen)의 작동 방식으로 옳지 않은 것은?

① 저항식

② 정전식

③ 광학식

④ 래스터 방식

20 다음 중 한글 Windows 10의 레지스트리(Registry)에 대한 설명으로 가장 옳지 않은 것은?

① Windows에서 사용하는 환경 설정 및 각종 시스템과 관련된 정보가 저장되어 있는 데이터베이스이다.

② 레지스트리에 이상이 있을 경우 Windows 운영체제에 치명적인 손상이 생길 수 있다.

③ 레지스트리 파일은 Windows의 부팅 관련 파일과 시스템 관련 프로그램의 설정 파일로 구성되어 있다.

④ [실행]에서 "regedit" 명령으로 레지스트리 편집기를 실행할 수 있다.

21 다음 중 근무시간의 합계를 구하기 위해 [C7] 셀에 적용해야 할 사용자 지정 셀 서식으로 올바른 것은?

	A	B	C
1	사원명	날짜	근무시간
2		2024-07-01	10:00
3		2024-07-02	10:00
4	김선	2024-07-03	12:00
5		2024-07-04	8:00
6		2024-07-05	2:00
7	합계		42:00

① h:mm
② [h]:mm
③ hh:mm
④ h:mm;@

22 다음 중 시나리오에 대한 설명으로 옳지 않은 것은?

① 시나리오 관리자에서 시나리오를 삭제하면 시나리오 요약 보고서의 해당 시나리오도 자동으로 삭제된다.
② 특정 셀의 변경에 따라 연결된 결과 셀의 값이 자동으로 변경되어 결과 값을 예측할 수 있다.
③ 여러 시나리오를 비교하기 위해 시나리오를 피벗 테이블로 요약할 수 있다.
④ 변경 셀과 결과 셀에 이름을 지정한 후 시나리오 요약 보고서를 작성하면 결과에 셀 주소 대신 지정한 이름이 표시된다.

23 다음 중 윗주 기능에 대한 설명으로 옳지 않은 것은?

① 워크시트에 여러 개의 윗주가 있는 경우 임의의 윗주가 있는 셀에서 [윗주 필드 표시]를 설정하면 모든 윗주가 표시된다.
② 윗주는 [윗주 설정]에서 글꼴, 글꼴 스타일, 크기, 색을 변경할 수 있다.
③ 윗주는 셀에 입력된 문자열 데이터에 대한 뜻을 쉽게 표현하는 주석 기능을 한다.
④ 윗주가 있는 셀의 데이터를 삭제하면 윗주도 함께 삭제된다.

24 다음 중 수식의 결과가 옳지 않은 것은?

① =ROUNDDOWN(89.6369,2) → 89.63
② =SQRT(9)*(INT(-2)+POWER(2,2)) → 6
③ =SUMPRODUCT({1,2,3},{4,5,6}) → 126
④ =DAYS("2024-1-1","2024-12-31") → -365

25 다음은 매크로를 Visual Basic Editor로 본 것이다. 이 매크로에 대한 설명으로 옳지 않은 것은?

```
Selection.Font.Italic = True
With Selection
    .VerticalAlignment = xlCenter
    .WrapText = False
    .Orientation = 0
    .AddIndent = True
    .IndentLevel = 2
    .ShrinkToFit = False
    .MergeCells = True
End With
With Selection.Font
    .Name = "돋움"
    .Size = 14
    .Strikethrough = False
    .Superscript = False
    .Subscript = False
    .Outline = False
    .Shadow = False
    .Underline = xlUnderlineStyleNone
    .ColorIndex = xlAutomatic
End With
```

① 여러 개의 셀을 선택하고 매크로를 실행하면 선택된 셀들이 하나로 병합된다.
② 글꼴 스타일은 기울임꼴로 설정된다.
③ 매크로 실행 후 셀의 가로 텍스트 맞춤은 가운데로 정렬된다.
④ 글꼴 크기는 14로 설정된다.

26 다음 중 원형 차트에 대한 설명으로 옳은 것은?

① 원형 대 꺾은선형 차트 형식을 지원한다.
② 원형 차트는 쪼개진 원형으로 표시할 수 있다.
③ 원형 차트는 데이터 테이블을 표시할 수 있다.
④ 원형 차트는 하나의 축으로 표시할 수 있다.

27 다음 중 '#VALUE!' 오류가 발생하는 원인으로 옳은 것은?

① 0으로 나누기 연산을 시도한 경우
② 셀 참조를 잘못 사용한 경우
③ 찾기 함수에서 결과 값을 찾지 못한 경우
④ 수식에서 잘못된 인수나 피연산자를 사용한 경우

28 다음 중 아래 워크시트처럼 [B2:B4] 영역의 전자우편 주소에서 '@' 앞의 아이디(ID)를 추출하여 대문자로 표시하고자 할 때 [C2] 셀에 입력할 수식으로 옳은 것은?

	A	B	C
1	성명	전자우편	아이디(ID)
2	김선	sun@naver.com	SUN
3	이대한	daehan@youngjin.com	DAEHAN
4	한상공	sanggong@youngjin.com	SANGGONG

① =UPPER(LEFT(B2,SEARCH(B2,"@")−1))
② =UPPER(MID(B2,SEARCH(B2,"@")−1))
③ =UPPER(LEFT(B2,SEARCH("@",B2)−1))
④ =UPPER(MID(B2,SEARCH("@",B2)−1))

29 다음 중 부분합에 대한 설명으로 옳지 않은 것은?

① 항목 및 하위 항목별로 데이터를 요약하며, 사용자 지정 계산과 수식을 만들 수 있다.
② 첫 행에는 열 이름표가 있어야 하며, 데이터는 그룹화할 항목을 기준으로 정렬되어 있어야 한다.
③ 부분합은 SUBTOTAL 함수를 사용하여 합계나 평균 등의 요약 값을 계산한다.
④ 부분합을 제거하면 부분합과 함께 표에 삽입된 개요 및 페이지 나누기도 제거된다.

30 다음 중 두 개의 데이터 집합에서 최적의 조합을 찾고자 할 때 유용한 차트는?

① 　②
③ 　④

31 다음 중 [매크로 기록] 대화 상자에서 설정할 수 있는 기능으로 옳지 않은 것은?

① 매크로 이름
② 바로 가기 키
③ 매크로 저장 위치
④ 매크로 보안

32 다음의 워크시트는 [데이터 표]를 이용하여 가중치에 따라 성적을 계산하는 것이다. [C4:C8] 셀에 데이터를 채우려고 할 때 아래 [데이터 테이블] 대화 상자에서 입력되어야 할 값과 실행 결과 [C4:C8] 셀에 설정된 배열 수식이 모두 올바르게 짝지어진 것은?(단, [C3] 셀에는 수식 '=D2*A2'가 입력되어 있으며, [B3:C8] 셀을 지정한 후 [데이터 표] 메뉴를 실행한다.)

	A	B	C	D
1	가중치에 따른 성적 계산			
2			성적	90
3			0	
4		10%		
5		20%		
6	가중치	30%		
7		40%		
8		50%		

데이터 테이블　?　×
행 입력 셀(R):
열 입력 셀(C):
확인　취소

① 입력 값 : [행 입력 셀] → $A$2,
　　　설정 값 → {=TABLE(A2,)}
② 입력 값 : [열 입력 셀] → $A$2,
　　　설정 값 → {=TABLE(,A2)}
③ 입력 값 : [행 입력 셀] → $D$2,
　　　설정 값 → {=TABLE(D2,)}
④ 입력 값 : [행 입력 셀] → $A$2,
　　　[열 입력 셀] → $A$2,
　　　설정 값 → {=TABLE(A2,A2)}

33 다음 시나리오 요약에 대한 설명으로 옳지 않은 것은?

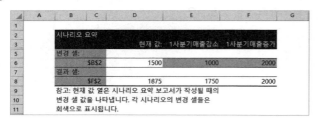

① [B2] 셀의 값이 변경될 때 변경되는 [F2] 셀의 값을 예측할 수 있다.
② 하나의 시나리오에 최대 64개까지 변경 셀을 지정할 수 있다.
③ [F2] 셀은 계산식이어야 하고, 변경되는 [B2] 셀은 반드시 계산식에 포함되어 있어야 한다.
④ 시나리오 보고서는 자동으로 다시 계산되지 않는다. 시나리오의 값을 변경하는 경우 이러한 변경 내용은 기존 요약 보고서에 표시되지 않지만 새 요약 보고서를 만들면 표시된다.

34 다음과 같이 통합 문서 보호를 설정했을 때 이에 대한 설명으로 옳지 않은 것은?

① 시트의 삽입이나 삭제 작업을 할 수 없다.
② 시트의 이동이나 복사 작업을 할 수 없다.
③ 코드 보기와 시트 보호 작업을 할 수 없다.
④ 모든 시트 선택 작업을 할 수 있다.

35 다음 중 페이지 레이아웃 및 인쇄 관련 설정에 대한 설명으로 옳지 않은 것은?

① [인쇄 미리 보기] 상태에서는 마우스를 이용하여 페이지 여백을 조정할 수 있다.
② [페이지 설정] 대화 상자의 [페이지] 탭에서 확대/축소 배율을 지정할 수 있다.
③ [보기] 탭-[통합 문서 보기] 그룹의 '페이지 나누기 미리 보기'를 클릭하면 머리글 및 바닥글을 쉽게 삽입할 수 있다.
④ '페이지 나누기 삽입'은 새 페이지가 시작되는 위치를 지정하는 것으로 선택 영역의 위쪽과 왼쪽에 페이지 나누기가 삽입된다.

36 다음 중 셀에 입력한 자료를 숨기고자 할 때의 사용자 지정 표시 형식으로 옳은 것은?

① 000   ② ;;;
③ @@@   ④ ### 00

37 아래 시트에서 '김지현'의 근속년수를 2024년을 기준으로 구하고자 한다. 다음 중 [B11] 셀에 입력할 수식으로 옳은 것은?

	A	B	C
1	성명	입사일	부서
2	김선	2000-01-01	상담부
3	차재영	2014-11-01	인사부
4	이규리	2010-05-05	상담부
5	김지현	2004-11-01	인사부
6	이대한	2017-07-07	홍보부
7	한상공	2021-03-15	인사부
8	지예원	2023-06-09	홍보부
9			
10	성명	김지현	
11	근속년수		

① =2024+YEAR(HLOOKUP(B10,$A$2:$B$8,2,0))
② =2024-YEAR(HLOOKUP(B10,$A$2:$B$8,2,0))
③ =2024+YEAR(VLOOKUP(B10,$A$2:$B$8,2,0))
④ =2024-YEAR(VLOOKUP(B10,$A$2:$B$8,2,0))

38 다음 중 아래 시트에서 [D2] 셀에 수식 =SUM(B2:D2)를 입력할 경우 발생하는 오류에 대한 설명으로 옳은 것은?

	A	B	C	D
1	성명	근무평점	연수점수	합계
2	이대한	80	90	
3	한상공	88	99	

① [D1] 셀에 #DIV/0! 오류 표시
② [D1] 셀에 #REF! 오류 표시
③ [D1] 셀에 #NUM! 오류 표시
④ 순환 참조 경고 메시지 창 표시

39 다음 중 셀에 수식을 입력하는 방법에 대한 설명으로 옳지 않은 것은?

① 통합 문서의 여러 워크시트에 있는 동일한 셀 범위 데이터를 이용하려면 수식에서 3차원 참조를 사용한다.
② 계산할 셀 범위를 선택하여 수식을 입력한 후 Ctrl + Enter 를 누르면 선택한 영역에 수식을 한 번에 채울 수 있다.
③ 수식을 입력한 후 결과 값이 상수로 입력되게 하려면 수식을 입력한 후 바로 Alt + F9 를 누른다.
④ 배열 상수에는 숫자나 텍스트 외에 'TRUE', 'FALSE' 등의 논리 값 또는 '#N/A'와 같은 오류 값도 포함될 수 있다.

40 다음 중 피벗 테이블 보고서와 피벗 차트 보고서에 대한 설명으로 옳지 않은 것은?

① 피벗 테이블 보고서에서는 값 영역에 표시된 데이터 일부를 삭제하거나 추가할 수 없다.
② 피벗 차트 보고서를 만들 때마다 동일한 데이터로 관련된 피벗 테이블 보고서가 자동으로 생성된다.
③ 피벗 차트 보고서는 분산형, 주식형, 거품형 등 다양한 차트 종류로 변경할 수 있다.
④ 행 또는 열 레이블에서의 데이터 정렬은 수동(항목을 끌어 다시 정렬), 오름차순, 내림차순 중 선택할 수 있다.

---

3 과목 **데이터베이스 일반**

41 [매출 실적 관리] 폼의 'txt평가' 컨트롤에는 'txt매출수량' 컨트롤의 값이 1,000 이상이면 우수, 500 이상이면 보통, 그 미만이면 저조라고 표시하고자 한다. 다음 중 'txt평가'의 컨트롤 원본으로 옳지 않은 것은?

① =IIf([txt매출수량]〈500,"저조",IIf(txt매출수량 〉=1000,"우수","보통"))
② =IIf([txt매출수량]〈500,"저조",IIf(txt매출수량 〉=500,"보통","우수"))
③ =IIf([txt매출수량]〉=1000,"우수",IIf([txt매출수량]〉=500,"보통","저조"))
④ =IIf([txt매출수량]〉=500,IIf([txt매출수량]〈1000,"보통","우수"),"저조")

42 다음 중 SQL문에 대한 설명으로 옳지 않은 것은?

① Select 질의 시 정렬 순서의 기본 값은 오름차순이다.
② 여러 줄에 나누어 입력할 수 있다.
③ 문장 끝에는 콜론(:)을 붙인다.
④ 비절차적 언어로 프로그램에 처리 방법을 기술하지 않아도 된다.

43 다음 중 기본키(Primary Key)와 외래키(Foreign Key)에 관한 설명으로 옳지 않은 것은?

① 기본키와 외래키는 동일한 테이블에 동시에 존재할 수 없다.
② 참조무결성이 유지되기 위해서는 외래키 필드의 값은 참조하는 필드 값들 중 하나와 일치하거나 널(Null)이어야 한다.
③ 기본키를 이루는 필드의 값은 Null이 될 수 없다.
④ 기본키는 개체무결성의 제약 조건을, 외래키는 참조무결성의 제약 조건을 가진다.

44 다음 중 아래의 SQL문에 대한 설명으로 옳지 않은 것은?

▶합격강의

```
SELECT 사원명, 나이, 급여
FROM 사원
WHERE 부서='상담부' OR 부서='홍보부'
ORDER BY 나이 DESC;
```

① ORDER BY 절의 DESC는 내림차순으로 정렬하라는 것이다.

② [사원] 테이블에서 부서가 상담부이거나 홍보부인 사원의 사원명, 나이, 급여를 검색한 후 나이를 기준으로 내림차순 정렬된 결과를 조회한다.

③ WHERE절은 WHERE 부서 IN ('상담부', '홍보부')와 같이 지정해도 동일한 결과를 조회한다.

④ [사원] 테이블에서 상담부와 홍보부를 제외한 사원의 사원명, 나이, 급여를 검색한 후 나이를 기준으로 오름차순 정렬된 결과를 조회한다.

45 다음 중 [페이지 설정] 대화 상자에서 설정할 수 있는 기능으로 옳지 않은 것은?

① 머리글/바닥글
② 용지 방향
③ 인쇄 여백
④ 프린터 선택

46 다음 중 E-R 다이어그램 표기법의 기호와 의미가 바르게 연결된 것은?

① 사각형 – 속성(Attribute) 타입
② 마름모 – 관계(Relationship) 타입
③ 타원 – 개체(Entity) 타입
④ 밑줄 타원 – 의존 개체 타입

47 다음 중 입력 마스크 설정에 사용하는 사용자 정의 입력 마스크 기호에 대한 설명으로 옳은 것은?

① L : 영문자와 한글만 입력받도록 설정
② 9 : 소문자로 변환
③ > : 숫자나 공백을 입력받도록 설정
④ < : 영문 대문자로 변환하여 입력받도록 설정

48 다음 중 데이터를 입력 또는 삭제 시 이상(Anomaly) 현상이 일어나지 않도록 데이터베이스를 설계하기 위한 기술을 의미하는 용어는?

① 정규화
② 자동화
③ 순서화
④ 추상화

49 다음과 같은 보고서를 작성하기 위해서 가장 적절한 정렬 및 그룹화 기준은?

종목별 특기생 목록

종목코드	종목명	감독명	학번	성명	성별
A012	사이클	하석회	10030	한유란	여
			종목별인원: 1		

종목코드	종목명	감독명	학번	성명	성별
A013	축구	임홍헌	10005	황수홍	남
			10041	조영주	여
			10044	정성진	여
			종목별인원: 3		

종목코드	종목명	감독명	학번	성명	성별
A014	탁구	양영자	10008	이성욱	여
			10009	주현마	여
			10011	김수연	여
			10028	홍희영	여
			10031	함영식	남
			10036	최영신	여
			종목별인원: 6		

① 종목코드와 성명을 기준으로 오름차순으로 정렬하고 종목코드를 기준으로 그룹화한다.

② 성명과 종목코드를 기준으로 오름차순으로 정렬하고 성명을 기준으로 그룹화한다.

③ 종목명과 학번을 기준으로 오름차순으로 정렬하고 학번을 기준으로 그룹화한다.

④ 종목명과 학번을 기준으로 오름차순으로 정렬하고 종목명을 기준으로 그룹화한다.

50 다음 중 필드의 각 데이터 형식에 대한 설명으로 옳지 않은 것은?

① 날짜/시간 형식의 기본 필드 크기는 8바이트이다.
② 일련번호 형식은 1비트로 새 레코드를 만들 때 1부터 시작하는 실수가 자동 입력된다.
③ Yes/No 형식은 Yes/No, True/False, On/Off 등과 같이 두 값 중 하나만 입력하는 경우에 사용하는 것으로 기본 필드 크기는 1비트이다.
④ 짧은 텍스트 형식은 최대 255자까지 저장된다.

51 다음 중 테이블에서 내보내기가 가능한 파일 형식으로 옳지 않은 것은?

① Excel
② 텍스트 파일
③ XML
④ Outlook

52 다음 중 하위 폼에서 새로운 레코드를 추가하려고 한다. 이때 설정해야 하는 폼의 속성으로 옳은 것은?

① '추가 가능'을 예로 설정한다.
② '필터 사용'을 예로 설정한다.
③ '편집 가능'을 예로 설정한다.
④ '삭제 가능'을 예로 설정한다.

53 다음 중 폼의 모달 속성에 관한 설명으로 옳지 않은 것은?

① 폼이 열려 있는 경우 다른 화면을 선택할 수 있다.
② VBA 코드를 이용하여 대화 상자의 모달 속성을 지정할 수 있다.
③ 폼이 모달 대화 상자이면 디자인 보기로 전환 후 데이터 시트 보기로 전환이 가능하다.
④ 사용자 지정 대화 상자의 작성이 가능하다.

54 다음 중 테이블에 잘못된 데이터가 입력되어 이후 문제가 발생하는 경우를 해결하기 위한 방안으로, 점검을 필요로 하는 필드에 요구 사항이나 조건 또는 입력이 가능한 데이터 등을 미리 지정한 후 데이터 입력 시 이를 점검하도록 하는 기능은 어느 것인가?

① 기본 값
② 필수 여부
③ 빈문자열 허용
④ 유효성 검사 규칙

55 다음 중 보고서 작성 시 사용되는 마법사 중 아래의 출력물처럼 작성하기에 가장 적합한 것은?

동대문구 왕산로 100 상공주식회사	서울시 강동구 길동 2757호 길동전자
강남구 일원동 123호 부자상사	강남구 강남대로 89-63 선킴(주)

① 보고서 마법사
② 레이블 마법사
③ 업무 문서 양식 마법사
④ 우편 엽서 마법사

56 다음 중 데이터베이스를 이용하는 경우의 장점으로 가장 옳은 것은?

① 데이터 간의 종속성을 유지할 수 있다.
② 데이터 관리 비용을 절감할 수 있다.
③ 데이터의 일관성 및 무결성을 유지할 수 있다.
④ 데이터를 중복적으로 관리하므로 시스템에 문제가 발생하더라도 복구가 쉽다.

57 다음 중 제공된 항목에서만 값을 선택할 수 있으며 직접 입력할 수는 없는 컨트롤은?

① 텍스트 상자
② 레이블
③ 콤보 상자
④ 목록 상자

58 다음 중 컴퓨터 시스템의 저장 장치에 저장하기 위한 구조와 접근 방법 및 경로 등을 설계하는 단계는?

① 요구 조건 분석 단계
② 개념적 설계
③ 논리적 설계
④ 물리적 설계

59 아래 내용 중 하위 폼에 대한 설명으로 옳게 짝지어진 것은?

ⓐ 하위 폼에는 기본 폼의 현재 레코드와 관련된 레코드만 표시된다.
ⓑ 하위 폼은 단일 폼으로 표시되며 연속 폼으로는 표시될 수 없다.
ⓒ 기본 폼과 하위 폼을 연결할 필드의 데이터 형식은 같거나 호환되어야 한다.
ⓓ 여러 개의 연결 필드를 지정하려면 콜론(:)으로 필드명을 구분하여 입력한다.

---

① ⓐ, ⓑ, ⓒ
② ⓐ, ⓒ
③ ⓑ, ⓒ, ⓓ
④ ⓑ, ⓓ

60 다음 중 데이터베이스에서 인덱스를 사용하는 목적으로 가장 적절한 것은?

① 레코드 검색 속도 향상
② 데이터 독립성 유지
③ 중복성 제거
④ 일관성 유지

해설과 따로 보는 **2024년 상시 기출문제 15회**

1급	소요시간	문항수
	총60분	총60개

풀이 시간 : _____   채점 점수 : _____

---

1 과목 **컴퓨터 일반**

---

⑤⑧⑨
01 다음 중 모바일 인터넷에 접속하여 각종 음악 파일이나 음원을 제공받는 주문형 음악 서비스로 스트리밍 기술 등을 이용하여 음악을 실시간으로도 들을 수 있는 것은?

① VOD   ② VDT
③ PDA   ④ MOD

⑤⑧⑨
02 다음 중 CPU와 GPU에 대한 설명으로 옳지 않은 것은?

합격
강의

① CPU는 중앙 처리 장치이고, GPU는 컴퓨터 그래픽을 처리하는 장치이다.
② GPU는 비메모리 분야 반도체로서 CPU보다 비싸다.
③ CPU는 병렬 처리 방식이고, GPU는 직렬 처리 방식이다.
④ GPU는 영상 편집이나 게임 등의 멀티미디어 작업에서부터 인공지능(AI)의 핵심 부품으로 각광을 받고 있다.

⑤⑧⑨
03 다음 중 인터넷을 이용할 때 자주 방문하게 되는 웹사이트로 전자우편, 뉴스, 쇼핑, 게시판 등 다양한 서비스를 통합하여 제공하는 사이트는?

① 미러 사이트
② 포털 사이트
③ 커뮤니티 사이트
④ 멀티미디어 사이트

⑤⑧⑨
04 다음 중 인터넷 통신 장비인 게이트웨이(Gateway)의 기본적인 역할에 관한 설명으로 옳은 것은?

① 현재 위치한 네트워크에서 다른 네트워크로 연결할 때 사용된다.
② 인터넷 신호를 증폭하며 먼 거리로 정보를 전달할 때 사용된다.
③ 네트워크 계층의 연동장치로 경로 설정에 사용된다.
④ 문자로 된 도메인 이름을 숫자로 이루어진 실제 IP 주소로 변환하는 데 사용된다.

⑤⑧⑨
05 다음 중 한글 Windows 10에서 사용하는 바로 가기 키에 대한 설명으로 옳지 않은 것은?

합격
강의

① ⊞+P : 프레젠테이션 표시 모드 선택
② ⊞+I : 설정 열기
③ ⊞+V : 클립보드 열기
④ ⊞+X : 접근성 센터 열기

⑤⑧⑨
06 다음 중 CPU가 프로그램의 명령어를 수행하는 중에 산술 및 논리 연산의 결과를 일시적으로 저장하는 레지스터로 옳은 것은?

① 주소 레지스터(MAR)
② 누산기(AC)
③ 명령어 레지스터(IR)
④ 프로그램 카운터(PC)

07 다음 중 이미지 표현 방식에 대한 설명으로 옳지 않은 것은?

① 비트맵 방식은 그림을 픽셀(Pixel)이라고 하는 여러 개의 점으로 표시하는 방식이다.

② 비트맵 방식으로 저장된 이미지는 벡터 방식에 비해 메모리를 적게 차지하며, 화면에 보여주는 속도가 느리다.

③ 벡터 방식은 점과 점을 연결하는 직선이나 곡선을 이용하여 이미지를 표현하는 방식이다.

④ 벡터 방식은 그림을 확대 또는 축소할 때 화질의 손상이 거의 없다.

08 다음 중 비밀키 암호화 기법에 해당하지 않는 것은?

① 사용자의 증가에 따라 관리해야 하는 키의 수가 상대적으로 많아진다.

② 대표적으로 DES(Data Encryption Standard) 방식이 있다.

③ 암호화와 복호화의 속도가 빠르다.

④ 이중 키 방식이므로 알고리즘이 복잡하다.

09 다음 중 멀티미디어에 대한 설명으로 옳지 않은 것은?

① 멀티미디어와 관련된 표준안은 그래픽, 오디오, 문서 등 매우 다양하다.

② 대표적인 정지화상 표준으로는 손실, 무손실 압축 기법을 다 사용할 수 있는 JPEG과 무손실 압축 기법을 사용하는 GIF가 있다.

③ MPEG은 Intel사가 개발한 동영상 압축 기술로 용량이 작고, 음질이 뛰어나다.

④ 스트리밍이 지원되는 파일 형식은 ASF, WMV, RAM 등이 있다.

10 다음 컴퓨터의 기본 기능 중에서 제어 기능에 대한 설명으로 옳은 것은?

① 자료와 명령을 컴퓨터에 입력하는 기능

② 입출력 및 저장, 연산 장치들에 대한 지시 또는 감독 기능을 수행하는 기능

③ 입력된 자료들을 주기억 장치나 보조 기억 장치에 기억하거나 저장하는 기능

④ 산술적/논리적 연산을 수행하는 기능

11 다음 중 한글 Windows 10에서의 인쇄 작업에 대한 설명으로 옳지 않은 것은?

① 프린터 추가에 의해 가장 먼저 설치된 프린터가 공유된다.

② 이미 설치한 프린터를 다른 이름으로 다시 설치할 수 있다.

③ 네트워크 프린터를 사용할 때는 프린터의 공유 이름과 프린터가 연결되어 있는 컴퓨터의 이름을 알아야 한다.

④ 기본 프린터란 인쇄 명령 수행 시 특정 프린터를 지정하지 않을 경우 자동으로 인쇄 작업이 전달되는 프린터로 하나만 지정할 수 있다.

12 다음 중 mp3 파일의 크기를 결정하는 요소에 해당하지 않는 것은?

① 표본 추출률(Hz)

② 샘플 크기(Bit)

③ 재생 방식(Mono, Stereo)

④ 프레임 너비(Pixel)

13 다음 중 사용자가 눈으로 보는 현실 화면이나 실제 영상에 문자나 그래픽과 같은 가상의 3차원 정보를 실시간으로 겹쳐 보여주는 새로운 멀티미디어 기술을 의미하는 용어로 옳은 것은?

① 가상 장치 인터페이스(VDI)

② 가상 현실 모델 언어(VRML)

③ 증강현실(AR)

④ 주문형 비디오(VOD)

14 다음 중 인터넷을 이용한 FTP(File Transfer Protocol)에 관한 설명으로 옳지 않은 것은?

① 멀리 떨어져 있는 컴퓨터로부터 파일을 전송받거나 전송하는 서비스를 의미한다.

② 익명의 계정을 이용하여 파일을 전송할 수 있는 서버를 Anonymous FTP 서버라고 한다.

③ FTP 서버에 계정을 가지고 있는 사용자는 FTP 서버에 있는 프로그램을 다운로드 없이 실행시킬 수 있다.

④ 일반적으로 텍스트 파일의 전송을 위한 ASCII 모드와 실행 파일의 전송을 위한 Binary 모드로 구분하여 수행한다.

15 다음 중 바이러스에 대한 설명으로 옳지 않은 것은?

① 바이러스는 컴퓨터 하드웨어와는 상관없이 소프트웨어의 성능에만 영향을 미친다.
② 디스크의 부트 영역이나 프로그램 영역에 숨어 있다.
③ 자신을 복제할 수 있으며, 다른 프로그램을 감염시킬 수 있다.
④ 인터넷과 같은 통신 매체를 이용하는 전자우편이나 파일 다운로드 등을 통한 감염 외에도 USB 메모리 등을 통해서도 감염된다.

16 다음 중 한글 Windows 10에서 바로 가기 아이콘의 [속성] 창에 대한 설명으로 옳지 않은 것은?

① 대상 파일이나 대상 형식, 대상 위치 등에 관한 연결된 항목의 정보를 확인할 수 있다.
② 연결된 항목을 바로 열 수 있는 바로 가기 키를 지정할 수 있다.
③ 연결된 항목의 디스크 할당 크기를 확인할 수 있다.
④ 바로 가기 아이콘을 만든 날짜와 수정한 날짜, 액세스한 날짜 등을 확인할 수 있다.

17 다음 중 패치(Patch) 버전 소프트웨어에 관한 설명으로 옳은 것은?

① 정식으로 대가를 지불하고 사용하는 소프트웨어이다.
② 홍보용으로 사용 기간이나 기능에 제한을 둔 소프트웨어이다.
③ 오류 수정이나 성능 향상을 위해 프로그램 일부를 변경해 주는 소프트웨어이다.
④ 정식 프로그램 출시 전에 테스트용으로 제작되어 일반인에게 공개하는 소프트웨어이다.

18 다음 중 TCP/IP 프로토콜에서 IP 프로토콜의 개요 및 기능에 관한 설명으로 옳은 것은?

① 메시지를 송/수신자의 주소와 정보로 묶어 패킷 단위로 나눈다.
② 패킷 주소를 해석하고 경로를 결정하여 다음 호스트로 전송한다.
③ 전송 데이터의 흐름을 제어하고 데이터의 에러를 검사한다.
④ OSI 7계층에서 전송 계층에 해당한다.

19 다음 중 XML(eXtensible Markup Language) 문서에 설명으로 거리가 먼 것은?

① 태그(Tag)와 속성을 사용자가 정의할 수 있으며 문서의 내용과 이를 표현하는 방식이 독립적이다.
② HTML과는 달리 DTD(Document Type Declaration)가 고정되어 있지 않으므로 논리적 구조를 표현할 수 있는 유연성을 가진다.
③ XML은 HTML에 사용자가 새로운 태그(Tag)를 정의할 수 있는 기능이 추가되었다.
④ 확장성 생성 언어라는 뜻으로 기존의 HTML의 단점을 보완하여 비구조화 문서를 기술하기 위한 국제 표준 규격이다.

20 다음 중 스마트폰을 모뎀처럼 활용하는 방법으로, 컴퓨터나 노트북 등의 IT 기기를 스마트폰에 연결하여 무선 인터넷을 사용할 수 있게 하는 기능은?

① 와이파이(WiFi)
② 블루투스(Bluetooth)
③ 테더링(Tethering)
④ 와이브로(WiBro)

---

2 과목 **스프레드시트 일반**

---

21 다음 중 새 매크로를 기록할 때의 작성 과정으로 설명이 옳지 않은 것은?

① 매크로 이름에는 공백이 포함될 수 없으며 항상 문자로 시작하여야 한다.
② 절대 참조로 기록된 매크로를 실행하면, 현재 셀의 위치에 따라 매크로가 적용되는 셀이 달라진다.
③ '개인용 매크로 통합 문서'로 매크로 저장 위치를 설정하면 엑셀을 실행할 때마다 매크로를 항상 실행할 수 있다.
④ 엑셀에서 사용하고 있는 바로 가기 키를 매크로의 바로가기 키로 지정하면 엑셀에서 사용하던 바로 가기 키는 사용할 수 없다.

22 다음 중 데이터 입력에 대한 설명으로 옳지 않은 것은?

① 동일한 문자를 여러 개의 셀에 입력하려면 셀에 문자를 입력한 후 채우기 핸들을 드래그한다.

② 숫자 데이터의 경우 두 개의 셀을 선택하고 채우기 핸들을 선택 방향으로 드래그하면 두 값의 차이만큼 증가/감소하며 자동 입력된다.

③ 일정 범위 내에 동일한 데이터를 한 번에 입력하려면 범위를 지정하여 데이터를 입력한 후 바로 이어서 Shift + Enter 를 누른다.

④ 사용자 지정 연속 데이터 채우기를 사용하여 데이터를 입력하는 경우 사용자 지정 목록에는 텍스트나 텍스트/숫자 조합만 포함될 수 있다.

23 다음 프로시저를 실행한 결과에 대한 설명으로 옳은 것은?

```
Sub EnterValue()
    Worksheets("Sales").Cells(6,1).Value= "korea"
End Sub
```

① Sales 시트의 [A1] 셀에 korea를 입력한다.

② Sales 영역의 [A1:A6] 셀에 korea를 입력한다.

③ Sales 시트의 [A6] 셀에 korea를 입력한다.

④ Sales 시트의 [F1] 셀에 korea를 입력한다.

24 다음 중 셀 스타일에 대한 설명으로 옳지 않은 것은?

① 셀 스타일은 글꼴과 글꼴 크기, 숫자 서식, 셀 테두리, 셀 음영 등의 정의된 서식의 집합으로 셀 서식을 일관성 있게 적용하는 경우 편리하다.

② 기본 제공 셀 스타일을 수정하거나 복제하여 사용자 지정 셀 스타일을 직접 만들 수 있다.

③ 사용 중인 셀 스타일을 수정한 경우 해당 셀에는 셀 스타일을 다시 적용해야 수정한 서식이 반영된다.

④ 특정 셀을 다른 사람이 변경할 수 없도록 셀을 잠그는 셀 스타일을 사용할 수도 있다.

25 아래의 프로시저를 이용하여 [A1:A10] 영역에 입력되어 있는 데이터를 적용된 서식은 그대로 두고 내용만 지우려고 한다. 다음 중 괄호 안에 들어갈 코드로 옳은 것은?

```
Sub test()
Range("a1:a10").Select
Selection.(          )
End Sub
```

① Delete

② Clear

③ ClearFormats

④ ClearContents

26 다음 중 [셀 서식] 대화 상자에서 '텍스트 맞춤'의 '가로'에 대한 설명으로 옳지 않은 것은?

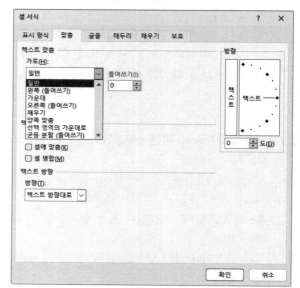

① 일반 : 입력된 데이터에 따라 텍스트는 왼쪽, 숫자는 오른쪽, 논리 값과 오류 값은 가운데로 맞춰진다.

② 양쪽 맞춤 : 셀 안에서 여러 줄로 나누고 단어 사이 공간을 조절하여 셀 양쪽에 가지런하게 맞춰진다.

③ 선택 영역의 가운데로 : 선택 영역의 왼쪽 셀 내용이 선택 영역의 가운데 표시된다.

④ 채우기 : 선택된 영역의 가장 왼쪽 셀의 내용을 반복해서 채우며 다른 나머지 셀의 내용은 모두 삭제한다.

27 다음 중 바닥글 영역에 페이지 번호를 인쇄하도록 설정된 여러 개의 시트를 출력하면서 전체 출력물의 페이지 번호가 일련번호로 이어지게 하는 방법으로 옳지 않은 것은?

① [인쇄] 대화 상자에서 '인쇄 대상'을 '전체 통합 문서'로 선택하여 인쇄한다.

② 전체 시트를 그룹으로 설정한 후 인쇄한다.

③ 각 시트의 [페이지 설정] 대화 상자에서 '일련번호로 출력'을 선택한 후 인쇄한다.

④ 각 시트의 [페이지 설정] 대화 상자에서 '시작 페이지 번호'를 일련번호에 맞게 설정한 후 인쇄한다.

28 다음 중 자동 필터와 고급 필터에 대한 설명으로 옳은 것은?

① 자동 필터는 각 열에 입력된 데이터의 종류가 혼합되어 있는 경우 날짜, 숫자, 텍스트 필터가 모두 표시된다.

② 고급 필터는 조건을 수식으로 작성할 수 있으며, 조건의 첫 셀은 반드시 필드명으로 입력해야 한다.

③ 자동 필터에서 여러 필드에 조건을 설정한 경우 필드 간은 OR 조건으로 처리되어 결과가 표시된다.

④ 고급 필터는 필터링한 결과를 원하는 위치에 별도의 표로 생성할 수 있다.

29 텍스트 파일의 데이터를 워크시트로 가져올 때 사용하는 [텍스트 마법사]에서 각 필드의 너비(열 구분선)를 지정하는 단계에 대한 설명으로 옳지 않은 것은?

① 앞 단계에서 원본 데이터 형식을 '구분 기호로 분리됨'을 선택한 경우 열 구분선을 지정할 수 없다.

② 구분선을 넣으려면 원하는 위치를 마우스로 클릭한다.

③ 열 구분선을 옮기려면 구분선을 삭제한 후 다시 넣어야 한다.

④ 구분선을 삭제하려면 구분선을 마우스로 두 번 클릭한다.

30 다음 중 아래 시트의 [A9] 셀에 수식 '=OFFSET(B3, −1,2)'을 입력한 경우의 결과 값은?

	A	B	C	D	E
1	학번	학과	학년	성명	주소
2	12123	국문과	2	박태훈	서울
3	15234	영문과	1	이경섭	인천
4	20621	수학과	3	윤혜주	고양
5	18542	국문과	1	민소정	김포
6	31260	수학과	2	함경표	부천
7					
8					
9					

① 윤혜주

② 서울

③ 고양

④ 박태훈

31 다음 중 조건부 서식에 대한 설명으로 옳지 않은 것은?

① 조건부 서식의 수식은 등호(=)로 시작해야 하며 TRUE(1) 또는 FALSE(0)의 논리 값을 반환해야 한다.

② 이동 옵션 명령을 사용하여 특정 조건부 서식이 적용된 셀만 찾거나 조건부 서식이 있는 셀을 모두 찾을 수 있다.

③ 한 워크시트에서 또는 다른 워크시트에서 셀을 직접 선택하여 수식에 셀 참조를 입력할 수 있으며, 셀을 선택하면 상대 셀 참조가 삽입된다.

④ 두 개의 조건부 서식 규칙이 서로 충돌하는 경우 목록에서 순서가 더 높은 규칙이 적용되고 목록에서 순서가 더 아래에 있는 규칙은 적용되지 않는다.

32 다음 중 아래의 기능을 수행하는 차트로 옳은 것은?

- 도수분포표를 그래프로 표시하며, 데이터는 분포 내의 빈도를 나타낸다.
- 계급구간이라고 하는 차트의 각 열을 변경하여 데이터를 더 세부적으로 분석할 수 있다.

① 선버스트

② 히스토그램

③ 트리맵

④ 상자 수염

33 다음 중 통합에 대한 설명으로 옳지 않은 것은?

① 함수 : 합계, 개수, 평균, 최대, 최소, 곱, 숫자 개수, 표본 표준 편차, 표준 편차, 표본 분산, 분산 등을 사용할 수 있다.

② 모든 참조 영역 : 참조에서 범위를 지정하고 [추가]를 클릭하면 여기에 원본 목록이 나타나며, 지정한 모든 참조 영역이 표시된다.

③ 사용할 레이블 : '첫 행', '왼쪽 열'은 원본 데이터에 표시된 순서와는 상관없이 통합을 실행하는 경우 사용한다.

④ 원본 데이터에 연결 : 원본 및 대상 영역이 동일한 시트에 있는 경우에는 연결을 만들 수 있다.

34 다음 중 아래의 워크시트처럼 [A1:C1] 영역을 마우스로 드래그하여 범위를 설정한 다음 채우기 핸들을 [F1] 셀까지 드래그했을 때 결과 값으로 옳은 것은?

① −3
② −7
③ −11
④ −15

35 다음 중 부분합의 실행 결과에 대한 설명으로 옳지 않은 것은?

① 부서명을 기준으로 오름차순으로 정렬되었다.
② 데이터 아래에 요약 표시가 설정된 상태이다.
③ 개요 기호 3 이 선택된 상태이다.
④ 매출의 최소를 구한 다음 최대를 구한 상태이다.

36 다음 중 '선택하여 붙여넣기' 기능에 대한 설명으로 옳지 않은 것은?

① 선택하여 붙여넣기 명령을 사용하면 워크시트에서 클립보드의 특정 셀 내용이나 수식, 서식, 메모 등을 복사하여 붙여 넣을 수 있다.

② 선택하여 붙여넣기의 바로 가기 키는 Ctrl + Alt + V 이다.

③ 잘라 낸 데이터 범위에서 서식을 제외하고 내용만 붙여 넣으려면 '내용 있는 셀만 붙여넣기'를 선택한다.

④ '연결하여 붙여넣기'를 선택하면 원본 셀의 값이 변경되었을 때 붙여넣기 한 셀의 내용도 자동 변경된다.

37 다음 워크시트에서 1학년 학생들의 헤어 평균을 구하려고 할 때 수식으로 옳지 않은 것은?

① =AVERAGE(IF(A2:A4="1학년",C2:C4))
② =AVERAGE((A2:A4="1학년")*(C2:C4))
③ =AVERAGEIF(A2:A4,"1학년",C2:C4)
④ =AVERAGEIFS(C2:C4,A2:A4,"1학년")

38 다음 VBA 배열 선언문에 대한 설명으로 옳지 않은 것은?

```
Option Base 1
Dim No(3, 4, 2) As Integer
```

① 배열은 3차원 배열이고, 요소는 모두 24개이다.
② 배열의 첫 번째 요소는 No(0, 0, 0)이다.
③ 배열 요소의 데이터 형식은 모두 Integer이다.
④ 배열은 4행 2열의 테이블이 3면으로 되어 있다.

39 다음 중 아래의 시트에서 수식 =DSUM(A1:D7, 4, B1:B2)을 실행했을 때의 결과 값으로 옳은 것은?

	A	B	C	D
1	성명	부서	1/4분기	2/4분기
2	김희준	영업1부	20	25
3	지유환	영업2부	10	14
4	김혜빈	영업1부	15	10
5	이상영	영업2부	20	15
6	김나운	영업1부	10	20
7	엄지홍	영업2부	18	30

① 40
② 45
③ 50
④ 55

40 다음 중 엑셀의 데이터 입력에 관한 설명으로 옳지 않은 것은?

① 자동 줄 바꿈으로 데이터를 입력하려면 Alt + Enter 를 누르면 된다.
② 여러 셀에 동일한 내용을 입력하려면 해당 셀을 범위로 지정한 후 데이터를 입력하고 Shift + Enter 를 누른다.
③ 데이터 입력 도중 입력을 취소하려면 Esc 를 누른다.
④ 특정 부분을 범위로 지정한 후 데이터를 입력하고 Enter 를 누르면 셀 포인터가 지정한 범위 안에서만 이동한다.

3과목 데이터베이스 일반

41 다음 중 다른 테이블을 참조하는 외래키(FK)에 대한 설명으로 가장 적합한 것은?

① 외래키 필드의 값은 유일해야 하므로 중복된 값이 입력될 수 없다.
② 외래키 필드의 값은 널(Null) 값일 수 없으므로, 값이 반드시 입력되어야 한다.
③ 한 테이블에서 특정 레코드를 유일하게 구별할 수 있는 속성이다.
④ 하나의 테이블에는 여러 개의 외래키가 존재할 수 있다.

42 다음 중 관계형 데이터베이스에서 사용되는 용어에 대한 설명으로 옳지 않은 것은?

① 튜플(Tuple)은 테이블에서 행을 나타내는 말로 레코드와 같은 의미이다.
② 애트리뷰트(Attribute)는 데이터베이스를 구성하는 가장 작은 논리적 단위이며, 파일 구조상의 데이터 필드에 해당된다.
③ 테이블(Table)은 하나의 애트리뷰트(Attribute)가 취할 수 있는 같은 타입의 원자값들의 집합이다.
④ 튜플(Tuple)의 수를 카디널리티(Cardinality), 애트리뷰트(Attribute)의 수를 디그리(Degree)라고 한다.

43 Select 문자에서 한 개 또는 그 이상의 필드를 기준으로 오름차순 또는 내림차순으로 정렬하고자 할 때 사용되는 절로 옳은 것은?

① having 절
② group by 절
③ order by 절
④ where 절

44 다음 중 폼 작업 시 탭 순서에서 제외되는 컨트롤로 옳은 것은?

① 레이블
② 언바운드 개체 틀
③ 명령 단추
④ 토글 단추

45 다음 중 데이터 조작어(DML : Data Manipulation Language)의 특징으로 옳지 않은 것은?

① 데이터 처리를 위하여 사용자와 DBMS 사이의 인터페이스를 제공한다.
② 데이터 처리를 위한 연산의 집합으로 데이터의 검색, 삽입, 삭제, 변경 등 데이터 조작을 제공하는 언어이다.
③ 절차적 조작 언어와 비절차적 조작 언어로 구분된다.
④ 데이터 보안(Security), 무결성(Integrity), 회복(Recovery) 등에 관련된 사항을 정의한다.

46 다음 중 SQL문에 대한 설명으로 옳지 않은 것은?

합격
강의

① SELECT 명령을 이용하여 조건에 맞는 레코드를 검색할 수 있다.
② INSERT 명령을 이용하여 조건에 맞는 레코드를 추가할 수 있다.
③ DROP 명령을 이용하여 조건에 맞는 레코드를 삭제할 수 있다.
④ UPDATE 명령을 이용하여 조건에 맞는 레코드를 수정할 수 있다.

47 다음 중 분할 표시 폼에 대한 설명으로 옳지 않은 것은?

① 분할된 화면에서 데이터를 [폼 보기]와 [데이터시트 보기]로 동시에 볼 수 있다.
② 폼의 두 보기 중 하나에서 필드를 선택하면 다른 보기에서도 동일한 필드가 선택된다.
③ 데이터 원본을 변경하는 경우 데이터시트 보기에서만 데이터를 변경할 수 있다.
④ 데이터시트가 표시되는 위치를 폼의 위쪽, 아래쪽, 왼쪽, 오른쪽 중에서 선택할 수 있다.

48 다음 중 아래 보고서에 대한 설명으로 옳지 않은 것은?

| 대리점명: 서울지점 | | | | |
순번	모델명	판매날짜	판매량	판매단가
1	PC4203	2018-07-31	7	₩1,350,000
2		2018-07-23	3	₩1,350,000
3	PC4204	2018-07-16	4	₩1,400,000
	서울지점 소계 :			₩19,100,000

| 대리점명: 중복지점 | | | | |
순번	모델명	판매날짜	판매량	판매단가
1	PC3102	2018-07-13	6	₩830,000
2		2018-07-12	4	₩830,000
3	PC4202	2018-07-31	4	₩1,300,000
4		2018-07-07	1	₩1,300,000
	중복지점 소계 :			₩14,800,000

① '모델명' 필드를 기준으로 그룹이 설정되어 있다.
② '모델명' 필드에는 '중복 내용 숨기기' 속성을 '예'로 설정하였다.
③ 지점별 소계가 표시된 텍스트 상자는 그룹 바닥글에 삽입하였다.
④ 순번은 컨트롤 원본을 '=1'로 입력한 후 '누적 합계' 속성을 '그룹'으로 설정하였다.

49 다음 페이지 번호식을 이용하여 출력되는 예로 옳은 것은?(단, 현재 페이지는 12이고, 전체 페이지 수는 50이다.)

=[page] & 'pages'

① 12 & 50
② 1250
③ 12pages
④ 50pages

50 회원 중에서 가입일이 2024년 6월 3일 이전인 준회원을 정회원으로 변경하고자 할 때 SQL문으로 옳은 것은?(단, 회원 테이블에는 회원번호, 성명, 가입일, 연락처, 등급 등의 필드가 있으며, 회원의 등급은 '등급' 필드에 저장되어 있다.)

① update 회원 set 등급 = '정회원' where 가입일 <= #2024-6-3# and 등급 = '준회원'
② update 회원 set 등급 = '정회원' where 가입일 <= "2024-6-3" and 등급 = '준회원'
③ update 회원 set 등급 = '정회원' where 가입일 <= #2024-6-3#
④ update 회원 set 등급 = '정회원' where 가입일 <= "2024-6-3"

51 다음 중 액세스의 매크로에 대한 설명으로 옳지 않은 것은?

① 하나의 매크로 그룹에 여러 개의 매크로를 만들 수 있다.
② 하나의 매크로에 여러 개의 매크로 함수를 지정할 수 있다.
③ AutoExec이라는 특수한 매크로 이름을 사용하면 테이블이 열릴 때 마다 자동으로 실행된다.
④ 매크로 실행 시에 필요한 정보, 즉 인수를 지정할 수 있다.

52 다음과 같은 'STUDNT(SNO, SNAME, YEAR, DEPT)' 테이블에서 아래 〈쿼리 결과〉와 같은 내용을 얻어내기 위한 쿼리문으로 가장 옳은 것은?

〈STUDENT〉 테이블

SNO	SNAME	YEAR	DEPT
111	김나운	4	컴퓨터
222	이상영	3	전기
333	김혜빈	1	컴퓨터
444	지유환	4	컴퓨터
555	김희준	2	산공

〈쿼리 결과〉

SNO	SNAME
111	김나운
444	지유환

① SELECT SNO, SNAME FROM STUDENT WHERE DEPT ="컴퓨터" OR YEAR = 4;
② SELECT SNO, SNAME AS 4 FROM STUDENT GROUP BY SNO
③ SELECT SNO, SNAME AS SNO FROM STUDENT GROUP BY SNAME;
④ SELECT SNO, SNAME FROM STUDENT WHERE DEPT="컴퓨터" AND YEAR = 4

53 다음 중 보고서의 작성 시에 사용하는 속성에 관한 설명으로 가장 옳지 않은 것은?

① 반복 실행 구역 : 해당 구역이 페이지 머리글처럼 매 페이지에도 나타나도록 설정하는 속성으로 그룹 머리글에서만 사용할 수 있다.
② 레코드 원본 : 다양한 데이터로 조회하는 SQL문을 속성 값으로 지정하여 그 결과를 보고서에 표시할 수 있다.
③ 편집 가능 : 보고서나 컨트롤의 속성으로 보고서의 데이터를 수정할 수 있도록 하기 위해서는 이 속성 값을 '예'로 지정한다.
④ 중복 내용 숨기기 : 텍스트 상자와 같은 컨트롤의 속성으로 이전 레코드와 동일한 값을 갖는 경우에는 컨트롤을 표시하지 않도록 설정한다.

54 하위 폼은 주로 '일대다' 관계가 설정되어 있는 테이블을 효과적으로 표시하기 위해 사용된다. 이때 하위 폼은 어느 쪽 테이블을 원본으로 하는 것이 가장 적절한가?

① '일'쪽 테이블
② '다'쪽 테이블
③ '일'쪽 테이블과 '다'쪽 테이블을 모두 보여주는 쿼리
④ '일'쪽 테이블로부터 만든 쿼리

55 다음 중 아래 <고객>과 <구매리스트> 테이블 관계에 참조 무결성이 항상 유지되도록 설정할 수 없는 경우는?

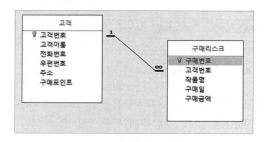

① <고객> 테이블의 '고객번호' 필드 값이 <구매리스트> 테이블의 '고객번호' 필드에 없는 경우
② <고객> 테이블의 '고객번호' 필드 값이 <구매리스트> 테이블의 '고객번호' 필드에 하나만 있는 경우
③ <구매리스트> 테이블의 '고객번호' 필드 값이 <고객> 테이블의 '고객번호' 필드에 없는 경우
④ <고객> 테이블의 '고객번호' 필드 값이 <구매리스트> 테이블의 '고객번호' 필드에 두 개 이상 있는 경우

56 다음 설명에 해당하는 폼의 속성으로 옳은 것은?

폼 보기의 제목 표시줄에 나타나는 텍스트를 설정한다.

① 기본 보기
② 캡션
③ 레코드 원본
④ 레코드 잠금

57 다음 중 이벤트 프로시저에서 쿼리를 실행 모드로 여는 명령은?

① DoCmd.OpenQuery
② DoCmd.SetQuery
③ DoCmd.QueryView
④ DoCmd.QueryTable

58 다음 중 테이블 연결을 통해 연결된 테이블과 가져오기 기능을 통해 생성된 테이블과의 차이점에 대한 설명으로 옳지 않은 것은?

① 연결된 테이블의 데이터를 삭제하면 연결되어 있는 원본 데이터베이스의 데이터도 삭제된다.
② 연결된 테이블을 삭제해도 원본 테이블은 삭제되지 않는다.
③ 가져오기 기능을 통해 생성된 테이블을 삭제해도 원본 테이블은 삭제되지 않는다.
④ 연결된 테이블을 이용하여 폼이나 보고서를 생성할 수 있다.

59 다음 중 폼을 열자마자 'txt조회' 컨트롤에 커서(포커스)를 자동적으로 위치하게 하는 이벤트 프로시저는?

① Private Sub txt조회_Click()
　　txt조회.AutoTab = True
　End Sub
② Private Sub txt조회_Click()
　　txt조회.SetFocus
　End Sub
③ Private Sub Form_Load()
　　txt조회.AutoTab = True
　End Sub
④ Private Sub Form_Load()
　　txt조회.SetFocus
　End Sub

60 연수(사번, 사원명, 평가항목, 점수) 테이블에서 점수 필드에 100 이상 1000 이하의 값이 입력되도록 범위를 지정하고자 할 때 사용되는 필드 속성은?

① 입력 마스크
② 유효성 검사 규칙
③ 캡션
④ 기본 값

정답 & 해설

2022년 상시 기출문제 01회 214

2022년 상시 기출문제 02회 218

2022년 상시 기출문제 03회 223

2022년 상시 기출문제 04회 228

2022년 상시 기출문제 05회 233

2023년 상시 기출문제 06회 237

2023년 상시 기출문제 07회 242

2023년 상시 기출문제 08회 247

2023년 상시 기출문제 09회 252

2023년 상시 기출문제 10회 257

2024년 상시 기출문제 11회 262

2024년 상시 기출문제 12회 267

2024년 상시 기출문제 13회 271

2024년 상시 기출문제 14회 277

2024년 상시 기출문제 15회 281

01 ③	02 ①	03 ③	04 ②	05 ③
06 ②	07 ③	08 ②	09 ①	10 ②
11 ①	12 ③	13 ④	14 ②	15 ①
16 ①	17 ①	18 ④	19 ④	20 ①
21 ②	22 ①	23 ③	24 ③	25 ②
26 ②	27 ③	28 ④	29 ①	30 ②
31 ③	32 ④	33 ③	34 ①	35 ③
36 ③	37 ④	38 ②	39 ①	40 ①
41 ③	42 ④	43 ③	44 ①	45 ②
46 ②	47 ①	48 ②	49 ④	50 ④
51 ②	52 ④	53 ④	54 ②	55 ②
56 ③	57 ①	58 ③	59 ①	60 ④

1 과목 　 컴퓨터 일반

01 ③

기억 장치의 접근 속도(빠른 순 → 느린 순)

레지스터 → 캐시 메모리 → 주기억 장치 → 보조 기억 장치

02 ①

오탑 피하기

- 트로이 목마 바이러스 : 사용자 몰래 데이터나 프로그램을 파괴하는 바이러스로 감염 능력이나 복제 능력은 없음
- 부트 바이러스 : 컴퓨터를 부팅했을 때 먼저 실행되는 부분인 부트 섹터에 감염되는 바이러스
- 랜섬웨어(Ransomware) : 몸값과 소프트웨어의 합성어로 데이터를 암호화하거나 시스템을 잠가 사용할 수 없도록 하고 금전이나 비트코인 등을 요구하는 악성 프로그램을 뜻함

03 ③

SLIP/PPP : 모뎀과 전화선을 이용해서 인터넷에 접속할 때 사용하는 프로토콜

오탑 피하기

- SMTP : 전자우편을 송신하기 위한 프로토콜
- POP3 : 전자우편을 수신하기 위한 프로토콜
- IMAP : 메일을 수신하기 위한 프로토콜로 전자우편의 헤더(머릿글) 부분만 수신함

04 ②

번들 프로그램(Bundle Program) : Bundle은 '묶음'이란 뜻으로 하드웨어나 소프트웨어를 판매할 때 무료로 제공하는 소프트웨어를 뜻함

오탑 피하기

- 상용 소프트웨어 : 정식 대가를 지불하고 사용하는 프로그램으로 해당 프로그램의 모든 기능을 사용할 수 있음
- 데모 버전 : 정식 프로그램의 기능을 홍보하기 위해 사용 기간이나 기능을 제한하여 배포하는 프로그램
- 공개 소프트웨어 : 개발자가 무료로 자유로운 사용을 허용한 소프트웨어

05 ③

실행 속도는 컴파일러가 목적 프로그램을 사용하므로 실행 속도가 빠름

06 ②

라우터(Router) : 네트워크 계층에서 망을 연결하며, 다양한 전송 경로 중 가장 효율적인 최적의 경로를 선택하여 패킷을 전송하는 장치

07 ③

캐시 메모리의 효율성은 적중률(Hit Ratio)로 나타내며, 적중률이 높을수록 시스템의 전체적인 속도가 향상되므로 적중률이 높아야 캐시 메모리의 성능이 우수하다고 할 수 있음

08 ②

IPM(Images Per Minute) : ISO(국제 표준화 기구)에서 규정한 잉크젯 속도 측정 방식으로 각 프린터 업체의 자체 기준에 맞춘 고속 모드로 출력된 PPM과는 달리 일반(보통) 모드에서 ISO 규격 문서를 측정함

오탑 피하기

- CPS(Characters Per Second) : 1초당 인쇄되는 문자 수(도트 매트릭스 프린터, 활자식 프린터 등)
- LPM(Lines Per Minute) : 1분당 인쇄되는 라인 수(활자식 프린터, 잉크젯 프린터 등)
- PPM(Pages Per Minute) : 1분당 인쇄되는 페이지 수(잉크젯 프린터, 레이저 프린터 등)

09 ①

USN(Ubiquitous Sensor Network) : 유비쿼터스 센서 네트워크로 각종 센서를 통해 정보를 수집하고 관리할 수 있도록 구성된 네트워크

오탑 피하기

- 텔레매틱스(Telematics) : 텔레커뮤니케이션(Telecommunication)과 인포매틱스(Informatics)의 합성어이며 자동차에 무선 통신 기술을 접목한 것으로 '차량 무선 인터넷 서비스'라고 함
- 블록체인(Block Chain) : 분산형 데이터 저장 기술로 블록 단위로 데이터를 저장하여 체인처럼 연결하는 방식으로 '공공 거래 장부'라고도 함
- 고퍼(Gopher) : 인터넷에 있는 정보를 계층적 또는 메뉴 방식으로 찾아내는 서비스

10 ②

유니코드(Unicode) : 2바이트 코드로 세계 각 나라의 언어를 표현할 수 있는 국제 표준 코드

오탑 피하기

ASCII 코드는 일반 PC용 컴퓨터 및 데이터 통신용 코드임

11 ①

드라이브 조각 모음 및 최적화

- 디스크에 단편화되어 저장된 파일들을 모아서 디스크를 최적화함
- 단편화를 제거하여 디스크의 수행 속도를 높여줌
- 처리 속도 면에서는 효율적이나 총 용량이 늘어나지는 않음

오탑 피하기

장치 관리자

- 컴퓨터의 하드웨어가 올바르게 작동하는지 확인할 수 있고, 문제가 있거나 불필요한 하드웨어 장치를 제거할 수 있음
- 바로 가기 메뉴에서 [드라이버 업데이트], [디바이스 사용 안 함], [디바이스 제거], [하드웨어 변경 사항 검색], [속성] 등의 작업을 수행할 수 있음

12 ③

서브넷 마스크(Subnet Mask)
- 네트워크 ID와 호스트 ID를 구분해 주는 역할을 함
- Subnet은 여러 개의 LAN에 접속하는 경우 하나의 LAN을 의미함
- Subnet Mask는 IP 수신자에게 제공하는 32비트 주소
- 대부분 255.255.255.0의 C 클래스(Class)로 정의함

13 ④

ⓐ의 기능은 허브(Hub) 장치의 기능임

오답 피하기

리피터(Repeater)
- 네트워크에서 디지털 신호를 일정한 거리 이상으로 전송하면 신호가 감쇠하는 성질이 있음
- 장거리 전송을 위해 신호를 새로 재생하거나 출력 전압을 높여 전송하는 장치

14 ②

바이러스에 감염되면 실행 속도가 느려짐

15 ①

그림판에서는 포토샵에서 제공되는 레이어 기능은 지원되지 않음

16 ③

Ctrl + N : 새 창 열기

오답 피하기

Ctrl + Shift + N : 새 폴더 만들기

17 ①

레지스트리(Registry)
- Windows에서 사용하는 환경 설정 및 각종 시스템과 관련된 정보가 저장되어 있는 계층 구조식 데이터베이스
- 레지스트리 키와 레지스트리 값을 추가 및 편집하고, 백업으로부터 레지스트리를 복원함
- 레지스트리에 이상이 있을 경우 Windows 운영체제에 치명적인 손상이 생길 수 있음

오답 피하기
- ② : 입출력 채널(I/O Channel)
- ③ : 캐시 메모리(Cache Memory)
- ④ : 가상 메모리(Virtual Memory)

18 ④

위조(Fabrication) : 사용자 인증과 관계되어 다른 송신자로부터 데이터가 온 것처럼 꾸미는 것

오답 피하기

①은 가로막기, ②는 가로채기, ③은 변조/수정에 대한 설명임

19 ③

펌웨어(Firmware)는 비휘발성 메모리인 ROM에 저장됨

20 ①

오답 피하기
- 디지털화 : 다양한 데이터 형식을 컴퓨터가 인식하도록 디지털로 변환함
- 쌍방향성 : 사용자와 제공자 간에 서로 정보를 주고받음
- 통합성 : 문자, 그래픽, 사운드 등의 다양한 매체를 통합함

---

2 과목 스프레드시트 일반

21 ②

문자 데이터가 입력된 셀의 수는 해당되지 않음

오답 피하기

평균, 개수(데이터가 입력된 셀의 수), 숫자 셀 수, 최소값, 최대값, 합계를 선택하면 자동으로 계산되어 나타남

22 ①

- AND 조건(이고, 그리고) : 첫 행에 필드명을 나란히 입력하고, 동일한 행에 조건을 입력함
- OR 조건(이거나, 또는) : 첫 행에 필드명을 나란히 입력하고, 서로 다른 행에 조건을 입력함

23 ③

- ROW(행 번호를 구할 셀) : 참조의 행 번호를 반환함
- [A2] 셀에 =row()-1을 입력하고 채우기 핸들을 [A7] 셀까지 복사하면 해당 행 번호에서 1을 뺀 결과가 번호가 되므로 3행을 삭제하더라도 번호 1, 2, 3, 4, 5가 유지됨

24 ③

시나리오 관리자에서 시나리오를 삭제하더라도 시나리오 요약 보고서의 해당 시나리오가 자동적으로 삭제되지 않음

25 ②

- INDEX(B2:C6,4,2) : [B2:C6] 범위에서 4행 2열의 값 → 100
- LARGE(B2:C6,2) : [B2:C6] 범위에서 2번째로 큰 값 → 98
- =SUM(100,98) : 합을 구함 → 198

26 ②

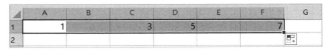

두 개 이상의 셀을 범위로 지정하여 채우기 핸들을 끌면 데이터 사이의 차이에 의해 증가 또는 감소하면서 채워짐

27 ③

분산형 차트(XY 차트)
- 데이터의 불규칙한 간격이나 묶음을 보여주는 것으로, 데이터 요소 간의 차이점보다는 큰 데이터 집합 간의 유사점을 표시하려는 경우에 사용함
- 각 항목이 값을 점으로 표시함
- 두 개의 숫자 그룹을 XY 좌표로 이루어진 한 계열로 표시(XY 차트라고도 함)
- 주로 과학, 공학용 데이터 분석에서 사용함
- 3차원 차트로 작성할 수 없음
- 가로 축은 항목 축이 아닌 값 축 형식으로 나타남

오답 피하기
- 주식형 차트 : 주가 변동을 나타내는 데 사용(과학 데이터도 사용 가능)함
- 영역형 차트 : 시간의 흐름에 대한 변동의 크기를 강조하여 표시. 합계 값을 추세와 함께 분석할 때 사용함
- 방사형 차트 : 여러 열이나 행에 있는 데이터를 차트로 표시. 여러 데이터 계열의 집계 값을 비교함

28 ④

- 피벗 테이블 보고서를 작성한 후 원본 데이터를 수정하면 피벗 테이블 보고서에 자동으로 반영되지 않음
- [피벗 테이블 도구]-[분석] 탭-[데이터] 그룹-[새로 고침]의 [새로 고침]이나 [모두 새로 고침]을 클릭하면 수정된 데이터가 반영됨

29 ①

- 사원명이 두 글자인 사원을 필터하기 위한 조건 : ="=??" → =??
- 조건을 =??로 나타내야 하므로 ="=??"처럼 " " 안에 =를 하나 더 입력함
- ?는 한 글자를 의미하므로 두 글자의 경우 ??처럼 입력함
- 수식을 조건으로 하는 경우 필드명을 다르게 해야 함 : 실적조건
- 실적이 전체 실적의 평균을 초과하는 데이터를 검색 : =$B2>AVERAGE($B$2:$B$9) → FALSE

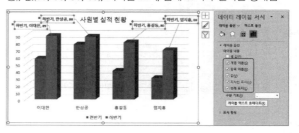

▲	A	B	C	D	E	F
1	사원명	실적		사원명	실적조건	
2	유민	15,030,000		=??	FALSE	
3	오성준	35,000,000				
4	김근태	18,000,000				
5	김원	9,800,000				
6	정영희	12,000,000				
7	남궁정훈	25,000,000				
8	이수	30,500,000				
9	김용훈	8,000,000				
10						
11	사원명	실적				
12	이수	30,500,000				
13						
14						
15						

고급 필터 ? ✕
결과
○ 현재 위치에 필터(F)
⦿ 다른 장소에 복사(O)
목록 범위(L): $A$1:$B$9
조건 범위(C): $D$1:$E$2
복사 위치(T): $A$11:$B$12
☐ 동일한 레코드는 하나만(R)
확인 취소

- 사원명이 두 글자이면서 실적 평균인 19,166,251을 초과하는 '이수, 30500,000'이 필터링 됨

30 ②

같은 배열 상수에 다른 종류의 값을 사용할 수 있음

31 ③

사용자 지정 서식의 순서 : 양수;음수;0값;텍스트
- 조건 1 : ₩#,#
- 조건 2 : ₩#,#0.0
- 조건 3 : 0일 경우 '−' 기호를 표시함
- 조건 4 : [빨강]₩#,##0.0

32 ④

④ =REPLACE(A3,SEARCH(A4,A3),2,"명세서") → '분기명세서'

- SEARCH : 문자열에서 찾을 텍스트의 시작 위치를 반환하는 함수
- 따라서 =SEARCH(A4,A3) → =SEARCH("수익","분기 수익")의 결과는 4가 됨
- REPLACE(텍스트1, 시작위치, 바꿀 개수, 텍스트2) : 시작 위치의 바꿀 개수만큼 텍스트1의 일부를 다른 텍스트2로 교체함
- =REPLACE(A3,4,2,"명세서") → =REPLACE("분기 수익",4,2,"명세서")의 결과는 4번째에서 2개를 "명세서"로 바꾸는 경우이므로 "분기" 다음에 "명세서"가 붙음
- 따라서, 최종 결과는 =REPLACE(A3,SEARCH(A4,A3),2,"명세서") → '분기 명세서'가 되어야 함, 문제의 보기는 '분기명세서'로 붙어 있어서 틀림

① =MID(A5,SEARCH(A1,A5)+5,3) → '설악산'
- SEARCH(A1,A5)의 결과가 1이므로 1+5=6, =MID("아름다운 설악산",6,3)의 결과는 6번째에서 3개를 추출하므로 "설악산"이 됨(A1셀처럼 찾을 문자에 대한 제시가 없는 경우 결과가 1이 됨)

② =REPLACE(A5,SEARCH("한",A2),5,"") → '설악산'
- SEARCH("한",A2)의 결과가 1이므로 =REPLACE("아름다운 설악산",1,5,"")의 결과는 1번째에서 5번째까지 ""(공백)으로 교체하므로 "설악산"이 됨

③ =MID(A2,SEARCH(A4,A3),2) → '대한'
- SEARCH(A4,A3)의 결과가 4이므로 =MID("한국 대한민국",4,2)의 결과는 4번째에서 2개를 추출하므로 "대한"이 됨

33 ②

[레이블 옵션]으로 계열 이름(하반기), 항목 이름(이대한, 한상공, 홍길동, 엄지홍), 값(89, 88, 80, 69), 지시선 표시, 범례 표지가 선택된 상태임

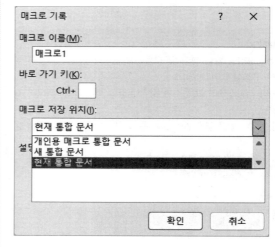

34 ①

매크로 저장 위치 : 개인용 매크로 통합 문서, 새 통합 문서, 현재 통합 문서

매크로 기록 ? ✕
매크로 이름(M):
매크로1
바로 가기 키(K):
Ctrl+ ☐
매크로 저장 위치(I):
현재 통합 문서 ▼
개인용 매크로 통합 문서
새 통합 문서
현재 통합 문서
확인 취소

35 ③

소수점의 위치가 −2인 경우 1을 입력하면 결과는 100이 됨

소수점의 위치가 2인 경우 1을 입력하면 결과는 0.01이 됨

36 ③

- (가) : Application은 최상위 개체로서 Application.ActiveWorkBook.Sheets라고 입력하여 열려 있는 시트들을 의미함
- (나) : Do While 문에서 워크시트의 개수가 입력된 NN 변수의 크기만큼 반복 실행하기 위해서 NN 〉 0이라고 조건을 입력함
- (다) : CB1의 이름을 가지는 콤보 상자에 항목을 추가하기 위해서 CB1.AddItem이라고 표시함

37 ④

정렬 기준으로 값, 셀 색, 글꼴 색, 셀 아이콘을 사용할 수 있음

38 ②

=HLOOKUP(LEFT(A3,1),$B$8:$D$9,2,0)*C3

- [A3] 셀에서 첫 번째 문자인 'P'를 추출한 후 [B8:D9] 영역에서 추출한 문자를 찾아 찾은 행 [D8] 셀에서 행 번호(2)로 이동한 [D9] 셀에 있는 값을 표시함
- [C3] 셀의 판매수량과 곱하여 판매금액을 산출함

39 ①

셀에 입력된 수식의 결과가 아닌 수식 자체를 보기 위해서는 Ctrl + ~ 를 누름

40 ①

- 지점명($C$2:$C$9)에서 해당 지점명([$F4])과 같다면 해당 행에 있는 월불입액($D$2:$D$9)의 값을 표시하고, 같지 않으면 '0'을 표시함
- IF(조건,A,B) : 조건이 참이면 A를 실행하고 아니면 B를 실행함
- [$C$2:$C$9], [$D$2:$D$9] 셀 영역은 행 방향으로 고정해야 하고 [F4] 셀은 행 방향으로 고정하면 안됨

3과목 데이터베이스 일반

41 ③

- 차수(Degree) : 한 릴레이션(테이블)에서 속성(필드=열)의 개수이므로 4가 됨
- 기수(Cardinality) : 한 릴레이션(테이블)에서 튜플(레코드=행)의 개수이므로 3이 됨(제목 행 제외)

42 ④

유효성 검사 규칙 : 필드에 입력할 값을 제한하는 규칙

43 ③

OpenForm : OpenForm 매크로 함수(폼을 여러 보기 형식으로 열기)를 실행하는 메서드

오답 피하기

② DoCmd : 액세스의 매크로 함수를 Visual Basic에서 실행하기 위한 개체로, 메서드를 이용하여 매크로를 실행할 수 있음

44 ①

DISTINCT는 중복된 값을 한 번만 표시하게 해주므로 학점 필드에 2와 3, 두 개의 레코드가 출력됨

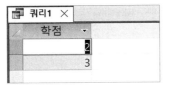

45 ②

페이지 번호의 표시 위치는 '페이지 위쪽[머리글]', '페이지 아래쪽[바닥글]'만 있음

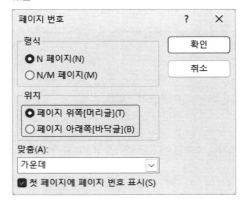

46 ②

=Dcount("필드명","테이블명","조건") : 테이블에서 조건에 맞는 레코드 중 필드명에 해당하는 레코드의 개수를 구함

47 ①

ORDER BY절 사용 시 정렬 방식을 별도로 지정하지 않으면 기본 값은 오름차순인 'ASC'로 적용됨

48 ②

폼 분할 : 위쪽 구역에 데이터시트를 표시하는 분할 폼을 만들고 아래쪽 구역에 데이터시트에서 선택한 레코드에 대한 정보를 입력하는 폼을 만듦

오답 피하기

- ① 폼 : 한 번에 한 개의 레코드에 대한 정보를 입력할 수 있는 폼을 만듦
- ③ 여러 항목 : 여러 개의 레코드가 표시되는 폼을 만듦
- ④ 폼 디자인 : 디자인 보기에서 새 양식을 만듦

49 ④

서로 관계를 맺고 있는 릴레이션 R1, R2에서 릴레이션 R2의 한 속성이나 속성의 조합은 릴레이션 R1의 기본키 필드를 참조하는 필드로서 하나의 테이블에는 여러 개의 외래키가 존재할 수 있음

오답 피하기

①, ②, ③은 기본키에 대한 설명임

50 ④

[Pages] : 전체 페이지, [Page] : 현재 페이지

51 ②

인덱스를 설정하면 검색과 쿼리 속도를 향상시킬 수 있지만 데이터를 추가하거나 업데이트할 때는 속도가 느려짐

52 ④

DBMS 도입 시 시스템 고장에 대한 예비 조치와 데이터 유실 시 파일 회복이 어렵다는 단점이 있음

53 ④

DoCmd 개체는 액세스의 매크로 함수를 실행할 수 있는 개체임. OpenForm 은 여러 보기 모드에서 폼을 열고, GoToRecord는 지정한 레코드로 이동 하는 매크로 함수를 수행. 따라서 'OpenForm "사원정보"'로 사원정보 폼 을 폼 보기(acNormal)로 열고, 새 레코드(acNewRec)로 이동하는(GoToRe-cord) 이벤트 프로시저를 수행함

54 ②

한 릴레이션을 구성하는 튜플들 사이에는 순서가 없음

55 ②

통화 형식은 소수점 위 15자리, 소수점 아래 4자리까지 표시할 수 있음

56 ③

본문은 보고서의 레코드 원본에 해당하는 내용이 반복적으로 표시되는 부분 이며, 수치를 가진 필드나 계산 필드의 총합계나 평균 등을 표시하는 구역은 주로 보고서 바닥글임

57 ①

- DoCmd 개체 : 액세스의 매크로 함수를 Visual Basic에서 실행하기 위한 개체로 메서드를 이용하여 매크로를 실행함
- OpenQuery : 선택 쿼리를 여러 보기 형식으로 열기를 실행함

58 ③

우편물 레이블 보고서 : 우편 발송을 위해 편지 봉투에 붙일 주소 레이블을 작성하는 보고서

오답 피하기

- 업무 문서 양식 보고서 : 업무 문서 양식 마법사를 사용하여 거래 명세서, 세금 계산서를 작성하는 보고서
- 우편 엽서 보고서 : 우편 엽서 마법사를 사용하여 우편 발송을 위해 우편 엽서에 붙일 레이블을 작성하는 보고서
- 크로스탭 보고서 : 여러 개의 열로 이루어진 보고서로, 열마다 그룹의 머리 글과 바닥글, 세부 구역 등이 각 열마다 표시됨

59 ①

- SELECT AVG(나이) FROM 학생 WHERE 전공 NOT IN ('수학', '회계'); : 학생 테이블에서 전공이 '수학'과 '회계'가 아닌 나이의 평균(AVG)을 구함
- 따라서 21, 31, 23의 평균인 25가 결과가 됨

오답 피하기

- SELECT 열리스트 FROM 테이블명 WHERE 조건 : 테이블에서 조건에 만 족하는 열을 검색
- IN(값1, 값2, …) : 목록 안에 값(값1, 값2, …)을 검색
- NOT : 부정, '~이 아니다'를 의미
- AVG(필드명) : 필드의 평균을 구함

60 ④

관계형 데이터베이스에서는 다대다(N:M) 관계를 직접 표현할 수 없기 때문에 3개의 테이블을 가지고 일대다(1:∞) 관계 2개를 이용하여 설정함

01 ②	02 ②	03 ②	04 ②	05 ④
06 ②	07 ④	08 ①	09 ②	10 ④
11 ④	12 ④	13 ②	14 ④	15 ④
16 ②	17 ②	18 ①	19 ④	20 ④
21 ③	22 ②	23 ④	24 ④	25 ②
26 ③	27 ①	28 ②	29 ②	30 ③
31 ④	32 ①	33 ①	34 ④	35 ①
36 ③	37 ③	38 ④	39 ③	40 ②
41 ②	42 ④	43 ②	44 ④	45 ②
46 ③	47 ①	48 ①	49 ②	50 ④
51 ②	52 ②	53 ①	54 ①	55 ②
56 ④	57 ②	58 ④	59 ④	60 ①

1 과목   컴퓨터 일반

01 ②

HDMI(High-Definition Multimedia Interface)

- 고선명 멀티미디어 인터페이스로 비압축 방식이므로 영상이나 음향 신호 전송 시 소프트웨어나 디코더 칩(Decoder Chip) 같은 별도의 디바이스가 필요 없음
- 기존의 아날로그 케이블보다 고품질의 음향이나 영상을 전송함

오답 피하기

- DVI : 디지털 TV를 만들기 위해 개발되었던 것을 인텔에서 인수하였으며, 동영상 압축 기술(최대 144:1정도)로 개발됨
- USB : 기존의 직렬, 병렬, PS/2 포트 등을 하나의 포트로 대체하기 위한 범용 직렬 버스 장치. 허브(Hub)를 사용하면 최대 127개의 주변기기 연결 이 가능함
- IEEE-1394 : 컴퓨터 주변 장치뿐만 아니라 비디오 카메라, 오디오 제품, TV, VCR 등의 가전 기기를 개인용 컴퓨터에 접속하는 인터페이스로 개발됨

02 ②

인트라넷(Intranet)

- 인터넷의 기술을 기업 내 정보 시스템에 적용한 것
- 전자우편 시스템, 전자 결재 시스템 등을 인터넷 환경으로 통합하여 사용 하는 것

오답 피하기

- 원거리 통신망(WAN) : 하나의 국가 등 매우 넓은 네트워크 범위를 갖는 통 신망
- 부가가치통신망(VAN) : 통신 회선을 직접 보유하거나 통신 사업자의 회선 을 임차하여 이용하는 형태(하이텔, 천리안, 유니텔 등)
- MAN(Metropolitan Area Network) : LAN과 WAN의 중간 형태로, 대도시 와 같은 넓은 지역에 데이터, 음성, 영상 등의 서비스를 제공하는 통신망

03 ②

패리티 체크 비트(Parity Check Bit)

- 원래 데이터 1비트를 추가하여 에러 발생 여부를 검사하는 체크 비트
- 홀수 체크법(Odd Check) : 1의 개수가 홀수 개인지 체크(=기수 검사)
- 짝수 체크법(Even Check) : 1의 개수가 짝수 개인지 체크(=우수 검사)

04 ②

바탕 화면에 바로 가기 아이콘을 만드는 바로 가기 키 : [파일 탐색기]에서 바로 가기를 만들 항목을 Ctrl + Shift 를 누른 상태로 바탕 화면으로 드래그 앤 드롭함

05 ④

- ④ : ROM(Read Only Memory)에 대한 설명임
- ROM(Read Only Memory) : 한 번 기록한 정보에 대해 오직 읽기만을 허용하도록 설계된 비휘발성 기억 장치로, 수정이 필요 없는 기본 입출력 프로그램이나 글꼴 등의 펌웨어(Firmware)를 저장하는 데 사용함

오답 피하기

RAM(Random Access Memory)

- 실행 중인 프로그램이나 데이터를 저장하며, 자유롭게 읽고 쓰기가 가능한 주기억 장치
- 전원이 공급되지 않으면 기억된 내용이 사라지는 휘발성(소멸성) 메모리
- 임의의 위치에 있는 자료를 시간 차이 없이 입출력할 수 있는 메모리이며, 자료가 저장된 위치는 주소(Address)로 구분함

06 ②

②는 LISP 언어에 대한 설명임

07 ④

파일 탐색기의 [보기] 탭–[창] 그룹에서 탐색 창, 미리 보기 창, 세부 정보 창의 표시 여부를 선택할 수 있음

08 ①

오답 피하기

- 필터링(Filtering) : 이미지 파일에 여러 효과나 변화를 주어 다양한 형태로 바꿔주는 기술
- 메조틴트(Mezzotint) : 동판화를 찍은 효과를 내는 것으로 이미지에 많은 점을 이용하는 기법
- 모핑(Morphing) : 사물의 형상을 다른 모습으로 서서히 변화시키는 기법으로 영화의 특수 효과에서 많이 사용함

09 ②

운영체제의 종류 : MS–DOS, UNIX, Linux, OS/2, Windows 95/98, Windows NT, Windows Me, Windows XP, Windows Vista, Windows 7, Windows 8, Windows 10, Windows 11 등이 있음

10 ④

스트리밍(Streaming)

- 오디오 및 비디오 파일을 모두 다운받기 전이라도 다운을 받으면서 파일을 재생할 수 있는 기술로, 멀티미디어의 실시간 처리가 가능함
- 스트리밍을 적용한 기술 : 인터넷 방송, 원격 교육 등
- 스트리밍 방식 지원 프로그램 : 스트림웍스(Streamworks), 리얼 오디오(Real Audio), 비디오 라이브(VDOLive) 등
- 재생 가능한 데이터 형식 : *.ram, *.asf, *.wmv 등

오답 피하기

- MPEG 기술 : 동화상 전문가 그룹에서 제정한 동영상 압축 기술에 관한 국제 표준 규격으로, 동영상뿐만 아니라 오디오 데이터도 압축할 수 있음
- 디더링(Dithering) 기술 : 표현할 수 없는 색상이 존재할 경우, 다른 색상들을 섞어서 비슷하거나 새로운 색상을 내는 효과
- VOD(Video On Demand) 기술 : 사용자의 주문에 의해 데이터베이스로 구축된 영화나 드라마, 뉴스 등의 비디오 정보를 실시간으로 즉시 전송해주는 서비스

11 ④

- ④는 가상 메모리(Virtual Memory)에 대한 설명임
- 연관(Associative) 메모리는 저장된 내용의 일부를 이용하여 기억 장치에 접근하여 데이터를 읽어오는 기억 장치임

12 ④

공개키(비대칭키, 이중키) 암호화

- 암호화키와 복호화키가 서로 다른(비대칭) 두 개(이중키)의 키를 가짐
- 암호화와 복호화의 속도가 느림
- 암호화는 공개키로, 복호화는 비밀키로 함
- 이중키이므로 알고리즘이 복잡하고 파일의 크기가 큼
- 암호화가 공개키이므로 키의 분배가 쉽고, 관리할 키의 개수가 줄어듦
- 대표적인 방식으로는 RSA가 있음

13 ②

오답 피하기

- 명령 레지스터(Instruction Register) : 현재 수행 중인 명령어를 보관
- 부호기(Encoder) : 명령 해독기에서 전송된 명령어를 제어에 필요한 신호로 변환하는 회로
- 명령 해독기(Instruction Decoder) : 수행해야 할 명령어를 해석하여 부호기로 전달하는 회로

14 ④

프로그램이 64비트 버전의 Windows 용으로 설계된 경우 32비트 버전과의 호환성 유지 기능은 지원되지 않음

15 ④

MPEG–21 : MPEG 기술을 통합한 디지털 콘텐츠의 제작, 유통, 보안 등 모든 과정을 관리할 수 있는 규격

오답 피하기

- MPEG–1 : 비디오 CD나 CD–I의 규격, 저장 매체나 CD 재생의 용도로 이용함
- MPEG–3 : HDTV 방송(고선명도의 화질)을 위해 고안되었으나 MPEG–2 표준에 흡수, 통합되어 현재는 존재하지 않는 규격임
- MPEG–7 : 인터넷상에서 멀티미디어 동영상의 정보 검색이 가능, 정보 검색 등을 효율적으로 사용하기 위한 콘텐츠 저장 및 검색을 위한 표준

16 ②

IPv6 주소의 각 부분은 16진수로 표현되며, 콜론(:)으로 구분함

17 ②

오답 피하기

- 채널(Channel) : 입출력 전용 데이터 통로이며, CPU를 대신해서 입출력 조작을 수행하는 장치이므로, CPU는 입출력 작업을 수행하는 대신 연산을 동시에 할 수 있음
- 데드락(Deadlock) : 동일한 자원을 공유하고 있는 두 개의 컴퓨터 프로그램들이 상대방이 자원에 접근하는 것을 사실상 서로 방해함으로써 두 프로그램 모두 기능이 중지되는 교착 상태
- 스풀(Spool) : 저속의 입출력 장치를 중앙 처리 장치와 병행하여 작동시켜 컴퓨터 전체의 처리 효율을 높이는 기능

18 ①

블루투스(Bluetooth)

무선 기기(이동 전화, 컴퓨터, PDA 등) 간 정보 전송을 목적으로 하는 근거리 무선 접속 프로토콜로 IEEE 802.15.1 규격을 사용하는 PANs(Personal Area Networks)의 산업 표준임

19 ④

반이중(Half Duplex) 방식 : 양쪽 방향에서 데이터를 전송하지만 동시 전송은 불가능함(◉ 무전기)

오답 피하기

전이중(Full Duplex) 방식 : 양쪽 방향에서 동시에 데이터를 전송함(◉ 전화)

20 ④

비트맵(Bitmap) : 이미지를 점(Pixel, 화소)의 집합으로 표현하는 방식(래스터 (Raster) 이미지라고도 함)

---

2 과목 ｜ **스프레드시트 일반**

21 ③

C7	▼	:	×	✓	*fx*	{=AVERAGE(IF(A2:A5="1학년",C2:C5))}

	A	B	C	D	E	F	G
1	학년	성명	실습1	실습2	실습3		
2	1학년	이대한	80	77	69		
3	2학년	한상공	75	88	67		
4	1학년	엄지홍	60	90	100		
5	2학년	홍범도	88	45	89		
6							
7	1학년 실습1 평균		70				
8							

{=AVERAGE(IF(A2:A5="1학년",C2:C5))}

학년 [A2:A5] 범위에서 "1학년" 학생의 실습1 점수만으로 평균을 구하며, 배열 수식이므로 Ctrl + Shift + Enter 를 누르면 자동으로 중괄호({ })가 앞, 뒤로 생성 되며 결과(70)가 구해짐

22 ②

[파랑][>=100]"▲";[빨강][<60]"▼";0

• 조건과 색상은 [ ]로 표시하며 각 구역은 세미콜론(;)으로 구분함
• [파랑][>=100]"▲" → 100 이상(>=)이면 파랑색 ▲ 표시
• [빨강][<60]"▼" → 60 미만(<)이면 빨강색 ▼ 표시
• 0 → 100 이상 60 미만이 아닌 경우(60~99) 입력 데이터 그대로 표시

23 ④

통합 문서 보호 설정 시 암호를 지정하더라도 워크시트에 입력된 내용을 수 정할 수 있음

24 ④

거품형 차트

• 분산형 차트의 한 종류로 데이터 계열 간의 항목 비교에 사용됨
• 세 개의 데이터 계열이 필요함
• 분산형 차트와 비슷하지만 두 값이 아닌 세 집합을 비교함
• 세 번째 데이터를 거품 크기로 표시함
• 다른 차트와 혼합하여 표현할 수 없음

오답 피하기

• 분산형 : 데이터의 불규칙한 간격이나 묶음을 보여주는 것으로, 데이터 요소 간의 차이점보다는 큰 데이터 집합 간의 유사점을 표시하려는 경우에 사용
• 표면형 : 두 개의 데이터 집합에서 최적의 조합을 찾을 때 사용
• 영역형 : 일정한 시간에 따라 데이터의 변화 추세(데이터 세트의 차이점을 강조)를 표시

25 ②

• 주어진 배열에서 해당 요소들을 모두 곱하고 그 곱의 합계를 구함
• {1,2,3},{4,5,6} : (1×4)+(2×5)+(3×6)=32

26 ③

윗주는 [홈]-[글꼴]-[윗주 설정]을 선택하여 글꼴 속성을 변경할 수 있으며 글자 전체에 속성이 설정됨

27 ①

틀 고정 구분선은 창 나누기와는 달리 마우스로 잡아끌어 틀 고정 구분선을 조정할 수 없음

28 ②

• AVERAGE({1;2;3;4;5}) : 평균 값을 구하므로 결과는 3이 됨
• =SMALL(A1:B3, 3) : [A1:B3] 범위에서 3번째로 작은 값을 구하므로 결과는 30이 됨

오답 피하기

• ① COLUMN(C3) : [C3] 셀의 열 번호를 구하므로 결과는 3이 됨
• =SMALL(B1:B3, 3) : [B1:B3] 범위에서 3번째로 작은 값을 구하므로 결과는 70이 됨
• ③ ROW(A1) : [A1] 셀의 행 번호를 구하므로 결과는 1이 됨
• =LARGE(A1:B3, 1) : [A1:B3] 범위에서 1번째로 큰 값을 구하므로 결과는 70 이 됨
• ④ AVERAGE({1;2;3;4;5}) : 평균 값을 구하므로 결과는 3이 됨
• =LARGE(A1:C3, 3) : [A1:C3] 범위에서 3번째로 큰 값을 구하므로 결과는 70 이 됨

29 ②

간단하게 인쇄 : 인쇄 시 테두리나 그래픽 등을 생략하고 데이터만 인쇄함

30 ③

절대 참조로 기록하면 기록할 때 선택한 셀이 유지되고 바뀌지 않음

31 ④

데이터 계열의 요소 간 값의 차이가 큰 경우 [축 옵션]의 [로그 눈금 간격]을 '10'으로 설정하면 값의 차이를 표시할 수 있게 됨

32 ①

- MOD(수1, 수2) : 수1을 수2로 나눈 나머지 값을 구함
- COLUMN(열 번호를 구하려는 셀) : 참조의 열 번호를 반환함
- =MOD(COLUMN(A1),2)=1 : COLUMN(A1)에 의해 A열의 열 번호 1을 2로 나눈 나머지가 1이면 참이 되므로 조건부 서식이 적용됨. 따라서 C열(열 번호 3), E열(열 번호 5)도 2로 나눈 나머지가 1이 되어 조건부 서식이 적용됨

오답 피하기

COLUMNS(배열이나 배열 수식 또는 열 수를 구할 셀 범위에 대한 참조) : 배열이나 참조에 들어 있는 열의 수를 반환함

33 ①

① : Do While에서 조건이 no 〈 10 이기 때문에 1부터 8까지의 짝수 합 20이 결과로 구해지며 1부터 10까지의 짝수 합을 구하기 위해서는 Do While no 〈= 10이 되어야 함

오답 피하기

- 반복 제어문 Do While ~ Loop와 Do ~ Loop While 명령 모두 조건이 no 〈= 10처럼 되어야 1부터 10까지의 짝수 합 30을 구함
- 반복 제어문 For ~ Next는 no = 0 To 10 Step 2에 의해 0부터 10까지의 짝수 합 30이 구해짐

34 ④

목록 값을 입력하여 원본을 설정하려면 값을 콤마(,)로 구분하여 입력함

35 ①

- 워크시트 이름과 셀 주소 사이는 느낌표(!)로 구분함
- 워크시트 이름과 워크시트 이름 사이는 콜론(:)으로 구분함
- =SUM(Sheet1!A1:Sheet3!A1) → #VALUE! : 셀 주소와 워크시트 이름이 콜론으로 연결됨

36 ③

범위를 지정하고 데이터를 입력한 후 Ctrl + Enter 를 눌러야 동일한 데이터가 한 번에 입력됨

37 ③

[목표값 찾기] 대화 상자의 [값을 바꿀 셀]에는 하나의 셀만 입력할 수 있음

38 ④

드롭다운 목록에서 선택하여 입력 : Alt + ↓ 를 누르면 선택한 셀에 같은 열에 있고 연달아 입력된 내용이 목록으로 표시됨

39 ③

Alt + F8 : [매크로] 대화 상자를 실행하는 바로 가기 키

40 ②

이름 상자에서 셀의 특정 범위에 대한 이름을 정의할 수 있음

---

3 과목 데이터베이스 일반

41 ②

- 개체–관계 모델 : 개체 타입과 이들 간의 관계 타입을 이용해 현실 세계를 개념적으로 표현한 방법
- ERD(Entity Relationship Diagram) : 개체–관계 모델에 의해 작성된 설계도로 개체, 속성, 관계, 링크 등으로 구성됨
- 개념적 설계 단계 : 현실 세계에 대한 추상적인 개념(정보 모델링)으로 표현하는 단계

오답 피하기

- 요구 조건 분석 단계 : 데이터베이스 사용자의 요구 사항 및 조건 등을 조사하여 요구 사항을 분석하는 단계
- 논리적 설계 단계 : 개념 세계를 데이터 모델링을 거쳐 논리적으로 표현하는 단계
- 물리적 설계 단계 : 컴퓨터 시스템의 저장 장치에 저장하기 위한 구조와 접근 방법 및 경로 등을 설계하는 단계

42 ④

=IIf([txt매출수량]〈500,"저조",IIf (txt매출수량)=500 "보통","우수"))

500 미만의 경우 "저조"로 표시가 되지만 500 이상이면 "보통"이 되므로 1000 이상의 경우 해당하는 조건이 존재하지 않음

43 ②

- SELECT Count(*) FROM (SELECT Distinct City From Customer); : Customer 테이블에서 중복되는 레코드를 제거, 중복되는 City는 한 번만 표시하고 개수를 구함
- 따라서 "부산, 서울, 대전, 광주, 인천"을 Count하므로 결과는 5가 됨

오답 피하기

- Count(*) : 행(튜플)의 개수를 구함
- Distinct : 검색 결과 중 중복된 결과 값(레코드)을 제거, 중복되는 결과 값은 한 번만 표시함

44 ④

'컨트롤 원본' 속성에서 함수나 수식 사용 시 문자는 큰따옴표("), 필드명이나 컨트롤 이름은 [ ]를 사용하여 구분함

45 ②

OLE 개체 데이터 형식의 필드에는 인덱스를 설정할 수 없음

46 ③

Format( ) : 숫자, 날짜, 시간, 텍스트의 표시 및 인쇄 방법을 사용자 지정함

오답 피하기

- CIng(숫자) : 숫자 값을 Long 형식으로 변환
- Val(문자열) : 숫자 형태의 문자열을 숫자 값으로 변환
- DLookUp(인수, 도메인, 조건식) : 레코드 집합(도메인)의 특정 필드 값을 구함

47 ①

'관련 필드 모두 업데이트'란 외래키에 의해 참조되고 있는 기본키 필드의 값이 바뀌면, 이를 참조하는 외래키 필드 값도 바뀌게 됨을 의미함. 외래키에 의해 참조되고 있는 기본키 필드의 값은 수정될 수 있음

48 ①

INSERT INTO(삽입문)

- 테이블에 레코드를 한 개 또는 여러 개 추가함(쿼리 추가)
- 형식

```
INSERT INTO 테이블명(필드이름1, 필드이름2, …)
VALUES (값1, 값2, …)
```

- 여러 개의 테이블이 아닌 하나의 테이블에만 추가할 수 있음
- 레코드 전체 필드를 추가하는 경우 필드 이름을 생략할 수 있음
- ① INSERT INTO Artist VALUES ('ACE', '한국', Null, Null); → Artist 테이블에 작가이름 'ACE', 국적 '한국', 생일 'Null', 사망일 'Null'을 추가함

오답 피하기

② INSERT INTO CINTA (고객번호, 작가이름) VALUES (1004, 'ACE');
→ Artist 테이블과 일대다 관계(항상 참조 무결성 유지)이므로 Artist 테이블에 작가이름 'ACE'가 입력되어 있어야 실행됨
※ (주의) 보기 ① 명령을 실행한 후에는 보기 ②도 실행됨

③ INSERT INTO Customer (고객번호, 고객이름) VALUES (1004, 'ACE');
→ CINTA 테이블과 일대다 관계(항상 참조 무결성 유지)이며 기본키는 중복될 수 없으므로 Customer 테이블에 이미 입력되어 있는 고객번호 1004 레코드를 삭제한 후에는 실행됨

④ INSERT INTO CINTA VALUES (1234, 'CAT', '유화');
→ Customer 테이블과 일대다 관계(항상 참조 무결성 유지)이므로 Customer 테이블에 고객번호 1234가 입력되어 있어야 실행됨

49 ②

입력 가능한 숫자를 백만 원 이상()=1000000), 오백만 원 이하(<=5000000)로 설정하기 위한 유효성 검사 규칙은 And를 사용함 → >= 1000000 And <= 5000000

50 ④

보고서에서는 필드나 식을 최대 10단계까지 그룹화할 수 있음

51 ②

연속 폼 : 본문 영역에 여러 개의 레코드를 표시하고 매 레코드마다 폼 머리글과 폼 바닥글이 표시되지 않고 폼의 처음과 끝에 한 번만 표시됨

52 ②

UNION(통합 쿼리)은 테이블을 결합할 때 중복 레코드는 반환되지 않음

53 ①

모달 폼 : 현재 모달 폼을 닫기 전까지 다른 창을 사용할 수 없음

54 ①

문자	설명	09#L로 설정한 경우
0	필수요소, 0~9까지의 숫자	② A124 → 첫 글자가 A라 틀림
9	선택요소, 숫자나 공백	
#	선택요소, 숫자나 공백	③ 12A4, ④ 12AB → 세 번째 글자가 A라 틀림
L	필수요소, A~Z, 한글	

55 ②

Undo : Control 개체에서 값이 변경된 컨트롤을 원래 상태로 되돌리며 Form 개체에서는 값이 변경된 폼이나 컨트롤을 원래 상태로 되돌림

오답 피하기

DoCmd 개체 : 액세스의 매크로 함수를 Visual Basic에서 실행하기 위한 개체로 메서드를 이용하여 매크로를 실행함

56 ④

'보고서 마법사'를 이용하는 경우 필드 선택은 여러 개의 테이블 또는 여러 개의 쿼리에서 가능함

57 ②

- UPDATE(갱신문) : 갱신문으로 테이블에 저장되어 있는 데이터를 갱신함
- UPDATE 테이블명 SET 필드이름1=값1, 필드이름2=값2,… WHERE 조건

58 ④

필드 속성의 기본 값을 이용하여 새 레코드를 만들 때 필드에 자동으로 입력하는 값을 설정함

59 ④

- DSUM : 특정 필드 값의 합계를 구할 때 사용하는 함수
- =DSUM("구할 필드", "테이블명", "조건")이므로 → =DSUM("[급여]", "[사원]", "[직급]='과장'")

60 ①

테이블 연결은 연결된 테이블의 내용을 변경하면 그 원본 내용도 함께 변경되며, 연결된 테이블을 삭제하면 Access 테이블을 여는 데 사용하는 정보만 삭제하므로 원본 테이블은 삭제되지 않음

01 ②	02 ①	03 ④	04 ②	05 ①
06 ①	07 ②	08 ④	09 ③	10 ③
11 ③	12 ②	13 ③	14 ③	15 ②
16 ④	17 ④	18 ④	19 ③	20 ①
21 ④	22 ③	23 ③	24 ②	25 ①
26 ④	27 ①	28 ③	29 ①	30 ④
31 ②	32 ②	33 ④	34 ④	35 ③
36 ③	37 ①	38 ④	39 ②	40 ①
41 ④	42 ③	43 ④	44 ①	45 ④
46 ②	47 ②	48 ①	49 ④	50 ③
51 ④	52 ③	53 ④	54 ①	55 ④
56 ①	57 ②	58 ③	59 ③	60 ②

1 과목   컴퓨터 일반

01 ②

DDoS(Distributed Denial of Service)
• 분산 서비스 거부 공격
• 여러 분산된 형태로 동시에 DoS(서비스 거부) 공격을 하는 기법으로 공격의 근원지를 색출하기가 어려움

오답 피하기
스푸핑(Spoofing) : '속임수'의 의미로 어떤 프로그램이 정상적으로 실행되는 것처럼 위장하는 것

02 ①

IPv6는 128비트(16비트씩 8부분)를 사용함

03 ④

연결 프로그램을 삭제하더라도 연결된 데이터 파일은 삭제되지 않음

04 ②

오답 피하기
• 라우터(Router) : 네트워크 계층에서 망을 연결하며, 다양한 전송 경로 중 가장 효율적인 경로를 선택하여 패킷을 전송하는 장치
• 스위칭 허브(Switching Hub) : 네트워크에서 연결된 각 회선이 모이는 집선 장치로서 각 회선을 통합적으로 관리하는 방식으로 집선 장치가 많아져도 그 속도가 일정하게 유지됨
• 모뎀(MODEM) : 변복조 장치로 디지털 신호를 아날로그 신호로 변환하는 변조 과정과 아날로그 신호를 디지털 신호로 변환하는 복조 과정을 수행하는 장치

05 ①

현재 인쇄 중인 문서가 인쇄가 완료되기 전에 다른 문서의 인쇄가 있을 경우 인쇄 대기열에 쌓이게 됨

06 ①

BIOS는 EPROM이나 플래시 메모리 등에 저장되어 있음

07 ②

자바 스크립트(Java Script) : 스크립트는 HTML 문서 속에 직접 기술하며, 'Script'라는 꼬리표를 사용함

08 ④

디스크 정리
• Windows에서 디스크의 사용 가능한 공간을 늘리기 위하여 불필요한 파일들을 삭제하는 작업
• 디스크의 전체 크기와는 상관없음

09 ③

휴지통을 비우거나 하드디스크의 파일을 삭제하더라도 주기억 장치의 용량 문제는 해결되지 않음

10 ③

다중 처리 시스템(Multi-Processing System) : 두 개 이상의 CPU로 동시에 여러 개의 프로그램을 처리하는 기법

오답 피하기
• 분산 처리 시스템 : 각 지역별로 발생된 자료를 분산 처리하는 방식으로 시스템의 과부하를 방지할 수 있으며 시스템의 안전성, 유연성, 신뢰성, 확장성 등에서 유리, 클라이언트/서버(Client/Server) 시스템 등이 있음
• 시분할 시스템 : CPU의 빠른 처리 속도를 이용하여 하나의 컴퓨터에서 여러 사용자의 작업을 다중으로 처리하는 방식
• 다중 프로그래밍 시스템 : 여러 개의 프로그램을 동시에 처리하는 방식으로, CPU가 입출력 시간을 이용하여 여러 프로그램을 순환 수행

11 ③

비트맵(Bitmap)
• 이미지를 점(Pixel, 화소)의 집합으로 표현하는 방식(래스터(Raster) 이미지라고도 함)
• 고해상도를 표현하는 데 적합하지만 파일 크기가 커지고, 이미지를 확대하면 계단 현상이 발생함
• 다양한 색상을 이용하기 때문에 사실적 이미지 표현이 용이함
• Photoshop, Paint Shop Pro 등이 대표적인 소프트웨어임
• 비트맵 형식으로는 BMP, JPG, PCX, TIF, PNG, GIF 등이 있음

오답 피하기
①, ②, ④ : 벡터(Vector) 방식에 대한 설명임

12 ②

USB(Universal Serial Bus : 범용 직렬 버스) 포트는 기존의 직렬, 병렬, PS/2 포트를 통합한 직렬 포트의 일종으로, 직렬 포트나 병렬 포트보다 빠른 속도로 데이터를 전송함

오답 피하기
병렬 포트 : 한 번에 8비트의 데이터가 동시에 전송되는 방식으로, 주로 프린터 등의 연결에 사용함

13 ③

• 방화벽은 외부의 침입으로부터 내부의 정보 자산을 보호함
• 외부로부터의 침입을 막을 수는 있지만 내부에서 일어나는 해킹은 막을 수 없으므로 내부의 새로운 위험에 대해서는 효과적으로 대처할 수 없음

14 ③

패치(Patch) 프로그램 : 이미 제작되어 배포된 프로그램의 오류 수정이나 성능 향상을 위하여 프로그램의 일부를 변경해주는 프로그램

오답 피하기
- ① : 상용 소프트웨어(Commercial Software)
- ② : 데모 버전(Demo Version)
- ④ : 베타 버전(Beta Version)

15 ②

8진수를 16진수로 변환하는 방법

1) 8진수를 먼저 2진수로 변환함
2) 2진수를 뒤에서부터 4자리씩 자름(만약 소수점이 있는 경우는 정수 부분은 오른쪽부터, 소수 부분은 왼쪽부터 4자리씩 자름)
3) 4자리에 가중치 8421를 적용시켜서 각각 16진수를 1자리로 계산함

16 ④

ⓓ는 MPEG-1에 대한 기능임

오답 피하기
MPEG-21 : MPEG 기술을 통합한 디지털 콘텐츠의 제작, 유통, 보안 등 모든 과정을 관리할 수 있는 규격

17 ④

- **USN(Ubiquitous Sensor Network)** : 유비쿼터스 센서 네트워크로 각종 센서를 통해 정보를 수집하고 관리할 수 있도록 구성된 네트워크
- **텔레매틱스(Telematics)**
  - 통신(Telecommunication)과 정보과학(Informatics)의 합성어로 자동차에 무선 통신 기술을 접목시킨 것을 의미하며 '차량 무선 인터넷 서비스'라고 함
  - 통신망을 통해 확보된 위치 정보를 기반으로 교통 안내, 긴급 구난, 물류 정보 등을 제공하는 이동형 정보 활용 서비스

오답 피하기
- 테더링 : 인터넷이 가능한 스마트기기의 통신 중계기 역할로 PC의 인터넷 접속을 가능하게 하고 모바일 데이터 연결을 공유함
- 고퍼 : 인터넷에 있는 정보를 계층적 또는 메뉴 방식으로 찾아주는 서비스
- 블루투스 : 무선기기 간 정보 전송을 목적으로 하는 근거리 무선 접속 프로토콜

18 ④

SSD(Solid State Drive)
- 하드디스크를 대체할 무소음, 저전력, 소형화, 경량화, 고효율의 속도를 지원하는 차세대 반도체 보조 기억 장치
- HDD보다 외부의 충격에 강하며 기계적인 디스크가 아닌 반도체 메모리에 데이터를 저장하므로 배드 섹터(Bad Sector)가 생기지 않음

오답 피하기
- HDD(Hard Disk Drive) : 디스크 표면을 전자기적으로 변화시켜 대량의 데이터를 저장하고 비교적 빠르게 접근할 수 있는 보조 기억 장치
- DVD(Digital Versatile Disk) : 디지털 다기능 디스크로 4.7GB의 기본 용량(최대 17GB)을 가짐
- CD-RW(Compact Disc Rewritable) : 여러 번에 걸쳐 기록과 삭제가 가능한 CD

19 ③

FTP 서버에 있는 프로그램은 접속하여 다운로드받은 다음 실행할 수 있음

20 ①

DXF(Drawing eXchange Format) : 서로 다른 도면 프로그램 간에 도면 파일을 교환하기 위한 파일 형식

오답 피하기
- DVI : 디지털 TV를 만들기 위해 개발되었던 것을 인텔에서 인수하여 동영상 압축 기술로 개발됨
- ASF : MS사가 개발한 통합 멀티미디어 형식, 화질이 떨어지지만 용량이 작고 음질이 뛰어나 스트리밍 기술을 이용하여 영상을 전송하고, 재생할 수 있어 스트리밍 서비스를 하는 인터넷 방송국에서 사용됨
- AVI : Windows의 표준 동영상 형식의 디지털 비디오 압축 형식

---

2 과목 | 스프레드시트 일반

21 ④

두 개 이상의 셀을 범위로 지정하여 채우기 핸들을 끌면 데이터 사이의 차이에 의해 증가 또는 감소하면서 채워짐

	A	B	C	D	E	F	G
1	5		1	-3		-7	
2							

22 ③

㉮ 배열 수식을 사용한 경우 → {=SUM(IF($B$2:$B$6=A9,$C$2:$C$6))}
- =IF문에 의해 과목 범위[$B$2:$B$6]에서 [A9](1과목) 셀과 같은 경우, 점수 범위 [$C$2:$C$6]에서 해당하는 점수(1과목)의 합(SUM)을 구함
- 배열 수식이므로 [Ctrl]+[Shift]+[Enter]를 누르면 중괄호({ })가 자동으로 수식의 앞뒤에 생성됨

㉯ 배열 수식을 사용하지 않은 경우 → =SUMIF($$2:$B$6,A9, $C$2:$C$6)
- =SUMIF(범위, 조건, 합을 구할 범위) : 범위에서 조건에 맞는 경우의 점수만 합계를 산출함
- =SUMIF문에 의해 과목 범위[$B$2:$B$6]에서 [A9](1과목) 셀과 같은 경우, 점수 범위[$C$2:$C$6]에서 해당하는 점수(1과목)의 합을 구함
- 배열 수식이 아니므로 [Enter]를 누름

23 ③

텍스트 창의 빨간색 x로 표시된 모든 내용은 SmartArt 그래픽에 표시되지 않고 저장되지 않음

24 ②

문자열의 길이가 길어 하나의 셀 안에 표시되지 않을 경우 글자 길이에 맞춰 셀의 열 너비가 자동으로 조절되게 설정할 수 없으며 열의 너비를 늘려주면 정상적으로 표시됨

25 ①

#REF! : 셀 참조를 잘못 사용한 경우에 나타나는 오류

	A	B	C
	B7 ▼ : × ✓ fx =B4+#REF!		
1	분기	매출액	
2	1사분기	237,765	
3	2사분기	56,789	
4	3사분기	785,600	
5			
6	1, 2사분기 합계	294,554	
7	3, 4사분기 합계	#REF!	
8			

오답 피하기

- ##### : 데이터나 수식의 결과를 셀에 모두 표시할 수 없는 경우
- #VALUE! : 수치를 사용해야 할 장소에 다른 데이터를 사용하는 경우

26 ④

- 차트 제목을 데이터 레이블의 레이블 내용으로 설정할 수 없음
- 레이블 내용 : 셀 값, 계열 이름, 항목 이름, 값, 백분율, 지시선 표시, 범례 표지

27 ①

부분합을 실행한 후 '새로운 값으로 대치'를 해제하고 다시 부분합을 실행하면 여러 개의 함수를 중복하여 사용할 수 있음

28 ③

- 근무지역이 서울, 평균점수가 75 이상(>=)이고 90 미만(<)이거나 근무지역이 부산, 평균점수가 75를 초과(>)하고 89 이하(<=)인 경우
- AND 조건 : 첫 행에 필드명을 나란히 입력하고, 동일한 행에 조건을 입력 (그리고, 이고)
- OR 조건 : 첫 행에 필드명을 나란히 입력하고, 서로 다른 행에 조건을 입력(또는, 이거나)

29 ①

[B3] 셀에 수식 "=A2*B2"를 입력해야 함

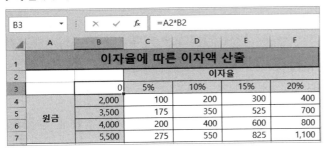

30 ④

Ctrl + Tab : 다른 통합 문서로 이동(= Ctrl + F6)

오답 피하기

- Shift + Tab : 왼쪽 셀로 이동
- Home : 해당 행의 A열로 이동
- Ctrl + Enter : 동일한 데이터 입력

31 ②

'시트 끝'을 선택하면 각 페이지의 메모가 문서의 마지막에 한꺼번에 인쇄됨

32 ②

② [E2] 셀을 선택하고 바로 가기 메뉴의 [복사]를 실행 → ④ 기본점수를 추가해서 더할 셀 [C2:C6]을 선택 → ② 바로 가기 메뉴의 [선택하여 붙여넣기]를 실행 → ② '연산' 항목의 '더하기'를 선택하고 [확인]을 클릭함

	A	B	C	D	E
1	성명	반	보고서점수		기본점수
2	이대한	1	80		10
3	한상공	2	65		
4	홍길동	1	45		
5	신정미	3	77		
6	이순신	4	69		

선택하여 붙여넣기

붙여넣기
- ◉ 모두(A)
- ○ 수식(F)
- ○ 값(V)
- ○ 서식(T)
- ○ 메모(C)
- ○ 유효성 검사(N)
- ○ 원본 테마 사용(H)
- ○ 테두리만 제외(X)
- ○ 열 너비(W)
- ○ 수식 및 숫자 서식(R)
- ○ 값 및 숫자 서식(U)
- ○ 조건부 서식 모두 병합(G)

연산
- ○ 없음(O)
- ◉ 더하기(D)
- ○ 빼기(S)
- ○ 곱하기(M)
- ○ 나누기(I)

□ 내용 있는 셀만 붙여넣기(B) □ 행/열 바꿈(E)

연결하여 붙여넣기(L)   [확인] [취소]

33 ④

	A	B	C	D	E	F
	B3 ▼ : × ✓ fx =INDEX($D$3:$D$8,MATCH(LARGE($E$3:$E$8,A3),$E$3:$E$8,0))					
1	회사별 평가점수 순위					
2	순위	회사명		회사명	평가점수	
3	1	준기정보		대한테크	53	
4	2	엄지Tech		상공ENG	61	
5	3	첨단영진		엄지Tech	90	
6				첨단영진	88	
7				기적INFO	70	
8				준기정보	100	

=INDEX($D$3:$D$8,MATCH(LARGE($E$3:$E$8,A3),$E$3: $E$8,0))

- LARGE 함수로 [$E$3:$E$8] 범위에서 첫 번째([A3] 셀의 값이 1)로 큰 값을 찾음
- MATCH 함수로 [$E$3:$E$8] 범위에서 찾는 방법 0에 의해 찾을 값과 동일한 첫 번째 값을 찾아 위치 번호 6을 산출함
- 위치 번호 6을 INDEX 함수의 행 번호로 사용하고, 열 번호가 생략되었으므로 1로 간주하여 [$D$3:$D$8] 범위에서 해당 행인 6행을 찾으므로 "준기정보"가 결과로 표시됨

34 ④

F9 : 열려 있는 통합 문서의 모든 워크시트를 재계산함

오답 피하기
- F1 : 도움말
- F2 : 활성 셀 편집
- F5 : 이동 대화 상자

35 ③

차트가 선택되어 있는 경우 차트가 만들어진 순서대로 "차트 1", "차트 2", … 처럼 표시되며 차트의 종류가 표시되지는 않음

36 ③

상대 참조로 기록되어 [C1] 셀을 선택하고 '서식매크로'를 실행하면 [C2:C6] 영역의 글꼴 스타일이 굵게 지정됨

37 ①

- 원본 데이터에서 변경 셀의 현재 값을 수정해도 시나리오 요약 보고서가 자동으로 업데이트되지 않음
- 시나리오의 값을 변경해도 해당 변경 내용이 기존 요약 보고서에 자동으로 다시 계산되어 표시되지 않으므로 시나리오 요약 보고서를 다시 작성해야 함

38 ④

- 계열 옵션에서 '간격 너비'가 0%로 설정되어 있지 않음
- 계열 옵션에서 '간격 너비'가 0%로 설정되어 있는 경우 아래처럼 표시됨

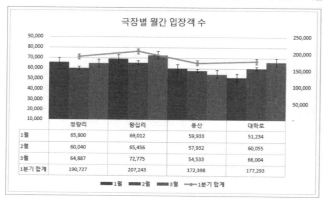

오답 피하기

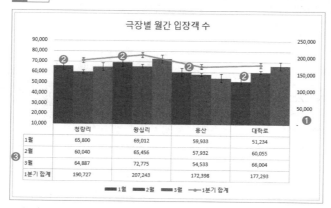

- ① : '1분기 합계' 계열은 '보조 축'으로 지정되어 있음
- ② : '1월', '2월', '3월' 계열에 오차 막대가 표시되어 있음
- ③ : 범례 표지 없이 데이터 테이블이 표시되어 있음

39 ②

삭제한 시트는 최소 명령으로 되살릴 수 없으므로 삭제 시 주의해야 함

오답 피하기
- ① : 워크시트 복사는 Ctrl 을 누르면서 원본 워크시트 탭을 마우스로 드래그 앤 드롭하면 됨
- ③ : 연속된 여러 개의 시트를 선택할 때는 첫 번째 시트를 선택하고 Shift 를 누른 상태에서 마지막 워크시트의 시트 탭을 클릭함
- ④ : 떨어져 있는 여러 개의 시트를 선택할 때는 먼저 Ctrl 을 누른 상태에서 원하는 워크시트의 시트 탭을 차례로 누르면 됨

40 ①

피벗 차트 보고서가 변경될 수 없는 차트 : 주식형, 분산형, 거품형, 트리맵, 선버스트, 히스토그램, 상자 수염, 폭포 차트 등

---

3 과목 | **데이터베이스 일반**

41 ④

열 형식, 테이블 형식, 맞춤 등 3개의 선택 항목이 있음

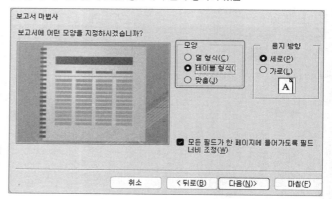

42 ③

데이터 제어어(DCL : Data Control Language)
- 데이터베이스를 공용하기 위하여 데이터 제어를 정의 및 기술함
- 데이터 보안, 무결성, 회복, 병행 수행 등을 제어함
- 종류 : GRANT(권한 부여), REVOKE(권한 해제), COMMIT(갱신 확정), ROLLBACL(갱신 취소)

오답 피하기
- 데이터 조작어(DML) : 주 프로그램에 내장하여 데이터베이스를 실질적으로 운영 및 조작함
- 데이터 정의어(DDL) : 데이터베이스 구조와 관계, 데이터베이스 이름을 정의함
- 데이터 부속어(DSL) : 호스트(Host) 프로그램(JAVA, PHP, C++ 등)에 데이터 조작어(DML)가 삽입되어 포함되어 있을 때 이를 데이터 부속어(DSL)라고 하며 데이터베이스에 접근하는 기능을 제공함

43 ④

일련번호는 번호가 부여되면 변경하거나 삭제할 수 없으며 크기는 4바이트임

44 ①

- 어떤 값이 포함되어 검색되어야 할 경우, 유효성 검사 규칙에 Like 연산자를 사용함
- Like "S*"는 'S'로 시작하는 경우이고, Like '*S'는 'S'로 끝나는 경우를 의미하며, *는 임의의 문자수에 대응함

45 ④

- SELECT : 검색하고자 하는 열 리스트
- FROM : 대상 테이블명
- WHERE : 검색 조건을 기술
- GROUP : 그룹에 대한 쿼리 시 사용
- HAVING : 그룹에 대한 조건을 기술함(반드시 GROUP BY와 함께 사용)
- AVG( ) : 평균 값을 구함
- COUNT(*) : 행을 카운트함

SELECT AVG([나이]) FROM 학생	학생 테이블에서 [나이]의 평균을 구하라.
WHERE 학년="SN" GROUP BY 전공	학년이 "SN"이고 전공별로 그룹화 했을 때 같은 전공이 2개 이상인 경우 → 통계과의 학번이 1004와 1010인 경우가 해당됨
HAVING COUNT(*) >= 2;	

- 통계과에서 학번 1004의 나이는 23세, 1010의 나이는 25세이므로 평균 (AVG)을 구하게 되면 24세가 됨

46 ②

일대일 관계 성립 조건 : 양쪽 테이블의 연결 필드가 모두 중복 불가능의 기본키나 인덱스가 지정되어 있어야 함

47 ②

오답 피하기

- ① =[Page] → 결과 : 8
- ③ =[Page] & " 중 " & [Page] → 결과 : 8중 8
- ④ =Format([Page], "000") → 결과 : 008

48 ①

- update 테이블명 set 열이름1=값1, 열이름2=값2, … where 조건 : 갱신문으로 테이블에 저장된 데이터를 갱신함
- update 회원 set 등급 = '정회원' where 가입일 <= #2023-6-3# and 등급 = '준회원'
- <= #2023-6-3# : 2023년 6월 3일 이전을 의미, 날짜는 앞뒤에 #를 붙임

49 ④

- 유효성 검사 규칙 Like "S??" : S로 시작하는 3자의 입력 값
- 유효성 검사 텍스트 : 규칙에 맞지 않을 경우 "유효성 확인입니다." 표시

50 ③

테이블 이름은 선행 공백으로 시작할 수 없지만, 테이블 이름에 공백은 포함할 수 있음

51 ④

페이지 바닥글 : 보고서의 매 페이지의 하단에 표시됨. 페이지 번호나 날짜 등의 항목을 삽입함

오답 피하기

보고서 바닥글 : 보고서의 맨 마지막 페이지에 한 번만 표시됨. 보고서의 총계나 안내 문구 등의 항목을 삽입함

52 ③

관련 필드 모두 업데이트

- 외래키에 의해 참조되고 있는 기본키 필드의 값이 바뀌면, 이를 참조하는 외래키 필드 값도 바뀌게 됨을 의미함
- 외래키에 의해 참조되고 있는 기본키 필드의 값은 수정될 수 있음

53 ④

- CREATE TABLE : 테이블 생성
- CHAR(자릿수) : 문자형 변수 선언 및 크기(자릿수) 지정
- NULL : 아무것도 없음, 값 자체가 존재하지 않음
- NOT NULL : 값이 반드시 있어야 됨
- INTEGER : 정수형(소숫점이 없는) 변수 선언
- DEFAULT : 기본 값 지정
- PRIMARY KEY : 기본키 지정
- FOREIGN KEY : 외래키 지정
- REFERENCES : 참조 테이블 지정

기본키(PK : Primary Key)

- 후보키 중에서 선정되어 사용되는 키(예 : 주민등록번호, 사원번호, 학번, 군번 등)
- 기본키는 널(NULL)이 될 수 없으며 중복될 수 없음

외래키(FK : Foreign Key)

- 외래키가 다른 참조 테이블의 기본키일 때 그 속성키를 외래키라고 함
- 하나의 테이블에는 여러 개의 외래키가 존재할 수 있음

- ④ <계좌> 테이블에서 '고객ID' 필드는 기본키가 아닌 외래키이므로 동일한 값을 입력할 수 있음
- 한 고객이 여러 개의 계좌를 개설할 수 있으므로 <계좌> 테이블에서 '고객ID' 필드는 중복 가능함

오답 피하기

- ①, ② : <고객> 테이블에서 '고객ID' 필드와 <계좌> 테이블에서 '계좌번호' 필드는 기본키(PRIMARY KEY)이므로 반드시 입력(NOT NULL)해야 하며 동일한 값을 입력할 수 없음
- ③ : <고객> 테이블에서 '연락번호' 필드는 기본키에 해당되지 않고 NOT NULL이 아니므로 원하는 값으로 수정하거나 생략할 수 있음

54 ①

오답 피하기

- ② 9 : 선택 요소로서 숫자나 공백을 입력함. 덧셈 기호와 뺄셈 기호를 사용할 수 없음
- ③ # : 선택 요소로서 숫자나 공백을 입력함. 덧셈 기호와 뺄셈 기호를 사용할 수 있음
- ④ 0 : 필수 요소로서 0~9까지의 숫자를 입력함

55 ④

- 정규화(Normalization) : 관계형 데이터베이스를 설계할 때 데이터의 중복 최소화와 불일치를 방지하기 위해 릴레이션 스키마를 분해해 가는 과정
- 정규형(NF; Normal Form)의 종류

제1정규형(1NF)	• 원자 값 • 최소한의 값 • 반복되는 열이 없음
제2정규형(2NF)	• 키를 결정하면 다른 열의 값이 결정 • 기본키에 완전 함수적 종속(=부분 함수 종속 제거)
제3정규형(3NF)	• 기본키 열 외의 열의 값에 따라 다른 열의 값이 결정되는 일이 없음 • 서로간의 독립적(기본키에 이행적 종속이 아니면)(이행 함수 종속 제거)
BCNF Boyce & Codd NF	• 엄격한 3차 정규형 • 모든 결정자가 후보키가 아닌 함수 종속을 제거 (=결정자를 모두 후보키로)
제4정규형(4NF)	두 개의 상호 독립적인 다중 값 속성을 서로 다른 두 릴레이션으로 분리(다른 종속 제거)
제5정규형(5NF)	후보키를 통하지 않은 조인 종속 제거

56 ①

- =InStr("서울특별시 시흥구","시") : '서울특별시 시흥구' 문자에서 왼쪽에서 부터 '시' 문자가 있는 문자 위치 번호를 출력함 → 5
- =Left("부산 사하구 사하동", 5) : '부산 사하구 사하동' 문자에서 왼쪽에서 공백 포함하여 5번째까지의 문자를 출력함 → 부산 사하

57 ②

[탭 순서] 대화 상자의 [자동 순서]는 탭 순서를 위에서 아래로, 왼쪽에서 오른쪽으로 설정함

58 ③

- DLOOKUP : 특정 필드 값을 구할 때 사용하는 함수
- =DLOOKUP("구할 필드", "테이블명", "조건")이므로
  → =DLOOKUP("성명", "사원", "[사원번호] = 123")

59 ③

인덱스(Index) : 색인으로 키 값을 기초로 하여 테이블에서 검색 및 정렬 속도를 향상시키는 기능

60 ②

조인 유형을 내부 조인, 왼쪽 우선 외부 조인, 오른쪽 우선 외부 조인 중에서 선택할 수 있음

---

01 ③	02 ④	03 ②	04 ④	05 ②
06 ①	07 ③	08 ②	09 ①	10 ④
11 ①	12 ④	13 ②	14 ①	15 ①
16 ②	17 ③	18 ①	19 ②	20 ①
21 ④	22 ④	23 ②	24 ③	25 ①
26 ③	27 ②	28 ①	29 ①	30 ④
31 ③	32 ②	33 ④	34 ①	35 ③
36 ②	37 ④	38 ④	39 ④	40 ③
41 ③	42 ②	43 ④	44 ④	45 ④
46 ②	47 ①	48 ①	49 ①	50 ①
51 ③	52 ③	53 ③	54 ③	55 ②
56 ④	57 ③	58 ①	59 ④	60 ④

1 과목 | 컴퓨터 일반

01 ③

응답 시간은 빠를수록 좋으므로 응답 시간의 최소화가 운영체제의 목적임

오답 피하기

운영체제의 목적(성능 평가 요소) : 처리 능력, 응답 시간, 신뢰도, 사용 가능도

02 ④

3D 프린터의 출력 속도의 단위는 MMS가 사용되며, MMS(MilliMeters per Second)는 '1초에 이동하는 노즐의 거리'를 의미함

오답 피하기

- LPM(Lines Per Minute) : 1분당 인쇄되는 라인 수(활자식 프린터, 잉크젯 프린터 등)
- PPM(Pages Per Minute) : 1분당 인쇄되는 페이지 수(잉크젯 프린터, 레이저 프린터 등)
- IPM(Images Per Minute) : ISO(국제 표준화 기구)에서 규정한 잉크젯 속도 측정 방식으로 각 프린터 업체의 자체 기준에 맞춘 고속 모드로 출력된 PPM과는 달리 일반(보통) 모드에서 ISO 규격 문서를 측정함

03 ②

데드락(Deadlock) : 교착 상태로 자원은 한정되어 있으나 각 프로세스들이 서로 자원을 차지하려고 무한정 대기하는 상태

04 ④

아날로그(Analog) 컴퓨터는 프로그램이 필요 없으므로 연산 속도가 빠르나 정밀도는 제한적(0.01%까지)임

05 ②

오답 피하기

① : FTP, ③ : SMTP, ④ 유즈넷(Usenet)

06 ①

가상 메모리(Virtual Memory) : 보조 기억 장치의 일부, 즉 하드디스크의 일부를 주기억 장치처럼 사용하는 메모리 사용 기법으로, 기억 장소를 주기억 장치의 용량으로 제한하지 않고 보조 기억 장치까지 확대하여 사용함

07 ③

공개키는 암호화가 공개키이므로 키의 분배가 쉽고, 관리할 키의 개수가 줄어듦

오답 피하기

비밀키 : 송신자와 수신자가 서로 동일(대칭)한 하나(단일)의 비밀키를 가지므로 사용자가 많아지면 관리할 키의 개수가 늘어남

08 ②

'mailto:메일주소' 형식은 전자우편을 보내기 위한 형식임

09 ①

VESA 방식 : 그래픽 카드의 속도를 개선한 486 시스템에서 사용하기 시작한 32비트 버스

오답 피하기

- EIDE : IDE의 확장판으로 주변 기기를 4개까지 연결함
- SCSI : 주변 장치를 7개에서 최대 15개까지 연결 가능하며 별도의 컨트롤러가 필요함
- SATA : 직렬 ATA로 하드디스크 또는 광학 드라이브와의 전송을 위해 만들어진 버스의 한 종류

10 ④

오답 피하기

- 다중 프로그래밍 시스템 : 하나의 CPU로 동시에 여러 개의 프로그램을 처리하는 기법
- 시분할 시스템 : 한 CPU를 여러 사용자가 사용하는 경우 사용권을 일정 시간(Time Slice) 동안 할당하여 혼자 독점하여 사용하는 것처럼 하는 기법
- 다중 처리 시스템 : 두 개 이상의 CPU로 동시에 여러 개의 프로그램을 처리하는 기법

11 ①

휴지통에 지정된 최대 크기를 초과하면 보관된 파일 중 가장 오래된 파일부터 자동 삭제됨

12 ④

유니코드(Unicode)

- 2바이트 코드로 세계 각 나라의 언어를 표현할 수 있는 국제 표준 코드
- 한글의 경우 조합, 완성, 옛 글자 모두 표현 가능함
- 16비트이므로 2^{16}인 65,536자까지 표현 가능함
- 한글은 초성 19개, 중성 21개, 종성 28개가 조합된 총 11,172개의 코드로 모든 한글을 표현함

오답 피하기

- BCD 코드 : 6비트로 64가지의 문자 표현이 가능하고 영문자의 대소문자를 구별하지 못함
- ASCII 코드 : 7비트로 128가지의 표현이 가능하고 일반 PC용 컴퓨터 및 데이터 통신용 코드
- EBCDIC 코드 : 8비트로 256가지의 표현이 가능하고 확장된 BCD 코드로 대형 컴퓨터에서 사용되는 범용 코드

13 ②

비트맵(Bitmap) : 고해상도를 표현하는 데 적합하지만 파일 크기가 커지고 확대 시 계단 현상이 발생하는 단점이 있음

14 ①

무선 랜(WLAN ; Wireless Local Area Network) 장비의 종류

- 무선 랜 카드 : 무선으로 네트워크에 연결하기 위한 기본 장비로 전송 속도와 인터페이스 규격에 따라 여러 종류가 있음
- 안테나(Antenna) : 무선 랜을 사용할 수 있는 도달 영역을 확장하기 위해 모든 방향으로 전파를 확장하는 무지향성 확장 안테나와 특정 지점 사이를 연결하기 위한 지향성 안테나가 있음
- AP(Access Point) : 기존 유선 네트워크와 무선 네트워크 사이에서 중계기 역할을 담당하는 기기로 송수신을 위한 내장 안테나가 내장되어 있으며 확장 안테나로 전송 거리를 확장할 수 있음

오답 피하기

리피터(Repeater) : 장거리 전송을 위해 신호를 새로 재생시키거나 출력 전압을 높여 전송하는 장치

15 ①

색인 : 파일 검색 시 속도를 향상하는 기능

16 ②

사물 인터넷(IoT : Internet of Things) : 인간 대 사물, 사물 대 사물 간에 인터넷으로 연결되어 정보의 소통이 가능한 기술

17 ③

렌더링(Rendering) : 컴퓨터 그래픽에서 3차원 질감(그림자, 색상, 농도 등)을 줌으로써 사실감을 추가하는 과정

오답 피하기

- ① 디더링(Dithering) : 표현할 수 없는 색상이 존재할 경우, 다른 색상들을 섞어서 비슷하거나 새로운 색상을 내는 효과
- ② 모핑(Morphing) : 사물의 형상을 다른 모습으로 서서히 변화시키는 기법으로 영화의 특수 효과에서 많이 사용함
- ④ 안티 앨리어싱(Anti-aliasing) : 3D의 텍스처에서 몇 개의 샘플을 채취해서 사물의 색상을 변경하므로 계단 부분을 뭉개고 곧게 이어지는 듯한 화질을 형성하게 만드는 것

18 ①

라우터(Router) : 네트워크 계층에서 망을 연결하며, 다양한 전송 경로 중 가장 효율적인 경로를 선택하여 패킷을 전송하는 장치

19 ②

오답 피하기

① : 상용 소프트웨어, ③ : 패치 프로그램, ④ : 알파 버전

20 ①

- txt : 텍스트 파일 확장자
- png : 이미지 파일 확장자

오답 피하기

글꼴 파일의 확장자는 ttf, ttc, fon 등이 있음

21 ④

- 사원번호 첫 번째 문자가 'S'인 경우이므로 LEFT 함수를 이용하여 첫 글자를 추출함 → LEFT($A$2:$A$6,1)
- 배열 수식을 이용하여 'S'인 경우 참(1)이 되는 것과 매출액을 곱(*)하여 그 합을 산출함 → =SUM((LEFT($A$2:$A$6,1)="S")*$B$2:$B$6)
- 배열 수식이므로 Ctrl + Shift + Enter 를 누르면 수식 앞, 뒤로 중괄호({ }) 가 생성됨 → {=SUM((LEFT($A$2:$A$6,1)="S")*$B$2:$B$6)}

22 ②

배열 선언 시 처음에 Option Base을 '1'로 설정한 경우 배열의 첨자가 1부터 시작하므로 첫 번째 요소는 No(1, 1, 1)이 됨

23 ②

셀에 맞춤

- 선택한 셀의 모든 데이터가 열에 맞게 표시되도록 글꼴의 문자 크기를 줄임
- 열 너비를 변경하면 문자 크기가 자동으로 조정됨
- 적용된 글꼴 크기는 바뀌지 않음

오답 피하기

- 자동 줄 바꿈 : 셀에서 텍스트를 여러 줄로 표시함
- 셀 병합 : 선택한 두 개 이상의 셀을 하나의 셀로 결합함
- 텍스트 방향 : 읽는 순서와 맞춤을 지정하려면 방향 상자에서 옵션(텍스트 방향대로, 왼쪽에서 오른쪽, 오른쪽에서 왼쪽)을 선택함

24 ③

사용 중인 셀 스타일을 수정한 경우 해당 셀에는 셀 스타일을 다시 적용하지 않아도 자동으로 수정한 서식이 반영됨

25 ①

그림과 같이 리본 메뉴에 바로 가기 키를 나타내려면 Alt 나 / 를 누름

26 ③

도넛형 차트 : 첫째 조각의 각을 0~360도 회전 가능함

27 ②

- For ~ Next : 반복 명령문, MsgBox : 대화 상자로 결과를 출력
- For 변수 = 초기값 To 최종값 Step 증가값
- For j = 1 To 10 Step 3 → 1, 4, 7, 10
- Total = Total + j → j에 1, 4, 7, 10를 차례대로 대입시킴

① Total(1)=Total(0)+j(1) → 제일 처음 중간 Total은 0이며 j에 1을 대입시켜서 더한 값(1)을 Total 변수에 넣음
② Total(5)=Total(1)+j(4) → 중간 Total은 1이며 j에 4를 대입시켜서 더한 값(5)을 Total 변수에 넣음
③ Total(12)=Total(5)+j(7) → 중간 Total은 5이며 j에 7을 대입시켜서 더한 값(12)을 Total 변수에 넣음
④ Total(22)=Total(12)+j(10) → 중간 Total은 12이며 j에 10을 대입시켜서 더한 값(22)을 Total 변수에 넣음

28 ①

- 셀 복사 : 셀의 값과 서식 모두 복사됨
- 따라서, [A1] 셀의 값 10이 [A2] 셀과 [A3] 셀에 복사되고, [A1] 셀의 서식도 복사됨

29 ①

- 셀의 데이터를 삭제할 때 [메모]는 함께 삭제되지 않으며, [윗주]는 함께 삭제됨
- [검토]-[메모]-[새 메모], [홈]-[글꼴]-[윗주 필드 표시/숨기기]-[윗주 편집]

30 ④

=REPLACE("February",SEARCH("U","Seoul-Unesco"),5,"") → Feb

- SEARCH("U","Seoul-Unesco") : "Seoul-Unesco"에서 "U"를 찾음(대소문자를 구분하지 않으므로 4번째의 소문자 u를 찾아서 위치 결과는 4가 됨)
- =REPLACE("February",4,5,"") : "February"의 4번째에서 5개를 공백("")으로 교체하므로 결과는 Feb가 됨

오답 피하기

- =FIXED(3456.789,1,FALSE) : 수를 고정 소수점 형태의 텍스트로 바꿈, FALSE는 쉼표를 표시함 → 3,456.8
- =EOMONTH(DATE(2023,2,25),1) : 시작 날짜를 기준으로 1개월 후의 마지막 날을 반환 → 2023-03-31
- =CHOOSE(ROW(A3:A6),"동","서","남" 2023) : ROW(A3:A6)의 값이 3이므로 CHOOSE에 의해 세 번째 값인 "남"이 선택됨 → 남

31 ③

별표(*), 물음표(?) 및 물결표(~) 등의 문자가 포함된 내용을 찾으려면 '찾을 내용'을 입력할 때 물결표(~) 뒤에 해당 문자를 붙여서 입력함(예 : ~*, ~?, ~~)

32 ②

- 시나리오 보고서는 자동으로 다시 계산되지 않음
- 시나리오의 값을 변경하면 이러한 변경 내용이 기존 요약 보고서에 표시되지 않지만 새 요약 보고서를 만드는 경우 표시됨

33 ④

누적 세로 막대형 차트로 개별 요소를 전체적인 관점에서 비교할 때 사용함

오답 피하기

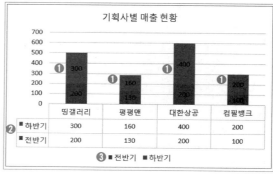

- ① : 레이블 내용으로 값이 표시되어 있음
- ② : 범례 표지를 포함한 데이터 테이블이 나타나도록 설정되어 있음
- ③ : 범례는 아래쪽으로 설정되어 있음

34 ①

- =IFERROR(ISERR(B3),"ERROR") → FALSE
- =IFERROR(ISERROR(B3),"ERROR") → TRUE
- =IFERROR(ISLOGICAL(B5),"ERROR") → TRUE
- =IF(ISNUMBER(B4), TRUE,"ERROR") → TRUE

- =IFERROR(수식, 오류 발생 시 표시 값) : 수식의 결과가 오류 값일 때 다른 값(공백 등)으로 표시함
- =ISERR(값) : 값이 #N/A를 제외한 오류 값을 참조할 때 TRUE를 반환함
- =ISERROR(값) : 값이 오류 값(#N/A, #VALUE!, #REF!, #DIV/0!, #NUM!, #NAME?, #NULL!)을 참조하는 경우 TRUE 값을 반환함
- =ISLOGICAL(값) : 값이 논리 값을 참조할 때 TRUE를 반환함
- =ISNUMBER(값) : 값이 숫자를 참조할 때 TRUE를 반환함

35 ③

[페이지] 탭에서 '자동 맞춤'의 용지 너비와 용지 높이를 각각 1로 지정하면 여러 페이지가 한 페이지에 인쇄됨

- ① : 배율은 워크시트 표준 크기의 10%에서 400%까지 설정함
- ② : 머리글/바닥글은 [머리글/바닥글] 탭에서 설정함
- ④ : 셀에 설정된 메모는 '시트에 표시된 대로' 인쇄할 수 있음

36 ②

목표값 찾기는 하나의 변수 입력 값만 사용함

37 ④

창 나누기의 경우에는 구분된 선을 마우스로 드래그하여 경계선을 이동할 수 있지만 틀 고정선은 마우스를 드래그하여 위치를 변경할 수 없음

38 ④

① 텍스트 서식, ② 페이지 번호 삽입, ③ 전체 페이지 수 삽입, ④ 날짜 삽입, ⑤ 시간 삽입, ⑥ 파일 경로 삽입, ⑦ 파일 이름 삽입, ⑧ 시트 이름 삽입, ⑨ 그림 삽입, ⑩ 그림 서식

39 ④

- 한 단계씩 코드 실행 : F8
- 모듈 창의 커서 위치까지 실행 : Ctrl + F8
- 매크로 실행 : F5

40 ③

셀 포인터가 표 범위 내에 있지 않을 때는 다음과 같이 범위 내에서 셀 하나를 선택한 다음 명령을 다시 실행하라는 경고 창이 열림

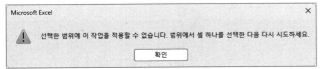

데이터베이스 일반

41 ③

- 도메인(Domain) : 하나의 속성이 취할 수 있는 값의 집합
- 튜플(Tuple) : 테이블에서 행을 나타내는 말로 레코드와 같은 의미
- 차수(Degree) : 한 릴레이션(테이블)에서 속성(필드=열)의 개수
- 기수(Cardinality) : 한 릴레이션(테이블)에서의 튜플의 개수

42 ②

한 명의 지원자가 여러 개의 이력이나 경력 사항을 갖는 경우이므로 각각 '지원자ID'를 기본키로 하는 [지원자] 테이블과 '경력ID'를 기본키로 하고 '지원자ID'를 외래키로 하는 [경력] 테이블이 필요함

43 ④

- Select 열리스트 From 테이블명 Where 조건
- and : 논리연산자로 '그리고'의 조건을 의미
- in : 조건을 지정하는 문자 연산자(~안의)
- 개발부 사원들과 같은 거주지에 사는 영업부 사원명을 결과로 나타냄

44 ④

페이지 머리글 영역 : 매 페이지마다 같은 내용을 인쇄하고자 할 때 사용

- 보고서 머리글 영역 : 보고서 시작 부분에 한 번만 인쇄하고자 할 때 사용
- 본문 영역 : 레코드 원본의 각 레코드들이 인쇄되는 구역
- 그룹 머리글 영역 : 보고서를 그룹으로 묶은 경우에만 표시되며 그룹의 이름이나 요약 정보를 표시하기 위해 사용

45 ④

- L : 필수 요소로, A부터 Z까지의 영문자나 한글 입력 → A
- & : 필수 요소로 모든 문자나 공백을 입력 → 1
- A : 필수 요소로 영문자나 한글, 숫자를 입력 → B

- ① 123 : 첫 글자가 숫자이므로 입력 가능한 데이터가 아님
- ② 1AB : 첫 글자가 숫자이므로 입력 가능한 데이터가 아님
- ③ AB : 세 글자 모두 필수 요소이므로 입력 가능한 데이터가 아님

46 ②

- [학생] 테이블과 [수강] 테이블은 일대다 관계이므로 [학생] 테이블에 없는 데이터를 [수강] 테이블에 추가할 경우 참조 무결성 규칙을 위반하는 경우가 됨
- 따라서 [학생] 테이블의 '학번' 필드에 없는 학번을 [수강] 테이블에 입력하면 안 됨

47 ①

DISTINCT는 중복된 값을 한 번만 표시하게 해주므로 학점 필드에 2와 3, 두 개의 레코드가 출력됨

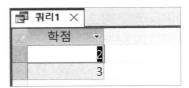

48 ①

판매현황 테이블에서 부서를 그룹으로 판매액의 합계를 구하여 부서와 판매 합계를 검색하므로 영업부, 총무부, 개발부 3개가 검색됨

오답 피하기

② Select 부서, AVG(판매액) AS 판매평균
   From 판매현황 Group By 성별;
   → 성별로 그룹을 만드므로 남, 여 레코드가 검색됨
③ Select 부서, COUNT(부서) AS 사원수
   From 판매현황 Group By 부서
   Having COUNT(부서)〉 2;
   → 부서별로 그룹을 만드나 사원수가 2보다 커야하므로 개발부만 검색됨
④ Select 부서, COUNT(판매액) AS 사원수
   From 판매현황 Where 판매액 〉=1000000
   Group By 부서;
   → 부서별로 그룹을 만드나 판매액이 1,000,000 이상이므로 영업부와 개발 부만 검색됨

49 ③

오답 피하기

• 기본 보기 : 폼 보기의 기본 보기 형식을 설정함
• 캡션 : 폼 보기의 제목 표시줄에 나타나는 텍스트를 설정함
• 레코드 잠금 : 동시에 같은 레코드를 편집하려고 할 때 레코드 잠그는 방법 을 설정함

50 ①

• select * from 동아리회원 where 학과명 = [학과를 입력하시오]
• SELECT 열 FROM 테이블 명 WHERE 조건
• 조건의 학과명 = [학과를 입력하시오]를 통해 학과명을 입력받음

51 ③

오답 피하기

• 보고서 머리글 : 보고서의 첫 페이지에 한 번만 표시됨(페이지 머리글 위에 표시됨)
• 구역 선택기 : 각 구역을 선택하거나 구역의 속성을 지정할 때 사용함
• 페이지 머리글 : 보고서의 모든 페이지 상단에 표시됨

52 ③

연결된 테이블을 삭제하는 경우 원본에 해당하는 테이블은 함께 삭제되지 않음

53 ③

참조 무결성 : 관련 테이블의 레코드 간 관계가 유효하고 사용자가 관련 데이 터를 실수로 삭제 또는 변경하지 않았는지 확인하기 위해 사용하는 규칙으 로 데이터의 정확성과 일관성이 보장됨

54 ③

매크로(Macro) : 여러 개의 명령문을 하나로 묶어서 일련의 절차를 미리 정 의하는 기능으로 [매크로 및 코드] 그룹에서 선택 가능함

오답 피하기

[폼] 그룹 : 폼, 폼 디자인, 새 폼, 폼 마법사, 탐색, 기타 폼(여러 항목, 데이터 시트, 폼 분할, 모달 대화 상자) 등

55 ②

=DCount("[학번]", "[학생]", "[점수]=60") : =DCount(인수, 도메인(테이블 명이나 쿼리명), 조건식)으로 특정 레코드의 집합(도메인)의 레코드 개수를 계 산함

56 ④

외래키(Foreign Key)가 다른 참조 테이블의 기본키(PK)일 때 그 속성키를 외 래키(FK)라고 하며 하나의 테이블에는 여러 개의 외래키가 존재할 수 있음

57 ③

mid 함수는 문자열의 시작 위치에서 지정된 수의 문자를 표시하므로 mid("영 동1단지", 3, 1)는 '영동1단지'의 3번째 문자(1)에서 문자 1개를 표시함 → 1

58 ①

인덱스(Index) : 색인으로 키 값을 기초로 하여 테이블에서 검색 및 정렬 속 도를 향상하는 기능

59 ④

하위 보고서에서 그룹화 및 정렬 기능을 설정할 수 있음

60 ④

컨트롤 원본 : 선택한 컨트롤에 표시할 테이블을 지정하거나 함수식 또는 쿼 리식을 작성해서 데이터를 불러올 수 있도록 해주는 항목으로 계산 컨트롤 을 작성할 때 반드시 필요함

01 ④	02 ③	03 ①	04 ②	05 ④
06 ②	07 ②	08 ③	09 ④	10 ①
11 ③	12 ②	13 ④	14 ④	15 ①
16 ②	17 ③	18 ①	19 ①	20 ③
21 ②	22 ②	23 ①	24 ①	25 ②
26 ④	27 ②	28 ①	29 ①	30 ②
31 ③	32 ②	33 ②	34 ①	35 ④
36 ③	37 ④	38 ④	39 ①	40 ②
41 ②	42 ②	43 ③	44 ①	45 ②
46 ①	47 ②	48 ④	49 ④	50 ②
51 ①	52 ④	53 ②	54 ①	55 ②
56 ②	57 ③	58 ③	59 ③	60 ②

1 과목 컴퓨터 일반

01 ④

시스템을 완전히 종료하고 다시 부팅하여도 하드디스크의 여유 공간 부족을 해결할 수 없음

02 ③

해상도는 모니터 등 출력 장치의 선명도를 나타내는 것으로, 픽셀 수에 따라 그 정밀도와 선명도가 결정되며 색상의 수가 증가하는 것이 아님

03 ①

직렬 ATA(Serial AT Attachment)는 한 개의 케이블에 하나의 하드디스크만을 연결하므로 마스터/슬레이브의 점퍼 설정을 할 필요가 없음

오답 피하기

직렬 ATA(Serial AT Attachment)는 에러 체크 기능(CRC), 냉각 효과, 핫 플러그(Hot Plug)의 기능이 있음

04 ②

디지털 워터마크(Digital Watermark) : 이미지(Image), 사운드(Sound), 영상, MP3, 텍스트(Text) 등의 디지털 컨텐츠에 사람이 식별할 수 없게 삽입해 놓은 비트 패턴 등을 의미

05 ④

부동 소수점 연산 방식은 아주 큰 수나 작은 수의 표현이 가능하지만, 고정 소수점보다 연산 속도는 느림

06 ②

오답 피하기

• 버스(Bus)형 : 하나의 회선 양 끝에 종단 장치가 필요하며, 컴퓨터의 증설이나 삭제가 용이한 방식
• 망(Mesh)형 : 네트워크 내의 모든 컴퓨터들을 통신 회선으로 직접 연결하는 방식
• 링(Ring)형 : 컴퓨터와 단말기들을 서로 이웃하는 것끼리만 연결한 형태로 LAN에서 가장 많이 사용하며 양방향 데이터 전송이 가능함

07 ②

WiBro : 언제, 어디서나, 이동 중에 높은 전송 속도로 무선 인터넷 접속이 가능한 서비스

08 ③

DHCP(Dynamic Host Configuration Protocol) : 동적 호스트 설정 통신 규약으로 IP 주소를 자동으로 할당해 줌

오답 피하기

• HTTP : 인터넷상에서 하이퍼텍스트를 주고받기 위한 프로토콜
• P2P : 인터넷상에서 개인끼리 파일을 공유하는 기술이나 행위로, 컴퓨터와 컴퓨터가 동등하게 연결되는 방식
• FTP : 파일 전송 프로토콜

09 ④

프로그램 카운터(Program Counter)는 제어 장치에 포함됨

10 ①

작업 표시줄은 현재 수행 중인 프로그램이나 앱이 표시됨

11 ③

JSP(Java Server Page) : Java의 장점을 그대로 수용, 자바 서블릿 코드로 변환되어 실행되며 UNIX, Linux, Windows 등의 여러 운영체제에서 실행 가능함

12 ②

• ReadyBoost를 사용하려면 사용 가능한 공간이 500MB 이상이고 높은 데이터 전송 속도를 갖춘 USB 플래시 드라이브 또는 메모리 카드가 필요함
• Windows가 SSD(반도체 드라이브)에 설치된 경우, ReadyBoost를 사용할 수 없음

오답 피하기

• Spooling : 저속의 입출력 장치를 중앙 처리 장치와 병행하여 작동시켜 컴퓨터 전체의 처리 효율을 높이는 기능
• Virtual Memory : 하드디스크의 일부를 주기억 장치처럼 사용하는 메모리 사용 기법
• Windows Defender : 스파이웨어, 바이러스, 맬웨어(악성 코드)를 검색하고 치료해주는 백신으로 실시간 보호 기능을 제공함

13 ④

ARP(Address Resolution Protocol, 주소 결정 규약) : 네트워크에 접속된 컴퓨터의 인터넷 주소(IP 주소)와 이더넷 주소를 대응시키는 프로토콜로 IP 주소를 물리 주소로 변환시킴

오답 피하기

• UDP(User Datagram Protocol, 사용자 데이터그램 프로토콜) : IP를 사용하는 네트워크상에서 데이터 그램(데이터 전송 단위) 전송을 위한 프로토콜
• TCP : 메시지를 송수신의 주소와 정보로 묶어 패킷 단위로 나눔. 전송 데이터의 흐름을 제어하고 데이터의 에러 유무를 검사
• IP : 패킷 주소를 해석하고 경로를 결정하여 다음 호스트로 전송

14 ④

SSD는 하드디스크를 대체할 무소음, 저전력, 소형화, 경량화, 고효율의 속도를 지원하는 차세대 보조 기억 장치이나 HDD에 비해 저장 용량당 가격이 저렴하지 않음

15 ①

압축 파일을 재압축해도 파일의 크기가 계속 줄어드는 것은 아님

16 ②

- RAID(Redundant Array of Inexpensive Disk) : 저가의 여러 하드디스크를 이용하는 방식으로 전송 속도 및 안정성 향상과 데이터 복구의 편리성을 제공함
- 여러 드라이브의 집합을 하나의 저장장치처럼 사용하는 방식으로, 한 개의 대용량 디스크를 여러 개의 디스크처럼 나누어 관리하지는 않음

17 ③

테더링(Tethering) : 인터넷이 가능한 스마트기기의 통신 중계기 역할로 PC의 인터넷 접속을 가능하게 하고 모바일 데이터 연결을 공유함

[오답 피하기]

- 와이파이(WiFi) : 일정 영역의 공간에서 무선 인터넷의 사용이 가능한 근거리 무선 통신 기술
- 블루투스(Bluetooth) : 무선 기기 간 정보 전송을 목적으로 하는 근거리 무선 접속 프로토콜로 IEEE 802.15.1 규격을 사용하는 PANs(Personal Area Networks)의 산업 표준
- 와이브로(WiBro) : 무선과 광대역 인터넷이 통합된 것으로 휴대용 단말기로 정지 및 이동 중에 인터넷에 접속이 가능함

18 ①

taskmgr : [작업 관리자]를 실행하는 명령으로 [작업 관리자]의 [시작 프로그램] 탭에서 프로그램을 자동으로 실행되지 않게 설정할 수 있음

[오답 피하기]

- regedit : 레지스트리 편집기
- winver : Windows 버전 정보
- hdwwiz : 하드웨어 추가 마법사

19 ①

펌웨어(Firmware) : 마이크로 프로그램의 집단으로 소프트웨어의 특성을 지니고 있으나, ROM에 고정되어 있기 때문에 하드웨어의 특성도 지니고 있음. 소프트웨어를 하드웨어화 시킨 것으로서 소프트웨어와 하드웨어의 중간자라고 부름

20 ③

선택된 파일이나 폴더의 이름을 마우스를 이용하여 변경할 때는 이름 부분을 천천히 두 번 클릭하여 변경함. 바로 가기 메뉴의 [이름 바꾸기]를 선택하거나 [F2]를 눌러 이름을 변경할 수도 있음

---

2 과목 | 스프레드시트 일반

---

21 ②

- 셀의 빈 열 폭 만큼 원하는 문자를 넣을 때 *을 이용하여 * 다음에 원하는 문자를 위치시킴
- 123에 *0#,##0 서식을 설정한 경우 결과는 * 다음의 0이 반복되므로 00000 1230이 됨

22 ②

- 프로시저명 인수1, 인수2, 인수3 → TEST 200, 500, "이순신"
- CALL 프로시저명(인수1, 인수2, 인수3) → CALL TEST(200, 500, "이순신")

23 ①

텍스트 창에 수식을 입력하는 경우 SmartArt에 결과 값이 계산되어 표시되지 않고 수식 그대로 표시됨

24 ①

Range("A1", "C5").Value = 8963 : [A1:C5] 범위(Range)에 지정 셀의 값(Value) 8963을 입력함

▲	A	B	C
1	8963	8963	8963
2	8963	8963	8963
3	8963	8963	8963
4	8963	8963	8963
5	8963	8963	8963

25 ②

자동으로 Excel 2021 형식으로 저장되지 않으므로 [다른 이름으로 저장]을 이용하여 파일 형식을 Excel 통합 문서(*.xlsx)로 지정하여 저장해야 함

26 ④

- =수학+A5는 #VALUE! 오류가 발생됨
- =SUM(수학, A5)처럼 수식을 작성한 경우 합계가 구해짐

27 ②

MDETERM 함수는 배열의 행렬식을 구함

[오답 피하기]

배열로 저장된 행렬에 대한 역행렬을 산출하는 함수는 MINVERSE임

28 ①

- = IF(조건,참,거짓), LEFT : 왼쪽에서 텍스트 추출, RIGHT : 오른쪽에서 텍스트 추출
- =IF(LEFT(A2,1)="A",50,IF(LEFT(A2,1)="B",40,30)) : [A2] 셀의 텍스트 데이터 "A101"의 왼쪽에서 1자리를 추출하여 "A"와 같으면 50, "B"이면 40, 아니면 30을 결과로 나타냄

29 ①

#NULL! : 교점 연산자(공백)를 사용했을 때 교차 지점을 찾지 못한 경우

30 ②

바로 가기 키 조합 문자는 영문만 가능함

31 ③

부분합 : 워크시트에 있는 데이터를 일정한 기준으로 요약하여 통계 처리를 수행하고 기준이 될 필드(열)로 먼저 정렬(오름차순 또는 내림차순)해야 함

32 ③

문자 필드일 경우에는 [그룹화] 대화 상자에서 그룹 이름을 반드시 지정해 주지 않아도 되고 나중에 지정할 수도 있음

33 ④

- For i = 5 to 10 ~ Next : i 변수가 5부터 10까지 1씩 증가하면서 반복함
- if Cells(i,1).Value<=50 Then Cells(i,1).Font.Italic=True : if 조건 then 참
- Cells(i,1).Value<=50 : Cells(5,1), Cells(6,1), Cells(7,1), Cells(8,1), Cells(9,1), Cells(10,1), 즉 [A5 : A10] 영역의 값이 50과 비교해서 이하일 경우
- Cells(i,1).Font.Italic=True : 각 셀의 글꼴을 '이탤릭체'로 표시

34 ①

꺾은선형 차트에서 3차원 효과의 꺾은선형을 만들 수 있음

35 ④

Ctrl + Shift + ; 을 누르면 시간이 입력됨

오답 피하기

Ctrl + ; 을 누르면 오늘 날짜가 입력됨

36 ③

- Range.ClearFormats 메서드 : 개체의 서식을 지움
- 구문 : expression.ClearFormats → expression : Range 개체를 나타내는 변수
- 예제 : Sheet1에 있는 셀 범위 [A1:C3]에 적용된 모든 서식을 지우는 예제 → Worksheets("Sheet1").Range("A1:C3").ClearFormats

37 ④

{=COUNT(IF(B2:B9="영업1부",1,0))} : IF 함수에 의해 "영업1부"이면 1, 아니면 0이 산출되며 COUNT 함수에 의해 숫자의 개수를 모두 카운트하므로 그 결과가 8이 됨

오답 피하기

- =COUNTIF(B2:B9, "영업1부") : COUNTIF 함수에 의해 조건인 "영업1부"만 계산하므로 그 결과는 4가 됨
- {=SUM((B2:B9="영업1부")*1)} : 범위에서 "영업1부"인 경우 1이므로 곱(*)하기 1을 하여 1의 개수를 합하므로 그 결과는 4가 됨
- {=SUM(IF(B2:B9="영업1부",1))} : IF 함수에 의해 "영업1부"인 경우 1을 주어, 그 합을 구하므로 그 결과는 4가 됨

38 ④

통합 문서 계산에서 "수동"인 경우 F9 를 누르면 재계산(지금 계산)이 실행됨

오답 피하기

- F1 : 도움말
- F2 : 수정
- F4 : 참조 변환

39 ①

- PMT(PayMenT) 함수 : 정기적으로 지불하고 일정한 이자율이 적용되는 대출에 대해 매회 지급액을 구하는 함수
- PMT(이자율%/12, 기간(년*12), 현재 가치(대출금), 미래 가치, 납입 시점)
- 이자율%/12 : 5.5%/12
- 기간(년*12) : 2*12
- 현재 가치(대출금) : 10,000,000(불입액을 양수로 나오게 하기 위해 −10000000으로 입력함)
- 미래가치(최종 불입한 후 잔액) : 생략하면 0
- 납입 시점 : 매월 말은 0 또는 생략, 1은 기초

40 ②

오답 피하기

- 분산형(XY 차트) : 데이터의 불규칙한 간격이나 묶음을 보여주는 것으로, 데이터 요소 간의 차이점보다는 큰 데이터 집합 간의 유사점을 표시하려는 경우에 사용함
- 주식형 차트 : 주식 가격, 온도 변화와 같은 과학 데이터를 나타내는 데 사용하며 3차원 차트로 작성할 수 없음
- 영역형 차트 : 일정한 시간에 따라 데이터의 변화 추세(데이터 세트의 차이점을 강조)를 표시, 데이터 계열 값의 합계를 표시하여 전체 값에 대한 각 값의 관계를 표시함

---

3 과목 　**데이터베이스 일반**

41 ②

GROUP BY문을 사용할 때에는 HAVING절을 사용하여 조건을 지정함

42 ②

매개 변수 쿼리 : 실행할 때 검색 조건의 일정한 값(매개 변수)을 입력하여 원하는 정보를 추출함

오답 피하기

- 크로스탭 쿼리 : 테이블이나 쿼리의 필드별 합계, 개수, 평균 등의 요약을 계산함
- 통합 쿼리 : 2개 이상의 테이블이나 쿼리에서 대응되는 필드들을 결합하여 하나의 필드로 만들어 주는 쿼리
- 실행 쿼리 : 여러 레코드의 변경과 이동을 일괄적으로 실행함

43 ③

[페이지] 탭 : 용지 방향(세로, 가로), 용지 크기 및 원본, 기본 프린터 및 프린터 선택을 설정

44 ①

오답 피하기

- 긴 텍스트 : 최대 63,999자, 참고나 설명과 같이 긴 텍스트 또는 텍스트와 숫자의 조합
- 짧은 텍스트 : 최대 255자, 텍스트 또는 텍스트와 숫자의 조합뿐만 아니라 전화번호와 같이 계산이 필요하지 않은 숫자
- Yes/No : 1비트
- 날짜 : 8바이트

45 ②

'폼 표시' 옵션은 '현재 데이터베이스'에서 설정함

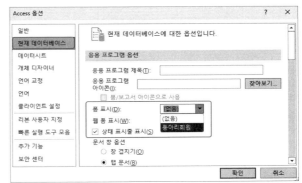

46 ①

- 형식 : SELECT 열 리스트 FROM 테이블명 WHERE 조건;
- COUNT(Full_name) : Full_name 필드의 이름 중 조건에 맞는 이름을 카운트함
- Like "*" & "오" : "오"로 끝나는 이름
- SELECT COUNT(Full_name) FROM PERSON WHERE Full_name Like "*" & "오";
- → PERSON 테이블에서 Full_name 필드의 이름 중에 "오"로 끝나는 이름을 카운트함
- → 조건에 맞는 "김종오"만 카운트되어 결과는 1이 됨

오답 피하기

Like "오" & "*" : "오"로 시작하는 이름 → 오연서, 오연수, 오연서, 오연수

47 ②

데이터 조작어 : SELECT(검색), INSERT(삽입), UPDATE(갱신), DELETE(삭제)

48 ④

- [디자인 보기]에서 '업데이트'는 UPDATE ∼ SET, '조건'은 WHERE, '또는'은 OR임
- UPDATE(갱신문) : 테이블에 저장되어 있는 데이터를 갱신함
- 형식 : UPDATE 테이블명 SET 필드이름1=값1, 필드이름2=값2,… WHERE 조건;
- UPDATE 채용 SET 모집인원 = 2000 WHERE 지역="서울" OR 모집인원>1000;

49 ④

요구 조건 분석 단계 : 데이터베이스 설계의 첫 단계로 데이터베이스 사용자의 요구 사항 및 조건 등을 조사하여 요구 사항을 분석하는 단계로 요구 명세서가 산출됨

오답 피하기

요구 조건 분석 단계 → 개념적 설계 단계 → 논리적 설계 단계 → 물리적 설계 단계 → 구현

50 ②

외래키(Foreign Key)

- 외래키(FK)가 다른 참조 테이블(릴레이션)의 기본키(PK)일 때 그 속성키를 외래키라고 함
- 하나의 테이블에는 여러 개의 외래키가 존재할 수 있음

오답 피하기

- 후보키(Candidate Key) : 한 테이블에서 유일성과 최소성을 만족하는 키 (예 사원번호, 주민등록번호)
- 슈퍼키(Super Key) : 유일성은 만족하나 최소성은 만족하지 않는 키
- 대체키(Alternate Key) : 후보키 중 기본키로 선택되지 않는 나머지 키

51 ①

열 형식 : 한 레코드를 한 화면에 표시하며, 각 필드가 필드명과 함께 다른 줄에 표시되며, 일반적으로 가장 많이 사용됨

52 ④

레이블 컨트롤과 이미지 컨트롤은 탭 순서에서 제외되며, 탭 정지 속성이 지원되지 않음

53 ②

VBA 코드	의미
Dim i As Integer	i를 정수화(Integer) 변수(As)로 선언(Dim)함
Dim Num As Integer	Num을 정수화(Integer) 변수(As)로 선언(Dim)함
For i = 0 To 7 Step 2	For문에 의해 i 값을 0부터 7까지 2씩 증가(0, 2, 4, 6)하면서 반복함
Num = Num+i	Num(0)=Num(0)+i(0), Num(2)=Num(0)+i(2), Num(6)=Num(2)+i(4), Num(12)=Num(6)+i(6) → 마지막 Num에는 0+2+4+6의 결과 12가 저장됨
Next i	For문의 마지막을 의미함
MsgBox Str(Num)	Num 변수의 값을 문자열(Str) 형식으로 변환하여 표시(MsgBox)함

54 ①

오답 피하기

- 텍스트 상자 : 레코드 원본 데이터에 연결된 바운드 텍스트 상자, 바운드되지 않아 데이터는 저장되지 않는 언바운드 텍스트 상자, 계산 텍스트 상자로 작성할 수 있음
- 명령 단추 : 단순히 클릭하기만 하면 매크로 함수를 수행하는 방법을 제공함
- 옵션 그룹 : 틀, 옵션 단추, 확인란, 토글 단추 등으로 구성됨

55 ②

하위 폼이 '일대다' 관계가 설정되어 있을 때 기본 폼은 '일'쪽의 테이블을 원본으로 하고, 하위 폼은 '다'쪽의 테이블을 원본으로 함

56 ②

릴레이션의 특징

튜플의 유일성	한 릴레이션에 포함된 튜플들은 모두 다름
튜플의 무순서	한 릴레이션에 포함된 튜플 사이에는 순서가 없음
속성의 무순서	한 릴레이션을 구성하는 속성(Attribute) 사이에는 그 순서가 없음
속성의 원자 값	모든 속성(Attribute) 값은 원자 값(Atomic Value)임

57 ③

참조 무결성

- 참조하고 참조되는 테이블 간의 참조 관계에 아무런 문제가 없는 상태를 의미함
- 외래키 값은 널(NULL)이거나 참조 테이블에 있는 기본키 값과 동일해야 함
- ③ : <구매리스트> 테이블의 '고객번호' 필드는 외래키로 필드 값이 <고객> 테이블의 '고객번호' 필드에 없는 경우 참조 무결성이 항상 유지되도록 설정할 수 없음

58 ③

하나의 매크로에는 여러 개의 매크로 함수를 지정할 수 있음

59 ③

- 〉: 모든 문자를 대문자로 변환함
- L : 필수 요소로, A부터 Z까지의 영문자나 한글을 입력함
- 0 : 필수 요소로, 0∼9까지의 숫자를 입력함, 덧셈 기호(+)와 뺄셈 기호(−)는 사용할 수 없음
- ? : 선택 요소로, A부터 Z까지의 영문자나 한글을 입력함

입력 마스크	〉	L	0	L		L	?	0
입력 값 ③	대문자로 변환	H	3	H		가	H	3

오답 피하기

- ① a9b M : 〉(대문자로 변환), 맨 뒤 0(필수 요소, 숫자)을 만족하지 않음
- ② M3F A07 : 입력 값 숫자 0이 ?(영문자나 한글)를 만족하지 않음
- ④ 9Z3 3?H : 입력 값이 L(영문자, 한글), 0(숫자), ?(영문자, 한글)를 만족하지 않음

60 ②

모듈(Module) : 한 단위로 저장된 프로시저, 구문, VBA 선언의 집합으로 액세스에는 기본 모듈과 클래스 모듈, 폼 모듈, 보고서 모듈이 있음

오답 피하기
- 매크로 : 여러 개의 명령문을 하나로 묶어서 일련의 절차를 미리 정의하는 기능
- 이벤트 : 마우스 클릭이나 키 누름과 같이 객체에 의해 인식되는 동작
- 폼 : 테이블이나 쿼리 데이터의 입력, 수정 및 편집 작업을 편리하고 쉽게 할 수 있도록 도와주는 개체

01 ②	02 ①	03 ②	04 ③	05 ①
06 ③	07 ④	08 ②	09 ②	10 ④
11 ②	12 ②	13 ④	14 ①	15 ③
16 ②	17 ②	18 ④	19 ②	20 ④
21 ③	22 ④	23 ④	24 ②	25 ③
26 ④	27 ④	28 ③	29 ④	30 ①
31 ②	32 ②	33 ①	34 ③	35 ④
36 ②	37 ③	38 ③	39 ④	40 ①
41 ④	42 ③	43 ②	44 ①	45 ③
46 ④	47 ④	48 ②	49 ④	50 ②
51 ④	52 ②	53 ②	54 ③	55 ②
56 ①	57 ①	58 ③	59 ②	60 ②

1과목 컴퓨터 일반

01 ②

오답 피하기
- 명령 레지스터(Instruction Register) : 현재 수행 중인 명령어의 내용을 기억하는 레지스터
- 부호기(Encoder) : 명령 레지스터에 있는 명령어를 암호화하는 회로
- 명령 해독기(Instruction Decoder) : 명령 레지스터에 있는 명령어를 해독하는 회로

02 ①

- 멀티프로세싱(Multiprocessing) : 하나의 컴퓨터에 여러 개의 CPU를 설치하여 프로그램을 처리하는 방식
- 멀티프로그래밍(Multiprogramming) : 1대의 CPU로 여러 개의 프로그램을 동시에 처리하는 것으로 시간별로 대기하여 처리하는 시분할 방식
- 가상 기억 장치(Virtual Memory) : 보조 기억 장치를 주기억 장치로 사용하는 기술로 페이지 테이블을 이용하여 처리함
- 파일 압축(File Compression) : 파일을 압축하는 프로그램은 유틸리티 프로그램
- 응답 시간(Response Time) : 명령을 내린 후 처리할 때 걸리는 시간으로 시스템의 성능을 측정할 때 사용함

03 ②

색인(Index) : 파일 검색 시 속도를 향상시키는 기능

04 ③

SSD(Solid State Drive) : 반도체를 이용하여 정보를 저장하는 장치이며 기존의 하드디스크 드라이브에 비하여 속도가 빠르고 기계적 지연이나 실패율, 발열이나 소음도 적어, 소형화 · 경량화할 수 있는 장점이 있는 저장 장치

오답 피하기

- HDD(Hard Disk Drive) : 디스크 표면을 전자기적으로 변화시켜 대량의 데이터를 저장하고 비교적 빠르게 접근할 수 있는 보조 기억 매체로, 일련의 '디스크'들이 레코드판처럼 겹쳐 있음
- DVD(Digital Versatile Disk) : 광디스크의 일종으로 기존의 다른 매체와는 달리 4.7GB의 기본 용량(최대 17GB)을 가짐
- CD–RW(Compact Disc Rewritable) : 여러 번에 걸쳐 기록과 삭제를 할 수 있는 CD

05 ①

바이오스(BIOS : Basic Input Output System)

- 전원을 켜면 제일 먼저 컴퓨터 제어를 맡아 기본적인 기능을 처리하는 프로그램으로, 롬 바이오스(ROM BIOS)라고도 함
- 컴퓨터의 기본 입출력 시스템이며 부팅(Booting)과 운영에 대한 기본적인 정보가 들어 있음
- BIOS는 EPROM이나 플래시 메모리 등에 저장되어 있음

06 ③

스풀 기능을 설정하면 인쇄 속도가 스풀 설정 이전보다 느려짐

07 ④

비트맵(Bitmap) 방식

- 이미지를 점(Pixel, 화소)의 집합으로 표현하는 방식(래스터(Raster) 이미지라고도 함)
- 고해상도를 표현하는 데 적합하지만 파일 크기가 커지고, 이미지를 확대하면 테두리가 거칠어지는 계단 현상이 발생함
- 이미지를 확대해도 거칠어지지 않는 방식은 벡터(Vecter) 방식임

08 ②

문자를 표현하는 최소 기본 단위는 바이트임

오답 피하기

워드는 컴퓨터 내부의 명령 처리 단위로 한 번에 처리할 수 있는 데이터의 양을 가리킴

09 ②

오답 피하기

① : 데모 버전, ③ : 베타 버전, ④ : 패치 프로그램

10 ④

① : 가로막기, ② : 가로채기, ③ : 수정에 대한 설명임

11 ②

리스트 처리용 언어 및 인공지능 분야에서 널리 사용되고 있는 것은 LISP, SNOBOL 등이 있음

12 ②

WiBro : 언제, 어디서나, 이동 중에 초고속 인터넷을 이용할 수 있는 무선 휴대 인터넷 서비스

13 ④

아날로그 컴퓨터의 주요 구성 회로는 증폭 회로이며 연속적인 물리량(전류, 온도, 속도 등)을 데이터로 사용함

14 ①

IPv6의 경우 128비트를 16비트씩 8개의 영역으로 구성되어 있으며, 각 부분은 콜론(:)으로 구분함

오답 피하기

IPv4 : 32비트를 8비트씩 4부분으로 나누어 각 부분을 점(.)으로 구분

15 ③

증강현실(Augmented Reality) : 사람이 눈으로 볼 수 있는 실세계와 관련된 3차원의 부가 정보를 받을 수 있는 기술

오답 피하기

- 가상 장치 인터페이스(Virtual Device Interface) : 가상의 장치와 상호 연결의 인터페이스 기능을 지원함
- 가상 현실 모델 언어(Virtual Reality Modelling Language) : 웹상에서 3차원 가상 현실을 구현하기 위한 모델링 언어
- 주문형 비디오(Video On Demand) : 가입자의 주문에 의해 서비스되는 맞춤 영상 정보 서비스

16 ②

전송 계층(Transport Layer) : 4계층

- 종단 간 투명하고 신뢰성 있는 데이터의 전송을 제공함
- 상하위 계층 간의 중간 인터페이스 역할을 제공함
- 데이터 전송에 대한 오류 검출, 오류 복구, 흐름 제어 등의 기능을 수행함

17 ②

ASCII 코드 : Zone은 3비트, Digit는 4비트로 구성, 7비트로 128가지의 표현이 가능, 일반 PC용 컴퓨터 및 데이터 통신용 코드

오답 피하기

- BCD 코드 : Zone은 2비트, Digit는 4비트로 구성, 6비트로 64가지의 문자 표현이 가능
- EBCDIC 코드 : Zone은 4비트, Digit는 4비트로 구성, 8비트로 256가지의 표현이 가능
- UNI 코드 : 세계 각국의 다양한 현대 언어로 작성된 텍스를 상호 교환, 처리, 표현하기 위한 코드로 16비트(2바이트) 체계로 이루어져 있음

18 ④

ARP(Address Resolution Protocol : 주소 결정 규약) : 네트워크에 접속된 컴퓨터의 인터넷 주소(IP 주소)와 이더넷 주소를 대응시키는 프로토콜로 IP 주소를 물리 주소로 변환시킴

오답 피하기

- UDP(User Datagram Protocol, 사용자 데이터그램 프로토콜) : IP를 사용하는 네트워크상에서 데이터 그램(데이터 전송 단위) 전송을 위한 프로토콜
- TCP : 메시지를 송수신의 주소와 정보로 묶어 패킷 단위로 나눔, 전송 데이터의 흐름을 제어하고 데이터의 에러 유무를 검사
- IP : 패킷 주소를 해석하고 경로를 결정하여 다음 호스트로 전송

19 ②

스풀(SPOOL) : 병행 처리 기법으로, 인쇄할 내용을 프린터로 바로 전송하지 않고 하드디스크와 같은 보조 기억 장치에 일시적으로 저장하였다가 CPU의 여유 시간을 이용하여 데이터를 프린터로 전송하여 인쇄하는 방식이며 네트워크 프린터를 기본 프린터로 설정하는 작업과는 무관함

20 ④

SRAM과 DRAM의 비교

구분	SRAM	DRAM
소비 전력	높음	낮음
속도	빠름	느림
가격	고가	저가
재충전 여부	불필요	필요

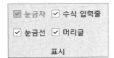

2 과목 스프레드시트 일반

21 ③

자동 크기 : [메모 서식]의 [맞춤] 탭에서 '자동 크기'를 설정함

22 ④

[보기] 탭의 [표시] 그룹에서는 눈금자, 수식 입력 줄, 눈금선, 머리글 등의 표시 설정만 지원됨

23 ④

[시트] 탭에서 '눈금선'과 '행/열 머리글'을 선택하고 인쇄하면 셀 구분선과 행/열 머리글이 인쇄됨

24 ③

- [페이지 설정]–[머리글/바닥글] 탭–[머리글 편집]에서 설정함
- &[페이지 번호] : 현재 페이지 번호를 자동으로 삽입함
- –&[페이지 번호] Page– 의 결과는 "–1 Page–"처럼 표시됨

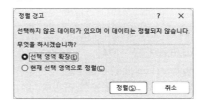

25 ③

- Worksheets.Add : 워크시트 추가
- 첫 번째 시트 뒤에 새로운 시트를 추가하는 경우이므로 After가 사용됨

26 ④

- D 함수의 형식 : =DMAX(데이터베이스, 필드, 조건 범위)
- =DMAX(A1:C6,2,E1:E2) : 조건 범위 [E1:E2]에 의해 체중이 70 이상()=70)인 경우에 해당하는 키(필드가 2이므로 2번째 열) 중 최대값(DMAX)이므로 180이 됨

27 ④

정렬 경고 대화 상자는 표 범위에서 하나의 열만 범위로 선택한 경우에 발생함

28 ③

배열 수식은 전체가 하나의 수식이 되기 때문에 전체 배열 수식을 이동하거나 삭제할 수는 있으나 배열 수식의 일부만을 이동하거나 삭제할 수는 없음

29 ④

셀 삭제의 바로 가기 키 : Ctrl + −

오답 피하기

Ctrl + + : 셀 삽입

30 ①

- FV 함수 : Future Value, 즉 미래 가치를 구하는 함수로 일정 금액을 정기적으로 불입하고 일정한 이율을 적용하는 투자의 미래 가치를 계산함
- =FV(연이율/12, 투자 기간(년)*12, 불입액, 현재 가치, 납입 시점 유형) → =FV(4.5%/12,2*12,–400000)
- 불입액은 만기 금액이 양수로 나오게 하기 위해 –400000로 하며 현재 가치는 0이므로 생략하고 납입 시점 유형도 매월 말은 0이므로 생략함

31 ②

창 정렬 : 여러 개의 통합 문서를 배열하여 비교하면서 작업할 수 있는 기능

오답 피하기

- 창 나누기 : 워크시트의 내용이 많아 하나의 화면으로는 모두 표시하기가 어려워 불편할 때 멀리 떨어져 있는 데이터를 한 화면에 표시할 수 있도록 분할하는 기능
- 틀 고정 : 데이터 양이 많은 경우, 특정한 범위의 열 또는 행을 고정시켜 셀 포인터의 이동과 상관없이 화면에 항상 표시할 수 있도록 하는 기능
- 페이지 나누기 : 워크시트를 인쇄할 수 있도록 페이지 단위로 나누어 구분하는 기능

32 ②

분산형 차트 : 데이터의 불규칙한 간격이나 묶음을 보여주는 것으로 주로 과학, 공학용 데이터 분석에 사용, 3차원 차트로 작성할 수 없음, 데이터 요소 간의 차이점보다는 데이터 집합 간의 유사점을 표시하려는 경우에 사용됨

오답 피하기
- 주식형 차트 : 주가 변동을 나타내는 데 사용(과학 데이터도 사용 가능)함
- 영역형 차트 : 시간의 흐름에 대한 변동의 크기를 강조하여 표시, 합계 값을 추세와 함께 분석할 때 사용함
- 방사형 차트 : 여러 열이나 행에 있는 데이터를 차트로 표시, 여러 데이터 계열의 집계 값을 비교함

33 ①

#NULL! : 교점 연산자(공백)를 사용했을 때 교차 지점을 찾지 못한 경우

34 ③

③ =SUM(LARGE(B3:D3, 2), SMALL(B3:D3, 2)) → 174
- LARGE(B3:D3, 2) → 87 (B3:D3 범위에서 2번째로 큰 수를 구함)
- SMALL(B3:D3, 2) → 87 (B3:D3 범위에서 2번째로 작은 수를 구함)
- SUM(87,87) → 174 (인수로 지정한 숫자의 합계를 구함)

오답 피하기

① =SUM(COUNTA(B2:D4), MAXA(B2:D4)) → 109
- COUNTA(B2:D4) → 9 (B2:D4 범위에서 공백이 아닌 인수의 개수를 구함)
- MAXA(B2:D4) → 100 (B2:D4 범위의 인수 중에서 최대값을 구함)
- SUM(9,100) → 109 (인수로 지정한 숫자의 합계를 구함)

② =AVERAGE(SMALL(C2:C4, 2), LARGE(C2:C4, 2)) → 87
- SMALL(C2:C4, 2) → 87 (C2:C4 범위에서 2번째로 작은 수를 구함)
- LARGE(C2:C4, 2) → 87 (C2:C4 범위에서 2번째로 큰 수를 구함)
- AVERAGE(87,87) → 87 (인수로 지정한 숫자의 평균을 구함)

④ =SUM(COUNTA(B2,D4), MINA(B2,D4)) → 85
- COUNTA(B2,D4) → 2 (B2와 D4, 2개의 인수 개수를 구함)
- MINA(B2,D4) → 83 (B2셀의 값 83, D4셀의 값 100에서 작은 값을 구함)
- SUM(2,83) → 85

35 ④

그룹 상태에서는 여러 개의 시트에 정렬 및 필터 기능을 수행할 수 없음

36 ②

데이터 표
- 워크시트에서 특정 데이터를 변화시켜 수식의 결과가 어떻게 변하는지 보여주는 셀 범위를 데이터 표라고 함
- 데이터 표 기능을 통해 입력된 셀 일부분만 수정하거나 삭제할 수 없음

37 ③

텍스트, 텍스트/숫자 조합은 셀에 입력하는 처음 몇 자가 해당 열의 기존 내용과 일치하면 자동으로 입력되지만 날짜, 시간 데이터는 자동으로 입력되지 않음

38 ③

외부 액세스 데이터베이스에서 만들어진 데이터도 호환할 수 있음

39 ④

매크로가 적용되는 셀의 바로 가기 메뉴에 나타나지 않음

40 ①

계열 겹치기 수치를 양수로 지정하면 데이터 계열 사이가 겹침

3과목 데이터베이스 일반

41 ④

개체(Entity)는 다른 것과 구분되는 개체로 단독으로 존재하는 실세계의 객체나 개념을 의미함

42 ③

오답 피하기
- 도메인(Domain) : 하나의 속성이 취할 수 있는 값의 집합
- 튜플(Tuple) : 테이블에서 행을 나타내는 말로 레코드와 같은 의미
- 차수(Degree) : 한 릴레이션(테이블)에서 속성(필드=열)의 개수

43 ②

외래키(FK, Foreign Key) : 한 테이블(릴레이션)에 속한 속성. 외래키(FK)가 다른 참조 테이블(릴레이션)의 기본키(PK)일 때 그 속성키를 외래키(Foreign Key)라고 함

오답 피하기
- 후보키(Candidate Key) : 후보키 중에서 선정되어 사용되는 키(❸ 사원번호 – 인사관리), 기본키는 널(Null)이 될 수 없으며 중복될 수 없음
- 슈퍼키(Super Key) : 한 릴레이션에서 어떠한 열도 후보키가 없을 때 두 개 이상의 열을 복합(연결)할 경우 유일성을 만족하여 후보키가 되는 키를 의미
- 대체키(Alternate Key) : 후보키 중 기본키로 선택되지 않는 나머지 키(❸ 사원번호가 기본키일 때 주민등록번호)

44 ①

개체 타입 : 사각형

오답 피하기
- 타원 : 속성
- 마름모 : 관계 타입
- 선 : 링크

45 ③

식 =[Page] & " 중 " & [Page] → 결과 2중 2

46 ④

우외부 조인(Right Join) : 오른쪽 테이블을 우선해서 오른쪽의 테이블에 관해 모든 행을 결과로 남기는 조인이므로 [사원정보] 테이블에서는 모든 레코드가 포함하여 결과를 표시되며, [부서정보] 테이블의 레코드는 [사원정보] 테이블의 부서번호와 일치되는 것만 포함됨

47 ④

- DSUM : 특정 필드 값의 합계를 구할 때 사용하는 함수
- =DSUM("구할 필드", "테이블명", "조건")이므로
  → =DSUM("[급여]", "[사원]", "[직급]='과장'")

48 ②

바운드 컨트롤 : 테이블이나 쿼리의 필드를 데이터 원본으로 사용하는 컨트롤로 데이터베이스에 있는 필드의 값(짧은 텍스트, 날짜, 숫자, Yes/No 등)을 표시할 수 있음

오답 피하기

- ① 언바운드 컨트롤 : 데이터 원본(예 필드 또는 식)이 없는 컨트롤로 정보, 그림, 선 또는 직사각형을 표시할 때 사용함
- ③ 계산 컨트롤 : 필드 대신 식을 데이터 원본으로 사용하는 컨트롤로 '식'을 정의하여 컨트롤의 데이터 원본으로 사용할 값을 지정함
- ④ 레이블 컨트롤 : 제목이나 캡션 등의 설명 텍스트를 표시할 때 사용하는 컨트롤로 필드나 식의 값을 표시할 수 없음

49 ④

데이터시트 보기에서 「잘라내기」와 「붙여넣기」를 이용하여 필드를 이동시킬 수 없음

50 ②

매개 변수 쿼리 : 실행할 때 검색 조건의 일정한 값(매개 변수)을 입력하여 원하는 정보를 추출함

오답 피하기

- ① 크로스탭 쿼리 : 테이블이나 쿼리의 필드별 합계, 개수, 평균 등의 요약을 계산함
- ③ 통합 쿼리 : 2개 이상의 테이블이나 쿼리에서 대응되는 필드들을 결합하여 하나의 필드로 만들어 주는 쿼리
- ④ 실행 쿼리 : 여러 레코드의 변경과 이동을 일괄적으로 실행함

51 ④

- L : 필수 요소로, A부터 Z까지의 영문자나 한글 입력
- & : 필수 요소로 모든 문자나 공백을 입력
- A : 필수 요소로 영문자나 한글, 숫자를 입력

52 ②

폼 분할 : 위쪽 구역에 데이터시트를 표시하는 분할 폼을 만들고 아래쪽 구역에 데이터시트에서 선택한 레코드에 대한 정보를 입력하는 폼을 만듦

오답 피하기

- ① 폼 : 한 번에 한 개의 레코드에 대한 정보를 입력할 수 있는 폼을 만듦
- ③ 여러 항목 : 여러 개의 레코드가 표시되는 폼을 만듦
- ④ 폼 디자인 : 디자인 보기에서 새 양식을 만듦

53 ②

- 한 줄에 두 개 이상의 명령문을 입력하는 경우 명령어의 끝에는 콜론(:)을 찍어 구분함
- 예 For i = 1 To 10: sum = sum + i: Next: MsgBox sum

54 ③

사진과 같은 이미지 파일은 첨부 파일 형식을 이용함

55 ②

- 표시는 확인란에 성명과 부서명만 선택되어 있으므로 직원들의 성명과 부서명을 표시함(입사년도는 선택되어 있지 않으므로 표시되지 않음)
- 조건은 부서명이 인사팀이고 2024년 전에 입사한 경우임

56 ①

보고서 바닥글 영역에는 보고서 총계나 안내 문구 등의 항목을 삽입하며 보고서의 맨 마지막 페이지에 한 번만 표시됨

오답 피하기

보고서 머리글 : 로고, 보고서 제목, 날짜 등을 삽입하며 보고서의 첫 페이지 상단에 한 번만 표시됨

57 ①

일대일 관계 성립 조건 : 양쪽 테이블의 연결 필드가 모두 중복 불가능의 기본키나 인덱스가 지정되어 있어야 함

58 ③

참조 무결성 : 관련 테이블의 레코드 간 관계가 유효하고 사용자가 관련 데이터를 실수로 삭제 또는 변경하지 않았는지 확인하기 위해 사용하는 규칙으로 데이터의 정확성과 일관성이 보장됨

59 ②

- 갱신문 : 테이블에 저장된 데이터를 갱신하며, UPDATE-SET-WHERE의 유형을 가짐
- 형식

```
UPDATE 테이블명
SET 필드이름1= 값1, 필드이름2=값2, …
WHERE 조건
```

오답 피하기

- 삽입문 : 테이블에 새로운 데이터(행)를 삽입하며, INSERT-INTO-VALUES의 유형을 가짐
- 삭제문 : 테이블에 저장된 행을 삭제하며, DELETE-FROM-WHERE의 유형을 가짐

60 ②

데이터베이스관리자(DBA) : 데이터베이스를 관리하는 책임자, 전체 시스템에 대한 권한을 행사하는 사람

오답 피하기

- ① 데이터 정의어(DDL; Data Definition Language) : 데이터베이스 구조와 관계, 데이터베이스 이름 정의, 데이터 항목, 키값의 고정, 데이터의 형과 한계 규정
- ③ 데이터 조작어(DML; Data Manipulation Language) : 주 프로그램에 내장하여 데이터베이스를 실질적으로 운영 및 조작, 데이터의 삽입, 삭제, 검색, 변경 연산 등의 처리를 위한 연산 집합
- ④ 데이터 제어어(DCL; Data Control Language) : 데이터베이스를 공용하기 위하여 데이터 제어를 정의 및 기술, 데이터 보안, 무결성, 회복, 병행 수행 등을 제어

01 ③	02 ③	03 ④	04 ①	05 ①
06 ①	07 ①	08 ③	09 ②	10 ③
11 ②	12 ④	13 ①	14 ④	15 ①
16 ③	17 ④	18 ③	19 ④	20 ④
21 ③	22 ④	23 ①	24 ④	25 ②
26 ②	27 ②	28 ④	29 ③	30 ③
31 ②	32 ④	33 ③	34 ④	35 ④
36 ①	37 ④	38 ①	39 ①	40 ④
41 ④	42 ④	43 ②	44 ④	45 ③
46 ③	47 ③	48 ④	49 ③	50 ④
51 ②	52 ③	53 ①	54 ②	55 ②
56 ④	57 ④	58 ④	59 ①	60 ③

1 과목　컴퓨터 일반

01 ③

위치 기반 서비스(Location Based Service)
- 사용자의 휴대폰에 내장된 칩을 통해 이동 통신망이나 위성항법장치(GPS: Global Positioning System)로 위치 정보를 파악하여 위치와 관련된 정보를 서비스하는 기술
- 위치 추적이 가능하며 위치 정보에 따른 특정 지역의 기상 상태나 교통 및 생활 정보 등을 제공 받을 수 있는 위치 기반 서비스

오답 피하기
- 빅 데이터(Big Data) : 수치, 문자, 영상 등을 포함하는 디지털 데이터로 생성 주기가 짧고 규모가 방대한 데이터
- 사물 인터넷(IoT) : 인간 대 사물, 사물 대 사물 간에 인터넷으로 연결되어 정보의 소통이 가능한 기술
- 시멘틱 웹(Semantic Web) : 컴퓨터가 웹 페이지의 정보를 가공하고 처리하여 새로운 개인 맞춤형 정보를 생성하게 한 차세대 지능형 웹

02 ③

오답 피하기
- 연관 메모리(Associative Memory) : 저장된 내용 일부를 이용하여 기억 장치에 접근하여 데이터를 읽어오는 기억 장치
- 캐시 메모리(Cache Memory) : 휘발성 메모리로, 속도가 빠른 CPU와 상대적으로 속도가 느린 주기억 장치 사이에 있는 고속의 버퍼 메모리
- 플래시 메모리(Flash Memory) : EEPROM의 일종으로, PROM 플래시라고도 하며, 전기적으로 내용을 변경하거나 일괄 소거도 가능

03 ④

벡터 방식은 고해상도 표현에 적합하지 않으므로 비트맵 방식과 비교하여 기억 공간을 많이 차지하지 않음

04 ①

캐시 항목의 Enable 설정은 캐시 항목을 사용하기 위한 설정으로 메모리의 정상적 인식을 해결하는 대책이 아님

05 ①

오답 피하기
- C++ : 객체 지향 언어이며 문제를 객체로 모델링하여 표현, 추상화, 코드 재사용, 클래스, 상속 등이 가능함
- LISP : 리스트 처리용 언어이며, 인공 지능 분야에서 사용함
- SNOBOL : 문자열 처리를 위해 개발된 언어

06 ①

USB 메모리에 있는 파일을 삭제하면 휴지통으로 가지 않고 완전히 지워짐

오답 피하기
- ② : 지정된 휴지통의 용량을 초과하면 가장 오래전에 삭제된 파일부터 자동으로 지워짐
- ③ : 삭제할 파일을 선택하고 [Shift]+[Delete]를 누르면 해당 파일이 휴지통으로 이동하지 않고 완전히 삭제됨
- ④ : 휴지통의 크기는 사용자가 원하는 크기를 MB 단위로 지정할 수 있음

07 ①

①은 FTP(File Transfer Protocol)의 기능임

08 ③

오답 피하기
- 차단(Interruption) : 데이터의 전달을 가로막아 수신자 측으로 정보가 전달되는 것을 방해하는 행위
- 변조(Modification) : 원래의 데이터가 아닌 다른 내용으로 수정하여 변조시키는 행위
- 가로채기(Interception) : 전송되는 데이터를 가는 도중에 도청 및 몰래 보는 행위

09 ②

RSA 방식 : 공개키(비대칭키, 이중키) 암호화에서 사용

오답 피하기
비밀키(대칭키, 단일키) 암호화 방식 : 대표적인 방식은 DES가 있음

10 ③

DHCP(Dynamic Host Configuration Protocol) : 클라이언트가 동적 IP 주소를 할당받을 수 있게 해 주는 서버

오답 피하기
- POP3(Post Office Protocol) : 메일 서버에 도착한 E-mail을 사용자 컴퓨터로 가져올 수 있도록 메일 서버에서 제공하는 전자우편을 수신하기 위한 프로토콜
- FTP(File Transfer Protocol) : 파일 전송 프로토콜로, 파일을 전송하거나 받을 때 사용하는 서비스
- SMTP(Simple Mail Transfer Protocol) : 사용자의 컴퓨터에서 작성한 메일을 다른 사람의 계정이 있는 곳으로 전송해 주는 전자우편을 송신하기 위한 프로토콜

11 ②

분류	디지털 컴퓨터	아날로그 컴퓨터
구성 회로	논리 회로	증폭 회로
취급 데이터	셀 수 있는 데이터(숫자, 문자 등)	연속적인 물리량(전류, 속도, 온도 등)
사용 목적	범용성	특수성
프로그램	필요	불필요
주요 연산	사칙 연산	미적분 연산
연산 속도	느림	빠름
정밀도	필요한 한도까지	제한적(0.01%까지)

12 ④

채널(Channel) : CPU의 처리 효율을 높이고 데이터의 입출력을 빠르게 할 수 있게 만든 입출력 전용 처리기

오답 피하기

• 레지스터(Register) : CPU에서 명령이나 연산 결과 값을 일시적으로 저장하는 임시 기억 장소
• 인터럽트(Interrupt) : 프로그램 처리 중 특수한 상태가 발생, 처리를 중지하고 특수한 상태를 처리한 후 다시 정상적인 처리를 하는 것
• 콘솔(Console) : 대형 컴퓨터에서 컴퓨터와 오퍼레이터가 의사 전달을 할 수 있는 장치로 오퍼레이터는 콘솔을 통하여 프로그램과 주변 장치를 총괄함

13 ①

시퀀싱(Sequencing) : 오디오 파일이나 여러 연주, 악기 소리 등을 프로그램에 입력하여 녹음하는 방법으로 음의 수정이나 리듬 변형 등의 여러 편집 작업이 가능함

오답 피하기

② : MIDI 형식, ③ : WAVE 형식, ④ : FLAC(Free Lossless Audio Codec)

14 ④

듀플렉스 시스템(Duplex System) : 두 개의 CPU 중 한 CPU가 작업 중일 때 다른 하나는 예비로 대기하는 시스템

오답 피하기

• 다중 처리 시스템 : 두 개 이상의 CPU로 동시에 여러 개의 프로그램을 처리하는 기법
• 듀얼 시스템(Dual System) : 두 개의 CPU가 동시에 같은 업무를 처리하는 방식
• 분산 처리 시스템 : 지역별로 발생한 자료를 분산 처리하는 방식

15 ①

방화벽(Firewall) : 외부에서 내부 네트워크로 들어오는 패킷은 내용을 엄밀히 체크하여 인증된 패킷만 통과시키는 구조

오답 피하기

• 해킹(Hacking) : 컴퓨터 시스템에 불법적으로 접근, 침투하여 정보를 유출하거나 파괴하는 행위
• 펌웨어(Firmware) : 비휘발성 메모리인 ROM에 저장된 프로그램으로, 하드웨어의 교체 없이 소프트웨어의 업그레이드만으로 시스템의 성능을 높일 수 있음
• 데이터 디들링(Data Diddling) : 데이터를 위조하거나 변조하여 바꿔치기하거나 끼워 넣는 해킹 수법으로 주로 금융기관 등에서 사용되는 방식임

16 ③

• IPv4 주소 체계 : 32비트를 8비트씩 4부분으로 나누어 각 부분을 점(.)으로 구분
• IPv6 주소 체계 : 128비트를 16비트씩 8부분으로 나누어 각 부분을 콜론(:)으로 구분

17 ④

CSMA/CD(반송파 감지 다중 접근/충돌 검사) 방식 : LAN의 접근 방식으로 한 회선을 여러 사용자가 사용할 때 이용하는 방식

오답 피하기

전송 오류 검출 방식은 패리티 비트, 정마크 부호 방식, 해밍 코드, 블록합 검사, CRC 등이 있음

18 ③

• CISC(Complex Instruction Set Computer) : 많은 종류의 명령어와 주소 지정 모드가 지원되며, 명령어의 길이가 가변적이고 주소 지정 방식이 다양하여 레지스터의 수가 적음
• RISC(Reduced Instruction Set Computer) : 복잡한 연산을 수행하기 위해 명령어들이 반복, 조합되어야 하므로 레지스터의 수가 많음

19 ④

구분	컴파일러	인터프리터
번역 단위	프로그램 전체를 한 번에 번역	프로그램의 행 단위 번역
번역 속도	전체를 번역하므로 느림	행 단위 번역이므로 빠름
해당 언어	FORTRAN, COBOL, PL/1, PASCAL, C언어 등	BASIC, LISP, SNABOL, APL 등
목적 프로그램	생성함	생성하지 않음
실행 속도	목적 프로그램이 생성되므로 빠름	느림

20 ④

• SMTP(Simple Mail Transfer Protocol) : 사용자의 컴퓨터에서 작성한 메일을 다른 사람의 계정이 있는 곳으로 전송해 주는 전자우편을 송신하기 위한 프로토콜
• POP3(Post Office Protocol) : 메일 서버에 도착한 E-mail을 사용자 컴퓨터로 가져올 수 있도록 메일 서버에서 제공하는 전자우편을 수신하기 위한 프로토콜

오답 피하기

• SNMP(Simple Network Management Protocol) : 네트워크를 운영하기 위해 각종 기기를 관리하는 프로토콜이며 TCP/IP 프로토콜에 포함됨
• TCP(Transmission Control Protocol) : 메시지를 송수신의 주소와 정보로 묶어 패킷 단위로 나누고, 전송 데이터의 흐름을 제어하며 데이터의 에러 유무를 검사함

21 ③

[검색]에서 행 방향을 우선하여 찾을 것인지 열 방향을 우선하여 찾을 것인지를 지정할 수 있음

오답 피하기

[범위]에서는 찾을 범위를 '시트, 통합 문서' 중에서 선택할 수 있음

22 ④

그림과 같은 상태에서 W를 누르면 [보기] 탭으로 변경됨

23 ①

- =REPLACE("December",SEARCH("E","korea"),4,"") → Decr
- SEARCH("E","korea") : "korea"에서 "E"를 찾음(대소문자를 구분하지 않으므로 위치 결과는 4)
- =REPLACE("December",4,4,"") : "December"의 4번째에서 4개를 공백으로 교체하므로 결과는 Decr이 됨

오답 피하기

- =CHOOSE(MOD(-11,2),1,2,3) : MOD(-11,2)의 값이 1이므로 CHOOSE에 의해 첫 번째 값인 1이 선택됨 → 1
- =EOMONTH("2024-6-3",2) : 시작 날짜를 기준으로 2개월 후의 마지막 날을 반환 → 2024-8-31
- =FIXED(3.141592) : 수를 고정 소수점 형태의 텍스트로 바꾸며 소수점 이하 자릿수가 생략되었으므로 2로 간주함 → 3.14

24 ④

부분합 대화 상자에서 '그룹 사이에서 페이지 나누기'를 설정하면 그룹 사이에서 페이지를 나눌 수 있음

오답 피하기

- ① : 부분합은 [데이터] 탭-[개요] 그룹-[부분합]에서 실행할 수 있음
- ② : 부분합에서 그룹으로 사용할 데이터는 내림차순이든 오름차순이든 둘 중 하나로 정렬된 상태에서 실행할 수 있음
- ③ : 부분합에서 '데이터 아래에 요약 표시' 설정을 해제하면 데이터 위에도 요약을 표시할 수 있음

25 ②

목표값 찾기 : 수식의 결과 값(평균 점수가 85점)은 알고 있으나 그 결과 값을 얻기 위한 입력 값(영어 점수가 몇 점)을 모를 때 목표값 찾기 기능을 이용함

오답 피하기

- 부분합 : 워크시트에 있는 데이터를 일정한 기준으로 요약하여 통계 처리를 수행함
- 데이터 표 : 특정한 값이나 수식을 입력한 다음 이를 이용하여 표를 자동으로 만들어 주는 기능
- 피벗 테이블 : 엑셀의 레코드 목록, 외부 데이터, 다중 통합 범위, 다른 피벗 테이블을 바탕으로 한 새로운 형태의 통계 분석표를 작성함

26 ②

- =OFFSET(기준 셀 좌표, 이동할 행 수, 이동할 열 수, 행 수, 열 수) : 지정한 셀 위치에서 지정한 행과 열 수만큼 이동한 후 지정한 행과 열 수 영역의 셀을 반환함
- =OFFSET(D4,-2,-2,3,3) : [D4] 셀에서 위로 2행 이동하고 왼쪽으로 2열 이동한 위치인 [B2] 셀에서부터 가로로 3행, 세로로 3열을 이동한 범위까지의 영역을 반환함 → [B2:D2]

90	100	80
67	68	69
80	80	90

- =COUNT(B2:D2) : [B2:D2] 영역에서 빈 셀을 제외한 숫자의 개수를 구함 → 9

27 ②

- Ctrl + E : 빠른 채우기
- [데이터] 탭-[데이터 도구] 그룹-[빠른 채우기]를 이용하여 값을 자동으로 채움

오답 피하기

- Ctrl + Shift + L : 자동 필터
- Ctrl + F : 찾기
- Ctrl + T : 표 만들기

28 ④

ⓖ 최빈수와 ⓗ 중위수는 [상태 표시줄 사용자 지정]에서 선택할 수 없음

✓ 평균(A)	80.44444444
✓ 개수(C)	9
✓ 숫자 셀 수(T)	9
✓ 최소값(I)	67
✓ 최대값(X)	100
✓ 합계(S)	724

29 ③

원형 차트

- 전체에 대한 각 값의 기여도를 표시함
- 항목의 값들이 합계의 비율로 표시되므로 중요한 요소를 강조할 때 사용함
- 항상 한 개의 데이터 계열만을 가지고 있으므로 축이 없음

오답 피하기

- 세로 막대형 차트 : 열 또는 행으로 정렬된 데이터는 세로 막대형 차트로 그릴 수 있으며, 일반적으로 가로(항목) 축을 따라 항목이 표시되고 세로(값) 축을 따라 값이 표시됨
- 영역형 차트 : 시간에 따른 변화를 보여 주며 합계 값을 추세와 함께 살펴볼 때 사용함
- 방사형 차트 : 많은 데이터 계열의 합계 값을 비교할 때 사용하며, 각 항목마다 가운데 요소에서 뻗어나온 값 축을 갖고, 선은 같은 계열의 모든 값을 연결함(가로, 세로 축 없음)

30 ③

코드 보기, 시트 보호, 모든 시트 선택은 실행 가능함

31 ②

셀의 데이터를 삭제하면 윗주도 함께 사라짐

오답 피하기

- ① : 윗주의 서식은 내용 전체에 대해 서식을 변경할 수 있음
- ③ : 문자 데이터에만 윗주를 표시할 수 있음
- ④ : 윗주 필드 표시는 인쇄 미리 보기에서 표시되고 인쇄할 때도 같이 인쇄됨

32 ④

1부터 100까지 홀수의 평균을 구하기 위해서는 홀수의 합(sum)을 개수 (count)로 나누어야 되므로 ④는 sum/count처럼 입력해야 함

33 ③

오답 피하기

- ① : 차트의 종류는 도넛형 차트임
- ② : 계열1 요소인 1월의 첫째 조각의 각은 0°임
- ④ : 도넛 구멍의 크기는 30%가 설정된 상태임

34 ④

[모두 선택] 단추 ◢를 클릭하면 워크시트 전체가 선택됨

35 ③

텍스트 창에서 수식을 입력할 경우 SmartArt에 입력된 수식이 그대로 표시됨

36 ①

틀 고정선은 창 나누기와는 달리 고정선을 이용하여 고정선의 위치를 조절할 수 없음

37 ④

- 사원번호 첫 번째 문자가 'S'인 경우이므로 LEFT 함수를 이용하여 첫 글자를 추출함 → LEFT($A$2:$A$6,1)
- 배열 수식을 이용하여 'S'인 경우 참(1)이 되는 것과 매출액을 곱(*)하여 그 합을 산출함 → =SUM((LEFT($A$2:$A$6,1)="S")*$B$2:$B$6)
- 배열 수식이므로 Ctrl + Shift + Enter 를 누르면 수식 앞, 뒤로 중괄호({ }) 가 생성됨 → {=SUM((LEFT($A$2:$A$6,1)="S")*$B$2:$B$6)}

38 ①

매크로에서 지정한 바로 가기 키와 엑셀에서 사용하는 바로 가기 키가 같을 경우 매크로에서 지정한 바로 가기 키가 우선 적용됨

39 ①

- 복합 조건(AND, OR 결합) : 첫 행에 필드명(성명, 호봉)을 나란히 입력하고, 두 번째 행의 동일한 행에 첫 번째 조건(홍*, 〈=30)을 입력하고 다음 동일한 행에 두 번째 조건(지*, 〉=30)을 입력함

성명	호봉
홍*	〈=30
지*	〉=30

- 성명이 홍으로 시작하고 호봉이 30 이하 또는 성명이 지로 시작하고 호봉이 30 이상인 데이터를 필터함(지용훈, 홍범도, 지유환)

	A	B	C	D	E	F	G	H
1	성명	직급	호봉		성명	호봉		
2	홍길동	과장	33		홍*	<=30		
3	지용훈	대리	30		지*	>=30		
4	홍범도	부장	30					
5	이상영	대리	23					
6	지유환	차장	44					

고급 필터 ? ×
결과
○ 현재 위치에 필터(F)
● 다른 장소에 복사(O)
목록 범위(L): $A$1:$C$6
조건 범위(C): $E$1:$F$3
복사 위치(T): Sheet12!$A$8
□ 동일한 레코드는 하나만(R)
확인 취소

	A	B	C	D	E	F
1	성명	직급	호봉		성명	호봉
2	홍길동	과장	33		홍*	<=30
3	지용훈	대리	30		지*	>=30
4	홍범도	부장	30			
5	이상영	대리	23			
6	지유환	차장	44			
7						
8	성명	직급	호봉			
9	지용훈	대리	30			
10	홍범도	부장	30			
11	지유환	차장	44			

40 ④

& : 여러 텍스트를 한 텍스트로 조인시킴

---

3 과목 **데이터베이스 일반**

41 ④

④의 라.는 데이터 제어어(DCL)에 대한 설명임

42 ④

파이썬(Python) : 1991년 귀도 반 로섬(Guido van Rossum)이 발표한 대화형 인터프리터식 프로그래밍 언어

43 ②

오답 피하기
- 캡션 : 폼 보기의 제목 표시줄에 나타나는 텍스트를 설정함
- 기본 보기 : 폼 보기의 기본 보기 형식을 설정함
- 레코드 잠금 : 동시에 같은 레코드를 편집하려고 할 때 레코드 잠그는 방법을 설정함

44 ④

오답 피하기
- 보고서 머리글 : 보고서의 첫 페이지에 한 번만 표시됨(페이지 머리글 위에 표시됨)
- 구역 선택기 : 각 구역을 선택하거나 구역의 속성을 지정할 때 사용함
- 페이지 머리글 : 보고서의 모든 페이지 상단에 표시됨

45 ③

매크로(Macro) : 여러 개의 명령문을 하나로 묶어서 일련의 절차를 미리 정의하는 기능

46 ③

- AS : 필드나 테이블의 이름을 별명(Alias)으로 지정할 때 사용함
- AS 총매출 : 전반기+하반기의 합을 '총매출'이라는 이름으로 구함

47 ③

- mid 함수는 문자열의 시작 위치에서 지정된 수의 문자를 표시함
- mid("코참패스2024", 5, 4) : '코참패스2024'의 5번째부터 4개를 표시함 → 2024

48 ②

- 참조 무결성 : 외래키 값은 널(Null)이거나 참조 테이블에 있는 기본키 값과 동일해야 함
- [학과] 테이블에서 학과코드 'E'를 삭제하더라도 [학과] 테이블의 학과코드 'E'는 [학생] 테이블의 '학과코드' 필드에서 사용하고 있지 않으므로 참조 무결성이 유지됨

49 ③

- 모달 폼 : 현재 모달 폼을 닫기 전까지 다른 창을 사용할 수 없음
- [만들기] 탭–[폼] 그룹–[기타 폼]–[모달 대화 상자]를 클릭하여 실행함

50 ④

보고서는 데이터의 입력, 추가, 삭제 등의 작업을 할 수 없음

51 ②

폼이나 보고서에서 쿼리를 레코드 원본으로 사용할 수 있음

52 ③

- GROUP BY : 그룹에 대한 쿼리시 사용
- GROUP BY 열리스트 [HAVING 조건]

53 ①

'제품별 납품 현황'은 보고서 매 페이지마다 인쇄해야 하므로 페이지 머리글 영역에 작성해야 됨

54 ②

=DCount("[학번]","[성적]","[점수]=90") : =DCount(인수, 도메인(테이블명이나 쿼리명), 조건식)으로 특정 레코드의 집합(도메인)의 레코드 개수를 계산함

55 ②

개념 스키마(Conceptual Schema)
- 일반적으로 스키마라고도 함
- 논리적(Logical) 입장에서의 데이터베이스 전체 구조를 의미함
- 데이터의 모양을 나타내는 도표로서 스키마라 함
- 각각의 응용 시스템이 필요로 하는 데이터 구조로 하나만 존재함
- 접근 권한, 보안 정책, 무결성 규칙을 명시함

오답 피하기
- 외부스키마 : 서브 스키마(Sub Schema) 또는 뷰(View)라고도 하며 스키마 전체를 이용자의 관점에 따라 부분적으로 분할한 스키마의 부분 집합
- 내부스키마 : 물리적 스키마(Physical Schema)라고도 하며 물리적 입장에서 액세스하는 데이터베이스 구조를 의미함

56 ④

데이터 정의 언어(DDL) (Data Definition Language)	CREATE(테이블 생성), ALTER(테이블 변경), DROP(테이블 삭제)
데이터 조작 언어(DML) (Data Manipulation Language)	SELECT(검색), INSERT(삽입), UPDATE(갱신), DELETE(삭제)
데이터 제어 언어(DCL) (Data Control Language)	GRANT(권한 부여), REVOKE(권한 해제), COMMIT(갱신 확정), ROLLBACK(갱신 취소)

57 ④

- ㉠ : EMPLOYEE 테이블의 DEPT_ID 필드 데이터 전체를 검색하므로 튜플 수는 10이 됨
- DISTINCT : 검색 결과 값 중 중복된 결과 값(레코드)을 제거, 중복되는 결과 값은 한 번만 표시함
- ㉡ : EMPLOYEE 테이블의 DEPT_ID 필드 데이터에서 중복된 결과 값은 한 번만 표시하므로 튜플 수는 3이 됨

58 ④

개체 무결성 : 테이블에서 기본키를 구성하는 속성(열) 값은 널(Null) 값이나 중복 값을 가질 수 없음

59 ①

콤보 상자

- 콤보 상자는 적은 공간에서 목록값을 선택하며 새로운 값을 입력할 경우 유용함
- 콤보 상자의 드롭다운 화살표를 클릭 전까지는 목록이 숨겨져 있으며, 클릭하면 목록이 표시됨
- 콤보 상자는 텍스트 상자와 목록 상자의 기능이 결합된 컨트롤임
- 콤보 상자는 목록에 없는 값을 입력할 수 있음

오답 피하기

- 텍스트 상자 : 레코드 원본 데이터에 연결된 바운드 텍스트 상자, 바운드되지 않아 데이터는 저장되지 않는 언바운드 텍스트 상자, 계산 텍스트 상자로 작성할 수 있음
- 명령 단추 : 단순히 클릭하기만 하면 매크로 함수를 수행하는 방법을 제공함
- 옵션 그룹 : 틀, 옵션 단추, 확인란, 토글 단추 등으로 구성됨

60 ③

왼쪽 외부 조인 : 왼쪽의 테이블을 우선해서 왼쪽의 테이블에 관해 모든 행을 결과로 남기는 조인

오답 피하기

- 교차 조인 : 두 개의 테이블을 직교에 의해 조인하는 것으로 가장 단순한 조인으로 카테션 곱(Cartesian Product)이라고 함
- 내부 조인 : 한쪽 테이블의 열의 값과 다른 한쪽의 테이블의 열의 값이 똑같은 행만을 결합하는 것
- 오른쪽 외부 조인 : 오른쪽 테이블을 우선해서 오른쪽의 테이블에 관해 모든 행을 결과로 남기는 조인

01 ④	**02** ①	**03** ③	**04** ④	**05** ①
06 ②	**07** ③	**08** ③	**09** ④	**10** ③
11 ③	**12** ③	**13** ④	**14** ②	**15** ④
16 ④	**17** ④	**18** ④	**19** ④	**20** ①
21 ④	**22** ③	**23** ①	**24** ②	**25** ①
26 ③	**27** ④	**28** ③	**29** ③	**30** ④
31 ③	**32** ①	**33** ②	**34** ④	**35** ④
36 ②	**37** ①	**38** ①	**39** ④	**40** ②
41 ②	**42** ③	**43** ②	**44** ④	**45** ②
46 ②	**47** ③	**48** ④	**49** ①	**50** ②
51 ③	**52** ③	**53** ④	**54** ②	**55** ④
56 ④	**57** ④	**58** ③	**59** ③	**60** ③

1 과목　컴퓨터 일반

01 ④

- 비밀키(대칭키, 단일키) 암호화 : 대표적인 방식은 DES가 있음
- 공개키(비대칭키, 이중키) 암호화 : 대표적인 방식으로는 RSA가 있음

02 ①

- DMA(Direct Memory Access) : CPU의 간섭 없이 주기억 장치와 입출력 장치 사이에서 직접 전송이 이루어지는 방법
- DMA 방식에 의한 입출력은 CPU의 레지스터를 경유하지 않고 전송하므로 CPU는 정지 상태에 들어가지 않음

03 ③

오답 피하기

- 라우터(Router) : 네트워크 계층에서 망을 연결하며, 다양한 전송 경로 중 가장 효율적인 경로를 선택하여 패킷을 전송하는 장치
- 스위칭 허브(Switching Hub) : 네트워크에서 연결된 각 회선이 모이는 집선 장치로서 각 회선을 통합적으로 관리하는 방식으로 집선 장치가 많아져도 그 속도가 일정하게 유지됨
- 모뎀(MODEM) : 변복조 장치

04 ④

LNK는 바로 가기의 확장자이며, 바로 가기를 삭제해도 원본 프로그램에는 영향을 미치지 않음

05 ①

ZIP 파일은 압축 파일의 확장자임

06 ②

문서의 첫 줄 왼쪽에 .LOG(대문자)를 입력하고 저장한 다음 다시 그 파일을 열기하면 시간과 날짜가 자동으로 삽입됨

07 ③

부가 가치 통신망(VAN : Value Added Network)
통신 회선을 직접 보유하거나 통신 사업자의 회선을 임차하여 이용하는 형태

오답 피하기
- MAN : LAN과 WAN의 중간 형태로, 대도시와 같은 넓은 지역에 데이터, 음성, 영상 등의 서비스를 제공하는 통신망
- LAN : 수 km 이내의 거리(한 건물이나 지역)에서 데이터 전송을 목적으로 연결된 통신망
- WAN : 원거리 통신망이라고도 하며, 하나의 국가 등 매우 넓은 네트워크 범위를 갖는 통신망

08 ③

배경을 투명하게 하거나 애니메이션 효과를 줄 수 있음

09 ④

IPv6 주소 체계는 128비트를 16비트씩 8부분으로 나누어 각 부분을 콜론(:)으로 구분함

10 ③

⊞+U : 접근성 센터 열기

오답 피하기
⊞+I : 설정 실행

11 ③

플래시 메모리(Flash Memory) : 전원이 공급되지 않아도 내용이 지워지지 않는 비휘발성 메모리 EEPROM의 일종으로 휴대용 컴퓨터나 디지털 카메라 등의 보조 기억 장치로 이용되는 메모리

오답 피하기
- DRAM : 일정 시간이 지나면 전하가 방전되므로 재충전(Refresh) 시간이 필요함
- SRAM : 정적인 램으로, 전원이 공급되는 한 내용이 그대로 유지됨
- ROM : 한 번 기록한 정보에 대해 오직 읽기만을 허용하도록 설계된 비휘발성 기억 장치

12 ③

생체 인식 보안 시스템 : 지문, 홍채, 음성 등이 있음

13 ④

트루컬러(Truecolor)
- 사람의 눈으로 인식이 가능한 색상의 의미로, 풀 컬러(Full Color)라고도 함
- 24비트의 값을 이용하며, 빛의 3원색인 빨간색(R), 녹색(G), 파란색(B)을 배합하여 색상을 만드는 방식임. 이때, 각 색상을 배합할 때 단위를 '픽셀'이라고 함

14 ②

쿠키(Cookie) : 인터넷 웹 사이트의 방문 정보를 기록하는 텍스트 파일

15 ④

netstat : 현재 자신의 컴퓨터에 연결된 다른 컴퓨터의 IP 주소나 포트 정보를 확인할 수 있음

오답 피하기
tracert : 네트워크에 연결된 컴퓨터의 경로(라우팅 경로)를 추적할 때 사용하는 명령

16 ④

디스크 조각 모음은 단편화를 제거하여 디스크의 수행 속도를 높여주는 것으로, 하드디스크의 속도 저하 시에 실행함

17 ④

프로그램 카운터(Program Counter)는 제어 장치에 포함됨

18 ④

오답 피하기
- MPEG-3 : HDTV 방송(고 선명도의 화질)을 위해 고안되었으나, MPEG-2 표준에 흡수, 통합되어 현재는 존재하지 않는 규격
- MPEG-4 : 동영상의 압축 표준안 중에서 IMT-2000 멀티미디어 서비스, 차세대 대화형 인터넷 방송의 핵심 압축 방식으로 비디오/오디오를 압축하기 위한 표준
- MPEG-7 : 인터넷상에서 멀티미디어 동영상의 정보 검색이 가능. 정보 검색 등을 효율적으로 사용하기 위한 콘텐츠 저장 및 검색을 위한 표준

19 ④

스타(Star) 형
- 중앙에 컴퓨터와 단말기들이 1:1(Point-To-Point)로 연결된 형태로, 네트워크 구성의 가장 기본적인 형태
- 모든 통신 제어가 중앙의 컴퓨터에 의해 행해지는 중앙 집중 방식
- 일반적인 온라인 시스템의 전형적 방식으로, 회선 교환 방식에 적합함
- 중앙의 컴퓨터에서 모든 단말기의 제어가 가능하지만, 중앙 컴퓨터의 고장 시 전체 시스템 기능이 마비됨

오답 피하기
- 링(Ring) 형 : 컴퓨터와 단말기들을 서로 이웃하는 것끼리만 연결한 형태
- 버스(Bus) 형 : 한 통신 회선에 여러 대의 단말기가 접속되는 형태
- 트리(Tree) 형 : 중앙의 컴퓨터와 일정 지역의 단말기까지는 하나의 통신 회선으로 연결되어 이웃 단말기는 이 단말기로부터 근처의 다른 단말기로 회선이 연장되는 형태

20 ①

혹스(Hoax) : Hoax는 "거짓말(장난질)을 하다."의 의미이며, E-mail, SNS, 메신저, 문자 메시지 등을 통하여 존재하지 않지만 존재하는 것처럼 위장하는 가짜 바이러스로 거짓 정보나 유언비어, 괴담 등을 사실인 것처럼 유포하여 불안감 및 불신감 조성을 목적으로 함. 스미싱(Smishing)과는 달리 악성 코드 등의 설치를 유도하지 않음

오답 피하기
- 드롭퍼(Dropper) : 바이러스나 트로이 목마 프로그램을 사용자가 모르게 설치하는 프로그램
- 백도어(Back Door) : 시스템 관리자의 편의를 위한 경우나 설계상 버그로 인해 시스템의 보안이 제거된 통로를 말하며, 트랩 도어(Trap Door)라고도 함
- 스니핑(Sniffing) : 특정한 호스트에서 실행되어 호스트에 전송되는 정보(계정, 패스워드 등)를 엿보는 행위

2 과목 · 스프레드시트 일반

21 ④

- 피벗 테이블 : 방대한 양의 자료를 빠르게 요약하여 보여 주는 대화형 테이블
- [삽입] 탭–[표] 그룹–[피벗 테이블]을 클릭하여 '피벗 테이블 만들기'를 실행함
- [피벗 테이블 필드] 대화 상자에서 열에 '분류', 행에 '성별', 값에 '합계'를 위치시켜 작성함

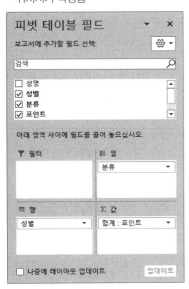

22 ③

피벗 차트의 기본 차트 종류는 세로 막대형 차트이며 분산형, 주식형, 거품형 차트를 제외한 다른 차트로 변경 가능함

23 ①

오답 피하기

- ② : 시트 이름으로 영문을 사용할 때 대소문자를 구분하지 않음
- ③ : 하나의 통합 문서 안에서는 동일한 시트 이름을 지정할 수 없음
- ④ : 시트 탭의 시트 이름을 클릭하는 것이 아닌 더블클릭하여 이름을 수정할 수 있음

24 ②

=MOD(ROW(),2)=0 : ROW는 현재 행 번호를 구해 주므로 현재 행을 2로 나눈 나머지를 MOD 함수로 구한 결과가 0인 경우는 짝수 행임

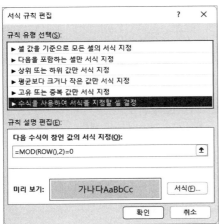

25 ①

- 목표값 찾기 : 수식의 결과 값은 알고 있으나 그 결과 값을 얻기 위한 입력 값을 모를 때 사용함
- 수식 셀 : $B$8(평균), 찾는 값 : 800000, 값을 바꿀 셀 : $B$4(1사분기 수출량)
- "평균이 800000이 되려면 1사분기의 수출량은 얼마가 되어야 하는가?"를 의미함

26 ③

행 높이와 열 너비를 변경하면 자동 페이지 나누기 위치도 같이 변경됨

27 ④

④ =REPLACE(A3,SEARCH(A4,A3),2,"명세서") → '분기명세서'

- SEARCH : 문자열에서 찾을 텍스트의 시작 위치를 반환하는 함수
- 따라서 =SEARCH(A4,A3) → =SEARCH("수익","분기 수익")의 결과는 4가 됨
- REPLACE(텍스트1, 시작위치, 바꿀 개수, 텍스트2) : 시작 위치의 바꿀 개수만큼 텍스트1의 일부를 다른 텍스트2로 교체함
- =REPLACE(A3,4,2,"명세서") → =REPLACE("분기 수익",4,2,"명세서")의 결과는 4번째에서 2개를 "명세서"로 바꾸는 경우이므로 "분기" 다음에 "명세서"가 붙음
- 따라서, 최종 결과는 =REPLACE(A3,SEARCH(A4,A3),2,"명세서") → '분기 명세서'가 되어야 함. 문제의 보기는 '분기명세서'로 붙어 있어서 틀림

오답 피하기

① =MID(A5,SEARCH(A1,A5)+5,3) → '설악산'

SEARCH(A1,A5)의 결과가 1이므로 1+5=6, =MID("아름다운 설악산",6,3)의 결과는 6번째에서 3개를 추출하므로 "설악산"이 됨(A1셀처럼 찾을 문자에 대한 제시가 없는 경우 결과가 1이 됨)

② =REPLACE(A5,SEARCH("한",A2),5,"") → '설악산'

SEARCH("한",A2)의 결과가 1이므로 =REPLACE("아름다운 설악산",1,5,"")의 결과는 1번째에서 5번째까지 ""(공백)으로 교체하므로 "설악산"이 됨

③ =MID(A2,SEARCH(A4,A3),2) → '대한'

SEARCH(A4,A3)의 결과가 4이므로 =MID("한국 대한민국",4,2)의 결과는 4번째에서 2개를 추출하므로 "대한"이 됨

28 ③

통합 문서 보호 설정 시 암호를 지정하더라도 워크시트에 입력된 내용을 수정할 수 있음

29 ③

입력된 값이 음수이므로 -₩###0이 적용되어 숫자 앞에 -₩가 표시되고 소수점 뒷자리는 없어지면서 반올림됨(-₩8964)

30 ④

FREQUENCY 함수 : 값의 범위 내에서 해당 값의 발생 빈도를 계산하여 세로 배열 형태로 나타냄

오답 피하기

PERCENTILE.INC 함수 : 범위에서 k번째 백분위수 값을 구함(k는 경계 값을 포함한 0에서 1사이의 수)

31 ③

〈보기〉는 ③ 3차원 표면형 차트에 대한 설명임

오답 피하기

- ① 영역형 차트 : 일정한 시간에 따라 데이터의 변화 추세(데이터 세트의 차이점을 강조)를 표시
- ② 분산형 차트 : 데이터의 불규칙한 간격이나 묶음을 보여주는 것으로, 데이터 요소 간의 차이점보다는 큰 데이터 집합 간의 유사점을 표시하려는 경우에 사용함
- ④ 방사형 차트 : 많은 데이터 계열의 합계 값을 비교할 때 사용함

32 ①

Do Until 구문(Do Until ~ Loop)

- 조건식이 거짓일 경우 수행되므로 조건이 참일 때 반복을 중지함
- 반복 전에 조건을 판단하므로 처음 조건식이 참일 때 명령문은 한 번도 실행되지 않음
- Do Until test 〈 99 → 처음 test 값이 0이므로 조건식(0〈99)이 참이 되어 명령문은 한 번도 실행되지 않음(결과는 0)

33 ②

오답 피하기

- ① : 바로 가기 키는 영문 대소문자만 가능하며 반드시 설정하지 않아도 됨
- ③ : 매크로 이름은 기본적으로 매크로1, 매크로2, … 등과 같이 자동으로 이름이 부여되며 사용자가 지정할 수도 있음
- ④ : 설명은 매크로 실행과는 직접적인 관계가 없는 주석을 기록하는 곳이며 사용자가 지우고 새로운 설명을 입력할 수 있음

34 ④

범위를 지정하고 데이터를 입력한 후 Ctrl+Enter를 누르면 동일한 데이터가 한꺼번에 입력됨

오답 피하기

Alt+Enter : 동일한 셀에서 줄이 바뀌며, 두 줄 이상의 데이터를 입력할 수 있음

35 ④

Alt+Page Down : 한 화면 우측으로 이동함

오답 피하기

Ctrl+F6 또는 Ctrl+Tab : 다음 통합 문서로 이동

36 ②

차트에서 차트 제목을 클릭한 후 수식 입력줄에서 등호(=)를 입력한 다음 [B1] 셀을 선택하고 Enter를 누르면 차트 제목이 변경되며 수식 입력 줄에 =근속년수!$B$1이 표시됨

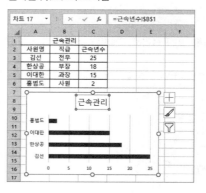

37 ①

시나리오는 변경 셀로 지정한 셀에 계산식이 포함되어 있으면 자동으로 상수로 변경되어 시나리오가 작성되지만, 별도의 파일로 저장되지는 않음

38 ①

- 문자와 숫자가 혼합된 셀의 채우기 핸들을 Ctrl을 누른 채 드래그하면 그대로 복사됨
- 문자와 숫자가 혼합된 셀의 채우기 핸들을 끌면 문자는 복사되고 숫자는 1씩 증가함

오답 피하기

- ② : 첫 번째 셀과 두 번째 셀의 데이터 사이의 차이에 의해 증가 또는 감소하면서 채워짐
- ③ : 오른쪽으로 드래그하면 1씩 증가함(왼쪽으로 드래그하는 경우 1씩 감소함)
- ④ : 첫 번째 항목이 복사됨

39 ④

[시트] 탭의 인쇄에서 눈금선, 흑백으로, 간단하게 인쇄(테두리, 그래픽 등을 인쇄하지 않음), 행/열 머리글, 메모의 인쇄 여부 및 인쇄 위치(시트 끝, 시트에 표시된 대로)를 지정할 수 있음

오답 피하기

- [페이지] 탭 : 용지 방향, 확대/축소 비율, 자동 맞춤, 용지 크기, 인쇄 품질, 시작 페이지 번호 등을 설정함
- [여백] 탭 : 머리글/바닥글과 용지의 여백을 지정함, 페이지 가운데 맞춤(가로, 세로)을 설정함
- [머리글/바닥글] 탭 : 머리글/바닥글을 편집함

40 ②

{ =DSUM(($C$3:$C$9 = G3)*1)} : DSUM 함수의 형식(=DSUM(데이터베이스, 필드, 조건 범위))에 맞지 않으므로 부서별 인원수를 산출할 수 없음

오답 피하기

- ① { =SUM(($C$3:$C$9 = G3)*1)} : 부서명($C$3:$C$9) 범위에서 개발1부(G3)와 같은 경우 True(1)이므로 1*1=1, 즉 1의 개수를 모두 SUM 함수로 더하면 개발1부의 인원수가 산출됨
- ③ { =SUM(IF($C$3:$C$9 = G3,1))} : 부서명($C$3:$C$9) 범위에서 개발1부(G3)와 같은 경우 IF 함수의 참값 1이 결과가 되므로 1의 개수를 모두 SUM 함수로 더하면 개발1부의 인원수가 산출됨
- ④ { =COUNT(IF($C$3:$C$9 = G3,1))} : 서명($C$3:$C$9) 범위에서 개발1부(G3)와 같은 경우 IF 함수의 참값 1이 결과가 되므로 1의 개수를 모두 COUNT 함수로 세면 개발1부의 인원수가 산출됨

---

3 과목 데이터베이스 일반

41 ②

- 후보키(Candidate Key) : 한 테이블에서 유일성과 최소성을 만족하는 키이다(예 사원번호, 주민등록번호, 학번, 군번 등)
- 유일성 : 키로 하나의 튜플만을 식별 가능함(예 사원번호 및 주민등록번호로 튜플 식별 가능)
- 최소성 : 유일한 식별을 하기 위해 꼭 있어야 하는 속성으로만 구성됨(예 사원번호와 주민등록번호 각각의 속성만으로 식별 가능)

42 ③

도메인(Domain) : 하나의 속성이 취할 수 있는 값의 집합(예 성별의 경우 남, 여가 해당됨)

오답 피하기

- 튜플(Tuple) : 테이블에서 행을 나타내는 말로 레코드와 같은 의미임
- 속성(Attribute) : 테이블에서 열을 나타내는 말로 필드와 같은 의미임(널(Null) 값을 가질 수 있음)
- 테이블(Table) : 관계형 데이터베이스에서 2차원의 가로, 세로(행과 열) 형태로 나타내는 저장소

43 ②

외래키(FK : Foreign Key)

- 외래키(FK)가 다른 참조 테이블(릴레이션)의 기본키(PK)일 때 그 속성키를 외래키라고 함
- [교수] 테이블의 '학과번호'는 [학과] 테이블의 기본키인 '학과번호'를 참조하여 '학과이름'을 알 수 있으므로 [교수] 테이블의 '학과번호'가 외래키가 됨

44 ④

1부터 3까지 설정되므로 3이 포함됨

45 ②

폼 모양 : 열 형식, 테이블 형식, 데이터 시트, 맞춤 등이 있음

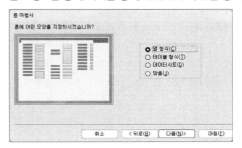

46 ②

WHERE 절 이하 부분이 없으면 [회원] 테이블에서 모든 레코드가 삭제됨

47 ③

Format( ) : 숫자, 날짜, 시간, 텍스트의 표시 및 인쇄 방법을 사용자 지정

48 ④

직사각형 : 개체, 마름모 : 관계, 선 : 링크, 타원 : 속성

기호	의미	기호	의미
직사각형	개체 타입	이중직사각형	의존 개체 타입
타원	속성	밑줄타원	기본키 속성
점선타원	유도된 속성	선	링크
마름모	관계 타입	이중마름모	관계 타입 식별

49 ①

텍스트 상자의 컨트롤 원본을 '=1'로 지정하고, 누적 합계 속성을 '그룹'으로 지정하면 그룹 내 데이터의 일련번호가 표시됨

50 ③

- Group by 필드 명 Having 조건 : 조건에 만족하는 데이터를 필드명으로 그룹을 묶음
- 학생 테이블에서 '재학구분'이 '휴학중'인 데이터를 '학과명'으로 묶은 후 학과명과 학과명별로 학과명 데이터의 개수를 '휴학자수' 필드로 분류해서 표시함

51 ③

- 〉 : 모든 문자를 대문자로 변환함
- L : 필수 요소로, A부터 Z까지의 영문자나 한글을 입력함
- 0 : 필수 요소로, 0~9까지의 숫자를 입력함. 덧셈 기호(+)와 뺄셈 기호(−)는 사용할 수 없음
- ? : 선택 요소로, A부터 Z까지의 영문자나 한글을 입력함

입력 마스크	〉	L	0	L		L	?	0
입력 값 ③	대문자로 변환	H	3	H			가	H	3

오답 피하기

- ① a9b M : 〉(대문자로 변환)와 맨 뒤 0(필수요소, 숫자)을 만족하지 않음
- ② M3F A07 : 입력 값 숫자 0이 ?(영문자나 한글)을 만족하지 않음
- ④ 9Z3 3?H : 입력 값이 L(영문자, 한글), 0(숫자), ?(영문자, 한글)을 만족하지 않음

52 ③

- =Avg 함수는 Null인 레코드는 계산에서 제외하기 때문에 결과는 (5+10+ 20+10)/4=11.25가 됨
- =Avg, Count 함수는 Null인 레코드는 계산에서 제외함

53 ④

폼 디자인 : 폼에 필드를 사용자가 직접 추가할 수 있으며, 여러 컨트롤을 이용하여 폼을 설계함

54 ②

- 테이블이나 쿼리, 폼, 보고서, 필드, 컨트롤의 이름은 대괄호([ ])로 묶어서 표현함
- 실행 중인 폼이나 보고서 또는 컨트롤을 참조하기 위해서는 느낌표(!) 연산자를 사용함

55 ④

UNION(통합 쿼리)은 테이블을 결합할 때 중복 레코드를 반환하지 않음

56 ④

[페이지] 탭에서 인쇄할 용지의 크기, 용지 방향, 프린터를 지정할 수 있음

57 ④

- Form_Load( ) : 폼을 로드시킴
- SetFocus : 지정한 컨트롤에 커서(포커스)를 자동적으로 위치 시킴

58 ③

한 테이블에서 여러 개의 인덱스를 생성할 수 있음

59 ③

응용 프로그래머
- 데이터 부속어와 호스트 프로그래밍 언어를 이용하여 프로그램을 작성함
- 작성한 프로그램으로 데이터에 접근하는 사람

60 ③

- DLOOKUP : 특정 필드 값을 구할 때 사용하는 함수
- = DLOOKUP("구할 필드", "테이블명", "조건")이므로 → = DLOOKUP("성명", "사원", "[사원번호]=1")

01 ④	02 ①	03 ②	04 ④	05 ②
06 ④	07 ②	08 ②	09 ②	10 ①
11 ②	12 ④	13 ①	14 ①	15 ③
16 ③	17 ④	18 ②	19 ③	20 ②
21 ④	22 ②	23 ④	24 ②	25 ③
26 ②	27 ②	28 ④	29 ①	30 ③
31 ④	32 ④	33 ①	34 ③	35 ④
36 ③	37 ②	38 ②	39 ②	40 ②
41 ④	42 ④	43 ②	44 ④	45 ④
46 ④	47 ④	48 ④	49 ②	50 ③
51 ④	52 ②	53 ④	54 ④	55 ②
56 ④	57 ③	58 ①	59 ④	60 ①

---

1 과목   컴퓨터 일반

01 ④

오답 피하기

- CSMA/CD(매체 접근 제어) 방식 : "반송파 감지 다중 접근/충돌 검사"로 데이터의 충돌을 방지하기 위해 송신 데이터가 없을 때만 데이터를 송신하고, 다른 장비가 송신 중일 때는 송신을 멈추는 방식
- 패리티 검사 방식 : 에러 검출을 목적으로 원래의 데이터에 1비트를 추가하는 방식으로 짝수 패리티와 홀수 패리티가 있음
- CRC(순환 중복 검사) 방식 : 프레임 단위의 데이터가 전송될 때 미리 정해진 다항식을 적용하여 오류를 검출함

02 ①

제어 장치(CU)와 연산 장치(ALU)가 하나로 통합된 집적 회로임

03 ②

구조화 : 실행할 명령을 순서대로 기술하는 방식으로 절차 지향 언어의 특징임

오답 피하기

객체 지향 프로그래밍 : 추상화, 상속성, 캡슐화, 다형성, 오버 로딩 등의 특징이 있음

04 ④

④는 공개키(비대칭키, 이중키) 암호화 기법의 특징임

05 ②

운영체제의 목적(성능 평가 요소) : 처리 능력, 응답 시간, 신뢰도, 사용 가능도

06 ④

XML : 확장성 생성 언어라는 뜻으로 기존 HTML의 단점을 보완하여 웹에서 구조화된 폭넓고 다양한 문서들을 상호 교환할 수 있도록 설계한 언어

07 ②

- 교착상태(Deadlock) : 동일한 자원을 공유하고 있는 두 개의 컴퓨터 프로그램들이 상대방이 자원에 접근하는 것을 서로 방해함으로써 두 프로그램 모두 기능이 중지되는 상황
- 인터럽트(Interrupt) : 컴퓨터에서 정상적인 프로그램을 처리하고 있는 도중에 특수한 상태가 발생했을 때 현재 실행하고 있는 프로그램을 일시 중단하고, 그 특수한 상태를 처리한 후 다시 원래의 프로그램을 처리하는 과정
- IRQ(Interrupt ReQuest) : 주변기기(마우스, 키보드, LAN 보드 등)에서 일어나는 인터럽트 신호

08 ②

미러 사이트(Mirror Site) : 인터넷 특정 사이트에 다수의 사용자가 한꺼번에 몰려 서버가 다운되는 현상을 방지하기 위해 같은 내용을 여러 사이트에 복사하여 사용자가 분산되게 하고, 더 빨리 자료를 찾을 수 있도록 하는 사이트

- 포털 사이트(Portal Site) : 인터넷을 검색할 때 거쳐야 하는 관문 사이트로서 전자 우편, 정보 검색, 다양한 뉴스, 동호회 등 여러 가지 서비스를 한번에 제공하는 종합 사이트
- 인트라넷(Intranet) : 기업의 내부 네트워크와 외부 인터넷을 하나로 연결하여 저렴한 비용으로 필요한 네트워크를 구축하는 것
- 엑스트라넷(Extranet) : 몇 개의 인트라넷이 연결되어 사업자들이 고객이나 다른 사업 파트너와 정보를 공유할 수 있는 시스템

09 ②

[휴지통]에 보관된 파일은 복원은 가능하지만 복원하기 전에는 실행시킬 수 없음

10 ①

- JPG : 정지 영상 압축 기술에 관한 표준화 규격으로 20:1 정도로 압축할 수 있는 형식
- PNG : 트루컬러를 지원하는 비손실 방식의 그래픽 파일로 압축률이 높고 투명층을 지원하나 애니메이션은 지원되지 않음
- BMP : 이미지를 비트맵 방식으로 표현하고 압축하지 않기 때문에 고해상도의 이미지를 표현할 수 있지만 용량이 커짐

11 ②

알파 버전(Alpha Version) : 주로 외부에 공개되지 않는 버전으로 개발 초기에 회사 자체적으로 성능 등을 평가하기 위해 제작하는 프로그램

- ① : 데모 버전(Demo Version)
- ③ : 베타 버전(Beta Version)
- ④ : 패치 프로그램(Patch Program)

12 ④

연계 편집 프로그램 : 목적 프로그램을 링커(Linker)에 의해 라이브러리 등을 이용하여 연계 편집할 때 사용하는 프로그램으로 실행할 수 있는 로드 모듈을 생성함

13 ①

$1×2^{10}+0×2^9+0×2^8+0×2^7+0×2^6+0×2^5+0×2^4+0×2^3+0×2^2+0×2^1+0×2^0=1,024$

14 ①

P2P(Peer To Peer) : 인터넷상에서 개인끼리 파일을 공유하는 기술이나 행위로, 컴퓨터와 컴퓨터가 동등하게 연결되는 방식

15 ③

펌웨어(Firmware) : 비휘발성 메모리인 ROM에 저장된 프로그램으로, 하드웨어의 교체 없이 소프트웨어의 업그레이드만으로 시스템의 성능을 높일 수 있음

16 ③

⊞+Tab : 작업 보기 열기

⊞+L : PC 잠금 또는 계정 전환

17 ④

서브넷 마스크(Subnet Mask)

- 네트워크 ID와 호스트 ID를 구분해 주는 역할을 함
- 네트워크를 서브넷(부분망)으로 나누면 IP 주소를 효과적으로 사용할 수 있음
- 서브넷은 여러 개의 LAN에 접속하는 경우 하나의 LAN을 의미함
- IP 수신자에게 제공하는 32비트 주소임
- 대부분 255.255.255.0의 C 클래스(Class)로 정의됨

- IP 주소 : 현재 컴퓨터에 설정된 IP 주소로 네트워크 주소와 호스트 주소로 구성됨
- 기본 게이트웨이 : 프로토콜이 서로 다른 통신망을 상호 접속하기 위한 장치이며 일반적으로 라우터(Router)의 주소임
- DNS(Domain Name System) : 도메인 네임과 IP 주소를 대응(Mapping)시켜 주는 역할을 담당하는 분산 네이밍 시스템

18 ③

정지 영상의 크기 산출법

- 압축이 있는 경우 : (가로 픽셀 수×세로 픽셀 수×픽셀당 저장 용량(바이트))/압축 비율
- (200×400×1)/10 = 8000Byte = 8KB
- 256 색상은 8비트(2^8)로 표현할 수 있으며, 8비트는 1바이트이므로 픽셀 당 저장 용량은 1이 됨

19 ③

듀얼(Dual) 시스템 : 두 개의 CPU가 동시에 같은 업무를 처리하는 방식, 업무의 신뢰도를 높이는 작업에 이용됨

- 듀플렉스(Duplex) 시스템 : 두 개의 CPU 중 한 CPU가 작업 중일 때 다른 하나는 예비로 대기하는 시스템
- 클러스터링(Clustering) 시스템 : 두 대 이상의 컴퓨터 시스템을 단일 시스템처럼 묶어서 사용하는 시스템
- 다중 처리(Multi-Processing) 시스템 : 두 개 이상의 CPU로 동시에 여러 개의 프로그램을 처리하는 시스템

20 ②

[추가 마우스 옵션]-[마우스 속성] 대화 상자-[포인터 옵션] 탭의 [표시 유형]에서 '〈Ctrl〉 키를 누르면 포인터 위치 표시'를 설정할 수 있음

21 ④

=EDATE("2024-6-3", 6) : 2024-12-3

시작 날짜를 기준으로 전, 후 개월 수를 반환하므로 2024년 6월 3일 기준으로 6개월 후인 2024년 12월 3일이 결과로 산출됨

=EOMONTH("2024-1-1", 11) : 2024-12-31

2024년 1월을 기준으로 11개월 후 마지막 날이므로 2024년 12월 31일이 결과로 산출됨

22 ②

- For~Next : 반복 명령문, MsgBox : 대화 상자로 결과를 출력
- For 변수 = 초기값 To 최종값 Step 증가값
- For k = 1 To 20 Step 5 → 1, 6, 11, 16
- Sum = Sum + k → k에 1, 6, 11, 16을 차례대로 대입시키면서 합을 구하므로 결과는 34(1+6+11+16)가 됨
- k 값은 16에서 5가 증가되어 For 문을 빠져나오므로 결과는 21이 됨

23 ④

④ =SUM((MID($A$2:$A$7,3,1)="K")*$B$2:$B$7) : 사원번호 3번째 문자가 "K"인 경우이므로 MID 함수를 이용하여 3번째에서 1자를 추출하고 배열 수식을 이용하여 "K"인 경우 참(1)이 되는 것과 실적을 곱(*)하여 그 합을 산출함

24 ②

오답 피하기

- ⓒ 영문자의 경우 대/소문자를 구분하여 정렬할 수 있으며, 오름차순으로 정렬하면 소문자가 우선순위를 가짐
- ⓓ 글꼴에 지정된 색을 기준으로 정렬하려면 정렬 기준을 '글꼴 색'으로 설정해야 함

25 ③

매크로가 적용되는 셀의 바로 가기 메뉴에서 매크로 실행 기능은 지원되지 않음

26 ②

MS-Word(*.docx)는 워드프로세서 문서로 외부 데이터 가져오기를 할 수 없음

27 ②

② : 차트 제목 "지점별 매출 현황"은 '가운데에 맞춰 표시'가 설정되어 있음

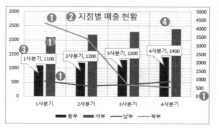

오답 피하기

차트 제목 "지점별 매출 현황"이 '차트 위'로 설정된 경우는 아래와 같이 차트 위에 차트 제목이 표시됨

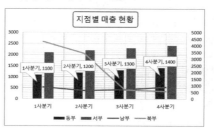

28 ④

성적 변화([D3:D8])에 따른 평균의 변화([E3:E8])가 열 형태로 입력되어 있으므로 [데이터 표] 대화 상자에서 '열 입력 셀'에 [B6]를 입력해야 함

	A	B	C	D	E
1	성명	점수		김선	평균
2	이대한	68			75.2
3	한상공	79		50	
4	왕예린	56		60	
5	차은서	69		70	
6	김선	89		80	
7	최지선	90		90	
8	평균	75.2		100	
9					

데이터 테이블
행 입력 셀(R):
열 입력 셀(C): B6

29 ①

목표값 찾기 : 수식의 결과 값은 알고 있으나 그 결과 값을 얻기 위한 입력 값을 모를 때 목표값 찾기 기능을 사용함

30 ③

피벗 테이블 보고서를 선택한 후 [피벗 테이블 분석] 탭 [동작] 그룹의 [지우기]-[모두 지우기] 명령을 수행하면 피벗 테이블 보고서와 피벗 차트 보고서 모두 삭제됨

오답 피하기

피벗 차트 보고서를 정적 차트로 변환하려면 피벗 테이블을 삭제하면 됨

31 ④

④ : 시트 이름 삽입의 삽입 코드는 &[탭]으로 생성됨

32 ④

임의의 셀을 선택한 다음 Shift+Space Bar를 누르면 선택한 셀의 행이 선택되지만 하나의 행이 선택된 상태에서 Shift+Space Bar를 누르면 아무 변화도 생기지 않음

오답 피하기

하나의 행이 선택된 상태에서 Ctrl+Space Bar를 누르면 시트 전체를 범위로 선택할 수 있음

33 ①

Auto_Open 매크로 이름을 사용하면 파일을 열 때 특정 작업이 자동으로 수행됨

34 ③

- SQRT(수) : 양의 제곱근을 구함($\sqrt{89}$)
- ABS(수) : 인수의 절댓값을 구함(|-63|)
- POWER(인수, 숫자) : 인수를 숫자만큼 거듭제곱한 값(6^3)
- $\sqrt{89} \times (|-63| + 6^3)$: =SQRT(89)*(ABS(-63)+POWER(6,3))

35 ②

자동으로 Excel 2021 형식으로 저장되지 않으므로 [다른 이름으로 저장]을 이용하여 파일 형식을 Excel 통합 문서(*.xlsx)로 지정하여 저장해야 함

36 ③

꺾은선형 차트 : 시간이나 항목에 따라 일정한 간격으로 데이터의 추세나 변화를 표시

오답 피하기

- 분산형 차트 : 데이터의 불규칙한 간격이나 묶음을 보여주는 것으로 데이터 요소 간의 차이점보다는 큰 데이터 집합 간의 유사점을 표시하려는 경우에 사용
- 원형 차트 : 전체에 대한 각 값의 기여도를 표시할 때 사용
- 방사형 차트 : 많은 데이터 계열의 합계 값을 비교할 때 사용

37 ②

화면에 표시되는 틀 고정 형태는 인쇄 시에 나타나지 않음

38 ②

- [한 단계씩 코드 실행]에서 한 단계씩 실행 가능함
- [한 단계씩 코드 실행의 바로 가기 키] : F8

39 ②

함수를 사용하여 조건을 입력하는 경우 원본 필드명과 다른 필드명을 조건 레이블로 사용해야 함

40 ②

- =ISEVEN(숫자) : 숫자가 짝수이면 TRUE를 반환하고 홀수이면 FALSE를 반환함
- =ROW() : 행 번호를 구함
- =ISEVEN(ROW()) : 행 번호를 구하여 짝수일 때 TRUE를 반환하므로 조건부 서식이 적용됨

오답 피하기

- =ISODD(숫자) : 숫자가 홀수이면 TRUE를 반환하고 짝수이면 FALSE를 반환함
- =COLUMN() : 열 번호를 구함

---

41 ④

파이썬(Python) : 1991년 귀도 반 로섬(Guido van Rossum)이 발표한 대화형 인터프리터식 프로그래밍 언어

42 ④

Select 사번 From 사원 Group by 사번 Having Count(*) 〉1

- [사원] 테이블에서 사번으로 그룹화해서 행의 개수가 1보다 큰 조건을 만족하면 중복된 사번에 해당하므로 그 사번을 검색함
- Select : 검색 열 → "사번"
- From : 테이블명 → "사원"
- Group By : 그룹에 대한 쿼리 시 사용함 → "사번"으로 그룹화
- Having : 그룹에 대한 조건을 기술함 → "Count(*) 〉1"
- Count(*) : 행(튜플)의 개수를 구함
- Count(*) 〉1 : 행(튜플)의 개수가 1보다 큼

43 ②

- 개체-관계 모델 : 개체 타입과 이들 간의 관계 타입을 이용해 현실 세계를 개념적으로 표현한 방법
- ERD(Entity Relationship Diagram) : 개체-관계 모델에 의해 작성된 설계도로 개체, 속성, 관계, 링크 등으로 구성됨
- 개념적 설계 단계 : 현실 세계에 대한 추상적인 개념(정보 모델링)으로 표현하는 단계

오답 피하기

- 요구 조건 분석 단계 : 데이터베이스 사용자의 요구 사항 및 조건 등을 조사하여 요구 사항을 분석하는 단계
- 논리적 설계 단계 : 개념 세계를 데이터 모델링을 거쳐 논리적으로 표현하는 단계
- 물리적 설계 단계 : 컴퓨터 시스템의 저장 장치에 저장하기 위한 구조와 접근 방법 및 경로 등을 설계하는 단계

44 ③

- LIKE 연산자 : 문자열의 일부를 검색 조건으로 설정할 때, 데이터에 지정된 문자 혹은 문자열이 포함되어 있는지를 판별할 때 사용함
- ? : 임의의 한 문자를 의미하므로, [COURSE] 테이블의 CNO 필드 데이터 중 'K'로 시작하는 2문자의 "K5, KO"를 검색함

45 ④

인덱스를 설정하면 조회 및 정렬 속도는 빨라지지만, 데이터를 갱신할 때마다 업데이트해야 하므로 업데이트 속도는 느려짐

46 ④

기수(Cardinality) : 한 릴레이션(테이블)에서의 튜플의 개수임

오답 피하기

속성(Attribute) : 테이블에서 열을 나타내는 말로 필드와 같은 의미임

47 ④

InStr("서울특별시 중구","시") → 5

"서울특별시 중구"의 왼쪽에서부터 "시" 문자가 있는 문자 위치를 출력함

=Right("서울특별시 중구 세종대로 39 상공회의소회관",5) → 회의소회관

"서울특별시 중구 세종대로 39 상공회의소회관"의 오른쪽에서 5문자를 추출함

48 ④

외래키(FK)가 다른 참조 테이블(릴레이션)의 기본키(PK)일 때 그 속성키를 외래키라고 하며, 하나의 테이블에는 여러 개의 외래키가 존재할 수 있음

오답 피하기
- ① : 외래키 필드의 값은 유일해야 할 필요가 없으므로 중복된 값이 입력될 수 있음
- ② : 외래키 필드의 값은 Null 값일 수 있으므로, 값이 반드시 입력되지 않아도 됨
- ③ : 한 테이블에서 특정 레코드를 유일하게 구별할 수 있는 속성이 아님

49 ②

[소수 자릿수]가 '0'이므로 0.3을 입력하면 0의 값이 입력되어야 하지만 [유효성 검사 규칙]이 'Not 0'이기 때문에 0의 값이 입력되지 않고 다음과 같은 오류 메시지가 표시됨

50 ③

WHERE 절 이하 부분이 없으면 [고객] 테이블에서 모든 레코드가 삭제됨

51 ④

참조 무결성
- 참조하고 참조되는 테이블 간의 참조 관계에 아무런 문제가 없는 상태를 의미함
- 외래키 값은 널(Null)이거나 참조 테이블에 있는 기본키 값과 동일해야 함
- ④ : <구매리스트> 테이블의 '고객번호' 필드는 외래키로 필드 값이 <고객> 테이블의 '고객번호' 필드에 없는 경우 참조 무결성이 항상 유지되도록 설정할 수 없음

52 ②

'보고서 머리글'은 보고서의 첫 페이지 상단에 한 번만 표시되며, 함수를 이용한 집계 정보를 표시할 수 있음

53 ④

폼은 테이블이나 쿼리를 레코드 원본으로 사용함

54 ④

데이터시트 보기에서는 Shift 를 이용한 연속된 필드의 선택과 이동만 가능함

55 ②

기본 폼은 단일 폼으로만 표시할 수 있음

56 ④

Val(문자열) : 숫자 형태의 문자열을 숫자값으로 변환

57 ③

일련번호 : 레코드 추가 시 자동으로 고유 번호를 부여할 때 사용함. 번호가 부여되면 변경하거나 삭제할 수 없음. 기본키를 설정하는 필드에서 주로 사용됨

58 ①

일대일 관계 성립 조건 : 양쪽 테이블의 연결 필드가 모두 중복 불가능의 기본키나 인덱스가 지정되어 있어야 함

59 ④

- =[Page] : 현재 페이지
- =[Pages] : 전체 페이지
- =Format([Pages], "0000") : 형식을 "0000"으로 설정하므로 결과는 0010이 됨

오답 피하기
- ① : =[Pages] & "중 " & [Page] → 10중 5
- ② : =[Pages] & "Page" → 10Page
- ③ : =[Pages] → 10

60 ①

매크로(Macro) : 여러 개의 명령문을 하나로 묶어서 일련의 절차를 미리 정의하는 기능으로, 반복적으로 수행되는 작업을 자동화할 때 사용함

01 ②	02 ①	03 ③	04 ①	05 ②
06 ④	07 ④	08 ④	09 ②	10 ②
11 ④	12 ④	13 ④	14 ④	15 ①
16 ③	17 ②	18 ③	19 ③	20 ①
21 ③	22 ②	23 ①	24 ②	25 ③
26 ①	27 ②	28 ④	29 ③	30 ④
31 ②	32 ④	33 ④	34 ②	35 ①
36 ②	37 ④	38 ②	39 ①	40 ①
41 ②	42 ②	43 ④	44 ④	45 ①
46 ④	47 ③	48 ④	49 ④	50 ④
51 ③	52 ④	53 ③	54 ②	55 ③
56 ②	57 ④	58 ④	59 ①	60 ④

---

1 과목   컴퓨터 일반

01 ②

방화벽(Firewall) : 외부 네트워크에서 내부로 들어오는 패킷을 체크하여 인증된 패킷만 통과시킴

02 ①

[파일 탐색기]에서 파일을 `Ctrl`을 누른 채 드래그하여 바탕 화면에 놓으면 복사가 됨

03 ③

오답 피하기
- ASCII 코드 : 7비트로 128가지의 표현이 가능한 일반 PC용 컴퓨터 및 데이터 통신용 코드
- BCD 코드 : 6비트로 64가지의 문자 표현이 가능하고 영문자의 대소문자를 구별하지 못함
- EBCDIC 코드 : 8비트로 256가지의 표현이 가능한 확장된 BCD 코드로 대형 컴퓨터에서 사용되는 범용 코드

04 ①

바이러스 : 컴퓨터에서 실행되는 일종의 프로그램으로 사용자 몰래 자기 자신을 복제하고 디스크나 프로그램 등에 기생하면서 컴퓨터의 운영체제나 기타 응용 프로그램의 정상적인 수행을 방해하는 불법 프로그램

오답 피하기
- 키로거(Key Logger) : 악성 코드에 감염된 시스템의 키보드 입력을 저장 및 전송하여 개인 정보를 빼내는 크래킹 행위
- 애드웨어(Adware) : 광고가 소프트웨어에 포함되어 이를 보는 조건으로 무료로 사용할 수 있는 소프트웨어
- 스파이웨어(Spyware) : 사용자의 승인 없이 몰래 설치되어 컴퓨터 시스템의 정보를 빼내는 악성 소프트웨어

05 ②

표준 주소 체계인 URL(Uniform Resource Locator) : 프로토콜 : //서버 주소 [: 포트 번호]/파일 경로/파일명

06 ④

FTP 서버에 계정을 가지고 있는 사용자라도 FTP 서버에 있는 프로그램을 다운로드 없이 실행시킬 수 없음

07 ④

finger : 특정 네트워크에 접속된 사용자의 정보를 확인할 때 사용하는 명령

오답 피하기
nslookup : URL 주소로 IP 주소를 확인하는 명령

08 ④

④ : 벡터(Vector) 방식

오답 피하기
①, ②, ③ : 비트맵(Bitmap) 방식

09 ②

클러스터링(Clustering)
- 하드디스크나 플로피 디스크상에서 기억 영역을 효율적으로 관리하기 위해 여러 개의 섹터를 하나로 묶는 단위로 사용됨
- 운영체제에서 두 대 이상의 컴퓨터 시스템을 단일 시스템처럼 묶어서 사용하는 기법

오답 피하기
- 로더(Loader) : 로드 모듈 프로그램을 주기억 장치 내로 옮겨서 실행해 주는 소프트웨어
- PnP(Plug & Play) : 자동 감지 설치 기능으로 컴퓨터에 장치를 연결하면 자동으로 장치를 인식하여 설치 및 환경 설정을 용이하게 하므로 새로운 주변 장치를 쉽게 연결함
- 채널(Channel) : CPU의 처리 효율을 높이고 데이터의 입출력을 빠르게 할 수 있게 만든 입출력 전용 처리기

10 ②

아날로그 컴퓨터 : 온도, 전압, 진동 등과 같이 연속적으로 변하는 데이터를 효율적으로 처리

11 ④

④는 인터프리터(Interpreter) 기법에 대한 설명임

12 ④

주문형 비디오(Video On Demand) : 사용자의 주문에 의해 데이터베이스로 구축된 영화나 드라마, 뉴스 등의 비디오 정보를 실시간으로 즉시 전송해 주는 서비스

오답 피하기
- 폴링(Polling) : 회선 제어 기법인 멀티 포인트에서 호스트 컴퓨터가 단말 장치들에게 '보낼(송신) 데이터가 있는가?'라고 묻는 제어 방법
- P2P(Peer to Peer) : 동배 시스템이라 하며 네트워크상의 모든 컴퓨터가 동등한 위치에서 자료를 교환할 수 있는 시스템
- VCS(Video Conference System) : 원거리에 있는 사람들끼리 TV 화면을 통한 화상을 통해 원격으로 회의를 할 수 있는 시스템

13 ④
- Pixel당 표현되는 색상 수 계산법 : 사용 비트 수를 n이라 할 때, 색상 수는 2의 n 제곱이 됨
- 8비트의 경우 색상 수는 256(2의 8제곱)이 됨

14 ④

FLAC(Free Lossless Audio Codec) : 오디오 데이터 압축 파일 형식으로 무손실 압축 포맷이며 원본 오디오의 음원 손실이 없음

오답 피하기

시퀀싱(Sequencing) : 오디오 파일이나 여러 연주, 악기 소리 등을 프로그램에 입력하여 녹음하는 방법으로 음의 수정이나 리듬 변형 등의 여러 편집 작업이 가능함

15 ①

디지털 신호를 아날로그 신호로 변조한 다음 데이터 통신에 의해 직렬 전송(직렬화)되고 다시 아날로그 신호를 디지털 신호로 복조하여 컴퓨터에서 병렬 처리(병렬화)됨

16 ③

오답 피하기

- ① : 컴퓨터 시스템 보안 등급은 7등급으로 나뉨
- ② : 운영체제의 보안 등급은 Windows NT, Unix, MS-DOS 순
- ④ : 최하위 등급은 D 등급임

17 ②

디더링(Dithering) : 표현할 수 없는 색상이 있을 경우, 다른 색들과 혼합하여 유사한 색상의 효과를 냄

오답 피하기

- 렌더링(Rendering) : 3차원의 질감을 줌으로써 사실감을 더하는 과정
- 모델링(Modelling) : 물체의 형상을 컴퓨터 내부에서 3차원 그래픽으로 어떻게 표현할 것인지를 정하는 과정
- 리터칭(Retouching) : 비트맵이나 벡터 형태의 정지 영상 데이터에 대해 이미지 효과를 다시 주는 과정

18 ③

사물 인터넷은 IoT(Internet of Things)라고 함

오답 피하기

위치 기반 서비스(LBS : Location Based Service) : 스마트 폰에 내장된 칩(Chip)이 각 기지국(셀 방식)이나 GPS(위성항법장치)와 연결되어 위치 추적이 가능하며 위치 정보에 따른 특정 지역의 기상 상태나 교통 및 생활 정보 등을 제공 받을 수 있는 위치 기반 서비스

19 ③

장소와 환경에 따라 많은 영향을 받으므로 사용 거리에 제한이 있음

20 ②

핫 스왑(Hot Swap) 지원 : 컴퓨터의 전원이 켜져 있는 상태에서 시스템에 장치를 연결하거나 분리하는 기능

---

2 과목 스프레드시트 일반

---

21 ③

- 사용자 지정 서식은 서식 코드(양수, 음수, 0, 텍스트)를 세미콜론(;)으로 구분된 4개의 구역으로 지정함
- 2항목만 지정하게 되면 첫째 항목은 양수와 0에 대해 사용되고 둘째 항목은 음수에 대해 사용됨
- 조건이나 글자 색의 설정은 대괄호([ ]) 안에 입력함

22 ②

셀에 맞춤

- 선택한 셀의 모든 데이터가 열에 맞게 표시되도록 글꼴의 문자 크기를 줄임
- 열 너비를 변경하면 문자 크기가 자동으로 조정됨
- 적용된 글꼴 크기는 바뀌지 않음

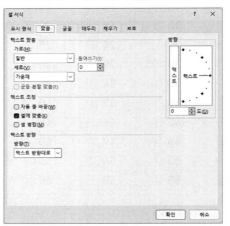

23 ①

숫자 데이터는 채우기 핸들을 끌면 복사됨

	A	B	C	D	E
1	89.63	89.63	89.63	89.63	
2					

24 ②

셀 병합은 둘 이상의 셀을 선택하여 하나로 만드는 과정이며 셀을 병합할 때 여러 셀에 데이터가 들어 있으면 왼쪽 위 셀의 데이터만 남고 나머지 데이터는 모두 지워짐

25 ③

- SLN 함수 : 정액법을 사용하여 단위 기간 동안의 자산의 감가상각액을 구함
- SYD 함수 : 지정된 감가상각 기간 중 자산의 감가상각액을 연수 합계법으로 계산함

오답 피하기

- FV : 투자액의 미래 가치를 구하는 함수
- PV : 투자액의 현재 가치를 구하는 함수
- NPV : 할인율과 앞으로의 지출(음수)과 수입(양수)을 사용하여 투자의 현재 가치를 구함
- PMT : 정기적으로 지불하고 일정한 이자율이 적용되는 대출에 대해 매회 지급액을 구함

26 ①

[삭제] 단추를 클릭해서 선택한 시나리오를 삭제할 수 있지만 '실행 취소' 단추를 이용하여 삭제한 시나리오를 복원할 수는 없음

27 ②

시간의 합계를 계산하여 표시할 때는 [h]:mm 서식을 사용함

28 ④

④ =POWER(SQRT(4),2^2) → 16

- SQRT(4) : 4의 양의 제곱근을 구하므로 결과 값은 2가 됨
- 2^2 : 2의 2제곱이므로 결과는 4가 됨
- =POWER(2,4) : 2의 4제곱을 구하므로 결과 값은 16이 됨

오답 피하기

① =SUM(MEDIAN(1,2,3,4,5),MODE.SNGL(1,2,3,4,5,5)) → 8

- MEDIAN(1,2,3,4,5) : 중위수를 구하므로 결과는 3이 됨
- MODE.SNGL(1,2,3,4,5,5) : 최빈수를 구하므로 결과는 5가 됨
- =SUM(3,5) : 3과 5의 합을 구하므로 결과는 8이 됨

② =SUM(INT(-4.9),TRUNC(14.3)) → 9

- INT(-4.9) : 음수는 0에서 먼 방향 정수로 내리므로 결과는 -5가 됨
- TRUNC(14.3) : 소수점 이하를 버리고 정수로 변환하므로 결과는 14가 됨
- =SUM(-5,14) : -5와 14의 합을 구하므로 결과는 9가 됨

③ =CHOOSE(MOD(101,3),POWER(3,2),FACT(3),INT(89. 63)) → 6

- MOD(101,3) : 101을 3으로 나눈 나머지를 구하므로 결과는 2가 됨
- POWER(3,2) : 3의 2제곱을 구하므로 결과는 9가 됨
- FACT(3) : 3의 계승값(1×2×3)을 구하므로 결과는 6이 됨
- INT(89.63) : 정수로 내리므로 결과는 89가 됨
- =CHOOSE(2,9,6,89) : 인덱스 번호가 2이므로 2번째 수식인 FACT(3)이 선택되어 결과는 6이 됨

29 ④

리본 메뉴 확장 및 축소 : Ctrl + F1

30 ④

오답 피하기

- 히스토그램 차트 : 계급구간이라고 하는 차트의 각 열을 변경하여 데이터를 보다 세부적으로 분석할 수 있음
- 상자 수염 차트 : 데이터 분포를 사분위수로 나타내며 평균 및 이상값을 강조하여 표시함
- 트리맵 차트 : 데이터를 계층 구조 보기로 제공하므로 다른 범주 수준을 비교하는 데 사용함

31 ②

텍스트 방향 : 텍스트 방향대로, 왼쪽에서 오른쪽, 오른쪽에서 왼쪽

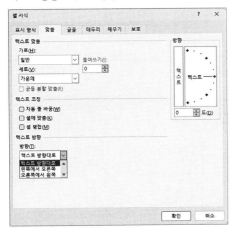

32 ④

- Do while ~ Loop : 조건식이 참인 동안(While) 명령문을 반복 수행(Do)함
- 형식

```
Do while 조건식
    명령문
Loop
```

- Dim k As Integer : 변수 k를 정수(As Integer) 변수로 선언(Dim)
- Do while k 〈 3 : k변수 값(0)을 3과 비교, 3이 크므로 Do~Loop 반복
- [A1].offset(k,1)=10 : [A1] 셀을 기준으로 offset 명령에 의해 지정한 행, 열만큼 떨어진 범위(offset)로 이동, k가 0이므로 0행 1열에 10을 입력, 즉 [B1] 셀에 10이 입력됨
- k = k + 2 : 0에 2를 더한 결과 2를 k변수에 대입
- Loop : Do While 문 반복
- Do while k 〈 3 : k변수 값(2)을 3하고 비교, 3이 크므로 Do~Loop 반복
- [A1].offset(k,1)=10 : [A1] 셀을 기준으로 offset 명령에 의해 지정한 행, 열만큼 떨어진 범위(offset)로 이동, k가 2이므로 2행 1열에 10을 입력, 즉 [B3] 셀에 10이 입력됨
- k = k + 2 : 2에 2를 더한 결과 4를 k 변수에 대입하고 Do while k 〈 3에 의해 k는 4이므로 Do While 반복이 끝남

33 ④

- =DSUM(데이터베이스,필드,조건 범위) : 조건을 만족하는 필드의 합계를 구함
- 데이터베이스 → A1:D7, 필드 → 4(하반기), 조건 범위 → B1:B2(부서명이 영업 1부)이므로 부서명이 "영업1부"인 "하반기" 합(30+60+110)을 구하므로 결과는 200이 됨

34 ④

Ctrl + 4 : 밑줄 적용 및 취소

오답 피하기

Ctrl + 5 : 취소선 적용 및 취소

35 ①

사원명을 기준으로 항목이 그룹화되어 있음

36 ②

창 정렬 : 여러 개의 통합 문서를 배열하여 비교하면서 작업할 수 있는 기능

오답 피하기

- 창 나누기 : 워크시트의 내용이 많아 하나의 화면으로는 모두 표시하기가 어려워 불편할 때 멀리 떨어져 있는 데이터를 한 화면에 표시할 수 있도록 분할하는 기능
- 틀 고정 : 데이터양이 많은 경우, 특정한 범위의 열 또는 행을 고정시켜 셀 포인터의 이동과 상관없이 화면에 항상 표시할 수 있도록 하는 기능
- 페이지 구분선 : 인쇄 시 페이지 단위로 인쇄하기 위해 페이지 구분선을 삽입함

37 ④

같은 열에 날짜, 숫자, 텍스트가 섞여 있는 경우 가장 많은 데이터 형식을 필터로 나타냄

38 ②

- 피벗 테이블 보고서에서 [피벗 테이블 분석] 탭-[데이터] 그룹-[새로 고침]-[새로 고침]을 실행해야 업데이트됨
- 새로 고침 바로 가기 키 : Alt + F5

39 ①

첫 글자는 반드시 문자이어야 하며, 나머지는 문자, 숫자, 밑줄 등을 사용할 수 있음

40 ①

`Ctrl`+`F` 또는 `Shift`+`F5` : [찾기] 탭이 선택된 [찾기 및 바꾸기] 대화 상자를 표시함

오답 피하기

`Ctrl`+`H` : [바꾸기] 탭이 선택된 [찾기 및 바꾸기] 대화 상자를 표시함

---

3 과목 | **데이터베이스 일반**

41 ②

정규화는 데이터베이스의 논리적 설계 단계에서 수행됨

42 ②

IME Mode : '한글' 또는 '영문'으로 입력 상태를 지정할 때 사용하는 속성

43 ④

데이터 조작 언어(DML : Data Manipulation Language) : SELECT(검색), INSERT(삽입), UPDATE(갱신), DELETE(삭제)

오답 피하기

- 데이터 정의 언어(DDL : Data Definition Language) : CREATE(테이블 생성), ALTER(테이블 변경), DROP(테이블 삭제)
- 데이터 제어 언어(DCL : Data Control Language) : GRANT(권한 부여), REVOKE(권한 해제), COMMIT(갱신 확정), ROLLBACK(갱신 취소)

44 ③

개체-관계 모델(Entity-Relationship Model) : 1976년 Peter Chen이 제안한 것으로 개체 타입(Entity Type)과 이들 간의 관계 타입(Relationship Type)을 이용해 현실 세계를 개념적으로 표현한 방법

45 ①

도메인(Domain) : 하나의 속성이 취할 수 있는 값의 집합

오답 피하기

- 스키마(Schema) : 데이터베이스를 구성하는 파일, 레코드, 항목의 형식과 상호 관계 전체를 정의하는 것
- 튜플(Tuple) : 테이블에서 행을 나타내는 말로 레코드와 같은 의미임
- 차수(Degree) : 한 릴레이션(테이블)에서 속성(필드=열)의 개수임

46 ④

2개 이상의 연결 필드를 지정할 때는 필드 이름을 세미콜론(;)으로 구분함

47 ③

그리고(AND) 조건은 같은 행에 지정하고 또는(OR) 조건은 다른 행에 지정함

48 ④

UPDATE(갱신문)

- 테이블에 저장된 데이터를 갱신하며, UPDATE-SET-WHERE의 유형을 가짐
- 형식

> UPDATE 테이블명
> SET 필드이름1= 값1, 필드이름2=값2, …
> WHERE 조건

- 테이블명 : 사원, 필드이름 및 값 : 호봉="10", 조건 : 사번="8963"

49 ④

하위 보고서에서 그룹화 및 정렬 기능을 설정할 수 있음

50 ④

컨트롤의 원본 속성을 '=Sum([총 주문개수])'로 설정하는 경우 '#Error' 오류가 표시됨

오답 피하기

주문개수의 합계, 즉 '총 주문개수'를 구하기 위해서는 [컨트롤 원본] 항목에 '=Sum[주문개수])'를 입력해야 함

51 ③

Me.FilterOn=True

- Me : 사용자 정의 폼 자신을 의미하며 사용자 정의 폼의 프로시저에서만 사용됨
- Filter : 필터가 폼, 보고서, 쿼리 또는 테이블에 적용될 때 표시할 레코드 하위 집합을 지정함
- FilterOn : 폼 또는 보고서의 Filter 속성이 적용되는지 여부를 지정하거나 확인할 수 있음
- True : 개체의 Filter 속성이 적용됨
- False : 개체의 Filter 속성이 적용되지 않음(기본 값)

52 ④

해당 필드의 '인덱스'를 '예(중복 불가능)'로 설정하면 해당 필드에서 같은 값을 중복해서 입력할 수 없음

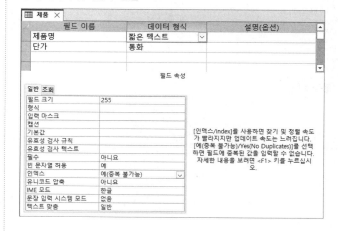

53 ③

보고서 머리글

- 보고서의 첫 페이지 상단에 한 번만 표시됨(페이지 머리글 위에 인쇄됨)
- 회사의 로고, 보고서 제목, 인쇄일 등의 항목을 삽입함

오답 피하기

- 그룹 머리글 : 그룹 설정 시 반복하여 그룹 상단에 표시됨, 그룹명이나 요약 정보 등을 삽입함
- 그룹 바닥글 : 그룹 설정 시 반복하여 그룹 하단에 표시됨, 그룹별 요약 정보를 표시함
- 페이지 머리글 : 보고서의 매 페이지의 상단에 표시됨, 열 제목 등의 항목을 삽입함

54 ②

- ② : 텍스트 상자
- 바운드 텍스트 상자 : 폼, 보고서에서 레코드 원본의 데이터를 나타낼 때 사용
- 언바운드 텍스트 상자 : 다른 컨트롤의 계산 결과를 나타내거나 사용자의 입력 내용을 받아들일 때 사용하며, 언바운드 텍스트 상자의 데이터는 저장되지 않음

오답 피하기

- ① 레이블 : 제목이나 캡션, 간단한 지시 등의 설명 텍스트를 표시하는 컨트롤로 필드나 식의 값을 표시할 수 없음
- ③ 옵션 그룹 : 틀, 옵션 단추, 확인란, 토글 단추 등으로 구성됨
- ④ 목록 상자 : 값 또는 선택 항목 목록이 항상 표시됨, 목록 상자에 있는 항목만 선택할 수 있으며 값을 직접 입력할 수는 없음

55 ③

'일련번호' 형식 : 테이블에 새 레코드가 추가될 때마다 Microsoft Access에서 할당하는 고유한 순차적(1씩 증가) 숫자이며, 일련번호 필드는 업데이트할 수 없고 크기는 4바이트임

56 ②

일대일 관계 성립 조건 : 양쪽 테이블의 연결 필드가 모두 중복 불가능의 기본키나 인덱스가 지정되어 있어야 함

57 ④

- 널(Null) : 아무것도 없다는 의미로 값 자체가 존재하지 않음
- 기본키는 널(Null)이 될 수 없으며 중복될 수 없음

오답 피하기

- 튜플(Tuple) : 테이블에서 행을 나타내는 말로 레코드와 같은 의미임
- 도메인(Domain) : 하나의 속성이 취할 수 있는 값의 집합
- 대체키(Alternate Key) : 후보키 중 기본키로 선택되지 않는 나머지 키

58 ④

Select 학과명, Count(*) as 취득자수 Form 자격취득 Group by 학과명

- Select : 검색하고자 하는 열
- Count(*) : 행(튜플)의 개수를 구함
- as : 필드나 테이블의 이름을 별명(Alias)으로 지정할 때 사용함
- From : 테이블 명
- Group by : 그룹에 대한 쿼리 시 사용함

59 ①

SELECT … FROM 〈테이블명1〉 INNER JOIN 〈테이블명2〉 ON 〈테이블명1〉.〈열이름〉 = 〈테이블명2〉.〈열이름〉 : 내부 조인은 한쪽 테이블의 열의 값과 다른 한쪽의 테이블의 열의 값이 똑같은 행만 결합함

60 ④

'종목코드'의 내용을 수정할 수 없게 설정하기 위해서는 종목코드의 '잠금' 속성을 '예'로 설정하면 됨

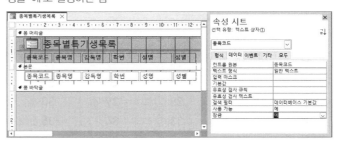

01 ②	02 ④	03 ③	04 ③	05 ③
06 ④	07 ④	08 ④	09 ④	10 ②
11 ③	12 ①	13 ②	14 ①	15 ③
16 ④	17 ②	18 ④	19 ③	20 ①
21 ④	22 ④	23 ③	24 ④	25 ②
26 ③	27 ③	28 ②	29 ④	30 ④
31 ③	32 ①	33 ③	34 ①	35 ①
36 ①	37 ③	38 ③	39 ④	40 ③
41 ③	42 ④	43 ④	44 ②	45 ④
46 ③	47 ②	48 ③	49 ③	50 ②
51 ③	52 ③	53 ③	54 ①	55 ④
56 ②	57 ①	58 ④	59 ②	60 ②

---

1 과목 ## 컴퓨터 일반

01 ②

스팸(SPAM) 메일은 바이러스를 유포시켜 개인 정보를 탈취하거나 데이터를 파괴하는 행위의 기능은 없음

02 ④

RAM(Random Access Memory)
- 실행 중인 프로그램이나 데이터를 저장하며, 자유롭게 읽고 쓰기가 가능한 주기억 장치
- 전원이 공급되지 않으면 기억된 내용이 사라지는 휘발성(소멸성) 메모리

오답 피하기
- HDD(Hard Disk Drive) : 하드디스크는 디스크 표면을 전자기적으로 변화시켜 대량의 데이터를 저장하고 비교적 빠르게 접근할 수 있는 보조 기억 장치로 비휘발성임
- SSD(Solid State Drive) : 무소음, 저전력, 소형화, 경량화, 고효율의 속도를 지원하는 반도체 보조 기억 장치이며 비휘발성임
- DVD(Digital Versatile Disk) : 광디스크 방식의 보조 기억 장치로 4.7GB의 기본 용량(최대 17GB)을 가지며 비휘발성임

03 ③

근거리 통신망(LAN) : 수 km 이내의 거리(한 건물이나 지역)에서 데이터 전송을 목적으로 연결된 통신망

오답 피하기
- 부가가치통신망(VAN) : 통신 회선을 직접 보유하거나 통신 사업자의 회선을 임차하여 이용하는 형태(하이텔, 천리안, 유니텔 등)
- 종합정보통신망(ISDN) : 여러 가지 통신 서비스를 하나의 디지털 통신망으로 통합한 통신망
- 광대역통신망(WAN) : 원거리 통신망이라고도 하며, 하나의 국가 등 매우 넓은 네트워크 범위를 갖는 통신망

04 ③

변조(Modulation) : 디지털 신호를 아날로그 신호로 변경하는 것으로 전화 회선을 통해 데이터의 손실 없이 가능하면 먼 거리를 전송하기 위해 사용됨

오답 피하기
모뎀(MODEM) : 디지털 신호를 아날로그 신호로 변환하는 변조 과정과 아날로그 신호를 디지털 신호로 변환하는 복조 과정을 수행하는 장치

05 ③

장치 관리자 : 컴퓨터에 설치된 디바이스 하드웨어 설정 및 드라이버 소프트웨어를 관리함

오답 피하기
- 시스템 정보 : 디바이스 이름, 프로세서(CPU), 설치된 RAM, 장치 ID, 제품 ID, 시스템 종류(32/64비트 운영체제), 펜 및 터치 등에 대해 알 수 있음
- 작업 관리자 : 내 PC에서 실행되고 있는 프로그램(앱)들에 대한 프로세스, 성능, 앱 기록, 시작 프로그램, 사용자, 세부 정보, 서비스 등에 대한 정보를 제공해 줌
- 레지스트리 편집기 : 레지스트리는 Windows에서 사용하는 환경 설정 및 각종 시스템과 관련된 정보가 저장된 계층 구조식 데이터베이스로 're-gedit' 명령으로 실행함

06 ④

- C, C++, C# 언어는 컴파일러 언어임
- 컴파일러(Compiler)는 고급 언어를 기계어로 번역하는 프로그램으로 전체를 한 번에 번역하고 실행 속도가 빠르며 목적 프로그램을 생성함

오답 피하기
인터프리터(Interpreter)
- 대화식 언어로 작성된 프로그램을 필요할 때마다 매 번 기계어로 번역하여 실행하는 프로그램(Python, SQL, Ruby, R, JavaScript, Scratch, BASIC, LISP, SNOBOL, APL 등)
- 행 단위로 번역하고 실행 속도가 느리며 목적 프로그램을 생성하지 않음

07 ④

기본 프린터 : 프로그램에서 사용할 프린터를 지정하지 않고 인쇄 명령을 선택했을 때 컴퓨터가 자동으로 문서를 보내는 프린터로 네트워크 프린터도 기본 프린터로 지정할 수 있음

08 ④

오답 피하기
- IDE : 저가에 안정적이지만 연결할 수 있는 주변 장치의 수가 2개로 한정됨
- EIDE : IDE의 확장판으로 종전의 단점을 보완하여 주변기기를 4개까지 연결함
- SCSI : 시스템 구분 없이 주변 장치를 7개에서 최대 15개까지 연결함

09 ④

2^6=64이므로 6비트로 64가지의 각기 다른 자료를 나타낼 수 있음

10 ②

디스크 정리

- Windows에서 디스크의 사용 가능한 공간을 늘리기 위하여 불필요한 파일들을 삭제하는 작업으로 디스크의 전체 크기와는 상관없음
- 디스크 정리 대상에 해당하는 파일은 임시 파일, 휴지통에 있는 파일, 다운로드한 프로그램 파일, 임시 인터넷 파일, 오프라인 웹 페이지 등이 있음

- 백업(Backup) : 하드디스크의 중요한 파일들을 다른 저장 장치로 저장하는 것으로 불의의 사고로부터 데이터를 보호하기 위해 사용
- 디스크 조각 모음 : 디스크에 단편화되어 저장된 파일들을 모아서 디스크를 최적화함
- 압축 : 디스크 공간의 절약이나 전송 시간의 효율화를 위해 파일의 용량을 줄이는 기술

11 ③

JSP(Java Server Page) : Java의 장점을 그대로 수용, 자바 서블릿 코드로 변환되어 실행되며 여러 운영체제에서 실행할 수 있음

12 ①

ZIP : 압축 파일의 확장자

13 ②

명령 프롬프트 창에서 삭제한 파일은 휴지통에 보관되지 않음

14 ①

txt는 텍스트 파일 확장자이지만, png는 이미지 확장자임

15 ③

CPU와 주기억 장치의 속도차를 해결하기 위하여 사용되는 것은 캐시 메모리(Cache Memory)임

16 ④

CMOS 셋업 시의 비밀번호를 잊어버린 경우 메인 보드에 장착되어 있는 배터리를 뽑았다가 다시 장착함

17 ②

유니코드(Unicode)

- 2바이트 코드로 세계 각 나라의 언어를 표현할 수 있는 국제 표준 코드
- 16비트이므로 65,536자까지 표현할 수 있음

ASCII 코드(미국 표준 코드) : Zone은 3비트, Digit는 4비트로 구성됨, 7비트로 128가지의 표현이 가능함, 일반 PC용 컴퓨터 및 데이터 통신용 코드, 대소문자 구별이 가능함

18 ④

- MPEG-3 : HDTV 방송(고 선명도의 화질)을 위해 고안되었으나, MPEG-2 표준에 흡수, 통합되어 현재는 존재하지 않는 규격
- MPEG-4 : 동영상의 압축 표준안 중에서 IMT-2000 멀티미디어 서비스, 차세대 대화형 인터넷 방송의 핵심 압축 방식으로 비디오/오디오를 압축하기 위한 표준
- MPEG-7 : 인터넷상에서 멀티미디어 동영상의 정보 검색이 가능. 정보검색 등을 효율적으로 사용하기 위한 콘텐츠 저장 및 검색을 위한 표준

19 ③

모핑(Morphing) : 사물의 형상을 다른 모습으로 서서히 변화시키는 기법으로 영화의 특수 효과에서 많이 사용함

- 렌더링(Rendering) : 그림자, 색상, 농도 등의 3차원 질감을 줌으로써 사실감을 추가하는 과정
- 안티앨리어싱(Anti-Aliasing) : 화면의 해상도가 낮아 도형이나 문자를 그릴 때 각이 계단처럼 층이 나면서 테두리가 거칠게 표현되는 계단 현상(Aliasing) 부분을 뭉개고 곧게 이어지는 듯한 화질로 형성하는 것
- 블러링(Blurring) : 특정 부분을 흐릿하게 하는 효과로 원하는 영역을 선명하지 않게 만드는 기법

20 ①

서로 다른 키로 데이터를 암호화하고 복호화하는 것은 공개키(비대칭키, 이중키) 암호화 기법임

비밀키(대칭키, 단일키) 암호화 : 송신자와 수신자가 서로 동일(대칭)한 하나(단일)의 비밀키를 가짐

---

2 과목 | 스프레드시트 일반

21 ④

• LEFT(문자열, 개수) 문자열의 왼쪽에서 지정한 개수만큼 문자를 추출함 • LEFT(A1,3) → 가나다 ("가나다라마바사"에서 왼쪽부터 3개 추출)
• RIGHT(문자열, 개수) 문자열의 오른쪽에서 지정한 개수만큼 문자를 추출함 • RIGHT(A1,3) → 마바사 ("가나다라마바사"에서 오른쪽부터 3개 추출)
• CONCAT : 텍스트를 연결하여 나타냄 • CONCAT(LEFT(A1,3),RIGHT(A1,3)) → "가나다"와 "마바사"를 연결 → 가나다마바사
• MID(문자열, 시작 위치, 개수) : 문자열의 시작 위치에서부터 지정한 개수만큼 문자를 추출함 • =MID(CONCAT(LEFT(A1,3),RIGHT(A1,3)),3,3) → "가나다마바사"에서 3번째부터 3개를 추출 → 다마바

B1	▼	:	×	✓	fx	=MID(CONCAT(LEFT(A1,3),RIGHT(A1,3)),3,3)

	A	B	C	D	E	F
1	가나다라마바사	다마바				
2						

22 ④

- Tab : 현재 셀의 오른쪽으로 이동
- Shift + Tab : 현재 셀의 왼쪽으로 이동함

- ① : [A1] 셀로 이동한다. → Ctrl + Home
- ② : 한 화면을 오른쪽으로 이동한다. → Alt + Page Down
- ③ : 다음 시트로 이동한다. → Ctrl + Page Down

23 ③

셀 삽입의 바로 가기 키 : Ctrl + +

셀 삭제의 바로 가기 키 : Ctrl + −

24 ④

- ,(쉼표) 이후에 더 이상 코드를 사용하지 않으면 천 단위 배수로 표시함
- #,###,, : ,(쉼표)가 2개이므로 백만 단위 이하를 생략하며 셀에 아무것도 표시되지 않음

25 ②

3차원 차트는 오차 막대를 사용할 수 없음

26 ③

수식을 입력한 후 결과 값이 수식이 아닌 상수로 입력되게 하려면 수식을 입력한 후 바로 F9를 누름

27 ③

Ctrl + 3 : 선택한 셀에 기울임이 적용되며, 다시 누르면 적용이 취소됨

오답 피하기

Ctrl + 4 : 선택한 셀에 밑줄이 적용되며, 다시 누르면 적용이 취소됨

28 ②

오답 피하기

- 표면형 차트 : 두 데이터 집합 간의 최적 조합을 찾을 때 유용함
- 꺾은선형 차트 : 일정한 배율의 축에 시간에 따른 연속 데이터가 표시되며 월, 분기, 회계 연도 등과 같은 일정 간격에 따라 데이터의 추세를 표시하는 데 유용함
- 방사형 차트 : 워크시트의 여러 열이나 행에 있는 데이터를 차트로 그릴 수 있으며 여러 데이터 계열의 집계 값을 비교함

29 ④

시트 이름과 탭 색 변경은 시트 보호와 상관없음

30 ④

IFS 함수

- 형식 : =IFS(조건식1, 참인 경우 값1, 조건식2, 참인 경우 값2, ······)
- 하나 이상의 조건이 충족되는지 확인하고 첫 번째 TRUE 조건에 해당하는 값을 반환함
- 여러 중첩된 IF문 대신 사용할 수 있고 여러 조건을 사용할 수 있음

	A	B	C	D	E	F	G	H	I	J	K
B2	=IFS(A2="A","사과",A2="B","바나나",A2="O","오렌지",A2="S","딸기",TRUE,"없음")										
1	코드	과일									
2	A	사과									
3	B	바나나									
4	O	오렌지									
5	S	딸기									
6	X	없음									

31 ③

목표값 찾기 : 수식의 결과 값은 알고 있으나 그 결과 값을 얻기 위한 입력 값을 모를 때 목표값 찾기 기능을 이용함

오답 피하기

- 통합 : 하나 이상의 원본 영역을 지정하여 하나의 표로 데이터를 요약
- 부분합 : 워크시트에 있는 데이터를 일정한 기준으로 요약하여 통계 처리를 수행
- 시나리오 관리자 : 변경 요소가 많은 작업표에서 가상으로 수식이 참조하고 있는 셀의 값을 변화시켜 작업표의 결과를 예측하는 기능

32 ①

- [홈] 탭-[편집] 그룹-[채우기]-[계열]의 [연속 데이터]에서 '날짜 단위'에 주 단위는 지원되지 않음
- 날짜 단위 : 일, 평일, 월, 년 등

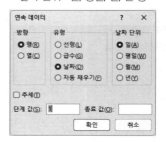

33 ③

통합 문서의 여러 워크시트에 있는 동일한 셀 데이터나 셀 범위 데이터를 분석하려면 3차원 참조 스타일을 사용함(예 : =sheet1:sheet3!A1)

34 ①

- 셀의 데이터를 삭제할 때 [메모]는 함께 삭제되지 않으며, [윗주]는 함께 삭제됨
- [검토]-[메모]-[새 메모], [홈]-[글꼴]-[윗주 필드 표시/숨기기]-[윗주 편집]

35 ①

시나리오 관리자 : 변경 요소가 많은 작업표에서 가상으로 수식이 참조하고 있는 셀의 값을 변화시켜 작업표의 결과를 예측하는 기능

오답 피하기

- 목표값 찾기 : 수식의 결과 값은 알고 있으나 그 결과 값을 얻기 위한 입력 값을 모를 때 목표값 찾기 기능을 이용함
- 부분합 : 워크시트에 있는 데이터를 일정한 기준으로 요약하여 통계 처리를 수행
- 통합 : 하나 이상의 원본 영역을 지정하여 하나의 표로 데이터를 요약

36 ①

- [옵션] 단추 : 바로 가기 키나 설명을 변경할 수 있음

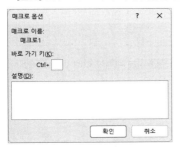

- [편집] 단추 : 매크로 이름이나 명령 코드를 수정할 수 있음

37 ③

###0, : 콤마(,) 뒤에 코드가 없으므로 뒤의 세 자리 860이 삭제되면서(천 단위 배수) 반올림되어 표시되므로 결과는 32760이 됨

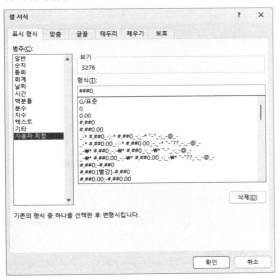

38 ③

- ISODD(숫자) : 숫자가 홀수일 때 TRUE, 짝수이면 FALSE를 반환함
- COLUMN() : 열 번호를 반환함
- ③ =ISODD(COLUMN()) : 열 번호가 홀수(A, C, E열)일 때 조건부 서식이 적용됨

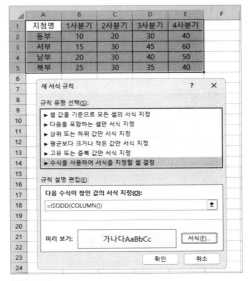

오답 피하기

- ISEVEN(숫자) : 숫자가 짝수일 때 TRUE, 홀수이면 FALSE를 반환함
- ROW() : 행 번호를 반환함
- ① =ISODD(ROW()) : 행 번호가 홀수(1, 3, 5)일 때 조건부 서식이 적용됨
- ② =ISEVEN(ROW()) : 행 번호가 짝수(2, 4, 6)일 때 조건부 서식이 적용됨
- ④ =ISEVEN(COLUMN()) : 열 번호가 짝수(B, D열)일 때 조건부 서식이 적용됨

39 ④

XLOOKUP 함수

- 형식 : =XLOOKUP(찾을 값, 찾을 범위, 반환범위, 찾을 값 없을 때 텍스트, 일치 유형, 검색 방법)
- "찾을 값"을 "찾을 범위"에서 찾아서 "반환 범위"의 값을 반환함
- ⓐ =XLOOKUP(B7,F2:F5,B2:B5) : [B7] 셀의 '한상공'을 [F2:F5] 범위에서 찾아서 [B2:B5] 범위의 값을 반환함(대리)
- ⓑ =XLOOKUP(B7,F2:F5,E2:E5) : [B7] 셀의 '한상공'을 [F2:F5] 범위에서 찾아서 [E2:E5] 범위의 값을 반환함(135)

40 ③

- &[페이지 번호] : 페이지 번호 삽입
- -&[페이지 번호] Page- : -1 Page-

---

3 과목 **데이터베이스 일반**

41 ③

필드 이름과 테이블 이름은 동일하게 지정할 수 있음

42 ④

데이터시트 보기에서 「잘라내기」와 「붙여넣기」를 이용하여 필드를 이동시킬 수 없음

43 ④

불일치 검색 쿼리 마법사 : 다른 테이블의 레코드와 관련이 없는 레코드를 찾는 쿼리이므로 하나의 테이블로만 구성된 경우는 실행할 수 없음

오답 피하기
- 단순 쿼리 마법사 : 선택한 필드를 사용하여 선택 쿼리를 만듦
- 중복 데이터 검색 쿼리 마법사 : 한 테이블이나 쿼리에서 중복된 필드 값이 있는 레코드를 찾는 쿼리를 만듦
- 크로스탭 쿼리 마법사 : 간단한 스프레드시트 형식의 크로스탭 쿼리를 만듦

44 ②

데이터 정의 언어(DDL : Data Definition Language) : CREATE(테이블 생성), ALTER(테이블 변경), DROP(테이블 삭제)

오답 피하기
- 데이터 조작 언어(DML : Data Manipulation Language) : SELECT(검색), INSERT(삽입), UPDATE(갱신), DELETE(삭제)
- 데이터 제어 언어(DCL : Data Control Language) : GRANT(권한 부여), REVOKE(권한 해제), COMMIT(갱신 확정), ROLLBACK(갱신 취소)

45 ④

데이터베이스 설계 단계 : 요구 조건 분석 → 개념적 설계 → 논리적 설계 → 물리적 설계 → 구현

46 ③

보고서 머리글
- 보고서의 첫 페이지 상단에 한 번만 표시됨(페이지 머리글 위에 인쇄됨)
- 로고, 보고서 제목, 인쇄일 등의 항목을 삽입함

오답 피하기
- 그룹 머리글 : 그룹 설정 시 반복하여 그룹 상단에 표시됨
- 그룹 바닥글 : 그룹 설정 시 반복하여 그룹 하단에 표시됨
- 페이지 머리글 : 보고서의 매 페이지의 상단에 표시됨(열 제목 등의 항목을 삽입함)

47 ②

기본키는 한 테이블에서 유일성과 최소성을 만족하는 후보키 중 선정되어 사용되는 키이므로 동일한 학과명을 가진 학생이 두 명 이상 존재하기 때문에 '학과'를 기본키로 사용할 수 없음

48 ③

IME 모드 : 필드로 포커스가 이동되었을 때 설정될 한글, 영숫자 등의 입력 상태를 지정함

오답 피하기
- 캡션 : 폼이나 데이터시트에서 사용할 필드 레이블
- 기본 값 : 새 레코드를 만들 때 필드에 자동으로 입력되는 값
- 인덱스 : 찾기 및 정렬 속도는 빨라지지만 업데이트 속도는 느려짐

49 ②

매개 변수 쿼리 : 실행할 때 검색 조건의 일정한 값(매개 변수)을 입력하여 원하는 정보를 추출함

오답 피하기
- 크로스탭 쿼리 : 테이블이나 쿼리의 필드별 합계, 개수, 평균 등의 요약을 계산함
- 통합 쿼리 : 2개 이상의 테이블이나 쿼리에서 대응되는 필드들을 결합하여 하나의 필드로 만들어 주는 쿼리
- 실행 쿼리 : 여러 레코드의 변경과 이동을 일괄적으로 실행함

50 ①

[속성 시트] 창에서 하위 폼의 제목(레이블)을 변경하려면 [형식] 탭의 '캡션'을 수정하면 됨

51 ③

참조 무결성 : 참조 무결성은 참조하고 참조되는 테이블 간의 참조 관계에 아무런 문제가 없는 상태를 의미함

52 ③

오답 피하기
- 도메인(Domain) : 하나의 속성이 취할 수 있는 값의 집합
- 튜플(Tuple) : 테이블에서 행을 나타내는 말로 레코드와 같은 의미
- 차수(Degree) : 한 릴레이션(테이블)에서 속성(필드=열)의 개수

53 ③

'잠금' 속성을 '예'로 설정하면 내용을 수정할 수 없음

54 ①

보고서는 데이터 원본으로 테이블, 쿼리, SQL문을 사용함

55 ④

! : 대괄호 안에 있지 않은 문자를 찾음으로 "소[!비유]자"를 입력하면 소개자는 찾지만 소비자와 소유자는 무시함

오답 피하기
- – : 영문자의 경우, 문자 범위 내에서 하나의 문자를 찾음
- ? : 한 자리의 문자만 찾음
- # : 숫자 한 자리를 찾음

56 ②

Val(문자열) : 숫자 형태의 문자열을 숫자값으로 변환

57 ①

오답 피하기

문자	의미	09#L로 설정한 경우
0	필수요소, 0~9까지의 숫자	② A124 → 첫 글자가 A라 틀림
9	선택요소, 숫자나 공백	
#	선택요소, 숫자나 공백	③ 12A4, ④ 12AB → 세 번째 글자가 A라 틀림
L	필수요소, A~Z, 한글	

58 ④

- [Pages] : 전체 페이지, [Page] : 현재 페이지
- & : 문자 연결 연산자
- =[Pages]& " 페이지 중 "& [Page] → 10 페이지 중 1

59 ②

오답 피하기
- 텍스트 상자 : 레코드 원본의 데이터를 표시, 입력 또는 편집하거나, 계산 결과를 표시하거나, 사용자의 입력 내용을 적용할 때 사용하는 컨트롤
- 확인란 : 폼, 보고서에서 원본 테이블, 쿼리, SQL문의 Yes/No 값을 표시하는 독립형 컨트롤
- 토글 단추 : 폼에서 토글(전환) 단추를 독립형 컨트롤로 사용하여 원본 레코드 원본의 Yes/No 값을 나타낼 때 사용함

60 ② ────────────

- 한 줄에 두 개 이상의 명령문을 입력하는 경우 명령어의 끝에는 콜론(:)을 찍어 구분함
- 예 For i = 1 To 10: sum = sum + i: Next: MsgBox sum

01 ①	**02** ④	**03** ①	**04** ②	**05** ②
06 ④	**07** ②	**08** ④	**09** ①	**10** ④
11 ①	**12** ②	**13** ①	**14** ②	**15** ③
16 ④	**17** ①	**18** ①	**19** ③	**20** ④
21 ③	**22** ①	**23** ②	**24** ③	**25** ④
26 ②	**27** ④	**28** ④	**29** ②	**30** ①
31 ②	**32** ①	**33** ③	**34** ③	**35** ①
36 ④	**37** ③	**38** ①	**39** ③	**40** ③
41 ②	**42** ①	**43** ③	**44** ①	**45** ②
46 ②	**47** ③	**48** ④	**49** ②	**50** ④
51 ①	**52** ③	**53** ②	**54** ③	**55** ②
56 ④	**57** ③	**58** ②	**59** ④	**60** ①

1 과목 ┃ **컴퓨터 일반**

01 ① ────────────

캐시 메모리(Cache Memory) : CPU와 주기억 장치 사이에 있는 고속의 버퍼 메모리, 자주 참조되는 데이터나 프로그램을 메모리에 저장, 메모리 접근 시간을 감소시키는 데 그 목적이 있음, RAM의 종류 중 SRAM이 캐시 메모리로 사용됨

02 ④ ────────────

CSMA/CD(반송파 감지 다중 접근/충돌 검사) 방식 : LAN의 접근 방식으로 한 회선을 여러 사용자가 사용할 때 이용하는 방식

오답 피하기

전송 오류 검출 방식은 패리티 비트, 정마크 부호 방식, 해밍 코드, 블록합 검사, CRC 등이 있음

03 ① ────────────

P2P(Peer To Peer) : 인터넷상에서 개인끼리 파일을 공유하는 기술이나 행위로, 컴퓨터와 컴퓨터가 동등하게 연결되는 방식

04 ② ────────────

사물 인터넷(IoT : Internet of Things) : 인간 대 사물, 사물 대 사물 간에 인터넷으로 연결되어 정보의 소통이 가능한 기술

05 ② ────────────

자바 스크립트(Java Script) : 스크립트는 HTML 문서 속에 직접 기술하며, 'Script'라는 꼬리표를 사용함

06 ④ ────────────

바로 가기를 삭제해도 원본 프로그램에는 영향을 미치지 않음

07 ② ────────────

방화벽(Firewall) : 외부 네트워크에서 내부로 들어오는 패킷을 체크하여 인증된 패킷만 통과시킴

08 ④

3D 프린터의 출력 속도의 단위는 MMS가 사용되며, MMS(MilliMeters per Second)는 '1초에 이동하는 노즐의 거리'를 의미함

오답 피하기

- LPM(Lines Per Minute) : 1분당 인쇄되는 라인 수(활자식 프린터, 잉크젯 프린터 등)
- PPM(Pages Per Minute) : 1분당 인쇄되는 페이지 수(잉크젯 프린터, 레이저 프린터 등)
- IPM(Images Per Minute) : ISO(국제 표준화 기구)에서 규정한 잉크젯 속도 측정 방식으로 각 프린터 업체의 자체 기준에 맞춘 고속 모드로 출력된 PPM과는 달리 일반(보통) 모드에서 ISO 규격 문서를 측정함

09 ①

가상 메모리(Virtual Memory) : 보조 기억 장치의 일부, 즉 하드디스크의 일부를 주기억 장치처럼 사용하는 메모리 사용 기법으로, 기억 장소를 주기억 장치의 용량으로 제한하지 않고, 보조 기억 장치까지 확대하여 사용함

10 ④

앱이 64비트 버전의 Windows용으로 설계된 경우, 32비트 버전과의 호환성 유지 기능은 지원되지 않음

11 ①

게이트웨이(Gateway) : 네트워크에서 다른 네트워크로 들어가는 관문의 기능을 수행하는 지점을 의미하며 서로 다른 프로토콜을 사용하는 네트워크를 연결할 때 사용하는 장치

오답 피하기

- ② : 리피터(Repeater)에 관한 설명
- ③ : 라우터(Router)에 관한 설명
- ④ : DNS(Domain Name System)에 관한 설명

12 ②

그림판은 레이어 기능이 지원되지 않으며, 레어어 기능은 포토샵 같은 소프트웨어에서 가능함

13 ①

쿠키(Cookie) : 인터넷 웹 사이트의 방문 정보를 기록하는 텍스트 파일

14 ②

첨단 도로 시스템(Automated Highway Systems) : 차량에 장착된 특수한 장치와 노변의 장치를 이용하여 안전하게 차량을 제어하는 시스템

15 ③

짝수 검사이므로 수신된 데이터의 '1'의 개수가 짝수이어야 하므로, 1의 개수가 홀수이면 오류가 발생함

16 ④

주문형 비디오 (Video On Demand) : 각종 영상 정보(뉴스, 드라마, 영화, 게임 등)를 데이터베이스로 구축하여 사용자의 요구에 따라 프로그램을 즉시 전송하여 가정에서 원하는 정보를 이용

오답 피하기

- 폴링(Polling) : 회선 제어 기법인 멀티 포인트에서 호스트 컴퓨터가 단말 장치들에게 '보낼(송신) 데이터가 있는가?'라고 묻는 제어 방법
- P2P(Peer-to-Peer) : 동배 시스템이라 하며 네트워크상의 모든 컴퓨터가 동등한 위치에서 자료를 교환할 수 있는 시스템
- VCS(Video Conference System) : 화상 회의 시스템으로 서로 먼 거리에 떨어져 있는 사람들끼리 각자의 실내에 설치된 TV 화면에 비친 화상 및 음향 등을 통하여 회의를 진행할 수 있도록 만든 시스템

17 ①

파일 탐색기의 [보기] 탭-[창] 그룹에서 탐색 창, 미리 보기 창, 세부 정보 창의 표시 여부를 선택할 수 있음

18 ①

표준 주소 체계인 URL(Uniform Resource Locator) : 프로토콜 : //서버 주소[: 포트 번호]/파일 경로/파일명

19 ③

- CMOS 셋업에서 Windows 로그인 암호 변경 설정은 지원되지 않음
- 시스템의 날짜/시간, 하드디스크 유형, 부팅 순서, 칩셋 및 USB 관련, 전원 관리, PnP/PCI 구성, 시스템 암호 등을 설정함

20 ④

벡터(Vector) 방식은 일러스트레이터(Illustrator)나 코렐드로우(CorelDraw) 등으로 편집함

오답 피하기

포토샵이나 그림판은 비트맵 방식의 그림을 편집할 수 있음

2 과목 **스프레드시트 일반**

21 ③

한 열에 숫자 입력 셀이 5개 있고, 텍스트 입력 셀이 3개 있는 경우 자동 필터는 셀의 수가 많은 '숫자 필터' 명령으로 표시됨

22 ①

오답 피하기

- ② : 데이터를 입력하는 도중에 입력을 취소하려면 [Esc]를 누름
- ③ : 텍스트, 텍스트/숫자 조합은 셀에 입력하는 처음 몇 자가 해당 열의 기존 내용과 일치하면 자동으로 입력되지만 날짜, 시간 데이터는 자동으로 입력되지 않음
- ④ : 여러 셀에 동일한 데이터를 입력하려면 해당 셀을 범위로 지정하여 데이터를 입력한 후 [Ctrl]+[Enter]를 누름

23 ②

머리글/바닥글은 [머리글/바닥글] 탭에서 설정함

24 ③

도넛형 차트 : 첫째 조각의 각 0~360도 회전 가능

25 ④

누적 세로 막대형 차트로 개별 요소를 전체적인 관점에서 비교할 때 사용함

오답 피하기

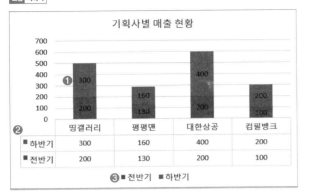

- ① : 레이블 내용으로 값이 표시되어 있음
- ② : 범례 표지를 포함한 데이터 테이블이 나타나도록 설정되어 있음
- ③ : 범례는 아래쪽으로 설정되어 있음

26 ②

텍스트 방향 : 텍스트 방향대로, 왼쪽에서 오른쪽, 오른쪽에서 왼쪽

27 ④

창 나누기의 경우에는 구분된 선을 마우스로 드래그하여 경계선을 이동할 수 있지만 틀 고정선은 마우스를 드래그하여 위치를 변경할 수 없음

28 ④

#VALUE! : 함수의 인수로 잘못된 값을 사용한 경우나 수치를 사용해야 할 장소에 다른 데이터를 사용한 경우

오답 피하기

- #DIV/0! : 0으로 나누기 연산을 시도한 경우
- #NUM! : 숫자가 필요한 곳에 잘못된 값을 지정한 경우
- #NAME? : 함수 이름이나 정의되지 않은 셀 이름을 사용한 경우

29 ②

데이터 표 : 워크시트에서 특정 데이터를 변화시켜 수식의 결과가 어떻게 변하는지 보여 주는 셀 범위를 데이터 표라고 함

오답 피하기

- 통합 : 하나 이상의 원본 영역을 지정하여 하나의 표로 데이터를 요약
- 부분합 : 워크시트에 있는 데이터를 일정한 기준으로 요약하여 통계 처리를 수행
- 시나리오 관리자 : 변경 요소가 많은 작업표에서 가상으로 수식이 참조하고 있는 셀의 값을 변화시켜 작업표의 결과를 예측하는 기능

30 ①

- PMT(PayMenT) 함수 : 정기적으로 지불하고 일정한 이자율이 적용되는 대출에 대해 매회 지급액을 구하는 함수
- PMT(이자율%/12, 기간(연*12), 현재 가치(대출금), 미래 가치, 납입 시점)
- 이자율%/12 : 5.5%/12
- 기간(연*12) : 2*12,
- 현재 가치(대출금) : 10,000,000(불입액을 양수로 나오게 하기 위해 −10000000으로 입력함)
- 미래 가치(최종 불입한 후 잔액) : 생략하면 0
- 납입 시점 : 매월 말은 0 또는 생략, 1은 기초

31 ②

MDETERM 함수는 배열의 행렬식을 구하며, MINVERSE 함수가 배열의 역행렬을 산출함

32 ①

'새로운 값으로 대치'는 이미 부분합이 작성된 목록에서 이전 부분합을 지우고 현재 설정 대로 새로운 부분합을 작성하여 삽입하므로, 여러 함수를 이용하여 부분합을 작성하려면 두 번째부터 실행하는 [부분합] 대화 상자에서 '새로운 값으로 대치'의 선택을 해제해야 함

33 ③

소수점의 위치가 −2인 경우 1을 입력하면 결과는 100이 됨

오답 피하기

소수점의 위치가 2인 경우 1을 입력하면 결과는 0.01이 됨

34 ③

외부 액세스 데이터베이스에서 만들어진 데이터도 호환 가능함

35 ①

- 사원명이 두 글자인 사원을 필터링하기 위한 조건 : ="=??" → =??
- 조건을 =??로 나타내야 하므로 ="=??"처럼 " "안에 =를 하나 더 입력함
- ?는 한 글자를 의미하므로 두 글자의 경우 ??로 입력함
- 수식을 조건으로 하는 경우 필드명을 다르게 해야 함 : 실적조건
- 실적이 전체 실적의 평균을 초과하는 데이터를 검색 : =$B2>AVERAGE ($B$2:$B$9) → FALSE

- 사원명이 두 글자이면서 실적 평균인 19,166,251을 초과하는 '이수, 30,500,000'이 필터링됨

36 ④

- =REPT(텍스트, 반복 횟수) : 텍스트를 지정된 횟수만큼 반복함
- =FREQUENCY(배열, 구간 배열) : 값의 범위 내에서 해당 값의 발생 빈도를 계산하여 세로 배열 형태로 나타냄

37 ③

별표(*), 물음표(?) 및 물결표(~) 등의 문자가 포함된 내용을 찾으려면 '찾을 내용'을 입력할 때 물결표(~) 뒤에 해당 문자를 붙여서 입력함(예 : ~*, ~?, ~~)

38 ①

Auto_Open 매크로 이름을 사용하면 파일을 열 때 특정 작업이 자동으로 수행됨

39 ③

간단하게 인쇄 : 테두리, 그래픽 등은 인쇄하지 않음

40 ③

Do While에서 조건이 no 〈 10이기 때문에 1부터 9까지의 합 45가 결과로 구해지며 1부터 10까지의 합을 구하기 위해서는 보기 ①처럼 Do While no 〈= 10이 되어야 함

오답 피하기

- 반복 제어문 Do While ~ Loop와 Do ~ Loop While 명령 모두 조건이 no 〈= 10처럼 되어야 1부터 10까지의 합을 구함
- 반복 제어문 For ~ Next는 no = 1 To 10에 의해 1부터 10까지의 합이 구해짐

---

3 과목 **데이터베이스 일반**

41 ②

GoToControl : 현재 폼이나 데이터시트에서 커서를 지정한 필드나 컨트롤로 이동시킴

오답 피하기

- GoToRecord : 열려 있는 테이블, 폼, 쿼리 결과 집합에서 지정한 레코드를 현재 레코드로 이동함
- SetValue : 폼, 폼 데이터시트, 보고서의 필드, 컨트롤, 속성 값을 설정함
- RunCode : 프로시저 코드를 실행함

42 ①

Forms![A]![B].Visible : A 이름의 폼에 사용된 B 이름의 컨트롤을 보이거나 감춤

43 ③

일련번호 : 레코드 추가 시 자동으로 고유 번호를 부여할 때 사용함, 번호가 부여되면 변경하거나 삭제할 수 없음, 기본키를 설정하는 필드에서 주로 사용됨

44 ①

- ORDER BY : 검색 결과에 대한 정렬을 수행함
- ASC : 오름차순을 의미하며 생략하면 기본적으로 오름차순임
- DESC : 내림차순을 의미함
- ① : 'SELECT * FROM movie ORDER BY 영화명, 장르;'는 영화명, 장르 모두 정렬 방법이 생략되어 있으므로 오름차순으로 정렬됨

45 ②

입력이 가능한 숫자를 백만 원 이상()= 1000000), 오백만 원 이하(〈= 5000000)로 설정하기 위한 유효성 검사 규칙은 And를 사용함 → 〉= 1000000 And 〈= 5000000

46 ②

=DCount("[학번]","[학생]","[점수]>=60") : =DCount(인수, 도메인(테이블명이나 쿼리명), 조건식)으로 특정 레코드의 집합(도메인)의 레코드 개수를 계산함

47 ③

인덱스 삭제 시 인덱스만 제거되고 필드 자체는 제거되지 않음

48 ④

UPDATE 테이블 SET 필드명=수정 내용 WHERE 조건 : 테이블에서 조건에 맞는 필드의 해당 필드의 내용을 수정함

49 ②

- 개체-관계 모델 : 개체 타입과 이들 간의 관계 타입을 이용해 현실 세계를 개념적으로 표현한 방법
- ERD(Entity Relationship Diagram) : 개체-관계 모델에 의해 작성된 설계도로 개체, 속성, 관계, 링크 등으로 구성됨
- 개념적 설계 단계 : 현실 세계에 대한 추상적인 개념(정보 모델링)으로 표현하는 단계

오답 피하기

- 요구 조건 분석 단계 : 데이터베이스 사용자의 요구 사항 및 조건 등을 조사하여 요구 사항을 분석하는 단계
- 논리적 설계 단계 : 개념 세계를 데이터 모델링을 거쳐 논리적으로 표현하는 단계
- 물리적 설계 단계 : 컴퓨터 시스템의 저장 장치에 저장하기 위한 구조와 접근 방법 및 경로 등을 설계하는 단계

50 ④

④ : 새(빈) 레코드를 추가함

51 ①

'일대다' 관계일 때 하위 폼에는 '다'에 해당하는 데이터가 표시되며, 기본 폼에는 '일'에 해당하는 데이터가 표시됨

52 ③

레이블 컨트롤과 이미지 컨트롤은 탭 순서에서 제외되며, 탭 정지 속성이 지원되지 않음

53 ②

데이터베이스관리자(DBA) : 데이터베이스를 관리하는 책임자, 전체 시스템에 대한 권한을 행사하는 사람

오답 피하기

- 데이터 정의어(DDL : Data Definition Language) : 데이터 베이스 구조와 관계, 데이터 베이스이름 정의, 데이터 항목, 키 값의 고정, 데이터의 형과 한계 규정
- 데이터 조작어(DML : Data Manipulation Language) : 주 프로그램에 내장하여 데이터 베이스를 실질적으로 운영 및 조작, 데이터의 삽입, 삭제, 검색, 변경 연산 등의 처리를 위한 연산 집합
- 데이터 제어어(DCL : Data Control Language) : 데이터베이스를 공용하기 위하여 데이터 제어를 정의 및 기술, 데이터 보안, 무결성, 회복, 병행 수행 등을 제어

54 ③

Format() : 숫자, 날짜, 시간, 텍스트의 표시 및 인쇄 방법을 사용자 지정

오답 피하기

- Clng(숫자) : 숫자 값을 Long형식으로 변환
- Val(문자열) : 숫자 형태의 문자열을 숫자값으로 변환
- DLookUp(인수, 도메인, 조건식) : 레코드 집합(도메인)의 특정 필드 값을 구함

55 ②

- 정규화(Normalization) : 이상(Anomaly) 현상이 발생하지 않도록 하기 위한 것으로 관계형 데이터베이스를 설계할 때 데이터의 중복 최소화와 불일치를 방지하기 위해 릴레이션 스키마를 분해해 가는 과정
- 이상(Anomaly) 현상 : 관계형 데이터베이스의 릴레이션을 조작할 때 발생하는 현상으로 삽입 이상, 삭제 이상, 갱신 이상 등이 있음

56 ④

일련번호는 번호가 부여되면 변경하거나 삭제할 수 없으며 크기는 4바이트임

57 ③

- 유효성 검사 규칙 : 레코드, 필드, 컨트롤 등에 입력할 수 있는 데이터 요구 사항을 지정할 수 있는 속성 → ">20"
- 유효성 검사 테스트 : 유효성 검사 규칙에 위반하는 데이터를 입력할 때 표시할 오류 메시지를 지정할 수 있는 속성 → "숫자는 >20으로 입력합니다."
- 유효성 검사 테스트 메시지가 표시된 다음 값을 다시 입력해야 됨(20보다 큰 수를 입력)

58 ②

VBA 코드	의미
Dim i As Integer	i를 정수화(Integer) 변수로(As) 선언(Dim)함
Dim Num As Integer	Num을 정수화(Integer) 변수로(As) 선언(Dim)함
For i = 0 To 7 Step 2	For문에 의해 i 값을 0부터 7까지 2씩 증가(0, 2, 4, 6)하면서 반복함
Num = Num+i	Num(0)=Num(0)+i(0), Num(2)=Num(0)+i(2), Num(6)=Num(2)+i(4), Num(12)=Num(6)+i(6) → 마지막 Num에는 0+2+4+6의 결과 12가 저장됨
Next i	For문의 마지막을 의미함
MsgBox Str(Num)	Num 변수의 값을 문자열(Str) 형식으로 변환하여 표시(MsgBox)함

59 ④

4 MOD 2 → 결과 값 : 0 (4를 2로 나눈 나머지를 구하므로 결과는 0이 됨)

오답 피하기

- ① : IIF(조건,참,거짓)에서 조건이 1 이상의 숫자일 경우 참으로 처리되므로 2가 결과 값이 됨
- ② : 3번째에서 2개의 문자를 추출하므로 34가 결과 값이 됨
- ③ : 문자를 연결하므로 "AB"가 결과 값이 됨

60 ①

보고서의 그룹 바닥글 구역에 '=COUNT(*)'를 입력하면 Null 필드를 포함한 그룹별 레코드 개수를 출력할 수 있음

2024년 상시 기출문제 13회　　　184p

01 ④	02 ④	03 ②	04 ②	05 ②
06 ④	07 ④	08 ②	09 ①	10 ②
11 ③	12 ③	13 ②	14 ②	15 ④
16 ②	17 ②	18 ①	19 ④	20 ③
21 ①	22 ④	23 ②	24 ②	25 ④
26 ④	27 ①	28 ②	29 ④	30 ①
31 ④	32 ①	33 ①	34 ②	35 ②
36 ②	37 ④	38 ①	39 ③	40 ③
41 ①	42 ②	43 ③	44 ①	45 ③
46 ④	47 ②	48 ③	49 ①	50 ②
51 ②	52 ④	53 ③	54 ③	55 ①
56 ③	57 ③	58 ③	59 ④	60 ①

1 과목　컴퓨터 일반

01 ④

시스템 구성 : [실행]에서 열기란에 'msconfig'를 입력하고 [확인]을 클릭함

오답 피하기

- ipconfig : 사용자 자신의 컴퓨터 IP 주소를 확인하는 명령
- tracert : 네트워크에 연결된 컴퓨터의 경로(라우팅 경로)를 추적할 때 사용하는 명령
- ping : 네트워크의 현재 상태나 다른 컴퓨터의 네트워크 접속 여부를 확인하는 명령

02 ④

연관 메모리(Associative Memory) : 저장된 내용의 일부를 이용하여 기억 장치에 접근하여 데이터를 읽어오는 기억 장치

오답 피하기

- 캐시 메모리(Cache memory) : 휘발성 메모리로, 속도가 빠른 CPU와 상대적으로 속도가 느린 주기억 장치 사이에 있는 고속의 버퍼 메모리
- 주기억 장치(Main memory) : CPU가 직접 참조하는 고속의 메모리로, 프로그램이 실행될 때 보조 기억 장치로부터 프로그램이나 자료를 이동시켜 실행시킬 수 있는 기억 장소
- 가상 기억 장치(Virtual memory) : 보조 기억 장치의 일부, 즉 하드디스크의 일부를 주기억 장치처럼 사용하는 메모리 사용 기법

03 ②

데드락(Deadlock) : 교착 상태로 자원은 한정되어 있으나 각 프로세스가 서로 자원을 차지하려고 무한정 대기하는 상태

04 ②

- 채널(Channel) : 입출력 전용 데이터 통로이며, CPU를 대신해서 입출력 조작을 수행하는 장치이므로, CPU는 입출력 작업을 수행하는 대신 연산을 동시에 할 수 있음
- 데드락(Deadlock) : 동일한 자원을 공유하고 있는 두 개의 컴퓨터 프로그램들이 상대방이 자원에 접근하는 것을 사실상 서로 방해함으로써 두 프로그램 모두 기능이 중지되는 교착 상태
- 스풀(Spool) : 저속의 입출력 장치를 중앙 처리 장치와 병행하여 작동시켜 컴퓨터 전체의 처리 효율을 높이는 기능

05 ②

외부(시스템) 버스의 종류 : 데이터 버스(Data Bus), 주소 버스(Address Bus), 제어 버스(Control Bus)

06 ④

- AVI(Audio Video Interleaved) : Windows의 표준 동영상 형식의 디지털 비디오 압축 방식
- MPEG-1 : 비디오 CD나 CD-I의 규격
- MPEG-4 : 멀티미디어 통신을 위해 만들어진 영상 압축 기술
- ASF : 스트리밍이 가능한 동영상 형식으로 화질이 떨어지기는 하지만 스트리밍 기술을 이용하여 영상을 전송하고, 재생함

07 ④

드라이브 조각 모음 및 최적화
- 디스크에 단편화되어 저장된 파일들을 모아서 디스크를 최적화함
- 비율이 10%를 넘으면 디스크 조각 모음을 수행해야 함
- 단편화를 제거하여 디스크의 수행 속도를 높여줌
- 처리 속도는 효율적이나 총용량이 늘어나지는 않음

- 디스크 검사 : 파일과 폴더 및 디스크의 논리적, 물리적인 오류를 검사하고 수정함
- 디스크 정리 : Windows에서 디스크의 사용 가능한 공간을 늘리기 위하여 불필요한 파일들을 삭제하는 작업
- 디스크 포맷 : 하드디스크 등을 초기화하는 것으로 트랙과 섹터로 구성하는 작업

08 ②

크기는 화면의 1/2까지만 늘릴 수 있음

09 ①

- 패리티 체크 비트 : 원래 데이터 1비트를 추가하여 에러 발생 여부를 검사하는 체크 비트
- 순환 중복 검사 : 다항식 코드를 사용하여 오류를 검출하는 방식
- 정 마크 부호 방식 : 패리티 검사가 코드 자체적으로 이루어지는 방식

10 ②

선점형 멀티태스킹(Preemptive MultiTasking)
- 운영체제가 CPU를 미리 선점하여 각 응용 소프트웨어의 CPU 사용을 통제하고 관리하여 멀티태스킹(다중 작업)이 원활하게 이루어짐
- 응용 소프트웨어의 CPU 선점이 통제되어 시스템의 안정성이 강화됨

11 ③

비트맵은 Photoshop, Paint Shop Pro 등이 대표적인 소프트웨어임

코렐드로, 일러스트레이터 : 벡터 방식

12 ③

- 인증 : 네트워크 보안 기술로 전송된 메시지가 확실히 보내졌는지 확인하는 것과 사용자 또는 발신자가 본인인지 확인하는 것
- 접근 제어 : 사용자가 어떠한 정보나 자원을 사용하고자 할 때 해당 사용자가 적절한 접근 권한을 가지고 있는지 확인하는 것
- 기밀성 : 전송 도중 데이터의 내용을 임의의 다른 사용자가 보았을 때 그 내용을 파악하지 못하도록 하는 기능

13 ②

디지털 컴퓨터 : ⓑ 논리 회로, ⓒ 부호화된 문자, 숫자, ⓓ 프로그래밍, ⓕ 범용성

아날로그 컴퓨터 : ⓐ 증폭 회로, ⓔ 연속적인 물리량

14 ②

ftp 기본 포트 번호는 21임

15 ②

문서와 문서가 연결된 형식으로 문서를 읽는 순서가 결정되지 않는 비선형 구조를 가짐

16 ②

IPv6 : ⓒ 128비트, ⓔ 16진수로 표현, ⓕ 각 부분을 콜론(:)으로 구분

IPv4 : ⓐ 32비트, ⓓ 10진수로 표현, ⓖ 각 부분을 점(.)으로 구분

17 ②

HDMI(High-Definition Multimedia Interface)
- 고선명 멀티미디어 인터페이스로 비압축 방식이므로 영상이나 음향 신호 전송 시 소프트웨어나 디코더 칩(Decoder Chip) 같은 별도의 디바이스가 필요 없음
- 기존의 아날로그 케이블보다 고품질의 음향이나 영상을 전송함

- DVI : 디지털 TV를 만들기 위해 개발되었던 것을 인텔에서 인수하여 동영상 압축 기술(최대 144:1정도로) 개발됨
- USB : 허브(Hub)를 사용하면 최대 127개의 주변기기 연결이 가능하며, 기존의 직렬, 병렬, PS/2 포트 등을 하나의 포트로 대체하기 위한 범용 직렬 버스 장치
- IEEE 1394 : 컴퓨터 주변 장치와 비디오 카메라, 오디오 제품, TV, VCR 등의 가전 기기를 개인용 컴퓨터에 접속하는 인터페이스로 개발됨

18 ①

오픈 소스 소프트웨어(Open source software) : 소스 코드가 공개되어 수정 및 변경이 가능한 소프트웨어

19 ④

에어로 쉐이크(Aero Shake) : 창의 제목 표시줄을 클릭한 채로 마우스를 흔들면 현재 창을 제외한 열린 모든 창이 순식간에 사라졌다가 다시 흔들면 원래대로 복원되는 기능(■+Home)

오답 피하기
- ■+E : 파일 탐색기 열기
- ■+X : 빠른 링크 메뉴 열기
- ■+U : 접근성 센터 열기

20 ③

운영체제의 발달 과정 : 일괄 처리 → 실시간 처리 → 다중 프로그래밍 → 시분할 처리 → 다중 처리 → 분산 처리

---

2 과목 스프레드시트 일반

21 ①

F9를 누르면 수식의 결과가 상수로 변환됨

FREQUEN...	▼	⋮	×	✓	fx	=500-A1	

▲	A	B	C	D
1	100	200	300	=500-A1
2				

22 ④

- 혼합 데이터 : 문자와 숫자가 혼합된 데이터로, 채우기 핸들을 끌면 문자는 복사되고 숫자는 1씩 증가함 → AAA-003, 4-A
- 날짜 데이터 : 날짜는 1일 단위로 자동 증가하면서 채워짐 → 1989-06-06
- 문자 데이터 : 문자 데이터를 입력하고 채우기 핸들을 끌면 데이터가 복사되어 채워짐 → Excel-A

▲	A	B	C	D
1	AAA-000	1989-06-03	Excel-A	1-A
2	AAA-001	1989-06-04	Excel-A	2-A
3	AAA-002	1989-06-05	Excel-A	3-A
4	AAA-003	1989-06-06	Excel-A	4-A

23 ②

- ROUNDDOWN(수1, 수2) : 수1을 무조건 내림하여 자릿수(수2)만큼 반환함
- ROUNDDOWN(165.657, 2) : 165.657을 무조건 내림하여 2자릿수만큼 반환함 → 165.65
- POWER(-2, 3) : -2의 3제곱을 구함 → -8
- ABS(-8) : -8의 절대값을 구함 → 8
- ∴ 165.65 - 8 = 157.65가 됨

24 ②

- 통합할 다른 문서가 열려있지 않더라도 데이터 통합 작업을 할 수 있음
- [통합] 대화 상자에서 [찾아보기] 단추를 클릭하여 열리지 않은 통합 문서도 불러올 수 있음

25 ④

오답 피하기
- 자동 줄 바꿈 : 셀에서 텍스트를 여러 줄로 표시함
- 셀 병합 : 선택한 두 개 이상의 셀을 하나의 셀로 결합함
- 텍스트 방향 : 읽는 순서와 맞춤을 지정하려면 방향 상자에서 옵션(텍스트 방향대로, 왼쪽에서 오른쪽, 오른쪽에서 왼쪽)을 선택함

26 ④

Ctrl+Shift+;을 누르면 시간이 입력됨

27 ①

규칙 유형 선택에 '임의의 날짜를 기준으로 셀의 서식 지정'은 지원되지 않음

28 ②

상태 표시줄 : 평균, 개수, 숫자 셀 수, 최소값, 최대값, 합계를 선택하면 자동으로 계산되어 나타남

29 ④

- [카메라] 기능은 [삽입] 탭-[일러스트레이션] 그룹에서 지원되는 기능이 아니고, 빠른 실행 도구 모음에 추가한 다음 사용함
- [Excel 옵션]-[빠른 실행 도구 모음]-[명령 선택]에서 [리본 메뉴에 없는 명령]을 선택한 후 [카메라] 도구를 찾아 선택하고 [추가]한 다음 [확인]을 클릭하면 빠른 실행 도구 모음에 추가됨

30 ①

-3/2의 결과인 -1.5는 INT(가장 가까운 정수로 내림, 음수는 0에서 먼 방향으로 내림)에 의해 -2가 되고 ABS(절대값)가 적용되어 2가 됨

오답 피하기
- ② =MOD(-3,2) : -3을 2로 나눈 나머지를 구하므로 결과는 1이 됨
- ③ =ROUNDUP(RAND(),0) : 0과 1사이에 발생한 난수를 자리 올림하여 결과는 1이 됨
- ④ =FACT(1.9) : 소수점 이하는 무시하고 1의 계승값을 구하므로 결과는 1이 됨

31 ④

- 같은 열에 있는 자료에 대하여 여러 개의 함수를 중복하여 사용할 수 있음
- 새로운 값으로 대치 : 여러 함수를 이용하여 부분합을 만들 경우 이 항목의 선택을 해제함

32 ①

시나리오는 변경 셀로 지정한 셀에 계산식이 포함되어 있으면 자동으로 상수로 변경되어 시나리오가 작성되지만 별도의 파일로 저장되지는 않음

33 ①

정렬 옵션 : 대/소문자 구분, 위쪽에서 아래쪽, 왼쪽에서 오른쪽

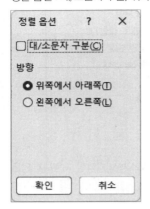

34 ②

Ctrl + Page Up / Ctrl + Page Down : 활성 시트의 앞/뒤 시트로 이동함

오답 피하기
- ① Home : 해당 행의 A열로 이동함, Ctrl + Home : 워크시트의 시작 셀 (A1)로 이동함
- ③ Ctrl + ← : 현재 영역의 좌측 마지막 셀로 이동함, Ctrl + → : 현재 영역의 우측 마지막 셀로 이동함
- ④ Shift + ↑ : 위쪽으로 범위가 설정됨, Shift + ↓ : 아래쪽으로 범위가 설정됨

35 ②

천 단위 데이터를 빠르게 입력 : [파일] 탭-[옵션]-[Excel 옵션]-[고급]-[소수점 자동 삽입]에서 [소수점 위치]를 −3으로 설정함(예 [소수점 위치]가 −3으로 설정되었기 때문에 1을 입력하면 1000으로 표시됨)

36 ②

자음마다 특수문자가 모두 다름

37 ④

- 주민등록번호의 여덟 번째 문자가 '1' 또는 '3'이면 '남' : 2로 나눈 나머지가 1이 됨
- 주민등록번호의 여덟 번째 문자가 '2' 또는 '4'이면 '여' : 2로 나눈 나머지가 0이 됨
- ④ =IF(MOD(VALUE(MID(C2, 8, 1)), 2)=0, "남", "여") : [C2] 셀의 주민등록번호 8번째 문자를 2로 나눈 나머지가 0이면 "남", 아니면 "여"이므로 순서가 옳지 않음
- 따라서, ④는 =IF(MOD(VALUE(MID(C2, 8, 1)), 2)=0, "여", "남")처럼 수정하면 올바른 결과가 산출됨

형식	=IF(조건, 값1, 값2)
기능	조건이 참이면 값1, 거짓이면 값2를 반환함
사용 예	=IF(MOD(VALUE(MID(C2, 8, 1)), 2)=0, "여", "남")
의미	[C2]셀의 주민등록번호 여덟 번째 문자를 2로 나눈 나머지가 0이면 "여", 아니면 "남"을 결과로 산출함

오답 피하기

① =IF(OR(MID(C2, 8, 1)="2", MID(C2, 8, 1)="4"), "여", "남")
▶ 주민등록번호 8번째 문자가 "2" 또는 "4"인 경우 "여", 아니면 "남"
② =CHOOSE(VALUE(MID(C2, 8, 1)), "남", "여", "남", "여")
▶ 주민등록번호 8번째 문자가 1이면 "남", 2이면 "여", 3이면 "남", 4이면 "여"
③ =VLOOKUP(VALUE(MID(C2, 8, 1)), $F$2:$G$5, 2, 0)
▶ 주민등록번호 8번째 문자를 [$F$2:$G$5] 범위에서 첫 코드열의 값과 일치하는 값을 찾아 2열(성별)의 같은 행에 있는 성별을 검색함

38 ①

- 계열 옵션에서 '간격 너비'가 0%로 설정되어 있지 않음
- 계열 옵션에서 '간격 너비'가 0%로 설정되어 있는 경우 아래처럼 표시됨

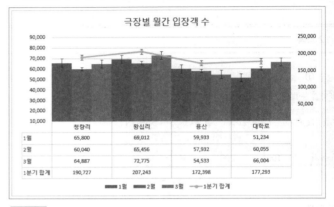

오답 피하기

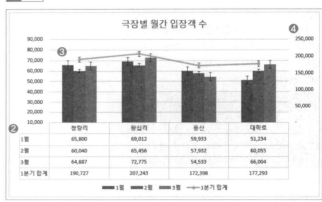

- ② : 범례 표지 없이 데이터 테이블이 표시되어 있음
- ③ : '1월', '2월', '3월' 계열에 오차 막대가 표시되어 있음
- ④ : '1분기 합계' 계열은 '보조 축'으로 지정되어 있음

39 ③

셀의 빈 열 폭 만큼 원하는 문자를 넣을 때 *를 이용하여 * 다음에 원하는 문자를 위치시키므로 ⓒ의 결과는 – – – –6,789로 표시됨

오답 피하기

- # : 유효 자릿수만 나타내고 유효하지 않은 0은 표시하지 않음
- 0 : 유효하지 않은 자릿수를 0으로 표시함
- ? : 유효하지 않은 자릿수를 공백으로 표시함
- , : 천 단위 구분 기호로 쉼표를 삽입, ,(쉼표) 이후에 더 이상 코드가 없으면 천 단위 배수로 표시함
- ; : 양수, 음수, 0값을 세미콜론(;)으로 구분함
- ⓐ : #에 의해 3이 표시되며 0.75를 분수로 나타내어 3/4가 표시됨
- ⓑ : ,(쉼표) 이후 코드가 없으므로 –6789를 천 단위 배수로 표시하여 –6 이 남고 반올림되어 –0.007이 표시됨
- ⓓ : –6789가 음수이므로 ▼#이 적용되어 ▼6789가 표시됨

40 ③

하위 데이터 집합에도 필터와 정렬을 적용하여 원하는 정보만 강조할 수 있으며 조건부 서식 역시 적용 가능하므로 데이터를 시각적으로 탐색 및 분석할 수 있음

---

3 과목 | **데이터베이스 일반**

41 ①

SELECT AVG(나이) FROM 학생 WHERE 전공 NOT IN ('수학', '회계'); → 학생 테이블에서 전공이 '수학'과 '회계'가 아닌 나이의 평균(AVG)을 구함, 따라서 21, 31, 23의 평균인 25가 결과가 됨

오답 피하기

- SELECT 열리스트 FROM 테이블명 WHERE 조건 : 테이블에서 조건에 만족하는 열을 검색
- IN(값1, 값2, …) : 목록 안에 값(값1, 값2, …)을 검색
- NOT : 부정, "~이 아니다"를 의미
- AVG(필드명) : 필드의 평균을 구함

42 ②

- 데이터베이스 암호를 설정하거나 제거하려면 데이터베이스를 단독 사용 모드로 열어야 함
- 데이터베이스를 단독 사용 모드로 열려면 데이터베이스를 닫은 다음 [파일] 탭–[열기] 명령을 사용하여 다시 연 다음 [열기] 대화 상자에서 [열기] 단추 옆에 있는 화살표를 클릭한 후 [단독으로 열기]를 선택함

43 ③

테이블 내에서 필드 이름이 중복될 수는 없음

오답 피하기

- 필드 이름 첫 글자는 숫자로 시작할 수 있음
- 필드 이름과 테이블 이름은 동일하게 지정 가능함
- 마침표(.), 느낌표(!), 대괄호([ ])를 제외한 특수 기호나 숫자, 문자, 공백을 조합해서 사용할 수 있음
- 필드 이름은 공백을 포함하여 64자까지 지정할 수 있음
- 공백으로 시작하는 필드 이름은 줄 수 없음

44 ①

일대일 관계 성립 조건 : 양쪽 테이블의 연결 필드가 모두 중복 불가능의 기본키나 인덱스가 지정되어 있어야 함

45 ③

읽기 전용 폼을 만들기 위한 폼과 컨트롤의 속성 설정 중 [잠금] 속성은 '예'로 설정해야 함

46 ④

보고서에서는 필드나 식을 최대 10단계까지 그룹화할 수 있음

47 ③

mid 함수는 문자열의 시작 위치에서 지정된 수의 문자를 표시하므로 「mid ("영동1단지", 3, 1)」는 '영동1단지'의 3번째 문자(1)에서 문자 1개를 표시함 → 1

48 ③

- AS : 필드나 테이블의 이름을 별명(Alias)으로 지정할 때 사용함
- AS 합계 : 수행+지필의 합을 합계라는 이름으로 구함

49 ③

우편물 레이블 보고서 : 우편 발송을 위해 편지 봉투에 붙일 주소 레이블을 작성하는 보고서

오답 피하기

- 업무 문서 양식 보고서 : 업무 문서 양식 마법사를 사용하여 거래 명세서, 세금 계산서를 작성하는 보고서
- 우편 엽서 보고서 : 우편 엽서 마법사를 사용하여 우편 발송을 위해 우편 엽서에 붙일 레이블을 작성하는 보고서
- 크로스탭 보고서 : 여러 개의 열로 이루어진 보고서로, 열마다 그룹의 머리글과 바닥글, 세부 구역 등이 각 열마다 표시됨

50 ②

GROUP BY문을 사용할 때에는 HAVING절을 사용하여 조건을 지정함

51 ②

OLE 개체 데이터 형식의 필드에는 인덱스를 사용할 수 없음

52 ④

대체키(Alternate Key) : 후보키 중에서 기본키로 선택되지 않은 나머지 키

오답 피하기

외래키(Foreign Key) : 외래키가 다른 참조 테이블의 기본키일 때 그 속성키를 외래키라 함

53 ③

매개 변수 쿼리
- 실행할 때 레코드 검색 조건이나 필드에 삽입할 값과 같은 정보를 물어보는 쿼리
- 두 조건 이상의 쿼리 작성이 가능함
- 매개 변수 쿼리 시 [ ]를 사용함
- 조건란에 ">=[조회할 최소 나이]" 처럼 입력함

필드:	고객명	지역	나이
테이블:	고객	고객	고객
정렬:			
표시:	☑	☑	☑
조건:			>=[조회할 최소 나이]
또는:			

54 ③

외래키(FK : Foreign Key) : 외래키가 다른 참조 테이블(릴레이션)의 기본키(PK)일 때 그 속성키를 외래키라 함(직원 테이블의 부서명)

55 ①

입력 마스크	L	A	0	9	?
입력 여부	필수	필수	필수	선택	선택
입력 가능 값	A~Z, 한글	A~Z, 한글, 0~9	0~9	0~9, 공백	A~Z, 한글
①	A	A	1	1	1

입력 마스크의 마지막 ?는 A~Z, 한글만 허용되는 경우이므로 숫자 1이 입력될 수 없음

오답 피하기

입력 마스크	L	A	0	9	?
입력 여부	필수	필수	필수	선택	선택
입력 가능 값	A~Z, 한글	A~Z, 한글, 0~9	0~9	0~9, 공백	A~Z, 한글
②	A	1	1		
③	A	A	1	1	
④	A	1	1	1	A

- ② : 9와 ?는 입력 여부가 선택이므로 입력 값이 없어도 됨
- ③ : ?는 입력 여부가 선택이므로 입력 값이 없어도 됨

56 ③

- 도메인 계산 함수의 구성 : =도메인 계산 함수(인수, 도메인, 조건식)
- DLookUp 함수 : 레코드 집합(도메인)의 특정 필드 값을 구함

57 ③

HWP 파일은 워드프로세서 문서로 엑세스에서 가져올 수 없음

58 ③

Like 조건을 사용하여 데이터 찾기
- ~와 "같은"의 의미로 쿼리에서 특정 패턴과 일치하는 값을 필드에서 찾을 수 있음
- 패턴의 경우 전체 값(예 Like "영진")을 지정하거나 와일드카드 문자를 사용하여 값 범위(예 Like "영*")를 찾을 수 있음
- Like "P[A–F]###" : P로 시작하고 그 뒤에 A에서 F 사이에 임의의 문자와 세 자리 숫자가 오는 데이터를 반환함

59 ④

개체(Entity)는 다른 것과 구분되는 개체로 단독으로 존재하는 실세계의 객체나 개념을 의미함

60 ①

텍스트 상자의 컨트롤 원본을 '=1'로 지정하고, 누적 합계 속성을 '그룹'으로 지정하면 그룹 내 데이터의 일련번호가 표시됨

01 ①	02 ③	03 ①	04 ②	05 ②
06 ②	07 ②	08 ①	09 ④	10 ②
11 ③	12 ③	13 ①	14 ④	15 ④
16 ②	17 ①	18 ③	19 ④	20 ③
21 ②	22 ①	23 ①	24 ③	25 ③
26 ②	27 ④	28 ③	29 ①	30 ③
31 ④	32 ②	33 ③	34 ④	35 ③
36 ②	37 ④	38 ④	39 ③	40 ③
41 ②	42 ③	43 ①	44 ④	45 ①
46 ②	47 ①	48 ①	49 ④	50 ②
51 ④	52 ①	53 ①	54 ④	55 ②
56 ③	57 ④	58 ④	59 ②	60 ①

---

1 과목 ## 컴퓨터 일반

01 ①

분산 처리 시스템 : 각 지역별로 발생된 자료를 분산 처리하는 방식으로 시스템의 과부하를 방지할 수 있으며 시스템의 안전성, 유연성, 신뢰성, 확장성 등에서 유리함. 클라이언트/서버(Client/Server) 시스템 등이 있음

오답 피하기

• 시분할 시스템 : CPU의 빠른 처리 속도를 이용하여 하나의 컴퓨터에서 여러 사용자의 작업을 다중으로 처리하는 방식
• 다중 처리 시스템 : 하나 또는 여러 개의 프로그램들을 여러 개의 프로세서로 동시에 처리하는 병렬 처리 방식으로, 대량의 데이터 처리에 이용
• 다중 프로그래밍 시스템 : 여러 개의 프로그램들을 동시에 처리하는 방식으로, CPU가 입출력 시간을 이용하여 여러 프로그램들을 순환 수행

02 ③

인터넷이나 네트워크에 연결된 프린터도 공유를 설정할 수 있음

03 ①

ICMP(Internet Control Message Protocol) : 인터넷에서 오류에 관한 문제를 처리하고 지원하는 프로토콜로, 송신 호스트에 전달할 때 IP 패킷의 데이터 부분에 캡슐화함

오답 피하기

• ARP : IP 주소를 MAC 주소로 변환하는 프로토콜
• RARP : 물리적 하드웨어 주소를 IP로 변환하는 프로토콜
• IP : 명령이 올바로 전송되도록 하며 전달되지 못한 패킷은 재전송하는 프로토콜

04 ②

블록체인(Block Chain) : '공공 거래 장부'로 불리며 데이터를 블록이라는 형태로 분산시켜 저장하고 각 블록을 체인으로 묶는 방식으로 임의로 수정이 불가능한 분산 컴퓨터 기반의 기술

오답 피하기

• 핀테크(FinTech) : '금융(Finance)'과 '기술(Technology)'의 합성어로 기존 정보기술을 금융업에 도입 및 융합시킨 것으로 핀테크에는 단순 결제 서비스나 송금, 대출 및 주식 업무, 모바일 자산 관리 등 다양한 종류가 있음
• 전자봉투(Digital Envelope) : 전자서명의 확장 개념으로 데이터를 비밀키로 암호화하고 비밀키를 수신자의 공개키로 암호화하여 전달하는 방식으로 기밀성(Confidentiality)까지 보장함
• 암호화 파일 시스템(Encrypting File System) : NTFS 버전 3.0부터 지원되는 파일 시스템 암호화 기능으로 파일이나 폴더를 암호화하여 보호할 수 있음

05 ②

오답 피하기

• ① : 명령 해독기(Instruction Decoder)
• ③ : 명령 레지스터(IR: Instruction Register)
• ④ : 누산기(ACCumulator)

06 ②

1Hz는 1초 동안 1번의 주기가 반복되는 것을 의미함

07 ②

모니터 크기는 화면의 대각선의 길이를 인치(Inch) 단위로 표시함

08 ①

캐시 메모리(Cache Memory) : CPU와 주기억 장치 사이에 있는 고속의 버퍼 메모리, 자주 참조되는 데이터나 프로그램을 메모리에 저장, 메모리 접근 시간을 감소시키는 데 그 목적이 있음, RAM의 종류 중 SRAM이 캐시 메모리로 사용됨

오답 피하기

③, ④ : 가상 메모리(Virtual Memory)에 대한 설명임

09 ④

웹 캐스팅이나 모바일 IP로 사용이 가능함

10 ②

오답 피하기

• explorer : 파일 탐색기
• taskmgr : 작업 관리자
• msinfo32 : 시스템 정보

11 ③

오답 피하기

• 베타 버전 : 정식 프로그램을 발표하기 전에 테스트를 목적으로 일반인에게 공개하는 프로그램
• 알파 버전 : 베타 테스트를 하기 전에 제작 회사 내에서 테스트할 목적으로 제작하는 프로그램
• 번들 : 특정한 하드웨어나 소프트웨어를 구매하였을 때 끼워주는 소프트웨어

12 ③

- ① 가로막기(Interruption) : 정보의 가용성(Availability) 저해
- ② 가로채기(Interception) : 정보의 기밀성(Secrecy) 저해
- ④ 위조(Fabrication) : 정보의 무결성(Integrity) 저해

13 ①

- ② 광학 마크 판독기(OMR : Optical Mark Reader) : 카드나 용지의 특정 장소에 연필이나 펜 등으로 표시한 것을 직접 광학적으로 판독하는 장치로, 시험 답안용, 설문지용으로 이용됨
- ③ 광학 문자 판독기(OCR : Optical Character Reader) : 문서의 문자를 광학적으로 판독하는 장치로, 공공요금 청구서 등에 이용됨
- ④ 바코드 판독기(BCR : Bar Code Reader) : 바코드를 판독하여 컴퓨터 내부로 입력하는 장치로 POS 시스템에 이용됨
- 키오스크(Kiosk) : 백화점, 쇼핑센터 등의 공공장소에 설치된 무인 자동화 정보 안내 시스템으로 터치스크린 방식을 이용함

14 ④

방화벽(Firewall) : 외부 네트워크에서 내부로 들어오는 패킷을 체크하여 인증된 패킷만 통과시키는 기능이므로 내부의 해킹은 막지 못함

15 ④

드림위버(Dreamweaver) : 홈페이지를 제작하기 위한 위지윅(WYSIWYG) 방식의 웹 에디터(Web Editor)용 프로그램

멀티미디어 자료를 인터넷을 이용하여 실시간으로 주고 받을 수 있는 서비스를 스트리밍 서비스라고 하며 멀티미디어 자료 제작 프로그램으로는 스트림웍스, 비디오 라이브, 리얼 오디오 등이 있음

16 ②

구조화(Structured) : 실행할 명령들을 순서대로 적는 방식을 말하는 것으로 절차 지향 언어(NOOP : Non Object-Oriented Programming)의 특징임

추상화(Abstraction), 상속성(Inheritance), 캡슐화(Encapsulation), 다형성(Polymorphism), 오버로딩(Overloading), 은닉(Concealment) 등의 특징을 가짐

17 ①

MPEG : 음성과 영상을 압축하여 실시간 재생이 가능한 동영상 표준 압축 기술임

JPEG, GIF, PNG : 정지 화상 파일 형식임

18 ③

2진 정수 데이터(고정 소수점 연산)는 실수 데이터(부동 소수점 연산)보다 표현할 수 있는 범위가 작기 때문에 연산 속도가 빠름

19 ④

래스터 방식(Raster Method) : 전자빔을 주사하여 미세한 점으로 분해하는 방법으로 음극선관(CRT) 등에서 화상을 만들 때 사용함

- 저항식 : 투명한 전극 사이에 압력을 가하여 터치를 감지하는 방식
- 정전식 : 몸의 정전기를 이용하여 터치를 감지하는 방식
- 광학식 : 빛을 이용하여 터치를 감지하는 방식

20 ③

레지스트리(Registry) : 시스템 구성 정보를 저장한 데이터베이스로, 운영체제 내에서 작동하는 모든 프로그램의 시스템 정보를 담고 있는 데이터베이스

---

2 과목 | 스프레드시트 일반

21 ②

근무시간의 합계를 구하려면 [셀 서식]-[표시 형식] 탭의 [사용자 지정]에서 [h]:mm을 입력

22 ①

시나리오 관리자에서 시나리오를 삭제하더라도 시나리오 요약 보고서의 해당 시나리오가 자동적으로 삭제되지 않음

23 ①

워크시트에 여러 개의 윗주가 있는 경우 임의의 윗주가 있는 셀에서 [윗주 필드 표시]를 설정하면 해당 윗주만 표시됨

24 ③

- =SUMPRODUCT({1,2,3},{4,5,6}) → 32
- 배열 또는 범위의 대응되는 값끼리 곱해서 그 합을 구하므로
  1×4+2×5+3×6=32가 됨

① =ROUNDDOWN(89.6369,2) → 89.63
- ROUNDDOWN(수1, 수2) : 수1을 무조건 내림하여 수2만큼 반환하므로 =ROUNDDOWN(89.6369,2)는 89.63이 됨

② =SQRT(9)*(INT(−2)+POWER(2,2)) → 6
- SQRT(수) : 수의 양의 제곱근을 구하므로 SQRT(9)는 3이 됨
- INT(수) : 소수점 아래를 버리고 가장 가까운 정수로 내리므로 INT(−2)는 −2가 됨
- POWER(수1, 수2) : 수1을 수2만큼 거듭제곱한 값을 구하므로 POWER(2,2)는 4가 됨
- 따라서 3*((−2)+4)이므로 결과는 6이 됨

④ =DAYS("2024−1−1", "2024−12−31") → −365
- DAY(종료날짜, 시작날짜) : 두 날짜 사이의 일 수를 반환하므로 =DAYS("2024−1−1","2024−12−31")은 −365가 됨

25 ③

- .VerticalAlignment = xlCenter이므로 수직(세로) 정렬이 가운데로 정렬됨
- 수평(가로) 정렬을 가운데로 정렬하기 위해서는 .HorizontalAlignment = xlCenter로 해야 됨

- ① : '.MergeCells = True' 부분
- ② : 'Italic = True'가 기울임꼴 부분
- ④ : '.Size = 14' 부분

26 ②

원형 차트는 쪼개진 원형으로 표시할 수 있음

- ① : 원형 대 꺾은선형은 지원되지 않음. 원형 대 원형, 원형 대 가로 막대형이 지원됨
- ③ : 원형 차트는 데이터 테이블을 표시할 수 없음
- ④ : 원형 차트는 축이 없음

27 ④

① : #DIV/0!, ② : #REF!, ③ : #N/A

28 ③

```
=UPPER(LEFT(B2,SEARCH("@",B2)-1))
```

- UPPER(문자열) : 문자열을 모두 대문자로 변환함
- LEFT(문자열, 개수) : 문자열의 왼쪽에서 지정한 개수만큼 문자를 추출함
- SEARCH(찾을 텍스트, 문자열, 시작 위치) : 문자열에서 찾을 텍스트의 시작 위치를 반환함(시작 위치 생략 시 1로 간주함)
- 따라서 =SEARCH("@",B2)는 4가 되고 −1을 하여 LEFT(B2,3)의 결과인 sun를 UPPER에 의해서 대문자 SUN으로 변환함

C2	▼ : × ✓ fx	=UPPER(LEFT(B2,SEARCH("@",B2)-1))
	A	B	C
1	성명	전자우편	아이디(ID)
2	김선	sun@naver.com	SUN
3	이대한	daehan@youngjin.com	DAEHAN
4	한상공	sanggong@youngjin.com	SANGGONG

29 ①

사용자 지정 계산과 수식을 만들 수 없음

30 ③

표면형 : 두 데이터 집합 간의 최적 조합을 찾을 때 유용함

- ① 분산형 : 데이터의 불규칙한 간격이나 묶음을 보여줄 때 사용
- ② 원형 : 전체에 대한 각 값의 기여도를 표시할 때 사용
- ④ 방사형 : 각 항목마다 가운데 요소에서 뻗어나온 값 축을 갖고, 선은 같은 계열의 모든 값을 연결할 때 사용

31 ④

- [매크로 기록] 대화 상자에서 [매크로 보안] 설정 기능은 지원되지 않음
- [매크로 보안] : [개발 도구] 탭−[코드] 그룹−[매크로 보안]−[보안 센터]에서 설정함

32 ②

- [C3] 셀에는 [A2]의 셀과 [D2] 셀의 값을 곱하여 표시했고 [A2]의 가중치 변화량([B4:B8])에 따른 결과 값을 [C4:C8] 셀에 표시하기 위한 작업임
- 변화되는 값([B4:B8])이 열에 입력되어 있으므로 [열 입력 셀]에 입력해야 하고 입력 값은 [C3] 셀에 입력한 수식의 참조 셀인 [$A$2]를 입력함
- [데이터 표]를 실행하면 '{=TABLE(,입력 셀에 입력한 주소)}' 형식으로 표시되므로 {=TABLE(,A2)}처럼 표시됨

33 ②

하나의 시나리오에 최대 32개까지 변경 셀을 지정할 수 있음

34 ③

코드 보기와 시트 보호 작업을 실행할 수 있음

35 ③

'페이지 나누기 미리 보기'는 문서가 인쇄될 때 어디서 나눠지는지 표시하는 기능임

36 ②

세미콜론 세 개(;;;)를 연속하여 사용하면 입력 데이터가 셀에 나타나지 않음

37 ④

④ =2024−YEAR(VLOOKUP(B10,$A$2:$B$8,2,0))

- VLOOKUP(B10,$A$2:$B$8,2,0) → $A$2:$B$8 범위의 첫 열에서 [B10] 셀의 데이터인 '김지현'을 찾아 해당 행의 2번째 열의 값인 2004−11−01을 검색함
- YEAR 함수에 의해 연도만 결과로 나오므로 2004가 됨
- 근속년수 기준인 2024에서 2004을 차감하여 근무한 근속년수를 산출함

38 ④

- 순환 참조 : 수식에서 직접 또는 간접적으로 자체 셀을 참조하는 경우를 순환 참조라 함
- =SUM(B2:D2) : 합계가 산출될 [D2] 셀이 합계 범위에 포함되어 순환 참조 경고 메시지 창이 표시됨

39 ③

수식을 입력한 후 결과 값이 상수로 입력되게 하려면 수식을 입력한 후 바로 **F9**를 누름

40 ③

피벗 차트의 기본 차트 종류는 세로 막대형 차트이며 분산형, 주식형, 거품형 차트를 제외한 다른 차트로 변경 가능함

3 과목 데이터베이스 일반

41 ②

=IIf([txt매출수량]<500,"저조",IIf(txt매출수량)=500,"보통","우수")) : 500미만의 경우 "저조"로 표시가 되지만 500이상이면 "보통"이 되므로 1000이상의 경우에 해당하는 조건이 존재하지 않음

42 ③

문장 끝에는 세미콜론(;)을 붙여야 함

43 ①

같은 테이블에 기본키와 외래키가 함께 존재할 수 있음

44 ④

[사원] 테이블에서 상담부 또는 홍보부인 사원의 사원명, 나이, 급여를 검색한 후 나이를 기준으로 내림차순으로 정렬된 결과를 조회함

45 ①

[페이지 설정] 대화 상자에서 머리글/바닥글은 설정할 수 없음

46 ②

오답 피하기

- ① 사각형 : 개체(Entity) 타입
- ③ 타원 : 속성(Attribute) 타입
- ④ 밑줄 타원 : 기본키 속성 타입
- 이중 사각형 : 의존 개체 타입

47 ①

L : 필수 요소로 A부터 Z까지의 영문자나 한글만 입력받도록 설정함

오답 피하기

- 9 : 선택 요소로 숫자나 공백을 입력함
- 〉: 모든 문자를 대문자로 변환함
- 〈 : 모든 문자를 소문자로 변환함

48 ①

- 정규화(Normalization) : 이상(Anomaly) 현상이 발생하지 않도록 하기 위한 것으로 관계형 데이터베이스를 설계할 때 데이터의 중복 최소화와 불일치를 방지하기 위해 릴레이션 스키마를 분해해 가는 과정
- 이상(Anomaly) 현상 : 관계형 데이터베이스의 릴레이션을 조작할 때 발생하는 현상으로 삽입 이상, 삭제 이상, 갱신 이상 등이 있음

49 ④

종목별 인원을 그룹 보고서로 표시했으므로 '종목명'으로 그룹화해야 하며 종목코드, 종목명, 학번으로 오름차순되어 있음

50 ②

일련번호 형식은 4바이트로 새 레코드를 만들 때 1부터 시작하는 정수가 자동 입력됨

51 ④

Outlook으로 내보내는 기능은 지원되지 않음

52 ①

새로운 레코드를 추가하기 위해서는 '추가 가능'을 예로 설정함

53 ①

모달 폼 : 현재 모달 폼을 닫기 전까지 다른 창을 사용할 수 없음

54 ④

유효성 검사 규칙 : 해당 필드에 입력할 내용의 규칙을 지정하는 옵션으로, 만일 유효성 검사에 맞지 않게 내용을 입력하면 유효성 검사 텍스트에 입력한 내용이 출력됨

55 ②

레이블 마법사 : 우편물 레이블 마법사로 표준 레이블 또는 사용자 지정 레이블을 만듦

56 ③

데이터의 독립성의 특징을 가지고 있으며 관리 비용이 많이 들고 시스템에 문제가 발생하면 복구가 어려움

57 ④

목록 상자 : 목록 상자는 목록을 항상 표시하고, 목록에 있는 값만 입력할 경우 유용함

오답 피하기

- ① 텍스트 상자 : 레코드 원본의 데이터를 표시, 입력 또는 편집하거나, 계산 결과를 표시하거나, 사용자의 입력 내용을 적용할 때 사용하는 컨트롤
- ② 레이블 : 레이블은 제목이나 캡션, 간단한 지시 등의 설명 텍스트를 표시하는 컨트롤로 필드나 식의 값을 표시할 수 없음
- ③ 콤보 상자 : 바운드된 콤보 상자에서 값을 선택하거나 문자열을 입력하면, 해당 값이 콤보 상자가 바운드된 필드에 삽입됨

58 ④

- 요구 조건 분석 단계 : 데이터베이스 사용자의 요구 사항 및 조건 등을 조사하여 요구 사항을 분석하는 단계
- 개념적 설계 단계 : 현실 세계에 대한 추상적인 개념(정보 모델링)으로 표현하는 단계
- 논리적 설계 단계 : 개념 세계를 데이터 모델링을 거쳐 논리적으로 표현하는 단계

59 ②

- 하위 폼은 데이터시트로 표시하거나 단일 폼 또는 연속 폼으로 표시할 수 있음
- 여러 개의 연결 필드를 지정하려면 세미콜론(;)으로 필드명을 구분하여 입력함

60 ①

인덱스(Index) : 색인으로 키 값을 기초로 하여 테이블에서 검색 및 정렬 속도를 향상시키는 기능

2024년 상시 기출문제 15회 203p

01 ④	02 ③	03 ②	04 ①	05 ④
06 ②	07 ②	08 ④	09 ③	10 ②
11 ①	12 ④	13 ③	14 ③	15 ①
16 ③	17 ③	18 ②	19 ④	20 ③
21 ②	22 ③	23 ③	24 ③	25 ④
26 ④	27 ③	28 ④	29 ③	30 ④
31 ③	32 ③	33 ④	34 ②	35 ④
36 ③	37 ②	38 ②	39 ④	40 ②
41 ④	42 ③	43 ③	44 ①	45 ④
46 ③	47 ③	48 ①	49 ③	50 ①
51 ③	52 ④	53 ③	54 ②	55 ③
56 ②	57 ①	58 ①	59 ④	60 ②

1 과목 │ 컴퓨터 일반

01 ④

MOD(Music On Demand) : 초고속 무선 인터넷의 발달로 다운로드 없이 스트리밍 방식으로 음악 파일이나 음원을 주문하여 실시간으로 들을 수 있는 주문형 음악 서비스

- VOD(Video On Demend) : 주문형 비디오로 각종 영상 정보(뉴스, 드라마, 영화, 게임 등)를 데이터베이스로 구축하여 사용자의 요구에 따라 프로그램을 즉시 전송하여 가정에서 원하는 정보를 이용하는 서비스
- VDT(Video Display Terminal) : 컴퓨터 영상 표시 장치로 Visual Display Terminal이라고도 함
- PDA(Personal Digital Assistant) : 전자수첩, 이동 통신, 컴퓨터 등의 기능이 있으며 휴대가 가능한 개인용 정보 단말기

02 ③

CPU는 직렬 처리 방식이고, GPU는 수천 개의 코어가 동시에 작업하는 병렬 처리 방식임

03 ②

포털 사이트(Portal Site) : 인터넷 이용 시 반드시 거쳐야 한다는 의미의 '관문 사이트'로 한 사이트에서 '정보 검색, 전자우편, 쇼핑, 채팅, 게시판' 등의 다양한 인터넷 서비스를 제공하는 사이트

미러 사이트(Mirror Site) : 같은 내용을 여러 사이트에 복사하여 사용자가 분산되게 하고, 더 빨리 자료를 찾을 수 있도록 하는 사이트

04 ①

게이트웨이(Gateway) : 네트워크에서 다른 네트워크로 들어가는 관문의 기능을 수행하는 지점을 의미하며 서로 다른 프로토콜을 사용하는 네트워크를 연결할 때 사용하는 장치

② : 리피터(Repeater), ③ : 라우터(Router), ④ : DNS(Domain Name System)

05 ④

■+X : 빠른 링크 메뉴 열기

■+U : 접근성 센터 열기

06 ②

누산기(AC) : 연산 장치의 핵심적 레지스터로, 중간 계산된 결과 값을 일시적으로 기억

• 주소 레지스터(MAR) : 주소를 기억하는 레지스터
• 명령어 레지스터(IR) : 현재 수행 중인 명령어를 보관
• 프로그램 카운터(PC) : 다음에 수행할 명령어의 메모리 번지를 보관

07 ②

비트맵(Bitmap) : 고해상도를 표현하는 데 적합하지만 파일 크기가 커지고 확대 시 계단 현상이 발생하는 단점이 있음

08 ④

④ : 공개키 암호화 기법의 특징

09 ③

MPEG(Moving Picture Experts Group)
• 동화상 전문가 그룹에서 제정한 동영상 압축 기술에 관한 국제 표준 규격
• 동영상뿐만 아니라 오디오 데이터도 압축할 수 있음

DVI(Digital Video Interactive) : Intel사가 개발한 동영상 압축 기술(최대 144:1 정도)로 많은 양의 영상과 음향 데이터를 압축하여 CD-ROM에 기록할 정도로 용량이 작고, 음질이 뛰어남

10 ②

제어 기능 : 컴퓨터의 각각의 모든 장치들에 대한 지시 또는 감독 기능을 수행하는 기능

① : 입력 기능, ③ : 저장 기능, ④ : 연산 기능

11 ①

프린터 공유는 사용자가 직접 설정해야 함

12 ④

프레임 너비(Pixel) : 프레임은 비디오 데이터에서 1초의 영상을 구성하는 한 장면으로, 프레임 너비는 사운드 파일의 크기를 결정하는 요소에 해당하지 않음

• 표본 추출률(Hz) : 소리가 기록되는 동안에 초당 음이 측정되는 횟수
• 샘플 크기(Bit) : 채취된 샘플을 몇 비트 크기의 수치로 나타낼 것인지를 표시(8, 16비트가 많이 사용)
• 재생 방식(Mono, Stereo) : 모노(Mono)는 양쪽 스피커에 좌우 구분 없이 같은 소리가 나오므로 1로 계산하며 스테레오(Stereo)는 좌우 구분이 되면서 다른 소리가 나오므로 2로 계산함
• 사운드 파일의 크기 산출 공식 : 표본 추출률(Hz) × 샘플 크기(Bit) ÷ 8 × 재생 방식 × 지속 시간(S)

13 ③

증강현실(Augmented Reality) : 사람이 눈으로 볼 수 있는 실세계와 관련된 3차원의 부가 정보를 제공받을 수 있는 기술

• 가상 장치 인터페이스(Virtual Device Interface) : 가상 장치를 이용한 인터페이스 기술
• 가상 현실 모델 언어(Virtual Reality Modeling Language) : 3차원 도형 데이터의 기술 언어로, 3차원 좌표값이나 기하학적 데이터 등을 기술한 문서(Text) 파일의 서식(Format)이 정해져 있음
• 주문형 비디오(Video On Demand) : 각종 영상 정보(뉴스, 드라마, 영화, 게임 등)를 데이터베이스로 구축하여 사용자의 요구에 따라 프로그램을 즉시 전송하여 가정에서 원하는 정보를 이용

14 ③

서버에 저장된 프로그램은 반드시 다운로드 후 실행해야 함

15 ①

소프트웨어뿐만 아니라 하드웨어의 성능에도 영향을 미칠 수 있음

16 ③

연결된 항목의 디스크 할당 크기가 아닌 바로 가기 아이콘에 할당된 디스크 크기를 확인할 수 있음

17 ③

패치(Patch) 프로그램 : 이미 제작되어 배포된 프로그램의 오류 수정이나 성능 향상을 위하여 프로그램의 일부를 변경해 주는 프로그램

• ① : 상용 소프트웨어(Commercial Software)
• ② : 데모 버전(Demo Version)
• ④ : 베타 버전(Beta Version)

18 ②

IP(Internet Protocol) : OSI 7계층 중 네트워크 계층에 해당하며 패킷 주소를 해석하고 경로를 결정하여 다음 호스트로 전송함

①, ③, ④ : TCP(Transmission Control Protocol)에 해당함

19 ④

XML은 확장성 생성 언어라는 뜻으로, 기존 HTML의 단점을 보완하여 웹에서 구조화된 폭넓고 다양한 문서들을 상호 교환할 수 있도록 설계한 언어

20 ③

테더링(Tethering) : 인터넷이 가능한 스마트기기의 통신 중계기 역할로 PC의 인터넷 접속을 가능하게 하고 모바일 데이터 연결을 공유함

• 와이파이(WiFi) : 일정 영역의 공간에서 무선 인터넷의 사용이 가능한 근거리 무선 통신 기술
• 블루투스(Bluetooth) : 무선 기기 간 정보 전송을 목적으로 하는 근거리 무선 접속 프로토콜
• 와이브로(WiBro) : 무선과 광대역 인터넷이 통합된 것으로 휴대폰 단말기로 정지 및 이동 중에 인터넷에 접속이 가능함

21 ②

절대 참조로 기록된 셀의 위치는 위치가 고정됨

22 ③

일정 범위 내에 동일한 데이터를 한 번에 입력하려면 범위를 지정하여 데이터를 입력한 후 바로 이어서 Ctrl + Enter 를 누름

오답 피하기

Shift + Enter : 윗 행으로 이동

23 ③

• Sub~End Sub 프로시저 : 특정한 기능을 수행하는 명령문들의 집합
• Worksheets("Sales")는 지정한 워크시트명이며 Cells(6,1)은 6행 1열이므로 [A6] 셀을 의미함
• Value는 지정한 셀의 값으로 =에 의해 "korea"가 입력됨

24 ③

사용 중인 셀 스타일을 수정한 경우 해당 셀에는 셀 스타일을 다시 적용하지 않아도 자동으로 수정한 서식이 반영됨

25 ④

ClearContents : 내용만 삭제함

오답 피하기

• Delete : 서식과 내용 모두 삭제
• Clear : 서식과 내용 모두 삭제
• ClearFormats : 서식만 삭제

26 ④

채우기 : 선택된 영역의 각 셀에 입력된 내용을 너비에 맞게 반복하여 표시함

27 ③

[페이지 설정] 대화 상자에서 '일련번호로 출력' 기능은 지원되지 않음

28 ④

• 고급 필터는 자동 필터와는 달리 필터링한 결과를 원하는 위치에 별도의 표로 생성 가능함
• 고급 필터의 복사 위치는 결과 옵션을 '다른 장소에 복사'로 선택했을 경우에 필요하며 현재 시트에만 복사할 수 있음

오답 피하기

• ① : 데이터의 종류가 혼합되어 있는 경우 많은 종류의 데이터 필터가 표시됨
• ② : 조건의 첫 셀은 반드시 다른 필드명을 입력하거나 공백을 이용하여 생략해도 됨
• ③ : 여러 필드에 조건을 설정한 경우 필드 간은 AND 조건으로 처리되어 결과가 표시됨

29 ③

열 구분선을 옮기려면 선을 마우스로 클릭한 상태에서 드래그로 끌어야 함

30 ④

OFFSET 함수

• 셀 또는 셀 범위에서 지정한 행 수와 열 수인 범위에 대한 참조를 구함
• 표시되는 참조는 단일 셀이거나 셀 범위일 수 있음
• 표시할 행수와 열 수를 지정할 수 있음
• 구할 셀 높이와 구할 셀 너비가 2 이상 설정될 경우 배열 수식(Ctrl + Shift + Enter)으로 입력해야 함

형식	=OFFSET(기준 셀 범위, 행 수, 열 수, 구할 셀 높이, 구할 셀 너비)
기능	• 행 수는 양수로 입력하면 아래 방향을, 음수로 입력하면 위 방향을 가르킴 • 열 수는 양수로 입력하면 오른쪽 방향을, 음수로 입력하면 왼쪽 방향을 가리킴 • 구할 셀 높이와 구할 셀 너비는 생략 가능함
사용 예	=OFFSET(B3, -1, 2)
의미	[B3] 셀을 기준으로 행이 -1이므로 바로 윗 행, 열이 2이므로 오른쪽으로 D열, 즉 [D2] 셀의 값을 결과로 나타냄

▲	A	B	C	D	E
1	학번	학과	학년	성명	주소
2		-1	1	2	
3		영문과			
4					
5					
6					

▲ [B3] 셀을 기준으로 -1이므로 윗 행, 2이므로 오른쪽으로 2열 즉, [D2] 셀의 값을 나타냄

31 ③

한 워크시트에서 또는 다른 워크시트에서 셀을 직접 선택하여 수식에 셀 참조를 입력할 수 있으며, 셀을 선택하면 절대 셀 참조가 삽입됨

32 ②

오답 피하기

• 선버스트 : 계층적 데이터를 표시하는 데 적합하며, 계층 구조 내에 빈 셀이 있는 경우 그릴 수 있음
• 트리맵 : 색과 근접성을 기준으로 범주를 표시하며 다른 차트 유형으로 표시하기 어려운 많은 양의 데이터를 쉽게 표시할 수 있음
• 상자 수염 : 데이터 분포를 사분위수로 나타내며 평균 및 이상값을 강조하여 표시함

33 ④

원본 및 대상 영역이 동일한 시트에 있는 경우에는 연결을 만들 수 없음

34 ②

[A1] 셀의 5와 [C1] 셀의 1의 간격이 4이므로 채우기 핸들을 드래그하면 4씩 감소되어 [F1] 셀에는 -7이 표시됨

	A	B	C	D	E	F	G
1	5		1	-3		-7	
2							

35 ④

중첩 부분합은 먼저 실행한 결과가 아래에 표시되므로 매출의 '최대'를 구한 다음 '새로운 값으로 대치'를 해제하고 '최소'를 구한 결과임

36 ③

잘라내기 명령을 실행한 다음에는 [선택하여 붙여넣기] 명령을 사용할 수 없음

37 ②

=AVERAGE((A2:A4="1학년")*(C2:C4)) → 43.3333("1학년"에 해당하는 헤어 점수인 80과 50의 평균을 구하려는 의도였으나 [C2:C4]까지의 인수가 3이 되어 (80+0+50)/3의 결과가 됨)

오답 피하기

- ① =AVERAGE(IF(A2:A4="1학년",C2:C4)) : AVERAGE(평균)와 IF(조건)를 이용한 배열 수식으로 "1학년"인 경우의 헤어 점수의 평균을 구함 → 65
- ③ =AVERAGEIF(A2:A4,"1학년",C2:C4) : 조건에 해당하는 "1학년"의 헤어 점수의 평균을 산출함 → 65
- ④ =AVERAGEIFS(C2:C4,A2:A4,"1학년") : 헤어의 평균을 "1학년"에 해당하는 경우 산출함 → 65

38 ②

배열 선언 시 처음에 Option Base를 "1"로 설정한 경우 배열의 첨자가 1부터 시작하므로 첫 번째 요소는 No(1, 1, 1)이 됨

오답 피하기

- ① : 배열은 3차원 배열이고, 요소는 모두 24개이다. → No(3, 4, 2), 3×4× 2=24
- ③ : 배열 요소의 데이터 형식은 모두 Integer이다. → As Integer
- ④ : 배열은 4행 2열의 테이블이 3면으로 되어 있다. → No(3면, 4행, 2열)

39 ④

- =DSUM(데이터베이스, 필드, 조건 범위) : 조건을 만족하는 필드의 합계를 구함
- 데이터베이스 → [A1:D7], 필드 → 4(2/4분기), 조건 범위 → [B1:B2](부서가 영업 1부)이므로 부서가 영업1부인 2/4분기 합을 구하므로 결과는 55가 됨

40 ②

[Ctrl]+[Enter] : 여러 셀에 동일한 내용을 입력할 때 사용함

---

3 과목 | ## 데이터베이스 일반

41 ④

외래키(Foreign Key)가 다른 참조 테이블의 기본키(PK)일 때 그 속성키를 외래키(FK)라고 하며 하나의 테이블에는 여러 개의 외래키가 존재할 수 있음

42 ③

도메인(Domain) : 하나의 애트리뷰트(Attribute)가 취할 수 있는 같은 타입의 원자값들의 집합

오답 피하기

테이블(Table) : 데이터를 저장, 관리하는 공간으로, 테이블은 필드(항목)로 구성된 레코드의 집합

43 ③

order by 절 : 특정한 필드를 기준으로 오름차순, 내림차순 정렬을 수행하여 표시

오답 피하기

- having 절 : group by 절을 이용하는 경우의 특정한 조건 지정
- group by 절 : 그룹으로 묶어서 검색
- where 절 : 조건 지정

44 ①

레이블 컨트롤과 이미지 컨트롤은 탭 순서에서 제외됨

45 ④

④는 데이터 제어어(DCL)에 대한 설명임

46 ③

DELETE 명령을 이용하여 조건에 맞는 레코드를 삭제할 수 있음

오답 피하기

DROP : 테이블, 인덱스, 뷰, 프로시저 등을 삭제

47 ③

분할 표시 폼은 폼 보기와 데이터시트 보기를 동시에 표시하며 상호 동기화되어 있음

48 ①

그룹 머리글 영역에 "대리점명 : 서울지점", "대리점명 : 충북지점"으로, 그룹 바닥글 영역에 "서울지점 소계"와 "충북지점 소계"가 집계되어 있으므로 대리점명을 기준으로 그룹화되어 있음을 알 수 있음

오답 피하기

- ② : '모델명' 필드에는 '중복 내용 숨기기' 속성을 '예'로 설정하였다. → 모델명 PC4203, PC4204, PC3102, PC4202가 하나씩 나타나 있음
- ③ : 지점별 소계가 표시된 텍스트 상자는 그룹 바닥글에 삽입하였다. → "서울 지점 소계"와 "충북지점 소계" 그룹 바닥글에 텍스트 상자로 나타나 있음
- ④ : 순번은 컨트롤 원본을 '=1'로 입력한 후 '누적 합계' 속성을 '그룹'으로 설정하였다. → 대리점별로 서울지점은 순번이 1, 2, 3 충북지점은 순번이 1, 2, 3, 4처럼 표시됨

49 ③

- [Page] : 현재 페이지 번호
- [Pages] : 전체 페이지 수
- 'pages' : pages 문자열
- & : 연결자
- =[page] & 'pages' → 12pages

50 ①

- update 테이블명 set 열이름1=값1, 열이름2=값2, … where 조건 : 갱신문으로 테이블에 저장되어 있는 데이터를 갱신함
- update 회원 set 등급 = '정회원' where 가입일 <= #2024-6-3# and 등급 = '준회원'
- <= #2024-6-3# : 2024년 6월 3일 이전을 의미, 날짜는 앞뒤에 #를 붙임
- and : 가입일 조건과 등급이 '준회원'인 조건이 모두 만족하는 경우

51 ③

매크로 이름을 'Autoexec'로 지정하면 테이블을 열 때가 아니라 데이터베이스 파일을 열 때 매크로를 자동으로 실행해 줌

52 ④

STUDENT 테이블에서 DEPT가 컴퓨터이고 YEAR이 4인 레코드 중 SNO와 SNAME 필드를 표시함

53 ③

편집 가능은 폼 보기에서 레코드의 편집 여부를 설정하는 속성임

54 ②

하위 폼이 '일대다' 관계가 설정되어 있을 때 기본 폼은 '일'쪽의 테이블을 원본으로 하고, 하위 폼은 '다'쪽의 테이블을 원본으로 함

55 ③

참조 무결성

• 참조하고 참조되는 테이블 간의 참조 관계에 아무런 문제가 없는 상태를 의미함
• 외래키 값은 널(Null)이거나 참조 테이블에 있는 기본키 값과 동일해야 함
• ③ : <구매리스트> 테이블의 '고객번호' 필드는 외래키로 필드 값이 <고객> 테이블의 '고객번호' 필드에 없는 경우 참조 무결성이 항상 유지되도록 설정할 수 없음

56 ②

오답 피하기

• 기본 보기 : 폼 보기의 기본 보기 형식을 설정함
• 레코드 원본 : 폼에 연결할 데이터의 테이블 이름이나 쿼리를 입력하여 설정함
• 레코드 잠금 : 동시에 같은 레코드를 편집하려고 할 때 레코드 잠그는 방법을 설정함

57 ①

• DoCmd 개체 : 액세스의 매크로 함수를 Visual Basic에서 실행하기 위한 개체로 메서드를 이용하여 매크로를 실행함
• OpenQuery : 선택 쿼리를 여러 보기 형식으로 열기를 실행함

58 ①

연결된 테이블의 내용을 변경하면 그 원본 내용도 함께 변경되며, 연결된 테이블을 삭제하면 Access 테이블을 여는 데 사용하는 정보만 삭제하므로 원본 테이블은 삭제되지 않음

59 ④

• Form_Load() : 폼을 로드함
• SetFocus : 지정한 컨트롤에 커서(포커스)를 자동적으로 위치 시킴

60 ②

유효성 검사 규칙 : 필드에 입력할 값을 제한하는 규칙

MEMO

MEMO